Diogenes Taschenbuch 20209

Werkausgabe
in 13 Bänden

Band 13

Raymond Chandler

Die simple Kunst des Mordes

*Briefe, Essays, Notizen,
eine Geschichte
und ein Romanfragment
Herausgegeben von
Dorothy Gardiner und
Kathrine Sorley Walker
Neu übersetzt von
Hans Wollschläger*

Diogenes

Titel der Originalausgabe ›Raymond Chandler Speaking‹
Copyright © 1962 by Helga Greene Literary Agency
Die deutsche Erstausgabe erschien 1965 unter dem Titel
›Chandler über Chandler‹
Die Kapitel ›Chandler über Katzen‹ und
›Chandler über berühmte Verbrechen‹
liegen hier erstmals deutsch vor.
Die Neuübersetzung von ›Die simple Kunst des Mordes‹
stand zuerst im ›Tintenfaß‹ Nr. 24, 1974
Umschlagfoto: Raymond Chandler
und Billy Wilder

Alle deutschen Rechte vorbehalten
Copyright © 1975 by
Diogenes Verlag AG Zürich
80/88/29/11
ISBN 3 257 20209 1

Inhalt

Die Herausgeber möchten nicht nur allen denen danken, die ihnen Briefe Raymond Chandlers zur Einsichtnahme oder zur Verwendung in diesem Buch freundlich überlassen haben, sondern auch allen, die Briefe zur Verfügung stellten, von deren an sich erwünschter Aufnahme dann einzig in Anbetracht ihres Umfangs abgesehen werden mußte. In ein paar ganz wenigen Fällen hatten die Bemühungen der Herausgeber, Empfänger von Briefen ausfindig zu machen, von denen Chandlers Ablage Kopien enthielt, keinen Erfolg. Auch diesen ›verschollenen‹ Korrespondenten sprechen die Herausgeber ihren Dank aus, verbunden mit dem Bedauern darüber, daß der Abdruck der Briefe in diesem Buch ohne formelle Genehmigung erfolgen mußte. Die Briefe wurden nach inhaltlichen Schwerpunkten zusammengestellt, Auslassungen wurden einer flüssigen Lesbarkeit zuliebe nur zum Teil gekennzeichnet; der Tenor der einzelnen Briefe wurde gewahrt.

Vorwort
von Dorothy Gardiner

Raymond Chandler, der eine englische humanistische Bildung besaß, einen forschenden und kritischen Verstand, umfassendes Wissen in Sprachen und Literatur und eine an Genie grenzende Begabung für den pointierten Ausdruck und das *mot juste,* kann durchaus, wie seine Bewunderer es unbedingt haben wollen, der brillanteste Kriminalromanschreiber dieses Jahrhunderts gewesen sein; ganz fraglos war er einer von dessen fruchtbarsten und originellsten Briefschreibern.

»Wenn eine Sammlung von Briefen überhaupt einen Wert haben soll, dann muß sie alle Seiten im Charakter eines Menschen enthüllen, nicht nur die liebenswürdigen und hellen.« So schrieb Chandler an Hamish Hamilton, und soweit es nur anging, haben die Herausgeber sich an dieses Diktum gehalten. Chandlers Charakter war allerdings sehr vielseitig; seine Briefe enthüllen den Menschen, aber nicht den ganzen Menschen. Sie teilen nichts mit von seinem persönlichen Charme, für den selbst Leute, die ihn nicht mochten, empfänglich waren; sie können nicht die Scheu widerspiegeln, die er manchmal unter schroffen Manieren und ätzenden Bemerkungen verbarg – Verhaltensweisen, die ihm von Leuten, die ihn nicht kannten, als Bosheit ausgelegt wurden.

Chandlers zahlreiche Abneigungen treten in den Briefen zutage, sein Widerwille gegen Agenten, Berufskritiker und Plagiatoren etwa, um nur ein paar wenige zu nennen; nie aber sprechen sie von seiner privaten Großzügigkeit, die nur seine engen Freunde kannten. Viele der Briefe sind polemisch, denn Chandler war, wie er selbst zugab, ein ›streitlustiger Bursche‹; manche sind bitter, manche tief anrührend. Zuweilen grenzen sie an jene milde Unanständigkeit, die zwischen engen Freunden üblich ist; häufig sind sie in hohem Grade verleumderisch – auf eine oft erheiternde Weise – in ihren Bemerkungen über lebende Personen, und mit Bedauern haben die Herausgeber solche Bemerkungen ausscheiden müssen.

Was Chandler vor seinen Mitstreitern auf dem Felde des Blutes und der Verbrechen auszeichnet, ist seine humanistische Bildung, ist seine Literatur- und Geschichtskenntnis ebenso wie seine Lebenserfahrung, und ist vor allem seine Fähigkeit, einen Charakter, eine Situation, einen Hintergrund mit einem Dutzend Worte zu umreißen. Dieselben Qualitäten zeigen sich bis zu einem gewissen Grade auch in seinen Briefen. Er schreibt das zügig-bündige amerikanische Englisch, das ihn faszinierte. Er spricht unentwegt von der ›Magie‹ des Schreibens, und damit meint er letzten Endes einfach den Gebrauch des rechten Worts am rechten Platz.

Obwohl die Briefe in diesem Band ohne jeden Hintergedanken an eine Veröffentlichung geschrieben worden sind, hat Raymond Chandler selber angeregt, daß eine Auswahl-Sammlung vielleicht einmal in Buchform erscheinen könnte. Am 16. Mai 1957 schrieb er aus La Jolla, Kalifornien, wo er lebte, an seinen Londoner Freund und Verleger Hamish Hamilton:

»Lieber Jamie,
. . . Ich habe so eine blasse – aber wirklich nur ganz blasse – Erinnerung, daß Du einmal den Gedanken hattest, meine Briefe könnten der Veröffentlichung wert sein. Ich bringe das Thema hier nur darum zur Sprache, weil sich bei mir eine derartige Masse davon angesammelt hat, daß ich sie vernichten muß, wenn mich meine Erinnerung täuscht. Ein Freund von Dir hat mich einmal einen ›flammenden Egoisten‹ genannt. Ich selber habe mich eigentlich lange für einen ziemlich bescheidenen Menschen gehalten, aber nun fange ich doch langsam an zu glauben, daß dieser Freund recht hatte, daß alle Schriftsteller zwangsläufig Egoisten sein müssen, weil sie ihr Herz und ihre Seele ausbluten lassen, um überhaupt zu schreiben, und daher introspektiv werden. Ich glaube, bei mir ist das in letzter Zeit

schlimmer geworden, weil ich zuviel gelobt worden bin, weil ich ein einsames Leben führe und für die Zukunft nichts mehr erhoffe.

Was die Briefe betrifft, so sind manche analytisch, manche ein bißchen poetisch, manche traurig und eine ganze Menge recht kaustisch oder gar komisch... Es wäre eine Heidenarbeit, sie zu sortieren und diejenigen auszuwählen, die vielleicht der Aufmerksamkeit anderer Menschen wert wären.... Ich möcht' es nicht machen, wenn nicht ein unmittelbares Interesse besteht. Du mußt über die Jahre hin genügend Briefe von mir empfangen haben, um Dir ungefähr einen Begriff machen zu können, ob das Projekt die Zeit und den Aufwand lohnt...«

Darauf antwortete Hamish Hamilton:

»Lieber Ray,
...Deine Erinnerung ist vollkommen zutreffend, ich entsinne mich noch gut, daß ich vor einigen Jahren, als unsere Korrespondenz hohe Wogen schlug und wir fast jede Woche über Leben, Literatur, Liebe und Haß diverse Seiten tauschten, bei Dir anfragte, ob Du wohl schon einmal daran gedacht hättest, Deine Briefe zu veröffentlichen, und von Dir die Antwort bekam ›In den Orkus mit diesem Einfall‹ oder etwas ähnliches, was auf dasselbe hinauslief. Trotzdem habe ich sie, in der Hoffnung, Du würdest vielleicht eines Tages doch anderen Sinnes werden, und aus Abneigung gegen den Gedanken, solche Perlen des Briefwechsels zu vernichten, in meiner Ablage aufbewahrt, und es müssen noch Hunderte davon existieren – dicht übersät natürlich mit Verleumdungen, aber das würden vergleichsweise schmerzlose Operationen bald in Ordnung bringen.[1]

Ich bin entzückt zu erfahren, daß es noch so viele andere Briefe gibt, und ich bin sicher, daß eine Sammlung... schlecht-

---

[1] Viele von Chandlers Briefen an Hamish Hamilton gingen 1948 bei einem Brand des Verlagshauses verloren.

hin faszinierend wäre. Es besteht ein großes Interesse an Deiner Person in der gesamten englischsprechenden Welt, und ich bin sicher, daß die Leser die Gelegenheit begrüßen würden, mehr über Dich zu erfahren, als es ihnen durch Deine Bücher möglich ist.«

Wenn Chandler den Versuch machte, die Briefe selber herauszugeben, d. h. eine Auswahl zusammenzustellen, so ließ er doch nie ein Wort darüber verlauten – vielleicht fand er die Aufgabe zu schwierig oder zu herzbrechend. Die meisten Briefe in seiner eigenen Ablage, einschließlich aller, die er an seine Frau gerichtet hatte, wurden später von ihm verbrannt. Aber glücklicherweise sind Hunderte von anderen Briefen erhalten geblieben. Sie wurden von einsichtsvollen Empfängern aufbewahrt, die großzügig gestattet haben, sie als Grundlage für den vorliegenden Band zu verwenden.

Vom weiteren Material dieses Buches stammen die Kurzgeschichte *A Couple of Writers* (›Ein Schriftstellerpaar‹), der Anfang des neuen Marlowe-Romans *The Poodle Springs Story* (›Die Poodle Springs Story‹), die *Casual Notes on the Mystery Novel* (›Beiläufige Anmerkungen zum Kriminalroman‹) und die *Notes on Famous Crimes* (›Notizen zu berühmten Verbrechen‹) allesamt aus Chandlers Nachlaß und werden hier zum erstenmal veröffentlicht. *Writers in Hollywood* (›Schriftsteller in Hollywood‹) und *Ten Per Cent of Your Life* (›Zehn Prozent vom Leben‹) erschienen zuerst im *Atlantic Monthly* und werden hier wieder abgedruckt, da sie in direktem Bezug zu einer Anzahl der Briefe stehen.

---

[1] Viele von Chandlers Briefen an Hamish Hamilton gingen 1948 bei einem Brand des Verlagshauses verloren.

Chandler-Chronik

1888   Am 23. Juli in Chicago, Illinois, geboren.
Eltern: Maurice Benjamin Chandler, geboren 1859 in Philadelphia, Pennsylvania, und Florence Dart Thornton, geboren 1860 in Waterford, Irland.

1895   Chandler wird nach der Scheidung seiner Eltern von der Mutter nach London gebracht. Besucht dort als Tagesschüler das Dulwich College.

1905   Abgang vom Dulwich College.

1905–12   Ein Jahr in Frankreich und Deutschland. Bereitet sich auf den Staatsdienst vor, besteht die Prüfung und geht für sechs Monate zum Marineministerium. Lebt in Bloomsbury und arbeitet als freier Journalist für *The Academy, The Westminster Gazette, The Spectator* und den *Daily Express.*

1912   Rückkehr in die Vereinigten Staaten (Kalifornien).

1914–19   Ausbruch des Ersten Weltkriegs. Chandler meldet sich freiwillig bei den Canadian Gordon Highlanders. Dient in Frankreich in der I. Division der Canadian Expeditionary Force. 1918 Eintritt ins Royal Flying Corps (britische Luftwaffe). Entlassung in Vancouver 1919.

1919   Rückkehr nach Kalifornien mit seiner Mutter.

1924   Nach dem Tod seiner Mutter heiratet Chandler (6. Februar) Pearl Cecily Bowen, geb. Hurlburt (Cissy). Pearl Cecily Hurlburt wurde 1870 in Perry, Ohio, geboren und war zweimal verheiratet gewesen, als sie Chandler kennenlernte. Ihre zweite Scheidung war 1920 erfolgt.

1919–32   Chandler geht verschiedenen Beschäftigungen nach und steigt schließlich ins Ölgeschäft ein. Er wird

	Direktor einer Anzahl unabhängiger Ölgesellschaf-ten, verliert seine Stellung aber während der Depression.
1933	Seine erste Geschichte *Blackmailers Don't Shoot* erscheint in der *Black Mask*.
1934	Die Geschichten *Finger Man* und *Smart-Aleck Kill* erscheinen in der *Black Mask*.
1935	Die Geschichten *Nevada Gas, Spanish Blood* und *Killer in the Rain** erscheinen in der *Black Mask*.
1936	Die Geschichten *Goldfish, Guns at Cyrano's, The Man Who Liked Dogs** und *The Curtain** erscheinen in der *Black Mask*. *Pick-up on Noon Street* (erster Titel *Noon Street Nemesis*) erscheint im *Detective Fiction Weekly*.
1937	Die Geschichte *Try the Girl** erscheint in der *Black Mask*. Die Geschichte *Mandarin's Jade** erscheint im *Dime Detective Monthly*.
1938	Die Geschichten *Red Wind, The King in Yellow* und *Bay City Blues** erscheinen im *Dime Detective Monthly*.
1939	Chandlers erster längerer Roman, *The Big Sleep*, erscheint bei Alfred A. Knopf, New York, und Hamish Hamilton, London. Die Geschichten *Pearls Are a Nuisance, Trouble is My Business* und *The Lady in the Lake** erscheinen im *Dime Detective Monthly*. Die Geschichte *I'll Be Waiting* erscheint in der *Saturday Evening Post*. Die phantastische Geschichte *The Bronze Door* erscheint in der amerikanischen Zeitschrift *Unknown*.
1940	Der Roman *Farewell, My Lovely* erscheint bei Knopf und Hamish Hamilton.

---

* Aus den mit Asteriskus versehenen Titeln verwendete Chandler später Teile für seine Romane; er nannte sie daher gern seine ›ausgeschlachteten Geschichten‹.

1941	Die Geschichte *No Crime in the Mountains** erscheint im *Detective Story Monthly.*
1942	Der Roman *The High Window* erscheint bei Knopf. *Farewell, My Lovely* dient als Vorlage für den Film *The Falcon Takes Over* (R.K.O.).
1943	Chandler geht nach Hollywood, um für die Paramount zu arbeiten. *The High Window* erscheint bei Hamish Hamilton. Der Roman *The Lady in the Lake* erscheint bei Knopf.
1944	Drehbücher für *Double Indemnity* (mit Billy Wilder) und *And Now Tomorrow* (mit Frank Partos) für die Paramount. *The Lady in the Lake* erscheint bei Hamish Hamilton. Der Essay *The Simple Art of Murder* erscheint im *Atlantic Monthly.*
1945	Der Aufsatz *Writers in Hollywood* erscheint im *Atlantic Monthly.* Drehbuch zu *The Unseen* (mit Hager Wilde) für die Paramount. *Farewell, My Lovely* dient als Vorlage für den Film *Murder, My Sweet* (R.K.O.).
1946	Original-Drehbuch zu *The Blue Dahlia* für die Paramount. *The Big Sleep* von Warner Brothers verfilmt. *The Lady in the Lake* von der Metro Goldwyn Mayer verfilmt.
1947	*The High Window* als *Brasher Doubloon* von der Twentieth Century Fox verfilmt.
1948	Der Aufsatz *Oscar Night in Hollywood* erscheint im *Atlantic Monthly.*
1949	Der Roman *The Little Sister* erscheint bei Houghton Mifflin und Hamish Hamilton.
1950	Der Sammelband Kurzgeschichten *The Simple Art of Murder* erscheint mit dem gleichnamigen Essay bei Houghton Mifflin und Hamish Hamilton. Der Sammelband Kurzgeschichten *Trouble is My Business* erscheint als Penguin Book. Drehbuch zu

	Strangers on a Train (mit Czenzi Ormonde) für Warner Brothers (produziert 1951).
1951	Die phantastische Geschichte *Professor Bingo's Snuff* erscheint im *Park East Magazine* (USA) und in *Go* (London). Der Sammelband Kurzgeschichten *Trouble is My Business* erscheint bei Houghton Mifflin. Chandler schreibt die Geschichte *A Couple of Writers* (Erstveröffentlichung im vorliegenden Buch).
1952	Der Aufsatz *Ten Per Cent of Your Life* erscheint im *Atlantic Monthly.*
1953	Der Roman *The Long Goodbye* erscheint bei Hamish Hamilton.
1954	Tod von Chandlers Frau Cissy (12. Dezember).
1957	Chandler schreibt die Geschichte *English Summer (Englischer Sommer,* detebe 20754).
1958	Der Roman *Playback* erscheint bei Houghton Mifflin und Hamish Hamilton. Chandler schreibt die Geschichte *The Pencil,* posthum (1960) in der amerikanischen Zeitschrift *Manhunt* veröffentlicht. Chandler schreibt die Anfangskapitel von *The Poodle Springs Story* (Roman, unvollendet hinterlassen), die im vorliegenden Buch zum erstenmal veröffentlicht werden.
1959	Chandler stirbt am 26. März in La Jolla, Kalifornien.

Eine vollständige Chandler-Bibliographie und -Filmographie findet sich im letzten Band der deutschen Chandler-Werkausgabe *Englischer Sommer* (detebe 20754).

Chandler über Chandler

10. November 1950
An Hamish Hamilton[1]

... Ich bin in Chicago, Illinois, geboren, vor so verdammt langer Zeit, daß ich wünschte, ich hätte nie jemandem erzählt, wann. Meine Eltern stammten beide von Quäkern ab. Sie waren aber beide keine praktizierenden Quäker. Meine Mutter wurde in Waterford, Irland, geboren[2], wo es eine sehr berühmte Quäkerschule gab und vielleicht heute noch gibt. Mein Vater kam aus einer pennsylvanischen Farmerfamilie, wahrscheinlich einer aus dem Haufen, der sich mit William Penn dort ansiedelte. Im Alter von sieben hatte ich Scharlach in einem Hotel, und das ist, soweit ich weiß, eine sehr seltene Leistung. Ich erinnere mich hauptsächlich an das leckere Eis und an den Spaß, den ich daran hatte, mir während der Genesung die sich lösende Haut abzupellen ...

20. November 1944
An Charles W. Morton[3]

... Ich hatte einen Onkel in Omaha, der Lokalpolitiker war. Ich bin so ein- oder zweimal dort gewesen. Als ganz kleiner Junge habe ich immer einen Teil des Sommers in Plattsmouth (Nebraska) verbracht. Ich erinnere mich noch an die Eichen und die hohen hölzernen Gehsteige neben den Schlammstraßen und an die Hitze und die Glühwürmchen und die ›Gespenstheuschrecken‹ und eine Menge seltsamer

[1] Geschäftsführender Direktor von Chandlers Londoner Verlag Hamish Hamilton Ltd.
[2] Chandlers Mutter, Florence Thornton, machte eine Reise in die USA, um ihre Schwester Grace zu besuchen, die in Omaha, Nebraska, verheiratet war, und lernte dort Maurice Chandler kennen.
[3] Mitherausgeber des *Atlantic Monthly*.

Insekten und an die Wildtraubenlese im Herbst, wo dann Wein gemacht wurde, und an das tote Vieh und hin und wieder einen toten Mann, der den lehmigen Fluß herunter- getrieben kam, und an das vornehme Drei-Löcher-Klo hin- ter dem Haus. Ich erinnere mich an die Schaukelstühle, die in Reih und Glied an der Gehsteigkante vor dem Hotel standen, und an den Tabaksaft, der überall hingespuckt wurde. Und ich erinnere mich an eine Probefahrt auf einem Postwagen: er hatte eine Maschine, die mein Onkel erfun- den hatte, man konnte damit ohne Anhalten Post aufneh- men, aber jemand kam ihm damit zuvor, und er kriegte nie auch nur einen Heller.

Danach dann kam ich nach England und wurde mit La- tein und Griechisch großgezogen, wie Sie selber auch ... Ich glaube nicht, daß mir die Schulbildung je besonders gescha- det hat.

24. August 1945
Interview mit Irving Wallace[1]

... Mein Vater hat an der Penn studiert, war Tiefbauin- genieur. Geschieden, als ich sieben war ... Ich habe meinen Vater nie wiedergesehen.

31. März 1957
An Leroy A. Wright[2]

... Meine Mutter kehrte bald darauf nach England zu- rück, um bei ihrer Mutter zu leben und ihr den Haushalt zu führen[3], und natürlich ging ich mit ihr.

[1] Freier Journalist und Buchautor.
[2] Chandlers Rechtsanwalt: Teilhaber von Glenn & Wright, San Diego, Kalif.
[3] Chandlers Großmutter lebte in Norwood, London, zusammen mit ihrer Tochter Ethel.

1. Januar 1945
An Charles W. Morton

... Ich habe eine große Menge irischer Verwandten, manche arm, manche nicht arm, und alle Protestanten; manche für den Sinn Fein und manche vollkommen pro-britisch eingestellt. Das Haupt der Familie[1] ist, wenn er noch lebt, ein sehr wohlhabender Rechtsanwalt, der die Juristerei haßte, sich aber verpflichtet fühlte, seines Vaters Firma weiterzuführen. Er hatte eine Haushälterin, die aus einer Landfamilie kam und meinen Onkel nie ganz als Gentleman ansah, weil er Rechtsanwalt war. Sie pflegte zu sagen: es gibt für einen Gentleman nur vier Laufbahnen, bei der Armee, bei der Marine, bei der Kirche und bei Gericht. Ein Barrister war ein Gentleman, aber ein Rechtsanwalt nicht ...

Ein erstaunliches Volk, diese Anglo-Iren. Sie haben sich gesellschaftlich nie mit den Katholiken gemischt ... Ich bin mit einer schauerlichen Verachtung für alles Katholische aufgewachsen und habe selbst heute noch meine Schwierigkeiten damit ... Die versnobte Haushälterin meines Onkels duldete grundsätzlich keine katholischen Bediensteten im Haus, obwohl die vermutlich viel besser waren als das Gesocks, das sie statt dessen hatte.

15. Juli 1954
An Hamish Hamilton

... Was für wunderliche Wertbegriffe wir doch hatten! Wie gottsjämmerlich snobistisch! Meine beschränkte und arrogante Großmutter sprach von einer der nettesten Familien, die wir kannten, als ›sehr *achtbaren* Leuten‹, weil die zwei Söhne, fünf goldhaarige aber nicht verheiratbare Töchter und keine Dienerschaft hatten. Sie waren so abgrundtief gesunken, daß sie selber bei sich die Haustür aufmachen mußten.

[1] Ernest Thornton

17

11. November 1957
An Wesley Hartley[1]

... Ich bin aufs Dulwich College gegangen, eine englische Public School[2], die unter gesellschaftlichem Aspekt zwar nicht ganz an Eton und Harrow heranreichte, aber doch eine sehr gute Bildung vermittelte. Zu meiner Zeit gab es dort zwei ›Zweige‹, einen modernen Zweig, hauptsächlich für Jungens vorgesehen, die einmal irgendwie in die Wirtschaft wollten, und einen humanistischen Zweig für alles, was Latein und Griechisch nahm und einmal nach Oxford und Cambridge wollte. Ich durchlief den modernen Zweig bis ans Ende und sprang dann zur untersten Klasse der Oberstufe im humanistischen Zweig über. Dort ging ich bis zur sechsten, der letzten Klasse. Ich machte den Abschluß mit siebzehn – das übliche Abgangsalter lag damals kurz vor dem zwanzigsten Geburtstag ... Danach hatte ich je sechs Monate in Paris und in Deutschland. In Paris auf der Schule und in Deutschland bei einem Privatlehrer. Ich habe damals gut genug Deutsch gesprochen, um für einen Deutschen gehalten zu werden, aber damit ist es jetzt nichts mehr, leider. Französisch spricht man nie gut genug, um einen Franzosen zufriedenzustellen. *Il sait se faire comprendre* ist so ungefähr das Äußerste, was sie zugestehen.

Notiz Chandlers im
Twentieth Century Authors' Supplement
In der Schule habe ich keine besonders markante literarische Begabung entfaltet. Mein erstes Gedicht kam zustande, als ich neunzehn war, an einem Sonntag, im Badezimmer, und wurde im *Chambers' Journal* veröffentlicht. Ich bin glücklich, daß ich kein Exemplar mehr besitze. Ich hatte,

---

[1] Lehrer für amerikanische Literatur und Englisch an der High School von La Canada, Kalifornien.
[2] Chandlers irischer Onkel half bei seinem Schulgeld aus.

um offen zu sein, die Voraussetzungen, ein recht guter zweitrangiger Dichter zu werden, aber das besagt nichts weiter, da ich die Sorte Verstand mitbekommen habe, mit dem man schlechthin alles recht gut zweitrangig werden kann, und zwar ohne viel Aufwand.

31. März 1957
An Leroy A. Wright

... Als ich achtzehn Jahre alt war, fällten meine Mutter und mein reicher aber etwas despotischer irischer Onkel die Entscheidung, ich sollte in den Staatsdienst treten und die entsprechende Prüfung ablegen ... Ich wollte Schriftsteller werden, wußte aber, daß mein irischer Onkel dafür nie zu haben sein würde, und so dachte ich, daß die geruhsamen Stunden im Staatsdienst mir ja vielleicht die Möglichkeit lassen könnten, nebenbei zu schreiben. Ich bestand als dritter in einem Haufen von ungefähr sechshundert. Ich ging zum Marineministerium, fand die Atmosphäre dort aber so zum Davonlaufen, daß ich nach sechs Monaten davonlief. Damit platzte eine Bombe; vielleicht hatte das noch nie ein Mensch gemacht. Mein irischer Onkel lief blau an vor Wut. So verkroch ich mich in Bloomsbury, lebte praktisch von nichts und schrieb für eine intellektuelle Wochenzeitschrift[1] und auch für die *Westminster Gazette*[2], vielleicht das beste Abendblatt, das die Welt je gesehen hat. Aber selbst im besten Fall bekam ich nur einen sehr kargen Lebensunterhalt zusammen.

April 1949
An Hamish Hamilton

... J. A. Spender war der erste Zeitungsmann, der mir freundlich entgegenkam. Er war damals, als ich für ihn ar-

[1] *The Academy.*
[2] Chandler schrieb außerdem noch für den *Spectator.*

beitete, Herausgeber der *Westminster Gazette*. Ich bekam eine Empfehlung an ihn von einem wunderbaren alten Knaben namens Roland Ponsonby Blennerhasset, Barrister beim House of Lords, wohlhabender irischer Großgrundbesitzer (ihm gehörte eine geradezu fabelhafte Anzahl Morgen in Kerry), Angehöriger, wie ich von meinem Onkel in Waterford erfuhr, einer dieser sehr alten titellosen Familien, neben denen Earls und Marquis oft wie reine Parvenüs wirken. Spender kaufte mir eine Menge Zeug ab, Verse, Skizzen und ungezeichnete Sachen wie etwa Artikel, die aus ausländischen Zeitungen geklaut waren. Er brachte mich in den National Liberal Club, wo ich freien Zutritt zum Lesesaal hatte. Bürgschaft leistete mir auch sein politischer Karikaturist, ein berühmter Mann damals, aber ich habe seinen Namen vergessen. Im Fleische ist er mir nie begegnet.

Mit all dem kam ich auf etwa drei Guineen pro Woche, aber das war nicht genug. Ich arbeitete auch für einen Mann namens Cowper[1], der Lord Alfred Douglas als Besitzer der *Academy* ablöste, und machte einen Haufen Buchbesprechungen für ihn, ferner auch ein paar Essays, die ich noch habe, sie sind stilistisch unerträglich preziös, aber schon hübsch garstig im Ton. Ich bekam selten die besten Bücher zur Besprechung, und tatsächlich war das einzige von einiger Bedeutung, an das ich Hand legte, *The Broad Highway* (Jeffrey Farnol), dessen Autor, damals unbekannt, ich, wie ich mit Freude sagen kann, eine enorme Popularität prophezeite. Ich besprach Eleanor Glyn, und aber wie! Es ging mir wie jedem jungen Frechdachs: ich fand's sehr leicht, vom hohen Roß herunter zu verreißen, und sehr schwer, ein Lob auszusprechen, ohne sofort hoffnungslos naiv zu werden.

---

[1] Cecil Cowper, Friedensrichter, 1910–16 Herausgeber von *The Academy*.

11. Dezember 1950
An Hamish Hamilton

... Ich habe auch eine ganze Masse Verse für die *Westminster Gazette* geschrieben, von denen die meisten mir heute ausgesprochen kläglich vorkommen, freilich nicht alle, und außerdem einen schönen Packen Skizzen, meist satirischer Natur – die Sorte Sachen, die Saki so unendlich viel besser hinkriegte. Tatsächlich hatte ich zu Spender nur eine ganz lose persönliche Beziehung. Ich schickte ihm das Zeug ein, und entweder kam's zurück, oder es kam ein Korrekturabzug. Korrigiert habe ich den Abzug nie, ich betrachtete ihn einfach als eine bequeme Form der Annahmebestätigung. Ich erschien regelmäßig an einem bestimmten Tag jede Woche an der Kasse, empfing mein Honorar in Gold und Silber und wurde aufgefordert, eine Penny-Stempelmarke in ein großes Buch zu kleben und als Empfangsbestätigung meinen Namen quer darüber zu schreiben. Wie wunderlich erscheint einem diese Welt heute!

Wahrscheinlich habe ich Dir schon von der Zeit erzählt, wo ich an Sir George Newnes schrieb und ihm anbot, einen Anteil an seinem erfolgreichen wöchentlichen Schundblatt *Tit-Bits* zu kaufen, oder? Ich wurde aufs höflichste von einem Sekretär empfangen, der – eindeutig Public School – sein Bedauern ausdrückte, daß die Zeitschrift momentan kein Kapital benötige, mir aber zugleich versicherte, daß mein Anerbieten zumindest das Verdienst der Originalität besitze. Mit demselben Manöver brachte ich tatsächlich auch eine Verbindung zur *Academy* zustande ... Cowper war zwar nicht geneigt, einen Anteil an seinem Magazin zu verkaufen, deutete aber auf ein großes Regal mit Büchern in seinem Büro und sagte, das seien Besprechungsstücke, und ob ich nicht ein paar davon mit nach Hause nehmen wolle, um sie zu rezensieren. Ich frage mich noch heute, warum er mich nicht seine düstere Treppe runterschmeißen ließ; vielleicht weil kein Mensch im Büro war, der das hätte tun können, denn sein gesamter Redaktionsstab schien aus einer sanftmütigen mittelältlichen Dame und einem stillen Männchen namens Vizetelly zu bestehen, der (glaube ich) der Bruder eines anderen und berühmteren Vizetelly war – jenes, der in New York im Zusammenhang mit einer Obszönitätsklage wegen der Veröffentlichung der amerikanischen *Madame-Bovary*-Übersetzung in Schwierigkeiten geriet.

Ich lernte dort auch einen hochgewachsenen, bärtigen Mann mit traurigen Augen kennen, der Richard Middleton hieß; Du hast von ihm, denke ich, wohl schon gehört. Kurz danach beging er Selbstmord in Antwerpen, einen Selbstmord aus Verzweiflung, würde ich sagen. Der Vorfall machte tiefen Eindruck auf mich, weil Middleton mir eindeutig weit mehr Talent zu haben schien, als ich's selber wohl je besitzen würde; und wenn er's nicht schaffte damit, dann war es nicht eben sehr wahrscheinlich, daß es mir gelingen könnte. Natürlich gab es damals wie heute populäre und erfolgreiche Schriftsteller, und es gab gewitzte junge Leute, die sich als freie Mitarbeiter bei den zahlreichen literarischen Wochenblättern und in den noch literarischeren Feuilletons der Tageszeitungen einen ganz anständigen Lebensunterhalt verdienten. Aber die meisten, die das taten, hatten entweder noch Privateinkommen oder aber einen Job, besonders im Staatsdienst. Und ich war entschieden kein gewitzter junger Mann. Ich hatte sehr wenig Geld, obwohl davon in meiner Familie ein ganz schöner Batzen steckte. Ich war in England aufgewachsen, und meine sämtlichen Verwandten saßen entweder in England oder in den Kolonien. Und doch war ich kein richtiger Engländer. Ich hatte auch kein Zugehörigkeitsgefühl zu den Vereinigten Staaten, und doch verdroß mich die ignorante und überhebliche Kritik an den Amerikanern, die damals im Schwange war.

Während meiner Zeit in Paris sind mir eine ganze Menge Amerikaner über den Weg gekommen, und die meisten machten auf mich den Eindruck, als hätten sie wirklich Schwung und Elan und fühlten sich wohl in Situationen, in denen der Durchschnittsengländer derselben Gesellschaftsklasse muffig oder total gelangweilt reagiert hätte. Aber ich gehörte nicht zu ihnen. Ich sprach nicht einmal ihre Sprache. Ich war, in letzter Konsequenz, ein Mensch ohne Heimat ... Wenn man alles zusammennimmt, hätte ich vielleicht in Paris bleiben sollen, obwohl ich die Franzosen nie eigentlich mochte. Aber genaugenommen mußte man die Franzosen auch gar nicht mögen, um in Paris zu Hause zu sein. Und einzelne, die man mögen konnte, fand man ohnedies immer. Andererseits wieder mochte ich sehr die Deutschen, das heißt die Süddeutschen. Aber es hatte nicht viel Sinn, in Deutschland zu leben, weil es ein offenes Geheimnis war, ganz offen diskutiert, daß wir uns jeden Moment mit ihnen im Krieg befinden konnten ...

31. März 1957
An Leroy A. Wright
... Amerika schien mich auf irgendeine ganz geheimnisvolle Weise zu rufen. Also brachte ich's fertig, als ich 23 war, meinem erzürnten Onkel ein Darlehen von 500 Pfund abzuluchsen (von dem jeder Penny mit sechs Prozent Zinsen zurückgezahlt wurde) ...

10. November 1950
An Hamish Hamilton
... Ich diente in der I. Division der Canadian Expeditionary Force bei dem Unternehmen, das allgemein der Große Krieg hieß[1], und wurde später der R.A.F. zugeteilt, hatte

[1] Chandler trat 1917 bei den Canadian Gordon Highlanders ein und kam nach Victoria, B. C., zur Ausbildung. Er meldete sich bei der kanadischen Armee, weil dort eine Familienunterstützung gezahlt wurde, die er seiner Mutter zukommen lassen konnte. Er diente in Frankreich und wurde Zugführer. 1918 kam er zum Royal Flying Corps (der späteren R.A.F.). Entlassen wurde er in England; seine Mutter kehrte mit ihm nach Kalifornien zurück.

aber die Fliegerausbildung noch nicht abgeschlossen, als der Waffenstillstand kam ... 1919 traf ich mit schicker Garderobe und Public-School-Akzent in Kalifornien ein und hatte mich weidlich zu plagen, um meinen Lebensunterhalt zu verdienen. Einmal habe ich zehn Stunden pro Tag auf einer Aprikosen-Plantage gearbeitet, für zwanzig Cent die Stunde. Ein andermal für ein Sportartikelgeschäft, wo ich für 12 Dollar 50 die Woche Tennisschläger bespannen mußte, 54 Stunden pro Woche. Ich brachte mir selber Buchhaltung bei[1], und von da an war mein Aufstieg so rapide wie der Wuchs eines Mammutbaums. Das Geschäftsleben war mir fatal, aber trotzdem brachte ich's schließlich zum Vorstandsmitglied beziehungsweise Direktor eines halben Dutzends unabhängiger Ölgesellschaften.

5. Mai 1957
An Helga Greene[2]

... Es handelte sich um kleine Gesellschaften, die aber sehr reich waren. Ich hatte den besten Bürostab in ganz Los Angeles, und ich zahlte meinen Leuten höhere Gehälter, als sie irgendwo sonst hätten bekommen können, und sie wußten das. Meine Bürotür war nie geschlossen, jeder nannte mich beim Vornamen, und es gab nie auch nur den geringsten Streit, weil ich es mir zur Aufgabe machte, dafür zu sorgen, daß kein Grund dazu aufkam ... Ich hatte die Gabe, die einzelnen Fähigkeiten der Menschen zu entdecken. Es gab da einen Mann, entsinne ich mich, der geradezu genial begabt war für die Ablage. Andere waren gut in Routinearbeiten, hatten aber keine eigene Initiative. Es gab Sekretärinnen, die schlechthin alles im Kopf behalten konnten, und Sekretärinnen, die wundervoll Diktat aufnahmen und tippten, mit ihren Gedanken aber in Wirklichkeit

---

[1] Chandler schaffte einen Drei-Jahres-Kurs in Buchhaltung tatsächlich in sechs Wochen.
[2] Chandlers literarische Agentin.

anderswo waren ... Das Geschäftsleben ist hart, und ich hasse es. Aber was man einmal anfängt, das muß man dann auch so gut machen, wie man nur kann ...

10. November 1950
An Hamish Hamilton
... Mit der Depression war's damit zu Ende. Während ich im Auto die pazifische Küste rauf- und runterfuhr, fing ich an, Schundmagazine zu lesen, einfach weil sie billig genug waren, daß man sie wegschmeißen konnte, und weil ich dem Zeug, das man so Frauenzeitschriften nennt, nie habe Geschmack abgewinnen können. Das war in den großen Tagen der *Black Mask* (falls man das große Tage nennen darf), und es machte mich betroffen, daß manches von dem Geschreibsel stilistisch Kraft besaß und ehrlich war, auch wenn es in reichlich roher Form dastand. Ich gelangte zu der Ansicht, daß es gar nicht schlecht wäre, auf diesem Weg den Versuch zu machen, die Romanschriftstellerei zu erlernen und zugleich auch noch ein bißchen Geld dabei einzustreichen.

Ich verbrachte fünf Monate über einem Novellchen von 18 000 Wörtern[1] und wurde es für 180 Dollar los. Danach habe ich nie mehr zurückgeschaut, auch wenn mir beim Blick nach vorn noch so manchesmal recht unbehaglich zumute wurde. Den *Big Sleep* habe ich in drei Monaten geschrieben ...[2]

1943 ging ich nach Hollywood, um mit Billy Wilder an *Double Indemnity* zu arbeiten. Anschließend stand ich bei der Paramount unter Vertrag und machte verschiedene Filme für sie. Ende 1946 hatte ich genug. Ich zog nach La Jolla.

Ich bin seit 1924[3] verheiratet und habe keine Kinder. Ich

---

[1] *Blackmailers Don't Shoot.*
[2] *The Big Sleep* erschien 1939 bei Knopf und Hamish Hamilton.
[3] In diesem Jahr starb seine Mutter.

gelte als ziemlich ausgekochter Schriftsteller, aber das besagt nichts. Was in meinen Büchern ausgekocht wirkt, ist bloß Projektion. Persönlich bin ich empfindlich und sogar schüchtern. Hin und wieder kann ich äußerst bissig und rabiat werden; zu andern Zeiten bin ich sehr sentimental. Ich bin gar kein guter Gesellschafter, weil ich mich sehr leicht langweile, und der Durchschnitt ist mir nie gut genug, weder bei Menschen noch sonstwo. Ich arbeite ziemlich sprunghaft, ohne feste Zeiten, was heißen soll, daß ich überhaupt nur schreibe, wenn mir danach ist. Ich bin immer wieder überrascht, wie leicht es einem dann zu fallen scheint und wie müde man sich doch hinterher fühlt ...

2. Oktober 1946
An Dale Warren[1]

... Ich bin (wir sind) jetzt endgültig nach La Jolla gezogen, jedenfalls so endgültig, wie heutzutage etwas sein kann. Wir wohnen ganz nah am rauschenden Meer – gleich hinter der Straße und unterhalb einer niedrigen Felsenklippe –, aber der Pazifik benimmt sich gewöhnlich sehr gesittet. Wir haben ein viel schöneres Heim, als ein arbeitsloser Schundschriftsteller eigentlich erwarten dürfte.

18. März 1949
An Alex Barris, Toronto[2]

... La Jolla liegt auf einer Landzunge nördlich von San Diego, und es ist dort nie wirklich heiß oder kalt. Folglich haben wir zweimal Touristen-Saison, im Winter und im Sommer. Vor zehn Jahren war die Stadt sehr still, exklusiv, teuer und fast so öde wie ein Februarnachmittag in Victoria[3]. Jetzt ist sie bloß noch teuer. Unser Wohnzimmer hat ein Panoramafenster, von dem man nach Süden über die

---

[1] Lektor bei Houghton Mifflin Co.
[2] Korrespondent des *New Liberty Magazine*.
[3] Victoria, B. C.

Bucht bis Point Loma sieht, dem westlichsten Teil von San Diego, und des Abends liegt eine lange erleuchtete Küstenlinie fast zu unsern Füßen. Ein Rundfunkautor war einmal hier, um mich zu besuchen, und er hat da am Fenster gesessen und geweint, so schön war es. Aber wir wohnen hier, und zum Teufel damit.

Meine Frau wünscht keine Publicity, darin ist sie ziemlich rigoros. Sie malt nicht und schreibt auch nicht. Sie spielt auf einem Steinway-Flügel, wenn sie Zeit hat. Da wir bis zu zwei Drittel unserer Zeit ohne Köchin sind, hat sie keine Zeit. Sie ist New Yorkerin und mit der Familie verwandt, aus der Clarence Days Mutter stammte.

5. Februar 1951
An Edgar Carter[1]

... Die *Picture Post* ist für Leute, bei denen sich die Lippen bewegen, wenn sie lesen. Selbstverständlich kann das Blatt alles, was es über mich wissen will, von meinem englischen Verlag, Hamish Hamilton Ltd., erfahren. Die Fragen, die Sie zitieren, scheinen mir das intellektuelle Niveau der Redaktion zu bezeichnen.

Ja, ich bin genau so wie die Gestalten in meinen Büchern. Ich bin ein ruppiger Bursche und bekannt dafür, daß ich ein Wiener Hörnchen mit bloßen Händen zerbreche. Ich sehe blendend aus, bin stark wie ein Riese und wechsle regelmäßig jeden Montag morgen mein Hemd. Wenn ich zwischen meinen Aufträgen ausruhe, wohne ich in einem provenzalischen Château am Mulholland Drive. Es ist ein nettes kleines Häuschen mit achtundvierzig Zimmern und neunundfünfzig Badezimmern. Ich speise von goldenen Tellern und lasse mich vorzugsweise von nackten Tanzmädchen bedienen. Aber natürlich gibt es auch Zeiten, wo ich mir einen Bart wachsen lassen und mich in einer Kaschemme der Main

[1] Damals bei H. N. Swanson Inc., Chandlers Agentur in Hollywood.

Street verkriechen muß, und es kommt durchaus auch vor, daß mich das Stadtgefängnis, allerdings nicht auf meinen Wunsch, in seiner Ausnüchterungszelle zu Gast sieht.

Ich habe Freunde in sämtlichen Ecken des Lebens. Auf meinem Schreibtisch stehen vierzehn Telefone mit je einem direkten Draht nach New York, London, Paris, Rom und Santa Rosa. Mein Aktenschrank beherbergt eine sehr gemütliche Hausbar, und der Barkeeper, der in der untersten Schublade wohnt, ist ein Mini-Liliputaner. Ich bin starker Raucher, und je nach Laune rauche ich Tabak, Marihuana, Maisfasern und trockenes Laub. Meine Hauptbeschäftigung besteht in Ermittlungen, besonders in den Apartments schlanker Blondinen. Mein Material bekomme ich auf verschiedene Weise, aber mein Lieblingsverfahren besteht darin, zur Nachtzeit die Schreibtische anderer Schriftsteller zu durchstöbern. Ich bin achtunddreißig Jahre alt, und zwar schon seit zwei Jahrzehnten. Ich halte mich selber nicht unbedingt für einen Meisterschützen, aber mit einem nassen Handtuch bin ich ein ziemlich gefährlicher Mann. Alles in allem freilich ist meine Lieblingswaffe, glaube ich, ein Zwanzig-Dollar-Schein.

5. Oktober 1951
An Hamish Hamilton

... Ich hoffe, ich bringe 1952 wieder ein Buch zustande, ich hoffe es sehr. Aber hol's der Henker, ich habe die größten Schwierigkeiten, mit dem Plan weiterzukommen ... Ich bin ganz kaputt von der Sorge um meine Frau ... Wir haben ein großes Haus, ein ziemlich großes, das schwer in Ordnung zu halten ist, und die Aussichten auf eine Hilfe sind praktisch gleich Null. Cissy kann nur noch sehr, sehr wenig tun, es ist ziemlich bergab gegangen mit ihr in den letzten beiden Jahren. Sie ist eine vorzügliche Köchin, und wir sind beide sehr wählerisch und verwöhnt, aber das läßt sich nun einmal nicht ändern. Ich habe mir schon gedacht, daß es eigentlich das Vernünftigste wäre, ein kleines Häuschen zu nehmen und alleine auszukommen, aber ich fürchte, sie ist nicht einmal dazu mehr imstande. Wenn ich mich an die Arbeit machen will, bin ich bereits müde und mutlos. Ich wache nachts mit furchtbaren Gedanken auf. Cissy hat einen ständigen Husten, der nur mit schweren Medikamenten gedämpft werden kann, und diese Medikamente zerstören ihre Lebenskraft.

April 1951
An Mrs. Juanita Messick[1]

Wir werden den Nachmittagstee wohl für eine Weile abschaffen; er bringt nur eine weitere Unannehmlichkeit in einem Tag, der mit Unannehmlichkeiten bereits überladen ist, soweit ich betroffen bin. Es sieht so aus, als müßte ich, bis es meiner Frau wieder besser geht, den größten Teil der Kocherei übernehmen.

Schnelle Sachen kann ich ganz gut kochen. Steaks, Koteletts und Gemüse werden bei mir besser als in den Restaurants ... aber es ist eine Plackerei, daran besteht kein Zweifel. Ich stehe um 8 Uhr morgens auf. Bis 10 Uhr brauche ich, um uns beiden Frühstück zu machen und aufzuräumen. Das läßt mir bis 1 Uhr Zeit zu dem Versuch, ein bißchen was zu schreiben. Dann muß ich in die Stadt und einkaufen, was an sich nicht schlimm ist, weil ich am Nachmittag sowieso nie besonders gut arbeiten konnte, schon als Schuljunge war ich immer wie tot am Nachmittag. Dann komme ich zurück, und kaum habe ich das Haus betreten, ist dieser verdammte Tee fällig ...

Um 5 Uhr muß ich mich wieder in der Küche zu schaffen machen. Dann kommt nach dem Abendessen der Abwasch. Ich habe schon gedacht, daß ich alles stehen lassen könnte nach dem Essen – einfach rein in den Geschirrspüler damit,

---

[1] Damals Chandlers Sekretärin.

irgendwie so. Aber dann noch aufräumen und den Herd
säubern und den Ausguß und das Abtropfbrett, das macht
fast ebenso viel Mühe, wie wenn man den ganzen Kram in
einem erledigt.

31. Juli 1952
An Roger Machell[1]

... Wir denken daran, mit dem Schiff von der Pazifikkü-
ste nach London zu reisen, dort eine oder zwei Wochen zu
bleiben und dann auf demselben Weg zurückzukommen.
Meine Frau und ich sind beide sehr müde, aus vielen Gründen. Sie ist von einer langen, zermürbenden Bronchitis ge-
schwächt, und ich glaube fast, eine solche Reise würde von
besserer Wirkung sein als alles, was man sich sonst ausdenken könnte. Sehr hoch hergehen wird es in London bestimmt nicht, weil sie dem einfach nicht gewachsen wäre.

5. November 1952
An Hamish Hamilton

... London gefiel uns sehr, und wir hatten eine herrliche
Zeit da. Die kleinen Unannehmlichkeiten, die wir in Kauf
nehmen mußten, lagen nur an unserer Unerfahrenheit und
würden uns wohl ein zweitesmal nicht passieren ... Einiges
war bedauerlich für mich, etwa daß ich mehrere Tage durch
die Schutzimpfung verlor, daß ich in keine einzige Gemäl-
degalerie gekommen bin, daß ich im Theater nur ein ziemlich armseliges Stück gesehen habe. Ich habe zuviel Zeit damit verbracht, von mir selber zu reden, was mir keinen
Spaß macht, und zu wenig Zeit damit, anderen Leuten, die
von sich selber redeten, zuzuhören, was mir Spaß macht.
Ich habe verpaßt, ein bißchen englische Landluft zu atmen.
Und so kindisch es klingen mag, verpaßt habe ich leider
auch, mir für einen Tag einen Rolls Royce zu mieten, mit-

---

[1] Einer der Direktoren bei Hamish Hamilton Ltd.

samt Chauffeur. Aber alles in allem gab es massenhaft viel, was ich nicht verpaßt habe, und das war alles gut.

13. November 1952
An Dale Warren

... Es war nett, Sie zu sehen. Ich kann nicht gerade sagen, daß ich mich in New York verliebt habe, aber ich habe es auch nicht von der besten Seite gesehen ... Ich habe eine nicht unbeträchtliche unbewußte Abneigung dagegen entwickelt, irgend etwas mit den New Yorker Taxifahrern zu tun zu haben. Wer von den Kerls nicht dauernd jammert oder prahlt, führt sich bei einer Fahrt um zehn Ecken gleich so auf, als sollte er einen Lichtbildervortrag halten.

6. Januar 1953
An H. F. Hose[1]

... Ich muß schon sagen, ich mag London sehr, trotz des Klimas, der eintönigen Küche, der kalten Zimmer. Ich hatte den Eindruck, daß dort fürchterlich viel getrunken wird, aber man kann in dem Klima auch mehr vertragen als in Süd-Kalifornien. Es ist etwas elementar Anständiges am englischen Volk, und man hat da einen gleichsam mühelosen Sinn für gute Manieren, was ich sehr attraktiv finde. Die Engländer selber scheinen zu glauben, ihre Manieren seien ziemlich heruntergekommen, aber sie sind immer noch weit besser als irgendwo sonst auf der Welt. Ich spreche natürlich vom Durchschnitt. Auch die Amerikaner können sehr höflich sein, aber beim zufälligen Kontakt, und besonders in Großstädten, vermißt man bei ihnen doch diese mühelose Liebenswürdigkeit, die in England das normale Verhalten zu sein scheint.

---

[1] H. F. Hose war Chandlers Klassenlehrer am Dulwich College gewesen.

15. März 1953
An Roger Machell

... Das wird jetzt sicher ein ganz gräßlicher Schrieb, denn ich schufte selber wie ein Berserker, und das auch noch beim Qualm einer Corona. Kein Mensch arbeitet am Sonntag, nur Chandler; er allein zerreißt sich sieben Tage in der Woche, und es kommt nicht einmal was dabei heraus ... Vielen Dank, daß Sie mir das Zeug aus *John o' London's* geschickt haben und den Artikel der Westminster Bank. In den meisten Punkten gefiel mir der besser. Jedes Interview zeigt einen anderen Menschen, und das ist mit ein Grund dafür, daß ich Interviews überhaupt nicht mag ... Die physische Beschreibung des Herrn Chandler ist unerkennbar für jeden, der ihn kennt. Ich werde da klein genannt. In Straßenkleidung fehlt mir nur ein Zoll an sechs Fuß. Meine Nase ist nicht scharf, sondern stumpf, Ergebnis des Versuchs, einen Gegner zu stoppen, als er grad mit dem Fuß am Ball war. Für englische Verhältnisse könnte man sie überhaupt kaum als auffallend bezeichnen. Strähniges Haar, wie Stahlwolle? Quatsch. Es ist schlaff. Geht leicht vornübergebeugt, soso. Chandler kam kreuzfidel in die Cocktailbar getrabt, genehmigte sich rasch hintereinander drei doppelte Gimlets und fiel flach auf die Schnauze, wobei sich sein stahlwolliges Haar anmutig auf dem Teppichmuster krüllte ...

Aber natürlich beklage ich mich gar nicht im Ernst. Interviews sind immer so. Manchmal denke ich, die einzigen wirklich guten kommen nur mit Leuten zustande, die als Befragte richtiggehend trainiert sind, Herrschaften, die eine ganz bestimmte Pose einstudiert haben, in der sie sich präsentieren und die sie variationslos immer wieder einnehmen. Sie geben eine Vorstellung.

16. September 1953
An H. F. Hose

... Ich habe in letzter Zeit abgenommen, und ich ermüde leicht. Ich arbeite nur ein bißchen vor mich hin, erledige dann Geschäftspost, und schon ist keinerlei Energie mehr da. Sie kennen das Gefühl bestimmt. Nach sechzig sollte man sich eigentlich nicht mehr von Nichtigkeiten beunruhigen lassen, aber ich tue es leider ... Der beste Arzt, den ich kenne, hat mir gesagt, daß ich vermutlich einmal an Erschöpfung sterben werde, da mich sonst nichts umbringen könnte. Keine Verschleißerscheinungen. Mein Gedächtnis freilich ist nicht mehr so gut, wie es war. Ich muß mir Notizen machen und Aufstellungen. Manchmal gehen mir ganz vertraute Namen einfach durch die Lappen und bleiben außer Sichtweite, um dann grinsend wieder hergepurzelt zu kommen ...

Chandlers Frau starb am 12. Dezember 1954. Der Altersunterschied von nahezu achtzehn Jahren zwischen ihnen hatte für Chandler nie die geringste Bedeutung gehabt.

Januar 1955
An Leonard Russell[1]

... Ich habe viel Mitgefühl empfangen und viele Briefe, aber der Ihre ist irgendwie einzigartig darin, daß er von der Schönheit, die verloren ging, spricht, statt mir zu dem vergleichsweise unnützen Leben zu kondolieren, das weitergeht. Sie war alles, was Sie sagen, und noch mehr. Sie war dreißig Jahre lang der Schlag meines Herzens. Sie war die Musik, die man an der Schwelle des Hörbaren kaum noch, ganz schwach nur vernimmt. Es war mein großer und nun eitler Kummer, daß ich nie etwas geschrieben habe, was wirklich ihrer Aufmerksamkeit wert war, kein einziges

---

[1] Mitherausgeber der Londoner *Sunday Times*.

Buch, das ich ihr widmen konnte. Geplant habe ich es wohl. Ich habe daran gedacht, aber geschrieben habe ich es nie. Vielleicht hätte ich es auch gar nicht schreiben können. Vielleicht erkennt sie jetzt, daß ich es versucht habe und daß mir das Opfer einiger weniger Jahre einer ziemlich unbedeutenden literarischen Laufbahn als geringer Preis dafür erschien, daß ich sie ein paarmal öfter zum Lächeln bringen konnte.

5. Januar 1955
An Hamish Hamilton

... Bitte schick mir keine Bücher mehr, da sie doch nur ins Lagerhaus kommen. Ich habe das Haus verkauft und ziehe um den 15. März oder auch noch früher hier aus. Ich gebe Dir Nachricht, sobald ich selber ungefähr absehen kann, wann ich in London sein werde. Deinem Brief entnehme ich, daß Du mich gern ein Weilchen bei Dir zu Hause aufnehmen würdest. Aber wenn ich's offen sagen darf, ohne undankbar zu erscheinen: ich würde lieber für mich allein sein. Ich bliebe gern in einem Hotel, bis ich mit Deiner Hilfe eine Etagenwohnung mit Bedienung gefunden habe. Ich will niemandem zur Last oder auf die Nerven fallen. Ich bin ziemlich am Ende, und das ändert sich wahrscheinlich nicht so bald, da meine Gefühle nicht an der Oberfläche sitzen.

Du hast, als wir in London waren, vielleicht bemerkt, daß Cissy gesundheitlich ziemlich hinfällig geworden war. Als wir zurückkamen, sah sie besser aus und fühlte sich auch besser als in den ganzen letzten Jahren, aber es hielt nicht an. Sie wurde schwächer und schwächer und ermüdete mehr und mehr. Sie hatte ein dunkles und, wie mir gesagt wurde, ziemlich seltenes Leiden, das man Lungenfibrose nennt. Es besteht in einer langsamen Verhärtung des Lungengewebes, die unten an der Lunge beginnt und nach oben fortschreitet ... Schon 1948 ergab sich der Befund bei einer Röntgenaufnahme, aber es dauerte noch eine ganze Weile, bis mir aufging, daß es dafür nur ein einziges Ende geben konnte. Ich glaube nicht, daß sie selber je ganz die Hoffnung aufgab, oder wenn während der letzten Wochen doch, dann ließ sie sich jedenfalls niemandem gegenüber anmerken, daß sie die Hoffnung aufgegeben hatte.

Sie lag die ganze Zeit unter dem Sauerstoffzelt, aber sie zog es immer wieder beiseite, damit sie meine Hand halten konnte. Ihr Geist war ein wenig getrübt in manchen Dingen, aber in anderen fast zum Verzweifeln überklar. Sie wandte dann meist den Kopf zur Seite, und wenn ich nicht mehr in ihrem Gesichtskreis war, schien sie mich ganz zu vergessen.

Kurz nach Mittag am 12. Dezember, es war ein Sonntag, rief mich die Schwester an und sagte, es ginge ihr sehr schlecht. Als ich eintraf, hatten sie das Sauerstoffzelt weggenommen, und sie lag mit halboffenen Augen da ... Der Arzt hatte ihr das Stethoskop aufs Herz gesetzt und horchte. Nach einer Weile trat er zurück und nickte. Ich schloß ihr die Augen, küßte sie und ging weg.

In gewissem Sinne hatte ich natürlich schon lange vorher von ihr Abschied genommen. Oft war mir während der vergangenen zwei Jahre mitten in der Nacht klargeworden, daß es nur noch eine Frage der Zeit war, wann ich sie verlor. Aber das ist nicht dasselbe, wie wenn es dann geschieht. Doch ich war auch wieder froh, daß sie's nun überstanden hatte. Der Gedanke, daß dieser stolze, furchtlose Vogel für den Rest seiner Tage im Zimmerkäfig eines elenden Sanatoriums eingesperrt sein könnte, war für mich so unerträglich, daß ich ihn überhaupt kaum zu Ende denken konnte.

Ich schlafe in ihrem Zimmer. Ich dachte erst, ich könnte es nicht ertragen, aber dann dachte ich, wenn das Zimmer leer bliebe, würde es sich mit Gespenstern füllen, und jedesmal, wenn ich an der Tür vorüberginge, würde mich Grauen befallen, und das einzige für mich wäre doch, selber einzuziehen und es mit meinem Krempel zu füllen und das Durcheinander zu schaffen, in dem ich zu leben gewohnt bin. Es war die richtige Entscheidung.

Dreißig Jahre, zehn Monate und vier Tage lang war sie das Licht meines Lebens, mein einziger Ehrgeiz. Alles, was ich sonst tat, war nur das Feuer für sie, sich die Hände daran zu wärmen.

19. März 1957
An Helga Greene

... Ich war meiner Frau nicht aus Prinzip treu, sondern weil sie vollkommen anbetungswürdig war, und der Drang zum Streunen, der in einem gewissen Alter über so viele Männer kommt, weil sie glauben, es wären ihnen zu viele schöne Mädchen entgangen, hat mich nie befallen. Ich hatte bereits die Vollkommenheit. Als sie noch jünger war, bekam sie oft jähe und ganz kurze Wutausbrüche, in denen sie dann Kissen nach mir warf. Ich lachte bloß. Ich mochte ihr Temperament. Sie war eine ganz unwahrscheinliche Kämpfernatur. Wenn ihr eine peinliche oder unangenehme Situation bevorstand, ging sie stets ohne Umwege darauf zu und zögerte nicht eine Minute, sie zu überdenken. Und sie trug immer den Sieg davon, nicht weil sie mit kühler taktischer Berechnung ihren Charme einsetzte, sondern weil sie einfach unwiderstehlich war, ohne von diesem Charme auch nur zu wissen oder sich darüber Gedanken zu machen. Darum mußte sie zentimeterweise sterben. Ich glaube, irgendwie muß man am Ende für alles bezahlen.

7. Februar 1955
An Roger Machell

... Ich sitze die halbe Nacht auf und spiele Schallplatten, wenn mir schlimm zumute wird und ich mich nicht genügend betrinken kann, um schläfrig zu werden. Meine Näch-

36

te sind ziemlich übel. Und es wird nicht im mindesten besser damit. Ich bin seit Samstag morgen allein, abgesehen von Mabel der Perle, meiner pennsylvania-deutschen Köchin und Haushälterin. Sie hat eine Menge guter Eigenschaften, aber zur Gesellschaft taugt sie nicht besonders. Vielleicht kann ich, wenn ich dies Haus und alle seine Erinnerungen verlasse, doch dazu kommen, wieder ein bißchen was zu schreiben. Aber dann bekomme ich vielleicht bloß Heimweh wieder, und Heimweh nach einem Heim, das man nicht mehr hat, ist eine böse Sache.

Morgen ist oder wäre unser einunddreißigster Hochzeitstag. Ich werde das Haus mit roten Rosen füllen und mir einen Freund herholen, um mit ihm Champagner zu trinken, wie wir's immer gemacht haben. Eine sinnlose und vermutlich törichte Geste, weil meine verlorene Liebe ja doch endgültig verloren ist und ich an ein Nachleben nicht glaube. Aber trotzdem werde ich's tun. Wir harten Burschen sind im Herzen allesamt hoffnungslose Sentimentalisten.

Im Februar 1955 unternahm Chandler das, was einer seiner Freunde später als den ›unzulänglichsten Selbstmordversuch der Geschichte‹ bezeichnete. Er zögerte im nachhinein nie, über den Vorfall zu sprechen, der in der ganzen Welt in stark entstellten Versionen durch Rundfunk und Zeitungen ging. Der amtliche Polizeibericht wurde für dieses Buch unter der Bedingung zur Verfügung gestellt, daß die Namen der beteiligten Polizeibeamten diskret behandelt und die Einzelheiten mit Zurückhaltung und Takt verwendet würden – denn, wie die Polizei sagte, ›Ray war einer der besten‹.

Der Bericht lautet: ›Chandler nahm den Tod seiner Frau sehr schwer und dramatisierte ihn, und seine rege Phantasie ist an der Motivation nicht unbeteiligt … Sergeant XXX, Streifendienst, La Jolla, sagte in einem Bericht über den

Schußwaffen-Selbstmordversuch vom 22. Februar 1955, daß er am 5. Februar, also gar nicht lange vor der Tat, zu Chandler in die Wohnung gegangen sei und ihm seine Drohungen, Selbstmord zu begehen, ,ausgeredet' habe. Die Selbstmorddrohung vom 5. Februar war die dritte, von der die Polizei erfahren hatte.‹ Am Nachmittag des 22. Februar rief Chandlers Schwägerin[1] beim Polizeirevier in La Jolla an und meldete, daß er erneut gedroht habe, sich umzubringen. ›Der diensttuende Beamte, der die Lage kannte, sprach daraufhin telefonisch mit Ray und hielt ihn hin, bis Polizeibeamte eintreffen konnten.‹

Um 3 Uhr nachmittags telefonierte der Streifenpolizist, der hingefahren war, gerade mit Chandlers Schwägerin, ›als er aus dem Badezimmer zwei Schüsse hörte‹. Er lief sofort ins Badezimmer hinüber und fand Chandler auf dem Boden der Dusche sitzen, die Waffe im Schoß. Er schilderte, daß Chandler zu diesem Zeitpunkt unter der Einwirkung von Alkohol stand ... Er nahm Chandler, der Morgenrock, Pyjama und Pantoffeln trug, die Waffe weg. Er sagte aus, die zwei – nur zwei – Kugeln aus der Pistole seien in die Decke oder die Kachelung der Duschkabine geschlagen, und der Selbstmordversuch sei mißlungen, weil sie nach oben abgefeuert worden waren und so das vermutliche Ziel verfehlt hätten.

›Chandler konnte den kürzlich erfolgten Tod von Mrs. Chandler nicht verwinden, und die kürzliche Wiederkehr seines Hochzeitstages hatte seine seelische Verfassung auch nicht bessern können. Er wurde in die psychiatrische Station des Kreiskrankenhauses eingeliefert und später durch die Vermittlung von Freunden in ein Privatsanatorium überwiesen.‹

---

[1] Lavinia Brown in Los Angeles.

5. März 1955
An Roger Machell

... Ich könnte Ihnen ums Leben nicht sagen, ob ich wirklich die Absicht hatte, die Sache zu Ende zu bringen, oder ob mein Unterbewußtsein nur eine billige dramatische Vorstellung gab. Der erste Schuß ging jedenfalls ganz ohne meine Absicht los. Ich hatte noch nie mit der Pistole geschossen, und der erforderliche Druck auf den Abzug war so gering, daß ich ihn kaum berührt hatte, um meine Hand in die richtige Position zu bringen, als der Schuß auch schon losging und die Kugel rings an den Kachelwänden der Duschkabine abprallte und oben in die Decke fuhr. Sie hätte mir ganz ebenso leicht auch in den Bauch schlagen können nach dem Abprall. Die Ladung kam mir reichlich schwach vor. Das erklärte sich, als der zweite Schuß (der die Sache nun besorgen sollte) überhaupt nicht losging. Die Patronen waren etwa fünf Jahre alt, und in dem Klima hier hatte sich die Ladung, vermute ich, wohl zersetzt. An diesem Punkt ging bei mir das Licht aus. Der Polizeibeamte, der hereinkam, erzählte mir später, ich hätte auf dem Boden der Dusche gesessen und versucht, mir die Waffe in den Mund zu schieben, und als er mich dann aufgefordert hätte, sie ihm zu geben, hätte ich bloß gelacht und sie ihm ausgehändigt.

Ich habe nicht die leiseste Erinnerung daran. Und ich weiß auch nicht, ob es ein emotionaler Defekt ist, daß ich absolut kein Schuldgefühl verspüre und auch gar nicht in Verlegenheit gerate, wenn ich Leuten in La Jolla begegne, die alle wissen, was passiert ist. Es kam hier über den Rundfunk, in den Telefon-Nachrichten und im ganzen Land in den Zeitungen, und ich bekam stapelweise Briefe aus allen Himmelsrichtungen.

In England, glaube ich, und in noch einigen anderen Ländern ist versuchter Selbstmord, oder was so aussieht, ein Verbrechen. Für Kalifornien gilt das nicht, aber man muß durch die Beobachtungsstation des Kreiskrankenhauses. Ich redete mich schon am nächsten Mittag heraus, aber es war nur unter der Bedingung möglich, daß ich in ein Privatsanatorium ging ... Mich aus dem herauszureden, war wesentlich schwieriger. Ich hielt es sechs Tage aus und verkündete dann, daß ich mich selbst zu entlassen gedächte. Großes Erdbeben. Das ginge nicht, auf gar keinen Fall. Na schön, sagte ich, dann zeigen Sie mir einmal das Gesetz, das mich hier festhält. Es gab keins, und der leitende Mann da wußte das.

So kam ich also wieder nach Hause, und seither hat mich von der ganzen Geschichte eigentlich nichts mehr beschäftigt, mit Ausnahme des Umstands, daß sie mich da so mit Drogen vollgepumpt hatten, um mich fügsam zu machen, daß ich immer noch einen leichten Kater davon habe. Ist es nicht erstaunlich, daß da Leute herumsitzen, deprimiert, gelangweilt und elend in diesen Häusern, voller Sorge um ihre Stellungen und Familien, voller Sehnsucht, wieder nach Hause zu kommen, jeden zweiten Tag einer Elektro-Schockbehandlung unterworfen (bei mir haben sie nicht gewagt, mit sowas zu kommen) und dazwischen Insulin-Schocks, voller Angst vor den Kosten für das alles und mit dem Gefühl, Gefangene zu sein, und daß sie doch nicht den Mumm haben, einfach aufzustehen und wegzugehen? Ich nehme an, es gehört das mit zu dem, was sie hergebracht hat. Wenn sie mehr Mumm hätten, wären sie überhaupt gar nicht da. Aber das ist wohl noch keine Antwort. Wenn ich selber mehr Mumm gehabt hätte, dann hätte mich Verzweiflung und Kummer nicht derart fertiggemacht, daß ich tat, was ich tat. Aber als ich feststellte, daß ich's mit ... bloßem psychiatrischen Blabla und mit einer nicht vorhandenen Autorität zu tun hatte, die mich glauben machen wollte, sie besäße Macht über mich, da sah ich gar kein besonders großes Wagnis mehr darin, ihnen einfach zu sagen, was ich tun würde, und es dann auch zu tun. Und am Ende schien ihnen das sonderbarerweise sogar fast zu gefallen. Die Oberschwester küßte mich und sagte, ich wäre der höflichste, der rücksichtsvollste und entgegenkommendste Patient, den sie dort je gehabt hätten, und ich wäre ja gar nicht totzukriegen, und Gott solle jedem Arzt helfen, der versuchte, mich zu etwas zu veranlassen, von dem ich nicht auch überzeugt wäre, daß ich's tun sollte.

Anfang März 1955
An William Campbell Gault[1]

... Gestern habe ich das ziemlich quälende Geschäft zu Ende gebracht, die Möbel aus dem Haus zu schaffen und alles für den neuen Käufer herzurichten. Als ich durch die leeren Räume ging, die Fenster kontrollierte und so fort, fühlte ich mich ein bißchen wie der letzte Mensch in einer toten Welt. Aber das wird schon vorübergehen. Am Mittwoch fahre ich nach Old Chatham, New York, wo ich bei meinem besten Freund bleibe (Ralph Barrow), und am 12. April reise ich mit der *Mauretania* ab. Gegen Ende Oktober bin ich voraussichtlich wieder zurück und hoffe dann ein Haus in La Jolla zu finden – ein viel kleineres natürlich –, weil es sich hier ja doch angenehm lebt und jeder mich da kennt.

24. April 1955, Connaught Hotel, London
An Hardwick Moseley[2]

... Ich bin hier noch mindestens bis zum 8. Mai, wonach ich dann vielleicht im Green Park schlafen muß. Ich bin nicht glücklich, und ich bin schrecklich heiser von einer Laryngitis. Der Rummel hier wird mir auch einfach zuviel. Man geht mit acht Leuten zum Lunch, und fünf davon laden einen für den nächsten Tag zu einer Dinnerparty ein. So ist Essen, Trinken und gegenseitiges Sich-Anöden prak-

---

[1] Schriftsteller, Verfasser von Romanen und Kurzgeschichten.
[2] Einer der Direktoren von Houghton Mifflin Co.

tisch alles, was man macht. Ich liebe das Hotel hier, aber ich liebe es nicht, angestarrt und den Leuten vorgeführt zu werden, und ich liebe keine Zeitungs-Interviews.

3. Juni 1955
An Neil Morgan[1]

... Ich glaube nicht, daß Sie mich wiedererkennen würden, wenn Sie mich jetzt sähen. Ich bin so verdammt vornehm geworden, daß ich mich manchmal vor mir selber ekle. Ich schlafe immer noch nicht gut, und oft stehe ich um 4 oder 5 morgens auf.

Ich habe in letzter Zeit meine Umgangsform auf eine Art höflicher Pornographie eingerichtet. Sie werden verstehen, daß das Hauptmotiv dafür der Versuch ist, das typische Geschwätz des gehobenen Bürgertums ein bißchen hochzunehmen. Es kann keinen größeren Irrtum geben, als zu denken, wir und die Engländer sprächen dieselbe Sprache ...

Es war ein wundervoller Frühling, die Plätze flammten von den prächtigsten Tulpen, oft drei und sogar vier Fuß hoch. Kew Gardens ist ein Paradies aus Grün und Farbe, Rhododendren, Azaleen, Amaryllen, blühende Bäume aller Art. Es packt einen förmlich bei der Kehle nach dem harten, staubigen Grün von Kalifornien. Die Läden sind ganz reizend eingerichtet und voll von allen möglichen wunderbaren Sachen. Das System der Verkehrsregelung hier ist überragend. Das einzige, was die Leute einem nicht bieten können, ist zartes Fleisch. Sie haben einfach nicht die Lagerräume, um es abhängen zu lassen.

Aber die Frauen! Wenn sie je vorstehende Zähne hatten, dann habe ich jedenfalls jetzt nichts mehr davon gesehen. Ich bin hier auf Parties Mädchen begegnet, bei deren Anblick Hollywood kopfstehen würde. Und sie sind so ver-

[1] Kolumnist bei der *San Diego Evening Tribune*.

dammt anständig, daß sie sich nicht einmal das Taxi von einem bezahlen lassen wollen.

14. Oktober 1955, Chatham, New York
An Michael Gilbert[1]
... Die Reise war die Hölle. Da ich mich immer noch in alkoholischer Abstinenz übe (und das erfordert verdammt viel mehr Aufwand an Übung, als ich mir zeitlich eigentlich leisten kann), saß ich allein an einem Tisch in der Ecke und weigerte mich strikt, irgend etwas mit den anderen Passagieren zu tun zu haben, was ihnen aber nicht allzu großen Kummer zu bereiten schien.

20. Februar 1956, London
An Neil Morgan
... Einmal in diesen Tagen habe ich die Absicht, Ihnen einen langen und ausführlichen Brief zu schreiben und Ihnen genau zu schildern, wie ich durch Europa und Nordafrika geflattert bin, und diesen Brief werden Sie genauso langweilig finden wie die meisten Postkarten (ich hoffe's freilich nicht). Ich habe eine herrliche Zeit hier, die ich damit ausfülle, meine Füße in kochendes Wasser zu halten, um den Kreislauf wieder in Schwung zu bringen, und unter vier Decken, einem Federbett und einem Heizkissen im Bett zu liegen ... Gesundheitlich ging's mir schlecht, und jeder Arzt findet etwas anderes, was mir fehlt. Aber was mir in Wirklichkeit fehlt, ist ein Heim und jemand, der in einem Heim für mich sorgte, wenn ich eins hätte.

5. Juni 1956, New York Hospital
An Neil Morgan
... Was mit mir los war – und zwar schon seit längerer Zeit –, war eine totale geistige, körperliche und seelische Er-

[1] Chandlers Londoner Rechtsanwalt.

schöpfung, maskiert nur davon, daß ich genügend Whisky trank, um mich auf den Beinen zu halten, und dann eine schwere Unterernährung ... Es ist mir eigentlich nie schwergefallen, mit dem Trinken aufzuhören, aber was bleibt einem dann noch übrig? Hier haben sie mir jetzt beigebracht, daß einem noch eine hochwissenschaftliche Eiweiß-Diät übrigbleibt, die einen innerhalb weniger Tage so weit bringt, daß man dreimal soviel ißt, als man glaubt, überhaupt herunterzukriegen, und sich dann noch nach mehr umsieht ... Am fünften Tag wachte ich auf, und ein Wunder war geschehen. Ich fühlte mich glücklich, absolut glücklich, zum erstenmal, seit meine Frau starb. Alles andere war nur Theater gewesen. Dies hier war echt, und die Stimmung hat sich nicht geändert ... Grüße der Liebe Ihnen beiden, und geben Sie mich nicht auf. Ich brauche Freunde.

14. Juni 1956, La Jolla
An H. N. Swanson[1]

... Ich bin wieder im Lande. Dienstag morgen kam ich mit der Mitternachtsmaschine (N.Y.) an, ganz schön geschlaucht. Der englische Winter, besonders der gräßliche Kälteeinbruch im Januar, hat mir ziemlich zu schaffen gemacht. Aus irgendeinem Grunde konnte ich in London nicht arbeiten – zuviel gesellschaftlicher Trubel, denke ich, und zu viele reizende Damen ... Aber ich mußte einfach zurück ... Erst hatte ich das Gefühl, ich könnte es nicht ertragen, so bald nach dem Tod meiner Frau wieder in La Jolla zu leben. Der Ort hatte etwas Gespenstisches für mich. Aber jetzt bin ich ein bißchen gefestigter. Ich denke, ich werde es schaffen.

[1] Chandlers Agent in Hollywood.

23. August 1956
An Dorothy Gardiner

Ich war ein paar Wochen weg, an einem der heißesten Plätze von Kalifornien, nämlich in Pasadena, der Heimat stillen Friedens und verschwitzter Unterhemden. Weiß Gott, jetzt ist es hier selber wahrhaftig heiß genug, was einem Bewohner von La Jolla eigentlich erspart sein sollte, aber unser Klima hat sich langsam immer mehr verändert, und ich glaube, für die nächste Million Jahre steht uns ein tropischer Hitzeeinbruch bevor, dem dann zweifellos eine Eiszeit folgen wird, aber ich rechne nicht damit, so lange noch in der Gegend zu sein.

28. März 1957
An Edgar Carter

... In Arizona habe ich wieder Freude am Autofahren bekommen. Jahrelang war es mir verhaßt. Aber meine englischen Freunde ließen mich ganz Arizona abfahren, von Norden nach Süden, von Osten nach Westen, von der mexikanischen Grenze bis zu den Bergen (Flagstaff hat die besten Forellen, die ich je gekostet habe). Und ich bin ein sehr schneller Fahrer geworden. In Arizona kriegt man kaum je einen Streifenwagen zu sehen. Ich habe die Erfahrung gemacht, daß man zweierlei unbedingt braucht: vorzügliche Reifen und absolute Konzentration. Vier Stunden davon sind die Grenze dessen, was ich in meinem Alter noch schaffen kann, aber ich habe es genossen.

27. September 1957
An Edgar Carter

... Das Leben hier langweilt mich, und ich wünschte, ich könnte nach England zurück, aber der Steuerprüfer sagt, ich muß noch bis mindestens zum 5. April die Stellung halten ... Da meine zwei besten Freundinnen in London sind, kommt mich das sehr hart an.

2. Dezember 1957
An Hamish Hamilton

... Ich komme gegen Ende Januar nach London zurück und habe die Absicht, mich dann dort niederzulassen. Das erfordert ein Visum, und wenn man unter dieser Voraussetzung kommt (der beabsichtigten Niederlassung, meine ich), kann man seinen Haushalt und Bücher mitbringen beziehungsweise schicken ... Ich glaube, der Hauptgrund bei mir, daß ich nach London komme, ist, abgesehen von meiner Liebe für die Stadt – außer vielleicht in den Monaten Januar bis März –, die Absicht, Stücke zu schreiben. Ihr habt so viele aktive Theater da, und sie geben in der Regel einem Stück auch dann eine Chance, wenn die Kritiker nicht gerade hysterisch werden vor Entzücken.

Es wird eine Freude sein, Dich, Yvonne und Roger wiederzusehen. Auch den netten Burschen, der das Lager unter sich hat – auch wenn Du mich auf den Kopf stellst, mir ist sein Name völlig entfallen. Mein Gedächtnis für Namen ist schlecht ... Ich habe versucht, einen burmesischen Elefanten zu engagieren, der sich für mich erinnern soll, aber dann fiel mir doch ein, daß sein Trompeten die Nachbarn belästigen und sein Hinterteil das Mobiliar in Trümmer legen würde.

5. Oktober 1958
An Hardwick Moseley

Im November, Dezember und Januar gehe ich für ein paar Wochen nach Palm Springs. Ich habe Palm Springs sehr gern. Diesmal soll ich aus Gesundheitsgründen hin, denn ich bin ein guter Schwimmer und Taucher, und früher habe ich phantastische Tauchsprünge vom hohen Brett gemacht, aber jetzt habe ich nicht mehr die Elastizität in den Beinen, um es vom hohen Brett zu versuchen (und es ist auch gar keins dort). Aber auch dem niedrigen Sprungbrett

46

kann ich immer noch eine Menge Spaß abgewinnen. Es wird mich ordentlich wieder aufmöbeln.

7. Februar 1959
An die Mystery Writers of America[1]

... Ich bin sicher, Sie wissen, daß ich diese Ehre nur als Zeichen der Würdigung einer langen Laufbahn nehme und keineswegs persönlich. Ich fühle mich ihrer eigentlich sehr unwürdig, aber ich nehme an, daß es Gründe geben muß, weshalb ich gewählt worden bin, auch wenn diese Gründe mir dunkel sind. Es ist wahr, ich habe den größten Teil meines Lebens über dem Versuch zugebracht, aus dem Kriminalroman etwas zu machen – ein wenig mehr vielleicht, als ihm ursprünglich zugedacht war –, aber ich bin mir ganz und gar nicht sicher, ob mir das auch gelungen ist ...

Ich habe das Gefühl, daß ich als nomineller Leiter einer unvergleichlichen Vereinigung einiges unternehmen sollte, um unser aller Anliegen als so wichtig hinzustellen, wie es wirklich ist. Wie man da vorgeht, das erfordert den Beistand anderer Köpfe als des meinen. Der meine steht, so wie er ist, immer zu Ihrer Verfügung; aber er allein genügt nicht ...

Ihre Wahl ist eine Ehre, die ich nie erwartet habe und auch nie verdient, aber da sie mir nun einmal zuteil geworden ist, möchte ich gern, soweit es in meinen Kräften steht, zum Ausdruck bringen, wie sehr ich den Mystery Writers of America verpflichtet bin und wie sehr ich wünschte, ich könnte auf praktischem Gebiet mehr für sie tun, als es mir zur Zeit möglich ist.

Chandler, der schon krank war, als er dies schrieb, starb in La Jolla am 26. März 1959. Die Londoner Times sagte über ihn in ihrem Nachruf: ›Sein Name wird mit Sicherheit in

[1] Chandler war zum Präsidenten der M. W. A. gewählt worden.

das runde Dutzend jener Kriminalschriftsteller eingehen, die auch Neuerer und Stilisten waren; die nach dem gewöhnlichen Erz des Kriminalromans gruben und das Gold der Literatur zutage förderten.‹

Chandler über den Kriminalroman

9. April 1939
An George Harmon Coxe[1]

Dank für Ihren Brief. Ihre Anmerkungen zum Thema Detektivgeschichte im allgemeinen haben meine ganze Zustimmung. Ich nehme an, wenn man gut genug ist, läßt sich das kahle Leben damit verdienen – ein sehr kahles. Aber das ist nichts Neues für mich ... Knopf scheint zu glauben, wenn jemand daherkäme, der so gut schreiben könnte wie Hammett[2], dann müßte er auch Hammetts Erfolg haben. Da Knopf Verleger ist, müßte er sich in seinem Geschäft eigentlich auskennen, aber ich habe so das Gefühl, daß durchaus jemand daherkommen könnte, der weitaus besser schriebe als Hammett und doch nicht annähernd Hammetts Erfolg hätte. Aber natürlich kann man bei diesen Dingen überhaupt keine Prognosen stellen.

27. Juni 1940
An George Harmon Coxe

Was der Krieg dem Schriftsteller als Schriftsteller angetan hat, ist schlimm genug. Was er dem Buchgeschäft angetan hat, werden wir beide wohl schon ziemlich bald zu spüren bekommen.

Ich halte immer noch an der Meinung fest, daß in Zeiten wie diesen eine gute, starke Detektivgeschichte ein wahres Gottesgeschenk ist. Auf Ihre Empfehlung hin, und auf Ihre allein, las ich Agatha Christies *And Then There Were None*[3], und nach der Lektüre habe ich eine Analyse zu Papier gebracht, weil das Buch im Klappentext als der

---

[1] Kriminalschriftsteller.
[2] Dashiell Hammett, gestorben 1961.
[3] Originaltitel in England *Ten Little Niggers;* deutsch ›Letztes Weekend‹.

schlechthin vollkommene Kriminalroman gepriesen wurde ...
Als Unterhaltung gefiel mir die erste Hälfte durchaus,
besonders die Einleitung. Die zweite Hälfte fand ich
fade ... Besonders hat mich die Grundkonzeption des Buches
verdrossen. Da ist ein Richter, ein Jurist, ein Mann mit
einem Anflug von Sadismus, zugleich aber ein leidenschaftlicher Verfechter der strengen Gerechtigkeit, und dieser
Mann verurteilt eine Gruppe von Leuten zum Tode und ermordet sie, ohne einen anderen Beweis gegen sie zu haben
als bloßes Hörensagen. In keinem Fall besaß er auch nur
den Fetzen eines wirklichen Beweises dafür, daß einer von
ihnen tatsächlich einen Mord begangen hatte. In allen Fällen gründete sich das Urteil bloß auf irgend jemandes Meinung oder auf eine mögliche, sogar wahrscheinliche Schluß-
folgerung aus den Umständen. Einige von den Leuten geben
ihre Verbrechen zu, doch das geschieht alles erst, *nachdem*
die Morde geplant, die Anklagen erhoben, die Urteile gefällt worden sind.

Aber ich bin doch sehr froh, das Buch gelesen zu haben,
weil es endgültig und für immer eine Frage in meinem
Kopf geklärt hat, bei der mich zumindest doch immer noch
einige Zweifel bedrängten. Die Frage nämlich, ob es möglich ist, einen strikt ehrlichen Kriminalroman vom klassischen Typus zu schreiben. Es ist nicht möglich. Um die nöti-
gen Komplikationen herzustellen, fälscht man die Hinweise,
den Zeitplan, das Zufallsspiel und nimmt als Gewißheit
an, was höchstens 50 Prozent Möglichkeit enthält. Damit
der Mörder am Ende eine Überraschung wird, fälscht man
den Charakter, was mich am empfindlichsten von allem
trifft, da ich für Charakter ein feines Gespür habe.

26. Januar 1944
An James Sandoe[1]

... Sie sind gewiß nicht ohne Gesellschaft bei Ihrem Wunsch, daß ›man etwas gegen die Isolierung und Benachteiligung des Kriminalromans in den Buchbesprechungen tun könnte‹. Nur alle Jubeljahre mal wird ein Kriminalschriftsteller da als richtiger Schriftsteller behandelt, aber sehr selten. Trotzdem, glaube ich, gibt es ein paar sehr gute Gründe dafür, daß das so ist. Zum Beispiel sind (a) die meisten Detektivgeschichten miserabel geschrieben; (b) sind ihre Hauptabnehmer die Leihbüchereien, die eine rein kommerzielle Orientierung haben und Rezensionen gar nicht beachten; (c) glaube ich, daß die Detektivgeschichte auf dem Markt falsch plaziert wird. Es ist absurd zu erwarten, daß die Leute dafür mehr zahlen, als sie fürs Kino ausgeben würden; (d) ist die Detektiv- oder Kriminalgeschichte als Kunstform so gründlich erforscht worden, daß sich einem Schriftsteller heute geradezu das Problem stellt, die Charakteristika des Kriminalromans zu meiden, während er, äußerlich gesehen, einen schreibt. Freilich ändert keiner dieser Gründe, mögen sie nun zutreffend sein oder nicht, etwas an dem zutiefst ärgerlichen und verstörenden Wissen des Autors, daß seine Kriminalgeschichte, wie gut und gekonnt er sie auch hinbringt, in der Zeitung doch nur in einem einzigen kurzen Abschnitt behandelt wird, während jeder viertrangige, schlecht konstruierte, komisch-ernste Bericht vom Leben eines Häufchens Baumwollpflücker im tiefen Süden auf anderthalb Spalten respektvoller Aufmerksamkeit rechnen kann. Die Franzosen sind das einzige Volk, das ich kenne, für die Schreiben in erster Linie Schreiben ist. Die Angelsachsen sehen zuerst nach Thema und Stoff und erst in zweiter Linie, wenn überhaupt, nach der Qualität.

---

[1] Kriminalromankritiker der *New York Herald Tribune*. Professor für Klassische Literatur und Bibliographie an der University of Colorado.

17. Juli 1944
An Charles W. Morton

Sanders, mein Agent in New York, schrieb mir vor einiger Zeit, Sie wären vielleicht daran interessiert, von mir für das *Atlantic* einen kurzen Aufsatz über die moderne Detektivgeschichte zu bekommen. Natürlich war ich sowohl geschmeichelt wie auch interessiert ...

Das letztemal, als ich dazu Gelegenheit hatte, versuchte ich mich an einem rohen Entwurf zu einem solchen Aufsatz, aber nur um die Entdeckung zu machen, daß ich nicht die mindeste Ahnung hatte, wie ich die Sache anfassen sollte. Zum Teil liegt der Haken offenbar darin, daß ich nicht genug Kriminalromane gelesen habe, um die sattsam bekannte, ins Volle greifende Gelehrsamkeit entfalten zu können, und zum anderen Teil darin, daß ich das Element des Geheimnisvollen in der Detektivgeschichte offenbar wirklich nicht so ernst nehme, wie ich sollte. Die Detektivgeschichte, wie ich sie kenne und mag, ist ein nicht allzu erfolgreicher Versuch, die Attribute zweier grundverschiedener Verstandestypen zu kombinieren: der Verstand, der ein kühl durchdachtes Rätsel austüfteln kann, vermag in der Regel weder das Feuer noch den Elan zu entwickeln, die beide für lebendiges Schreiben notwendig sind.

16. Dezember 1944
An James Sandoe

... Ich hab's nicht nachgeprüft, aber ich hatte hier und da den unbestimmten Eindruck, daß man mich ganz behutsam ein bißchen gemildert hat. Kürzen mußten die Leute, das wußte ich wohl, einfach weil das Ding zu lang geraten war und noch jetzt, wie es dasteht, Überlänge hat.[1] Ich hatte einen sehr eleganten Anfang, den sie mir gestrichen haben, weil er wirklich nicht das geringste mit Detektivge-

[1] *The Simple Art of Murder*, erschienen im *Atlantic Monthly* im Dezember 1944.

schichten zu tun hatte. Es war einfach ein allgemeiner Ausdruck der Verachtung für das, was man so ›ein bedeutendes Werk‹ nennt ... Ich habe noch genügend Material übrigbehalten für einen zweiten Aufsatz. Aber ich finde, das meiste kritische Schreiben ist Papperlapapp, und die gute Hälfte ist unehrlich ... und es hat keinen Sinn, daß ich nun auch noch meinen Senf dazugebe. Jedenfalls ist es nur eine Abkürzung des Weges in die Vergessenheit. Das Denken in abstrakten Begriffen zerstört die Kraft, in Begriffen des Gefühls und der Empfindung zu denken.

13. Oktober 1945
An Charles W. Morton

... Was Ihre Bemerkung betrifft, daß von Hammett in der Vergangenheitsform geredet werde und zu reden sei, so hoffe ich, daß dem nicht so ist. Soweit ich weiß, lebt er noch und ist gut beisammen, aber er hat so lange nichts mehr geschrieben – wenn man die paar Drehbücher außer acht läßt –, daß ich nicht ganz sicher bin. Er war einer der vielen Burschen, die Hollywood nicht hinnehmen konnten, ohne den Versuch zu machen, Gott von seinem hohen Thron zu schubsen. Mir fällt da ein Vorfall ein, den man mir erzählt hat. Hammett hatte eine ganze Suite im Beverly-Wilshire-Hotel belegt. Jemand wollte ihm irgendeinen Vorschlag machen, sprach am späten Morgen bei ihm vor, wurde von Hammetts Hausdiener in einen Salon geführt, und nach sehr langem Warten öffnete sich eine Tür, und der große Mann erschien darin, in einen teuren Hausmantel gehüllt, ein Tuch höchst modisch um den Hals drapiert. Er stand schweigend, während der Mann sich erklärte. Als der zu Ende gekommen war, sagte er höflich: »Nein.« Er wandte sich um und entschwand, die Tür schloß sich wieder, der Hausdiener geleitete den Herrn hinaus, und Stille senkte sich herab ...

Wenn Sie Hammett je gesehen haben, werden Sie sich

53

Würde und Pathos dieser kleinen Szene leicht vergegenwärtigen. Er ist ein sehr distinguiert wirkender Bursche, und ich kann mir vorstellen, daß er sein ›Nein‹ ohne wahrnehmbare Spur von Brooklyner Akzent herausgebracht hat. Er war mir sehr sympathisch. Ein wahrer Jammer, daß er mit dem Schreiben aufgehört hat. Ich habe nie herausgekriegt, warum. Vielleicht war er in einem bestimmten Stil am Ende seiner Möglichkeiten angelangt, und es mangelte ihm die intellektuelle Tiefe, das dadurch auszugleichen, daß er sich an etwas anderem versuchte. Aber sicher bin ich da nicht ...

9. November 1945
An Erle Stanley Gardner[1]
... Vor ein paar Wochen war ich oben am Big Bear Lake, um über einen Anfall völliger Erschöpfung wegzukommen, wie Sie ihn nie kennenlernen werden, Sie Dynamo. Das einzige, was ich da lesen konnte, waren die Perry-Mason-Geschichten. Es gab noch einen ganzen Stapel davon, die ich noch nicht gelesen hatte – ich weiß gar nicht, warum. Vielleicht hat sich mein Geschmack geändert, vielleicht habe ich mich über meinen permanenten Rechts-Bataillen in Vertragssachen auch ein bißchen in die Juristerei verliebt. Jedenfalls las ich jede Nacht eine, und ich fand sie alle wunderbar. Es war auch interessant zu sehen, wie sie im Lauf der Zeit soviel glatter und gekonnter geworden sind.

29. Januar 1946
An Erle Stanley Gardner
... Ich wende mich nunmehr, mit Verlaub, an das Gericht in Sachen eines gewissen Gardner, angeblichen Kriminalschriftstellers. Das Leser-Publikum ist intellektuell erwachsen nur im günstigsten Fall, und es liegt auf der Hand,

[1] Kriminalschriftsteller; hat auch unter dem Pseudonym A. A. Fair geschrieben.

daß man ihm das, was man so ›bedeutende Literatur‹ nennt, nur mit genau denselben Methoden verkaufen kann, mit denen man Zahnpasta, Abführmittel und Automobile verkauft. Ebenso liegt auf der Hand, daß dieses Publikum, da man ihm das Lesen mit roher Gewalt beigebracht hat, zwischen seinen kleinen Ringkämpfen mit dem neuesten ›bedeutenden‹ Bestseller Bücher lesen will, die ihm Spaß bereiten und Aufregung. Folglich wendet es sich, wie zu allen Zeiten jedes halbgebildete Publikum, erleichtert dem Mann zu, der eine Geschichte erzählt und nichts sonst. Wenn man da sagt, was dieser Mann schreibt, sei keine Literatur, könnte man ebensogut auch sagen, ein Buch, das einem Lust zum Lesen mache, könne nichts taugen.

Wenn ein Buch, gleich welchen Genres, eine gewisse Intensität der künstlerischen Darstellung erreicht, wird es Literatur. Diese Intensität kann sich im Stil zeigen, in der Situation, in den Charakteren, im inneren Ton oder in der Idee, oder in einem halben Dutzend anderen Dingen. Sie kann auch in der Vollkommenheit der Kontrolle über den Handlungsverlauf bestehen, ähnlich der Kontrolle, die ein großer Werfer beim Baseball über den Ball hat. Diese Kontrolle haben Sie für mich mehr als alles andere und mehr als alle anderen ... Jede Seite wirft den Kurvball nach dem Text. Ich nenne das eine Art Genialität ... Perry Mason ist der vollkommene Detektiv, weil er die intellektuelle Einstellung des juristisch kühlen Verstandes und zugleich die Rastlosigkeit des Abenteurers besitzt, der nicht untätig zusehen will.

Also nichts mehr von dem Unsinn à la ›als Literatur stinkt mein Zeug immer noch‹. Wer hat denn das gesagt – William Dean Howells?

9. Dezember 1946
An Howard Haycraft[1]

... Wie die meisten Anthologien ... läßt Ihre einige Sachen aus, die nach Ansicht des Lesers unweigerlich hätten mit aufgenommen werden müssen: zum Beispiel Somerset Maughams ursprünglich in der *Saturday Evening Post* veröffentlichten Aufsatz[2] und Perelmans wundervolle Parodie auf den knallharten Kriminalroman ...[3] Geschmack ist eine sonderbare Sache. Im Gegensatz zu mir haben Sie das, was man einen katholischen Geschmack nennt, aber Sie dürfen einen polemischen Text wie meinen eigenen Aufsatz aus dem *Atlantic*[4] nicht zu wörtlich nehmen. Ich hätte ebenso leicht auch einen Propaganda-Artikel zugunsten der englischen Detektivgeschichte schreiben können. Polemik übertreibt immer. In dem Moment, wo man zugibt, daß in einer Kontroverse beide Seiten recht haben könnten, hat man seine ganze Argumentation weggeworfen ...

4. September 1948
An Cleve F. Adams[5]

... Ich habe die knallharte Mordgeschichte nicht erfunden, und ich habe nie ein Geheimnis aus meiner Auffassung gemacht, daß Hammett hier das meiste oder gar das ganze Verdienst zukommt. Als Anfänger ahmt jeder nach. Stevenson hat das ›den emsigen Affen spielen‹ genannt. Ich persönlich meine, daß der vorsätzliche Versuch, einem Schriftsteller seine Tricks zu stehlen, und das heißt ja sein Geschäftskapital, seine Manierismen, seine Materialbehandlung, durchaus zu weit gehen kann – bis zu dem Punkt, wo

---

[1] Kritiker und Herausgeber von Kriminalliteratur. Er hatte eine Anthologie *The Art of the Mystery Story* herausgegeben.
[2] *Give Me a Murder* von Somerset Maugham, *Saturday Evening Post* vom 28. Dezember 1940.
[3] *Farewell My Lovely Appetizer*, enthalten in *The Most of S. J. Perelman*.
[4] *The Simple Art of Murder*.
[5] Kriminalschriftsteller.

das eine Art von Plagiat wird, und zwar eine abscheuliche Art, weil das Gesetz dagegen keinen Schutz gewährt. Das Gesetz erkennt kein Plagiat an, außer es handelt sich um die Grundfabel ...

Da Hammett seit 1932 nichts mehr für die Veröffentlichung geschrieben hat, bin ich von einigen Leuten als führender Vertreter dieser Schule ausersehen worden. Das geht höchstwahrscheinlich auf die Tatsache zurück, daß *The Maltese Falcon* nicht den Trend zum aufwendigen Kriminalfilm ausgelöst hat, obwohl das nur rechtens gewesen wäre. *Double Indemnity* und *Murder, My Sweet* haben das geschafft, und an beiden war ich beteiligt. Die Folge ist, daß jeder, der früher gewohnheitsmäßig beschuldigt wurde, wie Hammett zu schreiben, jetzt unter Umständen mit der Beschuldigung rechnen muß, er schreibe wie Chandler.

17. Oktober 1948
An James Sandoe

... *The Franchise Affair*[1] ist eine wirkliche Entdeckung, und ich bin unendlich dankbar. Ich hatte ungeteilte Freude daran und würde Miss Tey gern näher kennenlernen. Und woran liegt es wohl, daß Frauen Bücher wie dieses so viel besser hinkriegen als Männer? Sind sie geduldiger und aufmerksamer?

Es gibt keinerlei erstrangige Kritik für den Mord- oder Kriminalroman, ob er nun auf Tatsachen gegründet ist oder sonstwie. Weder bei uns noch in England hat es von seiten der Kritik je das Anerkenntnis gegeben, daß in die besten dieser Bücher weit mehr Kunst eingeht als in jede beliebige Anzahl dicker Bände voll ausgewalzter Geschichte oder in irgendeinen Kokolores von ›gesellschaftlicher Signifikanz‹. Die psychologische Grundlage für die immense Beliebtheit des Romans, der von Mord oder Verbrechen handelt, bei

[1] Von Josephine Tey.

allen möglichen Leuten ist noch nie angekratzt worden ...
Und wenn man denn unbedingt ›Signifikanz‹ haben muß ...
es wäre durchaus möglich, daß die Spannungen in einem
Mordroman das einfachste und doch umfassendste Muster
der Spannungen darstellen, unter denen wir in dieser unserer Generation leben.

11. März 1949
An Bernice Baumgarten[1]

... Es versetzt mir doch immer wieder einen Schock,
wenn ich mich mit anderen Augen gesehen sehe. In der laufenden Nummer der *Partisan Review* schreibt ein Mensch
über *Our Mutual Friend* und sagt: »Es ist möglich, daß die
Frage nach der Lebensechtheit gar nicht aufgekommen ist
und daß Dickens' Zeitgenossen seine düstere Vision von
London und England ganz ebenso bereitwillig hingenom-
men haben, wie wir heute Raymond Chandlers Kalifornien
mit seinen brutalen und neurotischen Killern und Privatde-
tektiven hinnehmen ...« usw. Ein anderer Beitrag in dieser
avantgardistischen Zeitschrift verleiht mir die Bezeichnung
eines ›Cato der Grausamkeiten‹[2]. Abgesehen von dem er-
sichtlichen Kompliment, überhaupt beachtet worden zu sein
von den hochfeinen Intellektuellen, die für diese Organe
schreiben – und eigentlich sollte ich sie ja gut verstehen, wo
ich doch jahrelang selber einer von ihnen war –, kann ich
einfach nicht fassen, wo bei ihnen der Humor geblieben ist
und der Sinn dafür. Oder lassen Sie mich's etwas besser
ausdrücken: wie kommt es nur, daß die Amerikaner – die
doch von allen Menschen am fixesten dazu imstande sind,
ihre Launen ins Gegenteil zu verkehren – nicht das starke
burleske Element in meiner Schreibweise sehen ...?
    Das Material des Kriminalschriftstellers ist Melodrama,

---

[1] Damals bei Brandt & Brandt, Chandlers literarischer Agentur in New York.
[2] *A Cato of the Cruelties* von R. W. Flint, *Partisan Review*, Mai–Juni 1947.

und das heißt: Übertreibung von Gewalttat und Angst über das hinaus, was einem normalerweise im Leben widerfährt. (Ich sage normalerweise: dem Leben in den Konzentrationslagern der Nazis ist noch kein Schriftsteller nahegekommen.) Die Mittel, die er anwendet, sind realistisch in dem Sinne, daß solche Dinge Leuten wie diesen und an Orten wie diesen allerdings widerfahren; aber dieser Realismus ist nur oberflächlich; das Gefühlspotential ist überladen und überlastet, die Kompression von Zeit und Ereignis tut der Wahrscheinlichkeit Gewalt an, und obwohl solche Dinge passieren, passieren sie doch nicht in so rascher Folge, in so engem logischen Rahmen und in einer so fest miteinander verknüpften Gruppe Menschen.

14. April 1959
An James Sandoe

Habe *The Moving Target* von John Ross MacDonald gelesen und bin, auf eine ganz eigenartige Weise, recht beeindruckt davon. Tatsächlich könnte ich's leicht als Sprungbrett für eine Predigt über den Text ›Wie stellt man's an, kein geistreichelnder Schriftsteller zu werden‹ benutzen ... Was mich an dem Buch betroffen macht (und ich glaube, ich würde mich darüber hier gar nicht auslassen, wenn ich nicht das Gefühl hätte, daß an dem Autor was dran ist), das wäre eine Wirkung, die ziemlich abstoßend ist. Es paßt da nichts richtig zueinander; wir haben einen Mann vor uns, der das primitive, auf Roheit und Gewalt geeichte Kriminalroman-Publikum sucht und zugleich doch auch klarstellen möchte, daß er persönlich ein hochliterarischer und von allen Künsten beleckter Typ ist. Ein Auto hat einen ›Rostausschlag‹, ist keineswegs nur einfach verrostet. Kritzeleien an Toilettenwänden sind ›Sgrafitti‹; einer spricht von ›Podex-Oskulation‹ (Mediziner-Latein auch noch, bin ich nicht Klasse?). ›Die Sekunden häuften sich, schwankend wie ein Turm aus Poker-Chips‹, usw. Ein Vergleich, der darum nicht recht zum Zuge kommt, weil unklar bleibt, was eigentlich sein Zweck ist.

Die Szenen sind gut disponiert, es steckt eine Menge Erfahrung hinter dieser Schreibweise, und ich wäre gar nicht weiter überrascht, wenn sich herausstellte, daß der Name ein Pseudonym für einen Romancier ist, der's in einem anderen Genre zu was gebracht hat. Was mich interessiert, ist die Frage, ob bei dieser Prätention in Ausdruck und Wortwahl ein besserer Stil herausspringt. Das ist nicht der Fall. Sie ließe sich nur rechtfertigen, wenn die Story selber auf dem gleichen hochgezüchteten Niveau angelegt wäre, und träfe das zu, so wären keine tausend Exemplare davon zu verkaufen. Wenn man ›Rostflecken‹ sagt (oder ›Rostnarben‹, und ich würde sogar, aber doch nicht ganz, bis zu ›Pickeln‹ gehen), vermittelt man sofort ein einfaches optisches Bild. Aber wenn man von ›Rostausschlag‹ redet, wird die Aufmerksamkeit des Lesers augenblicklich von der beschriebenen Sache auf die Pose des Autors abgelenkt. Das ist natürlich nur ein sehr einfaches Beispiel für den stilistischen Mißbrauch der Sprache, und ich glaube, daß gewisse Schriftsteller geradezu unter dem Zwang stehen, in weithergeholten Ausdrücken zu schreiben, weil ihnen das einen gewissen Mangel an natürlichem, animalischem Gefühl kompensieren hilft. Sie empfinden nichts, sie sind literarische Eunuchen, und deshalb ziehen sie sich auf ´eine schiefe Terminologie zurück, um ihre Distinktion zu beweisen. Das ist die Geisteslage, der die avantgardistischen Zeitschriften ihr Leben verdanken, und es ist ganz interessant, einen Versuch zu sehen, sie auch auf das Gebiet des Romans dieses Genres übergreifen zu lassen.

16. April 1949
An Alex Barris[1]

... Der beste Kriminalschriftsteller? Kann ich nicht beantworten, zu viele Typen. Dem Absatz nach Gardner und Christie. Kann Christie nicht lesen, Gardner enger persönlicher Freund. Kann auch Carter Dickson nicht lesen, aber andere lieben ihn. Charaktere und Spannung am besten bei Elisabeth Holding; beständige, aber nicht große Produktion. Beste Schilderung der Detail-Arbeit im grauen Alltag: Freeman Wills Crofts. Beste Latein- und Griechisch-Zitate: Dorothy Sayers. Autor mit dem größten natürlichen Charme: Philip MacDonald. Größter Bangemacher: keiner – mir machen sie alle nicht bange. Aber Dorothy Hughes noch relativ am meisten. Die faszinierendste Gestalt, die mir auf Anhieb einfällt: der M. C. in Margaret Millars *Wall of Eyes* (M. C. heißt ›Master of Ceremonies‹). Die besten Ideen: Cornell Woolrich (William Irish), aber den muß man schnell lesen und darf man nicht zu genau unter die analytische Lupe nehmen; bei ihm geht alles zu fieberhaft zu.

Das hier ist ein Haufen Unsinn. Man muß sich über Definitionen und Maßstäbe einigen. Man muß sogar eine bestimmte Laune bewahren. Man muß sich entscheiden, ob man über die gesamte Produktion urteilen will oder über ein einzelnes Buch, das einem zufällig in die Hände gekommen ist.

21. April 1949
An Bernice Baumgarten

... Dorothy Sayers hat versucht, den Sprung vom Kriminalroman zum Gesellschaftsroman zu tun und dabei den Kriminalroman mit hinüberzunehmen. Sie wollte mit ihrem gesamten Gepäck umziehen, von den Leuten, die zwar eine

---

[1] Alex Barris hatte Chandler einen Fragebogen zugeschickt.

Handlung ersinnen, aber nicht schreiben können, zu den Leuten, bei denen es mit dem Schreiben zwar klappt, mit der Handlung aber nur allzu oft hapert. Sie hat es in Wirklichkeit nicht geschafft, weil der Gesellschaftsroman, den sie ins Auge faßte, an sich eine zu leichte Sache war, als daß man Bedeutendes daraus hätte machen können. Es war nur der Austausch des einen Genres populärer Trivialliteratur durch ein anderes. Ich bin mir durchaus nicht im klaren darüber, ob das Ganze schlechterdings unmöglich sein soll und ob nicht doch irgendwann einmal, irgendwo, vielleicht nicht im Moment oder gar von mir, ein Roman geschrieben werden kann, der ganz offen ein Kriminalroman ist und die ganze Würze des Kriminalromans bewahrt, und der tatsächlich zugleich Charakter und Atmosphäre bietet, mit einem Oberton aus Gewalttat und Furcht.

14. Mai 1949
An James Sandoe

... Trotz verschiedentlicher Erwähnungen von Ihrer Seite habe ich erst jetzt Michael Innes entdeckt. Ich finde ihn ganz wunderbar und bin dabei, mir alle seine Bücher zu kaufen, die noch zu haben sind. Selbst wenn die Handlung saumäßig wäre, bliebe es immer noch ein Vergnügen, mit einem so durch und durch gebildeten Kopf, voll von durchtriebenem Humor und sanftem Lachen, in Verbindung zu kommen. Was der typische Kriminalromanleser von ihm hat, weiß Gott alleine. Sehr wenig, könnte ich mir vorstellen, aber für mich liegt er richtig, und neben ihm wirken sämtliche modernen Knäbchen mit ihren Silbenbasteleien wie hirnlahme verwahrloste Kinder, die sich in einer Sackgasse verlaufen haben.

20. Mai 1949
An James Sandoe

... Ihr Problem mit der Nomenklatur ist wirklich happig. Ich bin ganz Ihrer Meinung, daß man sich auf fest umrissene Begriffe einigen sollte, aber die englischen Begriffe kommen mir alle drei albern vor. *'Tec* gehört zu jenem schwachsinnigen Typus von englischem Slang, der keinerlei bildliche Vorstellung mehr auslöst und darum sinnlos ist. *Thriller* und *Shocker* haben beide einen abschätzigen Beigeschmack, der neben der Sache liegt, auch wenn er im Einzelfall gerechtfertigt ist.

Wenn ich meine unordentlichen Gedanken einmal quer durch das ganze Gebiet streifen lasse, so wie ich's sehe, dann kann ich nur sagen, was mir die verschiedenen Ausdrücke zu bedeuten scheinen. *Novel* (bzw. *tale) of detection* gibt zu verstehen, daß es sich in der Hauptsache bei dem Ding um konkrete, äußerliche, sinnlich wahrnehmbare Fakten handelt, um ihre Aufdeckung, Organisation, Aufhellung, Einordnung in ein logisches Muster. Dieser Typus bezieht sein Interesse aus einem Prozeß, einer Technik (man sieht dem Mann bei der Arbeit zu), macht von der Charakterdarstellung so gut wie nur eben möglich Gebrauch und von der Gefühlsdarstellung so wenig wie möglich. Das meiste Zeug aus dem Genre ist reiner Betrug, aber wo es das nicht ist, stellt es doch eigentlich die klassische Form dar und hat legitimen Anspruch auf das Wort *detection*.

Mystery ist ein unglücklicher Begriff, in der Tat. Als Gattungsbegriff taugt es am besten, weil es praktisch alles umfaßt und kaum etwas offenläßt, aber der Haken ist der, daß wir es auch noch zu einem weit spezifischeren Zweck benötigen: zur Kennzeichnung jenes Geschichten-Typus, in dem nicht nach einem bestimmten Verbrecher geforscht wird, sondern nach einer *raison d'être*, nach einem Sinn, der in Charakter und Beziehung liegt, kurz, viel mehr nach dem, was da zum Teufel nun passiert ist, als nach dem, der's getan hat. Die Story kann heftig oder ruhig sein, brutal oder elegant, aber das Schwergewicht liegt immer auf Menschen, nicht auf Fakten, und es gilt immer erst etwas zu entdecken, bevor die Sache Sinn bekommt, was diesen Typus vollkommen unterscheidet von der

Novel of Suspense. In ihr gibt es, vielleicht, ein Geheimnis und, vielleicht, einen Detektiv, aber sie gehören beide zur Außen-Staffage. In ihrem Mittelpunkt steht immer jemand, der in der Klemme steckt, und von seinem Standpunkt aus wird die Geschichte erzählt. Es gibt zwar auch eine Abart davon, in der der Detektiv es ist, der in der Klemme steckt, aber für die habe ich nicht viel übrig . . .

Die *Inverted Detection Tale* besteht, wie Sie richtig sagen, aus der Schilderung eines sorgfältig ausgeführten Verbrechens, die kein Detail ausläßt, und seiner gar noch detaillierteren Aufklärung und Enthüllung . . .

Der Schnickschnack à la *Frau in Angst* oder *Wird er sie auf der Treppe erdrosseln?* stellt wiederum eine illegitime Variante der *Suspense Story* dar . . .

Die *Chase Novel* mit sämtlichen Spielarten der Verfolgungsjagd ist, glaube ich, wirklich ein Sub-Typus, aber sie besitzt, wenn sie gut gemacht ist, soviel starke lebendige Wirkung, besonders im Film, daß sie mir ein Fach für sich zu verdienen scheint. Die Effekte, mit denen sie arbeitet, rücken sie in die enge Nachbarschaft des Spionageromans, in dem vom Standpunkt des Spions aus erzählt wird. Die Spannung resultiert daraus, daß der Held bzw. die Heldin keine andere Waffe besitzt als die Flucht und das Untertauchen. Wird er geschnappt, ist er verloren, weshalb denn die Zwischenfälle die ganze Geschichte ausmachen . . .

Der *Psycho-thriller* ist ein Schwindel. Seine Beliebtheit schwindet auch immer mehr, glaube ich, und er ist fast immer zum Gähnen langweilig. Er hat keine gesunde Basis (wie in der Regel die ganze Psychiatrie keine hat), und wenn er einen fesselt, so liegt das fast nie an seiner Form selbst.

Die *Novel of Murder* scheint mir überhaupt nicht hierher zu gehören. Die *American Tragedy*[1] zum Beispiel hat nicht mehr mit *mystery* oder *detection* zu tun als *The Lost Week-End*[2]. Die Tatsache, daß in einem Roman ein Mord vorkommt, bringt ihn noch lange nicht in die Kategorie des Kriminalromans.

Wollen Sie noch mehr?

16. Juni 1949
An James Sandoe

... Als ich letzte Nacht aufs Geratewohl in *The Art of the Mystery Story*[3] las, machte mich das niedrige Niveau der Kriminalroman-Kritik betroffen. Die ganze Diskussion findet von vornherein auf der Ebene geringerer Werte statt, und man spürt die dauernde Tendenz, den Kriminalroman als Literatur herabzusetzen.

Die Sorte halbgebildeter Leute, die einem heutzutage begegnet, ... kommt mir mehr oder weniger immer wieder mit dem Satz: »Sie schreiben doch so gut, da sollten Sie sich einmal einen ernsten Roman vornehmen.« Man würde sie vermutlich schwer beleidigen, wenn man darauf hinwiese, daß die künstlerische Kluft zwischen einem wirklich guten Kriminalroman und dem besten ernsten Roman der letzten zehn Jahre kaum meßbar ist im Vergleich zur Kluft, die den ernsten Roman von jedem beliebigen repräsentativen Stück attischer Prosa aus dem vierten Jahrhundert v. Chr. trennt.

Es gibt keine Kunst ohne Publikumsgeschmack, und es gibt keinen Publikumsgeschmack ohne einen Sinn für Stil und Qualität. Seltsam genug scheint dieser Sinn für Stil nur sehr wenig mit Bildung oder gar mit Humanität zu tun zu haben. Es kann ihn in einem wilden und schmutzigen Zeit-

---

[1] Von Theodore Dreiser.
[2] Von Charles Jackson.
[3] Herausgegeben von Howard Haycraft.

alter geben, aber nicht geben kann es ihn in der Coca-Cola-Epoche ... der Epoche des ›Buches des Monats‹ und der Hearst-Presse. Es kann ihn nicht geben in einem Zeitalter, dessen beherrschende Note vulgäre Betriebsamkeit ist und vollkommen skrupelloses Gebalge um den Dollar, einem Zeitalter, in dem die typische Familie der Mittelschicht (auf jeden Fall in Kalifornien) nur dem einen Zweck zu leben scheint, sich ein großes, protziges und teures Auto zu halten, das als technische Apparatur doch nur altmodischer Schrott ist.

14. Oktober 1949
An James Sandoe
... Ihre Bemerkungen über Peter Cheyney haben mich amüsiert, besonders da ich grad eben von den Penguin-Leuten in England fünf seiner Bücher geschickt bekommen hatte. Eins davon, *Dark Duet,* finde ich doch verteufelt gut ... Im Moment lese ich Marquands *So Little Time.* Soweit ich mich erinnere oder zu erinnern glaube, wurde es ziemlich abfällig besprochen, als es herauskam, aber für mich hat es viel guten scharfen Witz und Lebensfülle, und ich finde es insgesamt viel befriedigender als *Point of No Return.*
Aber mir gefallen sowieso immer die falschen Bücher. Und die falschen Filme. Und die falschen Leute. Und ich habe die schlechte Angewohnheit, ein Buch anzufangen und immer nur grad so weit zu lesen, daß ich die Gewißheit habe, ich will es wirklich lesen – dann lege ich's auf die Seite, um bei ein paar anderen das Eis zu brechen. Auf die Weise habe ich, wenn ich mich öde und deprimiert fühle, was nur zu oft vorkommt, immerhin etwas für die Nacht zu lesen und nicht so das gräßlich leere Gefühl, daß kein Mensch da ist, mit dem ich reden oder dem ich zuhören kann.
Was Kriminalromane betrifft, so sieht's da wohl hoffnungslos aus. Es scheint keine mehr zu geben, die der Mühe wert wären. Es wäre exzellent, wenn gerade jetzt jemand

mit einem guten, kühlen, analytischen Kriminalroman herauskäme – zum Teufel mit Spannung und witzigem Dialog, sehen wir uns nach neuen Grundlagen um. Die ganze Form hat ihre Richtung verloren, das Schwergewicht sich auf Nebensächlichkeiten verlagert.

13. Dezember 1949
An Hamish Hamilton

... Dieser Austin Freeman ist ein wunderbarer Mann. Er hat nicht seinesgleichen in seinem Genre, und er ist auch ein viel besserer Schriftsteller, als man denken sollte, wenn man zur Oberflächlichkeit neigte, weil er trotz der immensen Lässigkeit seiner Schreibweise eine gleichmäßige Spannung zuwege bringt, die einem ganz unerwartet kommt. Seiner Staffage nach ist man auf Langeweile vorbereitet, aber er ist ganz und gar nicht langweilig. Er hat sogar einen richtigen Gaslaternen-Charme in seinen viktorianischen Liebesgeschichten und den wundervollen Wanderungen quer durch London, die der langbeinige Dr. Thorndyke wie einen Gartenspaziergang absolviert, begleitet von seinem fröhlichen und hirnlosen Watson Dr. Jervis, den kein Mensch, der im Vollbesitz seiner Sinne ist, für irgendeine juristische oder medizinisch-juristische Aufgabe beiziehen würde, die mehr verlangte, als die Zehen einer Leiche zu zählen.

Freeman hat als Techniker so viele Qualitäten, daß man darüber fast vergessen möchte, daß er innerhalb seiner literarischen Tradition ein verteufelt guter Schriftsteller ist. Er hat die *Inverted Detective Story* erfunden. Er hat nachgewiesen, daß es durchaus möglich ist, Fingerabdrücke zu fälschen und die Fälschungen aufzudecken, lange bevor die Polizei auf diesen Gedanken verfiel. Sein Wissen ist riesig und ganz und gar real. Die große Szene wäre eine Redeschlacht vor Gericht zwischen Thorndyke und Spilsbury gewesen, und wenn Du mich fragst, so hätte Thorndyke sie glatt mit der linken Hand gewonnen.

13. Oktober 1950
An Hamish Hamilton

... Bringt eigentlich irgendwer in England Elisabeth Sanxay Holding heraus? Für mich ist sie unter allen Spannungs-Schreibern absolut Spitze. Nichts bei ihr ist bloßer Aufguß, durch den man sich verärgert fühlte. Ihre Gestalten sind wunderbar; und sie hat eine Art von innerer Ruhe, die mich ganz besonders anzieht. Ich empfehle sie Deiner Aufmerksamkeit, wenn Du sie noch nicht gelesen hast, vor allem *Net of Cobwebs, The Innocent Mrs. Duff, The Blank Wall*.

7. Dezember 1950
An James Sandoe

... Ich habe gerade ein Buch mit dem Titel *The Beast Must Die* von Nicholas Blake gelesen, dem Pseudonym von Cecil Day Lewis. Wieder einmal bin ich betroffen, ja förmlich niedergeschmettert davon, wie verheerend sich das Auftreten des Detektivs Nigel Strangeways auf die Handlung auswirkt, eines Amateurs, dem dauernd seine Frau hinterherläuft – diese Frau ist eine der drei größten Forscherinnen der Welt, was sie in dieselbe piekfeine und für mich ausgesprochen alberne Klasse bringt wie die Künstlerin, die Ngaio Marshs Roderick Alleyn beweibt. Bis zu dem Punkt ist die Story verteufelt gut und auch vorzüglich geschrieben, aber der Amateur-Detektiv ist einfach nicht zu verkraften. Er ginge auch dann nicht, wenn sein Bruder ein Herzog wäre und er einen Titel hätte und wer weiß wieviele Meriten als klassischer Gelehrter, aber das ließe man sich immerhin noch gefallen. Aber so, als Nigel Strangeways, schafft er nicht einmal das. Der Privatdetektiv ist ja zugegebenermaßen immer eine Übertreibung – ein Phantasieprodukt. Aber wenigstens ist er eine Übertreibung des Möglichen.

16. April 1951
An Bernice Baumgarten

... Ich möchte meinen, daß Eric Ambler sich zwischen zwei Stühle gesetzt hat und einer Gefahr erlegen ist, der alle Intellektuellen ausgesetzt sind, wenn sie den Versuch machen, einen Thriller-Stoff zu behandeln. Ich weiß, ich muß selber dauernd dagegen ankämpfen. Es ist gar keine leichte Sache, seine Geschichte und seine Figuren auf einem Niveau zu halten, das dem halbgebildeten Publikum zugänglich ist, und ihnen zugleich ein paar intellektuelle und künstlerische Obertöne zu verleihen, die das Publikum weder sucht noch verlangt noch am Ende überhaupt wahrnimmt, die es aber irgendwie unbewußt doch akzeptiert und mag. Ich habe immer die Theorie vertreten, daß Stil vom Publikum akzeptiert wird, vorausgesetzt, man stößt es nicht direkt mit der Nase drauf, indem man entweder viele Worte darum macht oder, wie es oft der Fall war, auf Distanz geht und ihn bewundert.

Ich finde, es ist ein riesiger Unterschied, ob man beim Schreiben bewußt nach dem Geschmack des Publikums geht (was immer mit einem Reinfall endet) oder ob man das, was man schreiben will, in eine Form bringt, die das Publikum zu akzeptieren gelernt hat. Bei Ambler ist das Dilemma nicht, daß er etwa zu intellektuell geworden wäre; er hat sich's nur zu deutlich anmerken lassen.

16. Januar 1952
An James Sandoe

... Das *Handbook for Poisoners*[1] ist auf dem Weg zu Ihnen zurück ... Von Bonds Geschichten habe ich die meisten schon gesehen. An der Einleitung hatte ich viel Vergnügen, besonders an der klinischen Beschreibung der Wirkungen des Vipernbisses auf den Kurator des Chicagoer Zoos.

[1] Von Raymond Bond.

Aber es gibt sicher noch eine riesige Menge von Giften, die Mr. Bond weggelassen hat, wenn man erwägt, wieviel Lektüre und Nachforschungen er betrieben haben muß.

Ich wünschte, Bond wäre bei seiner Diskussion der Gifte ein bißchen genauer auf die Gegengifte eingegangen und hätte so interessante kleine Tatsachen (wenn es, wie ich hoffe, Tatsachen sind) gebracht wie zum Beispiel: daß es auf dem ganzen Gebiet der Gifte nur zwei wirkliche Gegengifte gibt, Atropin und Muskarin, die sich zueinander wiederum wie Gift und Gegengift verhalten; daß Morphium durch den Magen resorbiert wird und manche Fälle von Morphiumvergiftung durch anhaltende Magenspülungen geheilt werden können; daß Arsen in der Leber gespeichert wird, von dort zum Herzen gelangt und manchmal durch seine Wirkung auf den Herzmuskel tödlich ist; und daß Zyanidvergiftungen, deren Folgen angeblich blitzschnell eintreten und unaufhaltsam sind, in manchen Fällen durch künstliche Atmung überwunden werden können, wenn diese rasch genug einsetzt und genügend lange durchgehalten wird, weil das Gift selbst in ziemlich kurzer Zeit oxydiert. Aber gut, man kann von zweiundsiebzig Seiten nicht alles verlangen . . .

Oktober 1955
An Hilary Waugh[1]

. . . Hier drüben[2] werde ich nicht als Kriminalschriftsteller angesehen, sondern als amerikanischer Romancier von einiger Bedeutung. Wie bedeutend, kann ich nicht genau sagen, da der Prozentsatz schwankt.

Ein Thriller-Schreiber ist in England, wenn er etwas taugt, genauso gut wie jeder andere Schriftsteller. Es gibt einfach jenen Snobismus nicht, der einen viertrangigen ernsten Romanschreiber, ohne Stil oder wirkliches Talent,

[1] Kriminalschriftsteller.
[2] In London.

grundsätzlich haushoch über einen Kriminalautor stellt, der unter Umständen mitgeholfen hat, eine ganze Literatur neu zu erschaffen. Hier kommen Leute – gebildete Engländer – zu mir in dies ziemlich exklusive Hotel, stellen sich vor und danken mir für das Vergnügen, das meine Bücher ihnen bereitet haben. Irgendwie glaube ich nicht, daß wir diesen Status in Amerika je erreichen werden. Sicher nicht mehr zu meiner Zeit. Ich fürchte, unsere Klassifiziersucht ist zu stark. Ich fürchte, unsere fundamentale geistige Ignoranz ist zu groß. Wenn's sich nicht um einen kleinen Bestseller handelt oder den Auswahlband eines Buchklubs, lassen wir uns alles gestohlen bleiben.

... Ich gebe ja zu, daß zu viele Kriminalromane mittelmäßig sind, aber mittelmäßig sind überhaupt zu viele Bücher, gleich welcher Art, wenn man strenge Maßstäbe anlegt. Aber lassen Sie uns nie den Standpunkt hinnehmen, daß Kriminalromane von Lohnschreibern aufs Papier gesudelt würden. Noch die armseligsten von uns vergießen ihr Herzblut über jedem Kapitel. Die besten von uns fangen mit jedem neuen Buch wieder ganz von vorne an. Lohnschreiber sind Leute, die mit Leichtigkeit etwas tun, von dem sie wissen, daß es der Mühe nicht wert ist, und die es trotzdem um des Geldes willen tun. Ich bin noch nie einem Kriminalschriftsteller begegnet, der, was er machte, für nicht der Mühe wert hielt; er wünschte einzig, er könnte es besser machen.

Ich bin zufällig einer derjenigen gewesen, die Glück gehabt haben, und Glück, das glauben Sie mir ruhig, muß man haben ...

Beiläufige Anmerkungen zum Kriminalroman
(geschrieben 1949)

(1) Der Kriminalroman muß glaubwürdig motiviert sein, in der Ausgangssituation sowohl wie auch in der Aufklärung. Er muß aus plausiblen Handlungen plausibler Menschen unter plausiblen Umständen bestehen, wobei daran erinnert sei, daß Plausibilität weitgehend eine Sache des Stils ist. Das schließt die meisten Trick-Schlüsse ebenso aus wie jene Geschichten, in denen sich am Ende angeblich ›der Kreis schließt‹, wo in Wirklichkeit aber nur die unwahrscheinlichste Figur zum Täter gemacht wird, und zwar mit einer Gewaltsamkeit, die niemanden überzeugt. Es schließt auch so komplizierte *mises-en-scène* aus wie Christies *Murder in the Calais Coach*[1], wo der ganze Verbrechensplan eine derartige Mitarbeit des Zufalls verlangte, daß kein vernünftiger Mensch an sein Gelingen hätte glauben können. Hier ist natürlich, wie überall, Plausibilität eine Sache der Wirkung, nicht des Faktischen, und der eine Schriftsteller kann durchaus mit einem Muster Erfolg haben, das in den Händen eines anderen, weniger begabten einfach albern wirken würde.

(2) Der Kriminalroman muß technisch, was die Methodik des Mordes und seiner Aufklärung betrifft, einwandfrei sein. Keine phantastischen Gifte oder irrtümlichen Dosierungen usw. Keine Schalldämpfer auf Revolvern (sie funktionieren nämlich doch nicht, weil Kammer und Lauf keine Einheit bilden), keine an Klingelzügen hochkletternden Schlangen. Wenn der Detektiv ausgebildeter Polizeibeamter ist, muß er auch wie ein solcher handeln und die geistigen und körperlichen Fähigkeiten haben, die der Job bedingt. Ist er Privatdetektiv oder Amateur, so muß er zumindest genug von der Routinearbeit der Polizei wissen, um nicht

[1] Originaltitel in England *Murder in the Orient Express*.

gerade einen Narren aus sich zu machen. Der Kriminalroman muß das Bildungsniveau der Leser in Rechnung ziehen; Dinge, die bei Sherlock Holmes noch akzeptabel waren, lassen sich bei Sayers, Christie oder Carter Dickson einfach nicht mehr hinnehmen.

(3) Der Kriminalroman muß im Hinblick auf Gestalten, Schauplatz und Atmosphäre realistisch sein. Er muß von wirklichen Menschen handeln, die in einer wirklichen Welt leben. Natürlich gibt es im Kriminalroman ein Element des Phantastischen. Er tut der Wahrscheinlichkeit Gewalt an, indem er Zeit und Raum zusammenzieht. Je übertriebener folglich die Grundvoraussetzungen sind, desto nüchterner und genauer müssen die Vorgänge geschildert sein, die sich daraus entwickeln. Nur sehr wenige Kriminalschriftsteller haben überhaupt Talent für Charakterdarstellung, aber das bedeutet ja doch nicht, daß es überflüssig wäre. Diejenigen, die sagen, das Problem stelle alles andere in den Schatten, versuchen damit wiederum nur ihre eigene Unfähigkeit zu kaschieren, Charaktere und Atmosphäre zu schaffen. Charakter läßt sich auf verschiedene Weise schaffen: durch die subjektive Methode, in Gedanken und Empfindungen der betreffenden Gestalt einzudringen; durch die objektive oder dramatische Methode, wie die Bühne sie anwendet, das heißt, durch Erscheinung, Verhalten, Rede- und Handlungsweise der Gestalt; und durch die Methode der historischen Falldarstellung im heute sogenannten Dokumentarstil. Diese letztere läßt sich besonders gut auf denjenigen Typus des Kriminalromans anwenden, der so sachlich und affektlos zu sein versucht wie ein amtlicher Bericht. Doch welche Methode man auch wählt, Charaktere müssen jedenfalls geschaffen werden, wenn etwas von auch nur einiger Bedeutung dabei herauskommen soll.

(4) Der Kriminalroman muß, unabhängig vom Element des Geheimnisvollen, also des eigentlich ›Kriminalen‹ darin, einen soliden erzählerischen Wert aufweisen. Dieser Ge-

danke wird einigen Anhängern des Klassischen ziemlich revolutionär und sämtlichen Vertretern des Zweitklassigen höchst abscheulich vorkommen. Nichtsdestoweniger hat er seine guten Gründe. Alle wirklich hervorragenden Kriminalromane werden wiedergelesen, manche sogar viele Male. Ersichtlich wäre das nicht der Fall, wenn das Puzzle das einzige Motiv für das Interesse des Lesers bildete. Die Kriminalromane, die über die Jahre hin am Leben bleiben, haben unweigerlich die Qualitäten guter ›ernster‹ Romanliteratur. Der Kriminalroman muß Farbe haben, Niveau und einen ganz beträchtlichen Schwung. Es bedarf schon eines enormen technischen Könnens, um den öden Stil auszugleichen und vergessen zu machen, und gelegentlich ist das durchaus gelungen, besonders in England.

(5) Der Kriminalroman muß in seiner ganzen Struktur im wesentlichen so einfach sein, daß sich die Vorgänge leicht erklären lassen, wenn es an der Zeit ist. Die ideale Aufklärung ist da gegeben, wo in einer kurzen, blitzartigen Aktion schlechthin alles klar wird. Aber Einfälle, so gut wie dieser, sind immer selten, und einem Schriftsteller, der es einmal dahin gebracht hat, ist nur zu gratulieren. Die Erläuterung muß nicht unbedingt kurz sein (außer im Film), und oft kann sie es auch gar nicht sein. Entscheidend ist nur, daß sie aus sich selbst heraus interessant ist, daß sie etwas ist, was der Leser mit Spannung vernimmt, und nicht eine ganz neue Geschichte mit einem Haufen neuer oder unerkennbaren Figuren, die an den Haaren herbeigezogen werden, um einen brüchigen Plan zu rechtfertigen. Sie darf nicht bloß aus einer langatmigen Zusammenfassung kleinkalibriger Einzelheiten bestehen, von denen nicht gut erwartet werden kann, daß der Leser sich ihrer erinnert. Es ist nichts schwieriger hinzubekommen als die Schlußerläuterung eines Kriminalfalls. Wenn man genug sagt, um den stumpfsinnigen Leser zu befriedigen, hat man zugleich auch genug gesagt, um den intelligenten in Wut zu bringen, aber das zeigt

nur ein Grunddilemma der Kriminalschriftstellerei auf, jenes nämlich, daß der Kriminalroman sich zwangsläufig an einen Querschnitt des gesamten Lesepublikums wendet und dieses breite Publikum unmöglich mit denselben Mitteln ansprechen kann. Seit den frühesten Tagen des dicken Schmökers ist kein Romantypus von so vielen verschiedenen Leuten gelesen worden. Halbgebildete lesen keinen Flaubert, und Intellektuelle lesen in der Regel nicht die gängigen fetten Bände voll ausgewalzter Geschichte, die sich als historische Romane anbieten. Aber Kriminalromane lesen sie alle von Zeit zu Zeit – oder fast alle jedenfalls –, und eine überraschend hohe Anzahl Menschen liest fast überhaupt nichts anderes. Das Problem, wie man die Fall-Erläuterung angesichts dieses so verschieden gebildeten Publikums handhaben soll, ist praktisch unlösbar. Möglicherweise ist, außer für den in der Wolle gefärbten *aficionado*, die beste Lösung noch die alte Hollywood-Regel: »Keine Erklärungen, außer unter Druck, und auch dann sofort abbrechen!« (Was bedeutet, daß eine Fall-Erläuterung immer von irgendeiner Handlung begleitet sein muß und daß sie nicht auf einmal, sondern in kleinen Dosen kommen soll.)

(6) Das Geheimnis darf dem einigermaßen intelligenten Leser nicht durchsichtig sein. Dieser Punkt und das Problem der Ehrlichkeit sind die beiden verwirrendsten Elemente in der Kriminalschriftstellerei. Einige der besten Detektivgeschichten, die je geschrieben worden sind, bleiben dem intelligenten Leser durchaus nicht bis zum Ende undurchschaubar (die von Austin Freeman zum Beispiel). Aber es ist eine Sache, den Mörder zu erraten, und eine ganz andere, die Vermutung durch rationale Gründe stützen zu können. Da das Publikum so viele unterschiedliche Köpfe hat, werden manche auf eine geschickt versteckte Lösung kommen und andere sich wieder von der durchsichtigsten Handlung täuschen lassen. (Ließe sich wohl irgendein moderner Leser

noch von der *Red-Headed League*[1] hinters Licht führen? Würde irgendeiner modernen Polizei-Haussuchung der *Purloined Letter*[2] entgehen?) Aber es ist gar nicht notwendig oder auch nur wünschenswert, den echten *aficionado* des Kriminalromans bis zum Geht-nicht-mehr zu täuschen. Ein halberratenes Geheimnis ist viel reizvoller als eins, bei dem der Leser vollkommen ratlos bleibt. Es kommt der Selbstachtung des Lesers entgegen, wenn er einen Teil des Nebels durchdringen kann. Wichtig ist nur, daß dem Autor am Ende noch ein bißchen Nebel übrigbleibt, damit er ihn selber wegblasen kann.

(7) Die Lösung, einmal enthüllt, muß den Eindruck vermitteln, daß es nur so und nicht anders gewesen sein kann. Mindestens die Hälfte aller veröffentlichten Kriminalromane verstößt gegen dieses Gesetz. Ihre Lösungen sind nicht nur unverbindlich und ohne zwingende Konsequenz, sie sind auch oft ersichtlich nur aufgesetzt, schlicht aus den Fingern gesogen, weil der Autor erkannt hatte, daß sein ursprünglicher Mörder zu leicht erkennbar geworden war.

(8) Der Kriminalroman darf nicht alles auf einmal zu bringen versuchen. Wenn die Story ein Puzzle darstellt und in einem kühlen intellektuellen Klima spielt, kann sie nicht gleichzeitig wilde Abenteuer oder eine leidenschaftliche Romanze schildern. Terror-Atmosphäre zerstört das logische Denken. Wenn die Handlung von ausgeklügeltem psychologischen Druck bestimmt wird, der Menschen zum Mord treibt, kann sie nicht gleichzeitig die leidenschaftslose Analyse des geschulten Kriminalisten enthalten. Der Detektiv kann nicht zur gleichen Zeit Held sein und Bedrohung; der Mörder kann sich nicht als gequältes Opfer der Umstände geben und im selben Moment als finsterer Schurke.

(9) Der Kriminalroman muß den Verbrecher auf irgend-

---

[1] Von Sir Arthur Conan Doyle.
[2] Von Edgar Allan Poe.

eine Weise betrafen, wenn auch nicht notwendigerweise durch den Spruch eines Gerichts. Im Gegensatz zur landläufigen Ansicht hat dies gar nichts mit Moral zu tun. Es gehört nur einfach zur Logik der Form. Ohne diese Strafe wäre die Geschichte wie ein unaufgelöster Akkord in der Musik. Sie hinterließe ein Gefühl der Irritation.

(10) Der Kriminalroman muß dem Leser gegenüber ehrlich sein. Das wird zwar immer gefordert, aber selten in aller Konsequenz verwirklicht. Was bedeutet Ehrlichkeit in diesem Zusammenhang? Es reicht nicht aus, daß die Fakten ausgebreitet werden. Sie müssen auch ehrlich ausgebreitet werden, und sie müssen von jener Art sein, mit der sich logische Überlegungen anstellen lassen. Nicht nur dürfen dem Leser wichtige oder überhaupt irgendwelche Hinweise nicht vorenthalten werden; man darf sie auch nicht durch einen falsch gesetzten Akzent verzerren. Unwichtige Fakten dürfen nicht in einer Weise mitgeteilt werden, als käme ihnen eine ganz unheimliche Bedeutung zu. Schlüsse zu ziehen aus den Fakten ist Sache des Detektivs; aber er sollte von seinen Gedanken immerhin soviel preisgeben, daß der Leser mitdenken kann. Es gehört zur Grundtechnik des Kriminalromans, ihn so anzulegen, daß der Leser, den notwendigen Scharfsinn vorausgesetzt, das Buch an einem bestimmten Punkt der Handlung zuklappen und die Lösung in ihren wesentlichen Zügen selber darlegen könnte. Aber dazu muß er mehr in der Hand haben als bloß die Fakten; es setzt voraus, daß ihm die Fakten so ehrlich mitgeteilt worden sind, daß man ihm, auch wenn er Laie ist, zumuten darf, die richtigen Schlüsse daraus zu ziehen. Seltene Spezialkenntnisse oder ein abnormes Gedächtnis für belanglose Einzelheiten darf man ihm nicht zur Pflicht machen. Denn wenn man so etwas dazu braucht, hat er nicht wirklich das Material zur Lösung in die Hände bekommen, sondern bloß ein paar festverschnürte Pakete, in denen sich Material befindet.

Den entscheidenden Hinweis in einem Sumpf von Geschwätz über alle möglichen Nichtigkeiten untergehen zu lassen, ist ein zulässiger Trick, wenn die Geschichte genügend Spannung entwickelt hat, um den Leser argwöhnisch zu machen. Braucht er soviel Wissen wie Dr. Thorndyke, um ein Geheimnis zu lösen, so wird er offensichtlich nicht damit fertig. Wenn die Prämissen in *Trent's Last Case*[1] plausibel sind, haben Logik und Realismus überhaupt keine Bedeutung. Wenn der Zeitpunkt, zu dem ein Mord begangen wurde, nur dann zu bestimmen ist, wenn man weiß, daß der Ermordete an Hämophilie litt, kann man dem Leser wirklich nicht zumuten, sich der Sache mit Intelligenz zu widmen, solange er von der Hämophilie nichts weiß; weiß er's aber (die Geschichte, auf die ich mich beziehe, ist Sayers' *Have His Carcase)*, so löst sich alles Geheimnisvolle in Luft auf, weil die Alibis sich nun sämtlich nicht mehr auf die Tatzeit beziehen.

Ersichtlich ist es viel mehr als nur ein Trick, ob nun annehmbar oder nicht, wenn sich am Ende herausstellt, daß der Detektiv selber der Verbrecher ist, denn der Detektiv ist nach Tradition und Definition der Sucher nach der Wahrheit. Der Leser darf durchaus mit so etwas wie einer stillschweigenden Garantie rechnen, daß der Detektiv ein ehrlicher Mann ist, und diese Regel sollte natürlich auch für jeden Ich-Erzähler gelten, überhaupt für jede Gestalt, von deren Standpunkt aus die Geschichte erzählt wird. Die Unterdrückung von Fakten durch den Erzähler oder den Autor ist, wo der Anschein erweckt wird, es würden alle Fakten mitgeteilt, die eine bestimmte Figur kennenlernt, eine eklatante Unehrlichkeit. (Aus zwei Gründen hat mich der Verstoß gegen diese Regel in *The Murder of Roger Ackroyd*[2] nie sonderlich verstört: 1. wird diese Unehrlichkeit ziemlich raffiniert erklärt, und 2. macht die ganze An-

[1] Von E. C. Bentley.
[2] Von Agatha Christie.

78

lage der Geschichte und ihrer dramatis personae durchaus klar, daß der Erzähler der einzig mögliche Mörder ist, so daß die Herausforderung dieser Geschichte für den intelligenten Leser nicht lautet »Wer hat den Mord begangen?«, sondern »Beobachtet mich nur ganz genau und ertappt mich, wenn ihr könnt«.)

Es dürfte wohl klar sein, daß die ganze Frage der Unehrlichkeit eine Sache der Absicht und der Akzentsetzung ist. Der Leser erwartet durchaus, daß er irregeführt wird, nur aber nicht von einer Bagatelle. Er rechnet durchaus damit, daß er irgendeinen Hinweis falsch deutet, aber nicht weil er bedauerlicherweise Chemie, Geologie, Biologie, Pathologie, Metallurgie und ein halbes Dutzend anderer Wissenschaften nicht gleichzeitig beherrscht. Er ist darauf gefaßt, daß ihm irgendein Detail wieder entfällt, das sich später als wichtig erweist, aber nicht weil sonst von ihm verlangt würde, sich tausend Trivialitäten zu merken, die überhaupt keine Wichtigkeit besitzen. Und wenn, wie in einigen Geschichten von Austin Freeman, der exakte Beweis wissenschaftliche Kenntnisse voraussetzt, so erwartet der Leser, daß die Aufdeckung des Verbrechens an sich durchaus einem gewöhnlichen, aufmerksamen Verstand gelingen kann, auch wenn zur beweiskräftigen Überführung des Täters der Spezialist benötigt wird.

Natürlich gibt es subtile Unehrlichkeiten, die von der Form selbst bedingt sind. Mary Roberts Rinehart, glaube ich, hat einmal die Bemerkung gemacht, der springende Punkt beim Kriminalroman sei eben der, daß er zwei Geschichten in einer enthalte: die Geschichte dessen was geschehen ist, und die Geschichte dessen, was geschehen zu sein schien. Da die Verhüllung der Wahrheit nun einmal dazugehört, muß es Mittel und Wege geben, diese Verhüllung zu bewirken. Es ist das alles eine Frage des Grades. Manche Tricks sind beleidigend, weil sie gar zu plump sind und weil, sind sie erst einmal entlarvt, nichts sonst mehr übrig bleibt. Andere sind einem angenehm, weil sie hinterhältig und subtil sind, wie ein zufällig aufgefangener Blick, dessen Bedeutung einem nicht ganz klar ist und bei dem man den leichten Verdacht hat, er könnte vielleicht nicht sehr schmeichelhaft sein. Allen Ich-Erzählungen könnte man zum Beispiel den Vorwurf der subtilen Unehrlichkeit machen, weil sie den Anschein der Aufrichtigkeit erwecken und doch die Möglichkeit haben, die rationalen Überlegungen des Detektivs völlig auszuklammern, während sie seine Worte und Taten und viele seiner gefühlsmäßigen Reaktionen klipp und klar schildern. Es muß ein Moment kommen, wo der Detektiv plötzlich den Faden findet, dem Leser diese kleine Neuigkeit aber vorenthält, ein Zeitpunkt (und gewiefte Leser erkennen ihn oft ohne große Schwierigkeit), wo der Detektiv auf einmal aufhört, laut zu denken, und dem Leser freundlich, aber bestimmt die Tür zu seinen Gedanken vor der Nase zuschlägt. Früher, als das Publikum noch unschuldig war und man ihm einen alten Käse vors Gesicht halten mußte, damit es überhaupt merkte, daß da etwas stank, machte der Detektiv das, indem er etwa sagte: »Also, das wären die Tatsachen. Wenn Sie ihnen Ihre ungeteilte Aufmerksamkeit schenken, werden Sie, dessen bin ich gewiß, eine reiche Fülle möglicher Erklärungen für diese sonderbaren Vorkommnisse finden.« Heutzutage wird das nicht ganz so pampig gemacht, aber der Effekt des Türzuschlagens ist ebenso unmißverständlich.

Hier sollte noch, um das Thema abzuschließen, hinzugefügt werden, daß die Frage des *fair play* beim Kriminalroman rein professioneller, künstlerischer Natur ist und keinerlei moralische Bedeutung hat. Es dreht sich nur darum, ob der Leser im Rahmen der Regeln des *fair play* irregeführt wird oder ob er einen Schlag unterhalb der Gürtellinie bekommt. Vollkommenheit gibt es nicht. Absolute Offenheit würde das Element des Geheimnisvollen zerstören. Je besser der Autor, desto weiter wird er mit der

Wahrheit gehen, desto subtiler wird er maskieren, was nicht erzählt werden kann. Und nicht nur gelten für dieses Spiel der Geschicklichkeit keinerlei moralische Gesetze, sondern die Regeln, nach denen es abläuft, ändern sich auch permanent. Das muß so sein; der Leser wird mit jeder Minute klüger. In den Tagen von Sherlock Holmes mochte es noch möglich sein, daß der Butler, wenn er mit einem Schal vermummt unter dem Bibliotheksfenster herumschlich, zum Verdächtigen wurde. Heute würde ihn ein solches Verhalten augenblicklich von allem Verdacht reinigen. Denn nicht nur weigert sich der zeitgenössische Leser de facto, einem derartigen Irrlicht zu folgen, er wird auch sofort argwöhnisch, wenn er das Bemühen des Autors spürt, seinen Blick auf eine falsche Fährte zu lenken und von der richtigen abzuziehen. Alles, was nur am Rande erwähnt wird, erregt Verdacht; jede Figur, die nicht ausdrücklich als verdächtig hingestellt wird, *ist* verdächtig, und alles, was den Detektiv veranlaßt, an den Enden seines Schnurrbarts zu kauen und ein ernstes Gesicht zu machen, wird vom argwöhnischen Leser ohne weiteres als unwichtig ausgeschieden. Dem Verfasser dieser Zeilen kommt es oft so vor, als bestehe die einzige noch übrige, einigermaßen ehrliche und wirksame Methode, dem Leser ein Schnippchen zu schlagen, darin, daß man seinen Zähnen die falsche Nuß zu knacken gibt (denn irgendeine Nuß wird er mit Sicherheit knacken), daß man ihn ein Geheimnis lösen läßt, das ihn auf einen Seitenweg führt, weil es mit dem Hauptproblem nur lose zusammenhängt. Und selbst das erfordert ein bißchen Betrug hier und da.

Nachträge

(1) Der vollkommene Kriminalroman läßt sich nicht schreiben. Irgend etwas muß immer geopfert werden. Man kann nicht alles haben; es gibt nur einen einzigen dominie-

renden Wert, vor dem alles andere zurücktritt. Das ist mein Einwand gegen die deduktive Erzählung. Ihr dominierender Wert ist etwas, was es gar nicht gibt: ein Problem, das sich der Art Analyse widersetzt, die ein guter Anwalt einer komplizierten Rechtsfrage widmet. Nicht daß solche Geschichten nicht durchaus faszinierend wären; es fehlt ihnen nur an der Möglichkeit, für ihre schwachen Punkte einen Ausgleich zu bieten.

(2) Es ist behauptet worden, daß sich im Kriminalroman »kein Mensch für die Leiche interessiert«. Das ist Unsinn; wenn es so wäre, hätte der Autor ein wertvolles Element verschenkt. Genausogut könnte man behaupten, der Mord an einer Tante bedeute einem nicht mehr als der Mord an einem unbekannten Menschen in einer Stadt, in der man noch nie gewesen ist.

(3) Ein Kriminalroman in Fortsetzungen ist nur selten ein guter Kriminalroman. Die Wirkung der einzelnen Textraten beruht auf dem Umstand, daß man die nächste Rate noch nicht hat. Liest man sie alle hintereinander, so bereitet einem die so erzeugte falsche Spannung nur noch Verdruß.

(4) Liebesgeschichten bedeuten für den Kriminalroman fast immer eine Schwächung, weil sie einen Typus von Spannung hineinbringen, der dem Kampf des Detektivs um die Lösung des Problems abträglich ist. Durch sie entsteht praktisch ein abgekartetes Spiel, und in neun von zehn Fällen fallen dadurch mindestens zwei nützliche Verdächtige weg. Die einzige wirkungsvolle Art Liebesgeschichte ist die, bei der dem Detektiv selber Gefahr droht – bei der man aber zugleich instinktiv spürt, daß sie eine bloße Episode ist. Ein wirklich guter Detektiv heiratet nie.

(5) Es ist das Paradoxe am Kriminalroman, daß seine Struktur zwar selten nur, wenn überhaupt, die Überprüfung durch einen analytischen Verstand verträgt, daß es aber gerade dieser Typus Verstand ist, auf den er seine größte Anziehungskraft ausübt. Natürlich gibt es den blut-

lüsternen Leser auch, wie es auch den Leser gibt, der ganz naiv mit den Gestalten lebt und leidet, und den Leser, der sexuelle Ersatzbefriedigung sucht. Aber sie alle zusammengenommen bilden vermutlich nur eine verschwindend kleine Minderheit, verglichen mit der großen Zahl der intelligenten Menschen, die den Kriminalroman gerade um seiner Unvollkommenheit willen lieben.

Er stellt, das muß man doch sagen, eine Form dar, die noch nie wirklich übertroffen worden ist, und alle, die seinen Niedergang und Fall prophezeit haben, sind aus eben diesem Grund mit ihrem Urteil gescheitert. Da seine Form nie zur Vollkommenheit gelangte, ist sie auch nie der Erstarrung verfallen. Nie haben die Akademiker ihre toten Hände darauf gelegt. Sie ist immer noch fließend in Bewegung, ist immer noch zu mannigfaltig, um sich einfach klassifizieren und abstempeln zu lassen, und immer noch wartet sie nach allen Richtungen mit neuen Überraschungen auf. Kein Mensch weiß eigentlich genau, was ihr diese Kraft verleiht, und man kann in ihre Definition keine einzige Eigenschaft eintragen, die dann nicht doch in irgendeinem erfolgreichen Beispiel wieder fehlte. Sie hat mehr Kitsch und Schund hervorgebracht als jede andere Romangattung, den Liebesroman ausgenommen, und doch zugleich auch mehr gute Kunst als jede andere Form, die sich so weiter Verbreitung und Beliebtheit erfreut.

(6) Zeige mir einen Menschen, Mann oder Frau, der Kriminalromane nicht ausstehen kann, und ich zeige Dir einen Narren: einen klugen Narren vielleicht – aber einen Narren gleichwohl.

Chandler über
das Handwerk des Schreibens

5. Mai 1939
An Erle Stanley Gardner

... Als wir über die alte Zeitschrift *Action Detective*
sprachen, vergaß ich Ihnen zu erzählen, daß ich, wie man
eine kleine Novelle schreibt, an einer der Ihren gelernt
habe; sie handelte von einem Mann namens Rex Kane, der
ein alter ego von Ed Jenkins war und sich mit einer blumi-
gen Dame in einer Prachtsvilla in Hollywood einließ, die
eine Anti-Erpresser-Organisation leitete. Sie werden sich
schwerlich noch daran erinnern. Vermutlich liegt sie bei Ihnen in der Ablage unter Nr. 54276-84 ...

Ich stellte damals eine äußerst detaillierte Synopse Ihrer
Geschichte her, schrieb sie dann danach neu und verglich das
Ergebnis mit dem Original, und dann setzte ich mich wieder
hin und schrieb sie noch weiter um, und immer so weiter.
Am Ende war ich ein bißchen sauer, weil ich ja doch nicht
versuchen konnte, sie zu verkaufen. Ich fand sie nämlich
ganz gut geraten. Nebenbei fand ich heraus, daß das Raffinierteste an Ihrer Technik die Fähigkeit war, Situationen zu
vermitteln, die ans Unwahrscheinliche grenzten, beim Lesen
aber ganz plausibel wirkten. Ich hoffe, Sie verstehen, daß
ich dies als Kompliment meine. Mir selber ist das nie auch
nur annähernd gelungen. Dumas besaß diese Fähigkeit in
sehr starkem Maße. Ebenfalls Dickens. Sie ist vermutlich
die Grundlage allen raschen Arbeitens, weil die rasche Arbeit natürlicherweise einen hohen Improvisationsanteil enthält, und eine improvisierte Szene logisch zwingend erscheinen zu lassen, ist gar keine kleine Leistung. Wenigstens
finde ich das.

Und hier sitze ich nun um halb drei früh und schreibe

über Technik, obwohl ich doch fest überzeugt davon bin, daß einem Mann in dem Augenblick, wo er anfängt, über Technik zu reden, todsicher die Einfälle ausgegangen sind.

15. Januar 1945
An Charles W. Morton

... Ich schreibe für Sie nicht des Geldes wegen oder ums Prestige, sondern aus Liebe, aus der wunderlichen, verlangenden Liebe zu einer Welt, in der Menschen in kühler Zartheit denken und in der Sprache fast vergessener Kulturen sprechen können. Ich mag diese Welt, und ich würde gelegentlich meinen Schlaf und meine Ruhe und eine ganz hübsche Stange Geld dafür opfern, in aller Bescheidenheit in sie eintreten zu dürfen. Glauben Sie, ich bin auf Geld aus? Und was das Prestige betrifft, was ist das überhaupt? Welches größere Prestige kann denn ein Mensch wie ich haben (nicht allzu begabt, aber einsichtsvoll) als die Tatsache, daß er sich eines billigen, schäbigen und hoffnungslos bankerotten Genres angenommen und etwas daraus gemacht hat, worüber Intellektuelle sich in die Haare kriegen?

27. Dezember 1946
An Mrs. Robert J. Hogan[1]

... Meine Erfahrung mit dem Versuch, Leuten beim Schreiben zu helfen, ist begrenzt, war aber äußerst intensiv. Ich habe da alles getan, habe angehenden Schriftstellern Geld zum Leben gegeben, habe Geschichten für sie entworfen und umgeschrieben, und dabei habe ich immer wieder festgestellt, daß alles eitle Mühe war. Die Leute, denen von Gott oder der Natur bestimmt ist, Schriftsteller zu werden, finden ihre eigenen Antworten, und denen, die fragen müssen, ist einfach nicht zu helfen. Sie möchten einfach nur gern Schriftsteller sein, das ist alles.

---

[1] Redakteurin einer Zeitschrift für Schriftsteller, Lake Mohawk, New Jersey.

5. Januar 1947

An Charles W. Morton

... Bin eben mit der Lektüre von *Command Decision*[1] fertig geworden. Ich empfand das Buch als absolut (oder fast) unwiderleglich und zugleich als vollkommene Zeitverschwendung, ähnlich wie Gardners Perry-Mason-Geschichten, die ich ebenfalls unwiderleglich finde. *B. F.'s Daughter*[2] ist genauso, dringt aber ein bißchen tiefer in die Charaktere ein. Bei Büchern wie diesem komme ich immer mehr dazu, mir Gedanken zu machen, wohin die Literatur eigentlich steuert – ohne daß ich freilich sehr weit damit komme. Was mich an diesem Buch, *Command Decision,* und anderen seinesgleichen so stört, ist die Tatsache, daß es alles hat, was ein guter Roman haben sollte, Können, Perzeption, Witz und Ehrlichkeit. Es hat ein Thema – etwas, was ich noch nie gehabt habe; es hat einen scharfen, unmittelbaren Sinn für das Leben, wie es gegenwärtig läuft. Ich würde mich schwertun, wenn ich sagen sollte, was es denn nun *nicht* hat, aber eben das, was es nicht hat, egal was das sein mag, ist wichtiger als das, was es hat ...

Liegt es daran, daß diese Bücher so rasend schnell geschrieben werden, wie in einer Art Fieber? Keine Antwort; das gleiche trifft auf eine Menge Literatur zu, die eine lange Zeit überdauert hat. Das Tempo der Niederschrift hat nichts damit zu tun; manche Köpfe destillieren eben viel schneller als andere. Liegt es daran, daß die Verfasser dieser Bücher ausschließlich mit entliehenen Techniken arbeiten und man folglich nie das Gefühl hat, eine wirkliche Schöpfung vor sich zu haben, sondern eher nur einen Bericht, eine Reportage? Nahe dran, aber immer noch nicht die eigentliche Antwort. Zweifellos bekommen wir eine Menge gekonnter Reportage, die sich als Roman verkleidet, und das wird auch weiter so gehen, aber was ihr im wesentlichen

[1] Von William W. Haines.
[2] Von J. P. Marquand; englischer Titel *Polly Fulton.*

mangelt, ist, glaube ich, eine emotionale Qualität. Selbst wenn diese Art Roman mit dem Tod zu tun hat, und das hat sie ja oft, ist sie nicht tragisch. Eigentlich ist das wohl auch nicht anders zu erwarten. Ein Zeitalter, das unfähig ist zur Poesie, ist zu *jeder* Art Literatur unfähig, außerhalb der glatten Mache der Dekadenz. Die Jungens können alles sagen, ihre Szenen sind in fast ermüdender Weise sauber und gefällig, sie bringen alle Fakten und alle Antworten, aber sie sind kleine Leute, die vergessen haben, wie man betet. Wie die Welt immer winziger wird, so wird auch der Verstand der Menschen immer winziger, kompakter und leerer. Diese Schriftsteller sind die Maschinenwärter der Literatur.

7. März 1947
An Mrs. Robert J. Hogan

... Eine meiner Eigenheiten und Schwierigkeiten als Schriftsteller besteht darin, daß ich nichts wegwerfen kann. Ich bin einfach nicht imstande, mich über die Tatsache hinwegzusetzen, daß ich ja doch einmal einen Grund, ein Gefühl hatte, das mich bewog, es niederzuschreiben, und daß es ein Armutszeugnis wäre, wenn ich damit nicht zu Rande käme.

Eine andere meiner Eigentümlichkeiten (und an die glaube ich nun unerschütterlich) ist die, daß ich nie wirklich weiß, wie meine Geschichte aussehen wird, bevor ich nicht den ersten Entwurf niedergeschrieben habe. So betrachte ich diesen ersten Entwurf auch stets als Rohmaterial. Was darin einen lebendigen Eindruck macht, gehört dann in die Geschichte selbst. Eine gute Geschichte kann man sich nicht einfach ausdenken; sie muß destilliert werden. Auf lange Sicht ist, wie wenig man auch darüber spricht oder gar darüber nachdenkt, das Dauerhafteste an der ganzen Schriftstellerei der Stil, und der Stil ist das Wertvollste, in das ein Schriftsteller seine Zeit investieren kann. Das zahlt sich nur lang-

sam aus, der Agent wird's begrinsen, der Verleger mißver-
stehen, und es braucht Leute, von denen man noch nie gehört hat, um beide nach und nach davon zu überzeugen,
daß der Autor, der seiner Schreibweise einen individuellen
Stempel aufdrückt, sich immer auszahlen wird. Er kann das
nicht, indem er's einfach versucht, weil die Art Stil, an die
ich hier denke, eine Projektion der Persönlichkeit ist, und
diese Persönlichkeit muß man erst einmal haben, bevor man
sie projizieren kann. Aber selbst wenn man sie hat, bekommt man sie auch nur dann aufs Papier, wenn die Gedanken auf etwas anderes gerichtet sind.

Hierin liegt eine gewisse Ironie: es ist der Grund dafür,
nehme ich an, daß ich inmitten einer Generation von ›ge-
machten‹ Schriftstellern immer noch behaupte, man kann
einen Schriftsteller nicht machen. Vertiefung in das Problem
Stil bringt noch lange keinen hervor. Kein noch so großer
Aufwand an Bearbeitung und Glättung hat irgendeine nen-
nenswerte Wirkung auf die charakteristische Atmosphäre, die
in der Schreibweise eines Mannes entsteht. Stil ist das Ergebnis der Qualität seines Empfindens und seiner Perzeption; die Fähigkeit, beide zu Papier zu bringen, ist es, die
ihn zum Schriftsteller macht ...

10. August 1947
An James Sandoe
Die *Partisan Review* ist eingetroffen. Sie ist eine recht
gute Zeitschrift in ihrer Art. Sie hat keinen Cyril Connolly
oder Orwell, und gewiß steht sie weit unter dem alten *Dial*,
für das ich in den frühen zwanziger Jahren eine ziemlich
verbitterte Verehrung hegte. Diese superschlauen Leute sind
eine nützliche Katharsis für den mehr praktisch denkenden
Schriftsteller, der, ob er nun auf finanziellen Gewinn aus ist
oder nicht, gewöhnlich lange genug gelebt hat, um nicht jedes Bündel neu auftauchender Meinungen allzu ernst zu
nehmen.

In sehr jungen Jahren, als Shaws Bart noch rot war, hörte ich in London einmal einen Vortrag von ihm über Kunst um der Kunst willen, was damals offenbar etwas bedeutet hat. Die Sache paßte Shaw natürlich nicht; ihm paßten überhaupt nur sehr wenige Sachen, wenn er nicht als erster drauf gekommen war. Aber Kunst um der Propaganda willen, das ist noch schlimmer. Und eine kritische Zeitschrift, deren Primärziel nicht ist, intelligent zu denken, sondern die nur darauf aus ist, ein Sortiment politischer Ideen gleich welcher Farbe auszuschlachten, kommt am Ende unweigerlich dahin, daß sie kritisch nur noch im umgangssprachlichen Sinn ist und intelligent nur noch im Sinn eines permanenten und ziemlich krampfigen Bemühens, andere Meinungen über die Dinge zu finden, als andere Leute sie gefunden haben. Folglich gehen diese Zeitschriften nach einer Weile alle ein; sie gewinnen nie wirkliches Leben, sondern nur einen Abscheu vor anderer Leute Ansichten vom Leben. Aus ihnen spricht die Intoleranz der sehr Jungen und die Anämie geschlossener Räume und zuviel Mitternachtsraucherei ...

28. Oktober 1947
An Charles W. Morton

... Ich hatte schon vor einiger Zeit den Gedanken, daß ich ganz gern einmal einen Aufsatz über den ›Moralischen Status des Schriftstellers‹ schreiben würde. Ich habe bei der ganzen Keiferei darüber, daß Schriftsteller sich an Hollywood oder irgendeine flüchtige Propaganda-Idee verkaufen, statt aufrichtig aus dem Herzen über das zu schreiben, was sie um sich herum sehen, den Eindruck, daß die Leute, die solche Beschwerden vorbringen, die Tatsache übersehen, daß noch kein Schriftsteller jemals einen Blankoscheck in die Hand bekommen hat. Immer mußte er Bedingungen akzeptieren, die ihm von außen auferlegt wurden, gewisse Tabus respektieren, gewissen Leuten zu gefallen trachten. Es konnte die Kirche sein oder ein reicher Gönner oder ein allgemein anerkannter Standard der Eleganz oder die kommerzielle Weisheit eines Verlegers oder Redakteurs oder sogar ein Schwall politischer Theorien. Wenn er sie nicht akzeptierte, dann revoltierte er dagegen. In jedem Fall bestimmten sie sein Schreiben ... Ach, zum Teufel damit! Ideen sind Gift. Je mehr man nachdenkt, desto weniger kann man noch erschaffen.

18. Januar 1948
An Edward Weeks[1]

... Würden Sie wohl dem Puristen, der bei Ihnen die Fahnen liest, meine Empfehlungen ausrichten und ihm (bzw. ihr, wenn es eine Sie ist) sagen, daß ich in einer Art gebrochenem Patois schreibe, das in etwa so klingt, wie ein Schweizer Kellner spricht, und daß ich, wenn ich einen Infinitiv spalte, ihn gottverdammtnochmal in der Absicht spalte, daß er gespalten bleibt, und daß, wenn ich die samtene Glätte meiner mehr oder weniger literarischen Syntax mit ein paar jähen Wendungen aus dem Kneipenjargon unterbreche, dies mit durchaus offenen Augen geschieht und kühl bis ans Herz hinan. Die Methode mag nicht vollkommen sein, aber sie ist alles, was ich habe. Ich glaube fast, Ihr Korrektor fühlt sich zu dem freundlichen Versuch bemüßigt, mir unter die Arme zu greifen, aber so sehr ich seine Fürsorglichkeit auch zu würdigen weiß, so sicher bin ich, meinen Weg auch alleine zu schaffen, vorausgesetzt, ich habe beide Bürgersteige und die Straße dazwischen zur Verfügung.

[1] Redakteur beim *Atlantic Monthly*.

7. Mai 1948
An Frederick Lewis Allen[1]

... Es wäre gehässig von mir, zu bemerken (selbst wenn ich wüßte, wovon ich rede), daß Eric Bentley vermutlich der beste Theaterkritiker in den USA ist ... Der ganze restliche Klüngel besteht bloß aus Notizenschreibern, deren Themen zufällig Theaterstücke sind. Sie haben kaum ein anderes Interesse, als mit ihrem persönlichen bißchen Wortgeklingel hausieren zu gehen. Sie sind witzig und lesbar und manchmal allerliebst, aber man erfährt von ihnen so gut wie nichts über die Theaterkunst und das Verhältnis des fraglichen Stücks zu dieser Kunst.

Es genügt für einen Kritiker nicht, daß er recht hat, denn gelegentlich wird er unrecht haben. Es genügt nicht, daß er plausible Gründe vorträgt. Er muß eine vernünftige Welt erschaffen, in die sein Leser blindlings eintreten und in der er sich seinen Weg zum Stuhl am Feuer ertasten kann, ohne daß ihm der unerwartete Besen die Schienbeine lädiert. Der stachlige Ausdruck, das mit Fleiß ausgefallene Wort, der intellektuell affektierte Stil – das alles ist amüsant, aber nutzlos. Es rückt nichts an die ihm zukommende Stelle und vermag auch die Zeitstimmung nicht zu vermitteln. Die großen Kritiker, von denen es nur so jammervoll wenige gibt, bauen ein Haus für die Wahrheit.

Es ist falsch, gegen die New Yorker Kritiker grob zu werden, wenn man nicht im selben Atemzug zugibt, daß es zu ihren Existenzbedingungen gehört, in unterhaltendem Stil etwas zu beschreiben, was nur ganz selten des Beschreibens überhaupt wert ist. Das führt oder zwingt sie förmlich dazu, eine Technik der Pseudo-Subtilität und Abstrusität zu entwickeln, die ihnen gestattet, ganz triviale Dinge so abzuhandeln, als wären sie von werweißwelcher Tragweite. Das ist die Basis aller erfolgreichen Werbetexterei. Kritik ist un-

[1] Damals Redakteur bei *Harper's Magazine*.

möglich in einer Welt, in der es nicht mehr darauf ankommt, recht zu haben und Richtiges zu sagen, sondern eine
Kolumne über ein Stück zu schreiben – irgendein beliebiges
hinterletztes Stück – welche Kolumne, egal wie belanglos
ihr vorgebliches Thema auch ist, über eins jedenfalls keinen
Zweifel läßt, darüber nämlich, wie belangvoll seine Besprechung sei ... Gutes Rezensieren ist erkennbar an der Perzeption und Bewertung seines Gegenstandes; schlechtes nur
an der Notwendigkeit, das Berufsinteresse des Rezensenten
zu pflegen.

6. Dezember 1948
An Lenore Glen Offord[1]

Schriftsteller als Klasse habe ich immer überempfindlich
und spirituell unterernährt gefunden. Ich hasse dieses kleine
Augenfunkeln, das auf ein Lob für das letzte Buch oder die
letzte Geschichte wartet. Manche meiner Freunde (was nicht
viel besagt, ich habe so wenige) sind für mich unlesbar. Ich
spreche mit ihnen nicht über ihre Bücher. Ich lese ihre verdammten Bücher auch nicht. Ich sehe keinen denkbaren
Grund dafür, daß sie das Zeug überhaupt geschrieben haben. Das macht den gesellschaftlichen Verkehr natürlich
einigermaßen heikel. Und das ist etwas, was mir an Hollywood gefällt. Da wird der Schriftsteller in seiner äußersten
Korruption entlarvt. Er erwartet kein Lob, weil das Lob in
Form eines Gehaltsschecks zu ihm kommt. In Hollywood ist
der Durchschnittsschriftsteller nicht jung, nicht ehrlich, nicht
tapfer; er ist nur ein bißchen zu auffällig angezogen. Aber
er bietet eine verdammt gute Gesellschaft, was man von
Bücherschreibern in der Regel nicht sagen kann. Er ist besser
als das, was er schreibt. Die meisten Bücherschreiber sind
nicht einmal so gut.

[1] Rezensentin für Kriminalromane beim *San Francisco Chronicle*.

18. März 1949
An Alex Barris

... Was ich so von Tag zu Tag mit mir anfange? Ich schreibe, wenn ich kann, und ich schreibe nicht, wenn ich nicht kann; immer am Morgen oder früh am Tag. Abends hat man wohl sehr fidele Einfälle, aber sie halten nicht stand. Das habe ich schon vor langer Zeit festgestellt. Es dürfte Ihnen nicht entgangen sein, daß ich meine Sachen selber tippe. Als wir hierher gezogen sind, habe ich mir ein Diktaphon zugelegt und Filmskripte hineindiktiert, aber für meine Bücher verwende ich es nie. Fast alle Schriftsteller, die diktieren, leiden an Logorrhöe. Wenn man sich dazu aufraffen muß, alle seine Worte selber hinzuschreiben, ist man eher bereit, darauf zu sehen, da sie auch Gewicht haben.

Ich bekomme dauernd Aufsätze zu Gesicht, in denen Schriftsteller sich darüber auslassen, daß sie grundsätzlich nie auf Inspiration warten; sie setzen sich einfach jeden Morgen um acht an ihren kleinen Schreibtisch, ob's regnet oder ob die Sonne scheint, ob sie einen Kater haben oder einen gebrochenen Arm oder was weiß ich sonst, und knallen ihr bißchen Pensum hin. Wie leer ihr Kopf auch sein mag und wie öde alles, was ihnen durch die Gedanken trudelt, mit solchem Quatsch wie Inspiration haben sie nichts im Sinn. Ich entbiete ihnen meine Bewunderung und gehe ihren Büchern sorgfältig aus dem Wege.

Ich hingegen, ich warte auf Inspiration, obwohl ich sie nicht unbedingt bei diesem Namen nenne. Ich glaube, daß alles Schreiben, das auch nur etwas Leben in sich hat, aus dem Solarplexus kommt. Es ist harte Arbeit insofern, als man hinterher todmüde sein kann, sogar total erschöpft. Im Sinne bewußter Bemühung freilich ist es überhaupt keine Arbeit. Wichtig ist dabei vor allem eins: der Berufsschriftsteller sollte einen bestimmten Zeitraum haben, sagen wir mindestens vier Stunden am Tag, wo er nichts anderes tut als schreiben. Er muß nicht unbedingt schreiben, und wenn ihm nicht danach ist, dann sollte er's auch nicht versuchen. Er kann aus dem Fenster schauen oder einen Kopfstand machen oder sich auf dem Fußboden schlängeln, aber er soll nichts vollkommen anderes tun, soll nicht lesen, Briefe schreiben, in Zeitschriften blättern oder Schecks ausfüllen. Entweder schreiben oder gar nichts. Es ist das dieselbe Disziplin wie das Ordnunghalten in der Schule. Wenn man die Schüler so weit bringt, daß sie sich benehmen, werden sie auch was lernen, einfach schon um nicht der Langeweile zu verfallen. Ich finde, das funktioniert. Zwei ganz einfache Regeln: 1) Man muß nicht schreiben. 2) Man kann nichts anderes tun. Der Rest kommt von selbst.

Ich mußte Amerikanisch wie eine fremde Sprache lernen. Um es zu lernen, mußte ich's studieren und analysieren. Ergebnis: wenn ich Slang verwende, Umgangssprachliches, Gaunerjargon oder alle möglichen Arten von Vulgärsprache, dann tue ich das mit vollem Bedacht. Die literarische Verwendung des Slang ist ein Studium für sich. Ich habe die Erfahrung gemacht, daß es überhaupt nur zwei Arten gibt, die etwas taugen: Slang, der in die Tagessprache eingegangen ist, und Slang, den man selber erfindet. Bei allem übrigen muß man darauf gefaßt sein, daß es passé ist, bevor es in Druck geht . . .

Aus Chandlers Arbeits-Notizbuch

(Notizen zum englischen und amerikanischen Stil)

Die Meriten des amerikanischen Stils sind weniger zahlreich als seine Mängel und Ärgerlichkeiten, aber dafür haben sie die größere Kraft.

Amerikanisch ist eine fließende, bewegliche Sprache, wie das Englisch Shakespeares, und nimmt leicht neue Worte auf, neue Bedeutungen für alte Worte, und es borgt sich nach Lust und Laune die Gepflogenheiten anderer Sprachen aus, zum Beispiel die freien Wortzusammensetzungen des Deutschen und die Verwendung von Nomina oder Adjektiven als Verben. Seine Ober- und Untertöne sind nicht auf einen gesellschaftlich konventionellen ›feinen Ton‹ ausgerichtet, der im Endergebnis das Merkmal der Klassensprache ist.

Es ist empfänglicher für Klischees. Seine Wirkungen liegen eher im emotionalen, sinnlichen Bereich als im intellektuellen. Es gibt eher Dingen der Erfahrung Ausdruck als Ideen.

Es ist eine Massensprache in demselben Sinn nur, wie etwa daß sein Baseball-Slang von Baseballspielern stammt. Das heißt, es ist eine Sprache, die von Schriftstellern gestaltet wird, die zartesten Dinge zu vollbringen, und die doch den Begreifensbereich des oberflächlich gebildeten Volkes nicht verläßt. Es ist nicht natürlich gewachsen, mögen die proletarischen Schriftsteller das auch noch so gern glauben. Aber verglichen mit ihm, mit seiner besten Form, hat das Englische grad erst das alexandrinische Stadium des Formalismus und Verfalls erreicht.

Es hat Nachteile.

Es überstrapaziert seine Schlagworte, bis sie nicht bloß sinnleere Redensarten werden, wie die englischen Schlagworte, sondern einen direkt abstoßen, wie überstrapazierte Schlager.

Sein Slang, in seinen besten Momenten einfach großartig, ist von Schriftstellern erfunden worden und wird schlichten Landstreichern und Ballspielern angedreht, und oft hat er einen falschen Klang, selbst wenn er frisch ist.

Die Sprache hat keinerlei Gespür für den unaufhörlichen Strom der Kultur. Das mag oder mag nicht am Zusammenbruch der humanistischen Bildung liegen, und es mag oder mag nicht auch dem Englischen so gehen. Mit Sicherheit ist es auf mangelnden Sinn für Geschichte zurückzuführen und auf klägliche Bildung, denn Amerikanisch ist eine Sprache, die sich in ihrer Haut nicht wohlfühlt, eine Sprache ohne Manieren oder Selbstkontrolle.

Es hat eine zu große Vorliebe für den *faux naif*, worunter ich den Gebrauch eines Stils verstehe, wie er an sich nur von sehr beschränkten Leuten gesprochen würde. In der Hand eines Genies wie Hemingway mag das wirkungsvoll sein ... *Nicht* von einem Genie gehandhabt, ist es so platt wie eine Rotarier-Rede.

Der letztgenannte Punkt ist höchstwahrscheinlich das Ergebnis der unterdrückten, aber immer noch im einfachen Volk verbreiteten Auflehnung gegen die kulturelle Überlegenheit der Engländer. »So gut wie die sind wir noch lange, selbst wenn wir nicht grammatisch richtig reden.« Diese Einstellung basiert auf vollkommener Unkenntnis des englischen Volkes als Masse. Nur sehr wenige Engländer sprechen grammatisch richtig. Diejenigen, die es tun, sprechen wahrscheinlich korrekter als der gleiche Typus bei den Amerikanern, aber der einfache Engländer macht genauso viele Grammatikfehler wie der Amerikaner, und wenn auch manche davon schon so alt sind wie Piers Plowman, so sind sie doch immer noch Grammatikfehler. Aber in England hört man nicht, daß Akademiker beim Gebrauch ihrer eigenen Sprache elementare Fehler machen. In Amerika hört man das auf Schritt und Tritt ...

Da die politische Macht immer noch über die kulturelle herrscht, wird das Amerikanische noch für eine längere Zukunft das Englische beherrschen. Und das Amerikanische kann sich noch nicht selber mit Lebenskraft erfüllen – es ist einfach nicht gut genug. Amerika ist ein Land der Massenproduktion, das eben erst das Konzept der Qualität erreicht hat. Wie kann es da große Literatur hervorbringen, oder wenigstens Literatur, die so groß ist, wie unsere Zeit sie vermutlich hervorbringen könnte? Die Antwort lautet: alle bedeutende Literatur Amerikas stammt von Menschen, die Kosmopoliten sind oder eine Zeitlang waren. Sie fanden hier bei uns eine gewisse Freiheit des Ausdrucks, einen gewissen Reichtum an Vokabular, eine gewisse Weite des Interesses. Aber sie mußten europäischen Geschmack haben, um das Material zu benutzen.

Abschließende Bemerkung – und nur am Rande: Die Tonqualität des gesprochenen Englisch wird gewöhnlich übersehen. Sie ist unendlich variabel. Das Amerikanische klingt platt, tonlos und fade. Die englische Tonqualität gibt einem viel dünneren Vokabular und einem viel förmlicheren Sprachgebrauch die Möglichkeit, unendlich viele Sinnschattierungen auszudrücken. Diese Tonunterschiede werden in die geschriebene Rede natürlich durch Assoziation hineingelesen. Dadurch verengt sich das ›gute‹ Englisch zur Klassensprache, und das ist ein fataler Mangel. Wer in England schreibt, ist immer zuerst Gentleman und dann erst Schriftsteller.

22. April 1949
An Hamish Hamilton

... Connollys Bericht von der üppigen Barbarei in Eton[1] ist wundervoll, natürlich, und die Art, wie diese Burschen gedacht, geschrieben und geredet haben, zu einer Zeit, wo die Amerikaner noch kaum ihre eigenen Namen buchstabieren konnten, ist ebenfalls höchst eindrucksvoll. Trotzdem hat das literarische Leben doch mancherlei an sich, was mich abstößt, dieses ganze verzweifelte Luftschlösser-Bauen, dieses erbitterte, sich immer mehr hinziehende Ringen darum, einer Sache Gewicht zu geben, von der wir alle wissen, daß es in wenigen Jahren endgültig vorbei damit ist, dieses Miasma des Scheiterns, das mir fast so widerlich ist wie die billige Protzerei des populären Erfolgs.

Ich glaube, die wirklich guten Leute haben unter allen Umständen ihren Erfolg; das bekannte ›arm sein, aber

[1] *Enemies of Promise.*

schön‹ ist höchstwahrscheinlich viel eher ein moralisches Versagen als ein künstlerischer Erfolg. Shakespeare hätte sich in jeder Generation durchgesetzt, weil er sich schlicht geweigert hätte, irgendwo im Winkel zu sterben; er hätte die falschen Götter angenommen und sie umgekrempelt; er hätte die gängigen Formeln übernommen und ihnen etwas abgezwungen, das geringere Menschen ihnen niemals zugetraut hätten. Lebte er heute, so würde er zweifellos Drehbücher schreiben und Filme, Stücke und Gott weiß was sonst noch inszenieren. Statt zu sagen »Dieses Medium taugt nichts«, würde er sich seiner bedienen und es dahin bringen, daß es etwas taugt. Wenn manche Leute manches in seinem Werk billig nennten (was manches auch ist), dann würde er sich einen Dreck darum scheren, weil er wüßte, daß es ohne eine gewisse Vulgarität keinen ganzen Menschen gibt. Das Gekünstelte und Verfeinerte als solches würde er hassen, denn es ist immer ein Rückzug, ein Zurückschrecken, und er war aus viel zu hartem Holz, als daß er vor irgend etwas zurückgeschreckt wäre.

2. Mai 1949
An Charles W. Morton

... Ich habe Marquand immer gern gelesen und dabei immer das Gefühl gehabt, daß er dem Künstlertum so nahe gekommen ist wie nur je ein Schriftsteller, der keiner war. Aber irgendwie muß ich bei seinen erfolgreichen, ach-so-erfolgreichen Soufflés auch immer an kleine verlorene Bücher denken wie den *Gatsby*[1] und *Miss Lonelyhearts*[2] – Bücher, die nicht vollkommen sind, dem Problem oft ausweichen, sich um Szenen herumdrücken, die eigentlich hätten geschrieben werden müssen (und die Marquand doppelt so lang wie notwendig geschrieben hätte), die aber irgendwie mit sich zu Rande kommen, die wie kristallisiert sind, ge-

[1] *The Great Gatsby* von F. Scott Fitzgerald.
[2] Von Nathanael West.

schlossen in sich und, wie die Dinge heute liegen, ein bißchen ewig, kleine Stücke reiner Kunst – ob großer Kunst oder nicht, kann ich nicht sagen, aber es besteht ja doch ein wunderlicher Unterschied zwischen dem echten Stoff und einem ganzen Regal voller Pulhams und Forsytes und Charlie Grays.

Nicht daß ich mich selber mit einem dieser Leute auf eine Stufe stelle. Ich tue das überhaupt nie, und es ist mir auch gar nicht besonders wichtig. Ich bin immer noch Dilettant, bin immer noch, psychologisch gesprochen, durchaus imstande dazu, die Schriftstellerei überhaupt hinzuschmeißen und das Studium der Rechte oder der vergleichenden Philologie aufzunehmen. Der Schriftsteller sieht sich heutzutage einem eigenartigen moralischen Problem gegenüber (vermutlich hat es sich ihm in irgendeiner Form schon immer gestellt). In einer Zeit, die wirklich nur einen einzigen Maßstab kennt, das Geld, wird von ihm erwartet, daß er, wenn er etwas taugt, ein Armutsgelübde ablegt. Sobald er Geld macht, ist er automatisch ein Korruptionist.

22. Juli 1949
An Carl Brandt[1]

... Wenn ich einmal das schreiben sollte, was man so einen gewöhnlichen Roman nennt, könnte es ein Erfolg werden oder auch nicht, aber es würde kein Erfolg aufgrund von etwas sein, was ich schon früher geschrieben habe. Aber dieses Dilemma hat es schon immer gegeben. Der intelligente Teil des Leserpublikums will Veränderung, will, daß der Autor sich an neuen Themen versucht und an neuen Schauplätzen, aber das Publikum, das die ausschlaggebende Käuferschicht darstellt, will Ware derselben Standardmarke, wie es sie bisher bekommen hat. Ich habe schon seit langem erkannt, daß das Publikum beim gewöhnlichen

---

[1] Chandlers literarischer Agent in New York.

Roman mehr und mehr vom Thema angezogen wird, von der Idee, dem Gedankengang, der soziologischen oder politischen Einstellung, und weniger und weniger von der Qualität des Schreibens an sich. Wenn man zum Beispiel Orwells *1984* rein als Roman betrachtet, kann man es nicht eben hoch einstufen. Es hat keinen Zauber, die Szenen sind bloß so grade noch gut geschildert, die Gestalten haben sehr wenig Persönlichkeit; kurz, es ist, künstlerisch gesehen, in keiner Weise besser geschrieben als eine gute, solide englische Detektivgeschichte. Aber der politische Gedanke ist dann wieder etwas ganz anderes, und wo er als Kritiker und Interpret von Ideen schreibt und nicht von Menschen oder Gefühlen, ist er hinreißend.

4. Dezember 1949
An Hamish Hamilton

... Natürlich hat Maugham recht wie immer. Es ist *schwieriger*, Stücke zu schreiben, härtere Arbeit, da gibt es keinen Zweifel, obwohl ich mich selber nie daran versucht habe ... Aber es erfordert, meiner Ansicht nach, *nicht* denselben Grad von Talent. Vielleicht erfordert es einen schärferen Einsatz des Talents, mehr konzise Bastelarbeit, ein feineres oder aufnahmefähigeres Ohr für die Umgangssprache einer bestimmten Sorte Menschen, aber im ganzen gesehen ist es doch viel oberflächlicher. Nimm irgendein gutes, aber nicht großes Stück und bring es in Romanform, und Du hast eine sehr dürftige Angelegenheit. Kein Reichtum, keine Ausblicke, keine Obertöne, kein Spüren der Landschaft hinter dem Berg. Alles ist klar und wörtlich und unmittelbar. Der Romancier gibt einem, wenn er gut ist, tausend Dinge, die er direkt gar nicht ausspricht.

Übrigens, wenn ich Maugham kennte, was zu meinem Leidwesen wohl nie der Fall sein wird, würde ich ihn um ein signiertes Exemplar von *Ashenden* bitten. Ich habe noch nie einen Autor um ein signiertes Buch gebeten, und eigentlich messe ich solchen Dingen auch sehr wenig Wert bei. (Ich hätte freilich nichts dagegen, das Soufflierbuch des *Hamlet* zu besitzen.) Und ich nehme an, es bezeichnet die Grenzen meines Geschmacks, daß ich mir gerade *Ashenden* heraussuche. Aber bei melodramatischen Effekten bin ich ein bißchen Kenner, und *Ashenden* ist allen Spionagegeschichten, die je geschrieben wurden, weit voraus ... Ein klassisches Bild spricht mich in jeder Hinsicht mehr an als ein dicker Ölschinken. *Carmen,* wie Mérimée sie geschrieben hat, *Hérodias, Un Cœur Simple, The Captain's Doll, The Spoils of Poynton, Madame Bovary, The Wings of a Dove* und so weiter und so weiter (*A Christmas Holiday* weiß Gott auch)[1], sie alle sind vollkommen. Lang oder kurz, heftig oder still, sie haben etwas zuwege gebracht, was es so gut nie wieder geben wird. Die Liste ist, Gott sei Dank, lang und umfaßt viele Sprachen ...

28. Dezember 1949
An James Sandoe

Vielen Dank für *The 39 Steps* ... Mir gefiel die Widmung, in der Buchan vom ›romantischen Roman‹ spricht, »wo die Ereignisse die Wahrscheinlichkeit herausfordern und sich gerade noch innerhalb der Grenzen des Möglichen bewegen«. Das ist eine ziemlich gute Formel für den Thriller jeder Art ...

Der *Tunnel from Calais*[2] gefiel mir sehr. Als Spionagegeschichte ist er nichts Besonderes, aber er enthält viel lebendige Schilderung und jenes Gefühl, dem man in englischen Büchern so oft begegnet und in unseren so selten: daß für die Menschen das Land ein Teil ihres Lebens ist, mit all seinen kleinen Einzelheiten, und daß sie es lieben. Wir sind so

---

[1] *Hérodias* und *Un Coeur Simple* von Gustave Flaubert *(Trois Contes)*; *The Captain's Doll* von D. H. Lawrence; *The Spoils of Poynton* von Henry James; *Madame Bovary* von Gustave Flaubert; *The Wings of a Dove* von Henry James; *A Christmas Holiday* von W. Somerset Maugham.
[2] Von A. D. Divine.

wurzellos hier. Ich habe mein halbes Leben in Kalifornien zugebracht und ihm soviel Gutes abgewonnen, wie ich konnte, aber ich könnte es ohne Schmerz jederzeit und für immer verlassen.

Die Spionagegeschichte kommt mir wie ein Feld vor, das der Kultivierung bedarf. Das erzählerische Niveau ist nicht hoch. Kriminalroman und 'tec sind im Schwinden, und die Science Fiction ist ein Rohrkrepierer, glaube ich. Der echte Spannungsroman ist immer solide, wenn man einen findet. Aber dem Spionageroman hier liegt eine Formel zugrunde, deren Möglichkeiten auch noch nicht annähernd ausgeschöpft sind. Was ich an diesen Phantastereien am meisten beklage, ist der Umstand, daß es ihnen einfach nicht gelingt, eine Motivation zu schaffen oder anzuwenden, die einen wirklich erschauern läßt. *Ashenden* und in etwas geringerem Maße das *Handbook for Spies*[1] lesen sich, als lauerte immer etwas Ungewisses, Unheilvolles hinter dem Vorhang. In den meisten anderen hat man Angst nur vor dem Mann mit der Kanone.

5. Januar 1950
An Hamish Hamilton

Ashenden mit sehr hübscher Widmung sicher eingetroffen ... Natürlich werde ich dem alten Knaben schreiben ... Ich habe so das Gefühl, daß er im tiefsten Grunde ein ziemlich trauriger, ziemlich einsamer Mensch ist. Seine Beschreibung seines siebzigsten Geburtstags liest sich ziemlich grausam. Ich könnte mir denken, daß er alles in allem ein einsames Leben geführt hat, daß seine erklärte Einstellung, er mache sich gefühlsmäßig nicht viel aus den Menschen, ein Abwehrmechanismus ist, daß er der Oberflächenwärme ermangelt, von der Menschen angezogen werden, und zu gleicher Zeit weise genug ist, um zu wissen, daß, wie oberflächlich und

[1] Von Alexander Foote.

102

zufällig die meisten Freundschaften auch sind, das Leben ohne sie doch eine ziemlich düstere Angelegenheit ist ... Ich habe dieses Gefühl aus seiner Schreibweise gewonnen, das ist alles. Im konventionellen Sinn hat er vermutlich viele Freunde. Aber ich glaube nicht, daß sie für ihn viel Feuer gegen die Finsternis darstellen. Er ist ein einsamer alter Adler.

Ich möchte meinen, daß es nie einen Schriftsteller gegeben hat, der es vollkommener als er von Profession war. Er hat den absolut exakten, furchtlosen Blick für die eigenen Gaben, deren größte gar nicht einmal literarisch ist, sondern eher jene saubere, unerbittliche Perzeption von Charakter und Motiv, die zum großen Richter gehört oder zum großen Diplomaten ... Er kann das Bewegungsfeld für Gefühle darstellen und vermitteln, aber die Gefühle selbst so gut wie nicht. Seine Fabeln sind kühl und tödlich, und die Zeiteinteilung ist absolut makellos ... Er bringt einen nie so weit, daß man den Atem anhält oder den Kopf verliert, weil er ihn selber nie verliert. Ich bezweifle, daß er je eine Zeile geschrieben hat, der man die Frische des frisch Geschaffenen anspürte, und viele geringere Schriftsteller haben das. Aber er wird sie alle mit Leichtigkeit überdauern, weil er ohne Torheit oder Einfalt ist. Er hätte einen großen Römer abgegeben.

26. Mai 1950
An Dale Warren

... Wenn ich ein Buch aufschlage und erblicke Wendungen wie »Ihre Erscheinung war in der Tat schockierend«, »Ich spürte den ersten Stich der Reue«, »Reiche, vollblütige Schönheit« usw. habe ich immer den Eindruck, daß ich eine tote Sprache lese ... Tatsächlich ist dieses Buch, da es ein englisch-südafrikanischer Roman ist, ein recht interessantes Beispiel. Es demonstriert, daß der Kolonist immer die kulturelle Sprache seiner Großmutter spricht, und erklärt, wenigstens für mich, warum ein intelligenter, introvertierter Mensch unmöglich in einer britischen Kolonie leben kann, ohne den Verstand zu verlieren.

Ich habe Ihnen noch für DeVotos letztes Buch *The World of Fiction* zu danken. Das habe ich gelesen, Wort für Wort, und sehr viel Freude daran gehabt. Das ist köstlicher, unverfälschter DeVoto, lebendig, mutig, kompromißlos, durch und durch lesbar, und fast vollkommen oberflächlich. Es sagt fast nichts (nicht *gar* nichts), was einem achtundvierzig Stunden, nachdem man das Buch geschlossen hat, noch gegenwärtig wäre, und doch bleibt die Aufmerksamkeit bei der Lektüre jeden Augenblick gefesselt. Was mir an DeVoto gefällt, ist, daß er sich um niemanden einen Dreck schert und auch nicht zögert, das zu sagen. Was mir nicht gefällt an ihm, was ihn für mich ein bißchen oberflächlich macht, ist, daß all seine Einstellungen aus Ressentiments kommen. Wahrscheinlich gäbe es seine Ideen über die Kunst des Romans überhaupt nicht, wenn nicht vor ihm schon jemand anders Ideen gehabt hätte, die DeVoto nicht gefielen.

18. Mai 1950
An Hamish Hamilton

Ich muß mich bei Dir noch für Eric Partridges *Here There and Everywhere* bedanken. Partridge ist interessant, bereitet mir aber auch Unbehagen. Diese gelehrten Spezialisten für Umgangssprache, Dialekte, Jargon, Slang usw. behandeln ein riesiges Gebiet, und man wundert sich manchmal, wie akkurat sie sich dabei anstellen, wenn man zufällig einen kleinen Teil ihres Gebiets ziemlich genau kennt und die Feststellung macht, daß sie bei aller Akkuratesse doch durchaus nicht immer ins Schwarze treffen. Nimm zum Beispiel *chiv*. Das bedeutet nicht *razor*. *Chiv*, oder gebräuchlicher *shiv*, bedeutet *knife, a stabbing or cutting weapon*, vielleicht (aber ich glaub's nicht recht) gelegentlich auch *razor*, aber das ist nicht die Grundbedeutung. *Flop* bedeutet *to go to bed* und enthält somit auch den Gedanken des Schlafens, bedeutet aber nicht *to sleep*. *Flophouse* ist ein *cheap transient hotel*, wo eine Menge Menschen in großen Sälen schlafen. Ich bezweifle auch die Übersetzung von *gay-cat* mit *look-out man or finder*. Ein *gaycat* ist *a young punk who runs with an older tramp*, und das Wort enthält stets eine Konnotation von Homosexualität. Dann wieder könnte er auch ein *look-out (outside man)* oder ein *finder (finger* bzw. *finger man)* sein, aber das ist eine abgeleitete oder nur gelegentliche Bedeutung und nicht exakt. *Piped* bedeutet nicht *found*, sondern *saw* oder *spotted (with the eyes)*. *Flivvers* sind nicht *cheap cars;* es sind Fords und nur Fords, wenigstens hier in der Gegend. Natürlich gab es 1926, als das Buch geschrieben wurde, keine anderen Autos, die so billig waren. Am nächsten kam noch der Chevrolet, der immer *chevvy* heißt – *(a couple of flivvers and a chevvy)*. Seite 107, 1.18, *case dough*. Das heißt in Wirklichkeit dasselbe wie *nest egg*, nicht *money for a trial*, was höchstens eine von vielen, vielen Nebenbedeutungen sein könnte. Es ist schlicht *the theoretically untouchable reserve for emergencies* – das und nichts weiter. *(I am down to case dough* bedeutet *I've spent all my spare money and have nothing left but a get-away stake* usw.)

In seiner Analyse des *queer* ist Partridge ohne Zweifel historisch korrekt und im Recht, aber im modernen amerikanischen Slang hat es nur zwei Bedeutungen: *counterfeit* und *sexually abnormal*. Er bringt oder zitiert *beak* mehrmals in der Bedeutung *judge*. In England, ja, aber nicht in Amerika ... Auch ist *Walla Walla* nicht ein *penitentiary for women*. Es ist das *Washington State Penitentiary*, ganz wie Sing Sing oder San Quentin ... Hat er nicht auch einige der gebräuchlichsten Ausdrücke der Soldatensprache übersehen? Zum Beispiel *bombproofer, cushy job, bivvy* und vor allem *napoo, strafe* (mit langem a) für *bombardment (the morning strafe), street cars* oder *tram cars* für *heavy long range shells, whizzbangs* für *rapid small shells,* und das unnachahmliche amerikanische *goldbrick,* das dem englischen *leadswinger* ebenso überlegen ist wie *milk run* (aus dem letzten Krieg) dem englischen *piece of cake.*

Was mich bei diesen gelehrten Exkursionen in die Unterwelt der Sprache immer verstört, ist der Umstand, daß ihre Ergebnisse so nach Lexikon riechen. Die sogenannten Experten auf diesem Gebiet schauen dauernd in die Bibliothek und sehr selten nur dem Volk aufs Maul. Es geht ihnen einfach nicht auf, welch großer Anteil dieser Cant-Ausdrücke (wobei ich den Begriff *cant* sehr weit fasse, ein bißchen zu weit vielleicht) literarischen Ursprungs ist, wie viele davon erst in den Mund von Gaunern und Polizisten gelangt sind, *nachdem* Schriftsteller sie erfunden hatten. Es ist für einen Literaten sehr schwierig, zwischen einem echten Gaunerwort und einem erfundenen zu unterscheiden. Wie sagt man im Jargon einem Menschen, daß er sich entfernen soll? *Scram, beat it, take off, take the air, on your way, dangle, hit the road* und so weiter. Alles ganz schön. Aber nun nenne mir doch den klassischen Ausdruck, den Spike O'Donnell gebraucht hat (einer von den O'Donnell-Brüdern in Chicago, dem einzigen kleinen Grüppchen, das den Mumm hatte, der Capone-Bande zu sagen, sie soll sich zum Teufel scheren). Er sagte: *Be missing.* Die Zurückhaltung, die darin liegt, ist tödlich.

Quer durch sein ganzes Stück *The Iceman Cometh* hat O'Neill den Ausdruck *the big sleep* als Synonym für Tod gebraucht. Er hat das, soweit man da nach dem Kontext urteilen kann, mit aller Selbstverständlichkeit getan, offenbar in dem Glauben, es handle sich dabei um einen gängigen Unterwelt-Ausdruck. Sollte das zutreffen, so wüßte ich gern, woher er kommt, denn ich habe den Ausdruck erfunden. Es ist durchaus möglich, daß ich ihn nur nach-erfunden habe, aber im Druck ist er mir, bevor ich ihn verwendete, nie begegnet, und solange ich nicht den Gegenbeweis in

Händen habe, werde ich weiterhin glauben, daß O'Neill ihn von mir übernahm, direkt oder indirekt, und glaubte, ich gebrauchte da einen Standardausdruck.

Wer Cant, Unterwelt- oder Sportjargon usw. an der Quelle studiert, ist immer wieder überrascht, wie wenig pittoreskes Kauderwelsch gerade bei den Leuten zu finden ist, von denen man annimmt, daß sie schlechthin nichts anderes sprächen ... Mancher erfundene Slang, nicht aller, wird den Leuten geläufig, für die er erfunden wurde. Wenn man ein Ohr für diese Dinge hat, könnte man, glaube ich, recht oft, wenn auch nicht immer, den Unterschied hören zwischen dem sozusagen kolorierten Idiom, das Schriftsteller produzieren, und der harten Simplizität der Ausdrücke, die ihren Ursprung in den Kreisen haben, in denen sie tatsächlich gebraucht werden. Ich glaube nicht, daß irgendein Autor sich für einen Rauschgiftsüchtigen, der sich sein Zeug in die Vene spritzt, einen Ausdruck wie *mainliner* ausdenken könnte. Er ist zu exakt, zu *rein*.

Ich bitte Mr. Partridge um Entschuldigung, aber wenn er sich auf dieses Gebiet begibt, muß er darauf gefaßt sein, mit Leuten wie mir zu tun zu bekommen. Und als Fangschuß noch: *yegg* ist mitnichten ein *tough itinerant bank robber*. Ein *yegg* ist ein Safe-Knacker, ein *box man*. Um Banken würde er einen hohen Bogen machen, denn einen Bank-Safe bekäme er gar nicht auf, selbst wenn der kein Zeitschloß hätte. Er schafft bloß einen ziemlich billigen und anfälligen Safe. Um einen guten Safe (ohne Zeitschloß) aufzukriegen, braucht man teures und schweres Werkzeug, die feinsten Bohrmaschinen, um entweder das Schloß auszubohren oder das Nitro einzufüllen, wenn man ein *peterman* ist, eine ungeheuer starke Brechstange, wenn man ein *can-opener* ist (sie wirkt nur bei sehr schwächlichen Safes, wird aber manchmal auch bei guten *nach* dem Bohren benutzt, um das Schloß auszustemmen), oder Gasflaschen und Schneidbrenner, wenn man den Stahl mit Azetylen schneiden will, was bei erstklassigem Stahl eine sehr langwierige Sache ist. Das Äußerste, was dieser *yegg* hätte, wäre ein Vorschlaghammer und ein kleiner Satz Kaltmeißel, und mit denen kriegte er allenfalls den Safe eines ländlichen Lebensmittelladens auf.

9. Oktober 1950
An Charles W. Morton

Eine ziemliche Lücke in unserer einmal so interessanten Korrespondenz, finden Sie nicht auch? Sie haben nur zu sehr recht, wenn Sie sagen, daß ich Ihnen einen Brief schulde. Seit langer Zeit schon bin ich praktisch jedem einen Brief schuldig. Warum? Offenbar wirkt sich da aus, was die Jahre einem antun. Das Pferd, das früher nur einen Schenkeldruck brauchte, muß heute mit der Peitsche angetrieben werden, damit es ein bißchen mehr leistet als seinen üblichen Paßgang ... Je mehr die Energien schrumpfen, desto knausriger geht man damit um. Normalerweise sollte der Mensch sein Tagewerk tun, egal was es ist, und dann ein paar Briefe schreiben, um mit Leuten, die er mag und persönlich nicht sehen kann, Verbindung zu halten. Aber ich stelle immer wieder fest, daß ich, wenn ich das hinter mich gebracht habe, was bei mir so das Tagewerk wäre, einfach wie ausgelaugt bin ...

Meine Komplimente an Mr. Weeks dafür, daß er zu der sehr kleinen Minderheit von Kritikern gehört, die es nicht für notwendig befunden haben, Hemingway seines letzten Buches[1] wegen zur Ordnung zu rufen. Ich habe das Buch gelesen. Frank und frei, es ist nicht das beste, was er gemacht hat, aber es ist immer noch höllisch viel besser als alles, was seine Verleumder zustande brächten ... Man sollte meinen, daß manche von ihnen sich doch vielleicht gefragt hätten, was er da eigentlich versucht hat. Offensichtlich hat er nicht versucht, ein Meisterwerk zu schreiben, sondern: in

---

[1] *Across the River and into the Trees.*

einem Charakter, seinem eigenen nicht ganz unähnlich, die Haltung eines Mannes zusammenzufassen, der am Ende ist und es weiß und der verbittert und wütend darüber ist. Offenbar ist Hemingway vorher sehr krank gewesen und nicht sicher, ob er wieder auf die Beine kommen würde, und da hat er eben ganz kursorisch zu Papier gebracht, was er in diesem Zustand für die Dinge im Leben empfand, die ihm am meisten bedeutet hatten. Wahrscheinlich sind diese affigen Besserwisser, die sich Kritiker nennen, der Meinung, er hätte das Buch überhaupt nicht schreiben sollen. Die meisten an seiner Stelle hätten es auch nicht. Wenn ihnen so zumute gewesen wäre wie ihm, hätten sie gar nicht mehr den Mumm gehabt, noch etwas zu schreiben. Ich zum Beispiel hätte ihn nicht gehabt, da bin ich verdammt sicher. Das ist der Unterschied zwischen einem Baseball-Champion und einem Messerwerfer. Der Champion mag seine Kondition verlieren – zeitweise oder für immer, das kann er genau nicht wissen. Aber wenn er keinen harten Hochball mehr werfen kann, dann wirft er statt dessen sein Herz. Irgend etwas wirft er. Er geht nicht einfach vom Pitcher-Stand und heult.

Ende 1950
An Carl Brandt

... Von jetzt an werde ich, was ich schreiben will, so schreiben, wie ich es will. Manches davon geht vielleicht in die Binsen. Es wird immer Leute geben, die sagen, ich hätte den Schwung verloren, den ich mal gehabt hätte, ich brauchte zu lange jetzt, um mich auszudrücken, und kümmerte mich nicht genug um eine straffe, aktive Handlung. Aber für diese Leute schreibe ich jetzt nicht mehr. Ich schreibe für die Leute, die unter Schreiben eine Kunst verstehen und in der Lage sind, das, was ein Mann mit Worten und Gedanken macht, von dem zu trennen, was er über Truman oder die Vereinten Nationen denkt ...

5. Februar 1951
An Hamish Hamilton

... Ich bin nicht sonderlich interessiert an Geschichten über Marsbewohner oder das Jahr 3000. Ich habe bei phantastischen Sachen dieser Art etwa das gleiche Gefühl wie H. G. Wells: man führt ein Wunder in eine vollkommen alltägliche Umgebung ein und beobachtet dann die Folgen, die gewöhnlich schlimm sind. Die Schwierigkeit beim phantastischen Roman ist grundsätzlich dieselbe, die den ungarischen Dramatikern so zu schaffen macht – kein dritter Akt. Die Idee und die daraus resultierende Situation sind gut; aber was passiert nun? Wie schafft man die Kurve? ... Wenn ich von einem Menschen läse, der morgens aufgewacht ist und festgestellt hat, daß er bloß noch einen Viertelmeter groß ist, würde mich gar nicht interessieren, wie ihm das passiert ist, sondern wie er nun damit fertig wird ...

2. Juli 1951
An H. R. Harwood[1]

Ich kann einem Menschen weder zu- noch abraten, Schriftsteller zu werden. Im Gegensatz zur landläufigen Meinung ist es ein sehr mühseliger Beruf, und nur einem kleinen Bruchteil derer, die den Versuch wagen, gelingt es, ein leidlich anständiges Einkommen damit zu gewinnen. Der Niedergang der Schundmagazine macht es für Anfänger gar noch schwieriger, als es ohnehin schon war, und anders als schwierig war es nie. Ich vermute jedoch, daß Ihre speziellen Umstände so beschaffen sind, daß der Schreibberuf physisch innerhalb Ihrer Möglichkeiten liegt, und ich hoffe, daß Sie sich noch eine ganze Zeitlang nicht Ihren Lebensunterhalt damit verdienen müssen, da die Chancen, daß Sie das schaffen, sehr, sehr gering sind.

Sie sagen, Sie sind in den Vorbereitungen zu einer »un-

---

[1] O'Reilly Veterans' Hospital, Springfield, Missouri.

mittelbaren Schulung in den Grundprinzipien der erzählerischen Technik, wie sie jeder Anfänger durchmachen sollte«. Lassen Sie sich aus der Erfahrung heraus, die ich gesammelt habe, die Warnung sagen, daß ein Schriftsteller, der sein Wissen nicht selber erwirbt, von anderen gewiß keins vermittelt bekommt, und abgesehen von den Volkshochschulkursen renommierter Universitäten habe ich eine sehr trübe Meinung von den ›Schulungen‹ im Schreiben, ganz generell, besonders aber von der Sorte, für die in den sogenannten Schriftsteller-Zeitschriften geworben wird. Da lernen Sie nichts, was Sie nicht durch Studium und Analyse der veröffentlichten Werke anderer Schriftsteller selber finden können. Analysieren Sie und imitieren Sie; eine andere Schulung ist nicht notwendig. Ich gebe zu, daß Kritik von seiten anderer hilfreich ist und manchmal sogar notwendig, aber wenn man dafür bezahlen muß, ist dergleichen gewöhnlich verdächtig.

Was nun die Methoden der Planung und des Entwurfs angeht, so fürchte ich, daß ich Ihnen da überhaupt nicht helfen kann, da ich selber nie etwas auf dem Papier entworfen habe. Ich plane im Kopf, während ich losschreibe, und gewöhnlich geht's mir daneben, und ich muß alles noch einmal machen. Ich weiß, es gibt Schriftsteller, die ihre Geschichten sehr detailliert entwerfen, bevor sie mit dem Schreiben beginnen, aber zu dieser Gruppe gehöre ich nicht. Bei mir wird die Handlung nicht geplant; sie wächst. Und wenn sie sich dem Wachsen widersetzt, dann wirft man das Zeug weg und fängt von vorne an. Vielleicht kann Ihnen jemand, der am Reißbrett arbeitet, besser raten und helfen. Ich hoffe es.

19. September 1951
An Hamish Hamilton

... Ein Schriftsteller, der das eigentliche Schreiben haßt, ist so unmöglich wie ein Rechtsanwalt, der das Recht, oder ein Arzt, der die Arznei haßt. Das Planen der Handlung mag eine öde Sache sein, selbst wenn man's gut kann. Zumindest ist es unumgänglich, daß man's macht, damit man mit dem eigentlichen Geschäft weiterkommt. Aber ein Schriftsteller, der das eigentliche Schreiben haßt, der keine Freude daraus zieht, einen Zauber aus Worten zu schaffen, der ist für mich einfach überhaupt kein Schriftsteller.

Das eigentliche Schreiben ist's doch, wofür man lebt. Der Rest ist etwas, was man durchstehen muß, um zum Eigentlichen zu kommen. Wie kann man das eigentliche Schreiben hassen? Was gibt es zu hassen daran? Ebensogut könnte man sagen, ein Mensch hacke gern Holz oder putze gern das Haus und hasse den Sonnenschein oder die Nachtluft oder das Nicken der Blumen oder den Tau auf dem Gras und den Gesang der Vögel. Wie kann man den Zauber hassen, der aus einem Abschnitt oder einem Satz oder einer Zeile Dialog oder einer Beschreibung etwas macht, was im Wesen eine neue Schöpfung ist?

April 1954
An den Herausgeber von *The Third Degree*[1]

Als Schriftsteller mit zwanzig Jahren Berufserfahrung habe ich alle möglichen Menschen kennengelernt. Die am meisten vom Schreiben verstehen, sind diejenigen, die nicht schreiben können. Je weniger Aufmerksamkeit man ihnen schenkt, desto besser. Sie stehen draußen und schauen herein, und was sie sehen, ist für den Mann drinnen nicht gut und von Nutzen; es gehört einer anderen Kategorie des Denkens an. Ich habe mir darum drei Regeln fürs Schreiben aufgestellt, die für mich selber Absoluta sind: nimm nie einen Rat an. Zeige oder diskutiere nie ein Werk, das noch in Arbeit ist. Antworte nie einem Kritiker.

22. September 1954
An Hamish Hamilton

... Was nun die Niederschrift meiner Memoiren betrifft, Jamie – und Du bist nicht der erste, der mich dazu anregen

[1] Zeitschrift der Mystery Writers of America Inc.

will, wie auch Dein Brief nicht die erste Anregung dazu war, die von Dir gekommen ist –, so kann ich nur sagen, daß ich nicht glaube, ich könnte damit zu Rande kommen. Es gibt Leute, scheint mir, die können ihre Memoiren mit einem ganz beträchtlichen Maß an Ehrlichkeit schreiben, und dann gibt es Leute, die können sich selber einfach nicht ernst genug dazu nehmen. Vielleicht bin ich der erste, der zugibt, daß es sich bei der Zurückhaltung, die einen Menschen davon abhält, seine eigene Persönlichkeit auszubeuten, in Wirklichkeit um eine invertierte Form der Selbstsucht handelt.

... Wenn Du wissen willst, was ich wirklich gern schreiben würde – es wären phantastische Geschichten, und damit meine ich nicht etwa Science Fiction. Aber damit ließe sich kein abgewetzter roter Heller verdienen. Sie wären bloß ein phantastisch sicheres Mittel, ein ›Verkannter Autor‹ zu werden. Mein Gott, was für eine faszinierende Dokumentation ließe sich über diese ›Verkannten Autoren‹ und auch über die Ein-Buch-Schriftsteller zusammentragen: Burschen wie Edward Anderson, der vor langer Zeit einmal ein Buch mit dem Titel *Thieves Like Us* geschrieben hat, eine der besten Gaunergeschichten, die es gibt ... Dann wäre da James Ross, Verfasser des Romans *They Don't Dance Much*, der flotten, korrupten, aber vollkommen glaubwürdigen Geschichte einer Stadt in North Carolina. Mir ist nie zu Ohren gekommen, daß er sonst noch etwas geschrieben hätte ... Und dann wäre da Aaron Klopstein. Wer hat je von ihm gehört? Er beging im Alter von 33 Jahren in Greenwich Village Selbstmord – erschoß sich mit einem Blasrohr vom Amazonas –, nachdem er zwei Romane mit den Titeln *Once More the Cicatrice* und *The Sea Gull Has No Friends*, zwei Bände Gedichte, einen Band Kurzgeschichten und einen Band kritische Essays mit dem Titel *Shakespeare in Baby Talk* veröffentlicht hatte.

27. Februar 1957
An Edward Weeks

Hier schicke ich Ihnen drei Gedichte oder Verse[1] oder was es sonst ist – nicht in der Hoffnung, daß Sie Lust bekommen würden, sie zu veröffentlichen, sondern weil meine Sekretärin darauf besteht. Ich habe mich nie ernstlich für einen Dichter gehalten. Vor längerer Zeit, in London, habe ich eine ganze Menge Verse geschrieben, die in verschiedenen Zeitschriften erschienen sind, aber ich habe sie nicht einmal aufgehoben. Was, wie ich hoffe, zeigt, daß ich in diesen Dingen eine gewisse Bescheidenheit besitze.

Sie wissen ja bestimmt sehr gut, daß Schriftsteller alle möglichen Sachen machen – ich wenigstens tue das –, die nicht dazu gedacht sind, Geld einzubringen, sondern einem die Wahrnehmung bestätigen sollen, daß man auf verschiedenen geistigen Ebenen lebt. Ich habe auch den Versuch gemacht, die englische Sprache zu lernen, die oberflächlich gesehen wie die unsere ist, aber in ihrer tieferen Bedeutung doch ganz, ganz anders. Die unsere ist, wenn sie nicht zu professionell gebraucht wird, kreativ, imaginativ, frei und sogar ziemlich wild. Etwa wie das Englisch der elisabethanischen Zeit. Englisch ist fast eine Mandarin-Sprache, aber es fängt langsam an, sich aufzulockern, und ich glaube, ich könnte vielleicht etwas damit machen, nachdem ich allmählich doch das Gefühl habe, daß ich mit dem Kriminalroman alles gemacht habe, was ich kann. Ein Schriftsteller wird seiner Tricks schrecklich müde, jedenfalls hoffe ich das – und ich bin's bestimmt . . .

25. Mai 1957
An Helga Greene

. . . Eine mediokre Form herzunehmen und so etwas wie Literatur daraus zu machen, ist an sich schon eine ziemliche Lei-

---

[1] Eins davon, *Requiem*, wurde vom *Atlantic Monthly* angenommen, aber nie veröffentlicht.

stung. Man sagt mir – ich weiß es nicht aus eigener Kenntnis –, daß sich heute Hunderte von Schriftstellern auf irgendeine Weise ihren Lebensunterhalt mit dem Kriminalroman verdienen, weil ich ihn ›ehrlich‹ gemacht habe und sogar würdevoll. Aber, zum Teufel, was kann man denn anderes machen, wenn man schreibt? Man macht aus jedem Medium das Beste, das man kann. Ich hatte Glück, und es scheint, daß mein Glück andere inspiriert hat. Steinbeck und ich waren uns einig darin, daß wir's durchaus zufrieden sein sollten, wenn der Schriftsteller, der im Gedächtnis der Nachwelt bleiben und von ihr geehrt werden würde, wenn nach uns längst kein Hahn mehr krähte, irgendein Unbekannter wäre, vielleicht weit besser als einer von uns beiden, der nur nicht das Glück hatte – oder vielleicht nicht den Antrieb. Jeder anständige Schriftsteller, der sich gelegentlich für einen Künstler hält, würde mit Freuden in Vergessenheit geraten, wenn dafür ein Besserer vielleicht auf die Nachwelt käme. Wir sind nicht immer nette Leute, aber es gehört zu unserem Wesen, daß wir ein Ideal haben, das über uns hinausreicht ... Natürlich gibt es billige und käufliche Schriftsteller, aber ein richtiger Schriftsteller spricht stets, wenn ihm etwas Gutes unter die Augen kommt, im tiefsten Grunde seines Herzens ein stilles Gebet, es möge »dieser Bursche da besser sein als ich«. Jeder, der eine Seite lebendiger Prosa schreiben kann, fügt unserm Leben etwas hinzu, und der Mann, der es so kann, wie ich es kann, wäre gewiß der letzte, jemanden zu befeinden, der es noch besser kann. Ein Künstler kann nicht die Kunst verleugnen und würde das auch gar nicht wollen. Wie ein Liebender nicht die Liebe verleugnen kann. Wenn man an ein Ideal glaubt, dann besitzt man es nicht – man wird von ihm besessen, und gewißlich hat man dann nicht den Wunsch, es aus selbstsüchtigen Gründen auf dem eigenen Niveau einfrieren zu lassen.

Ein Schriftstellerpaar

3. Februar 1951
An Carl Brandt
  Anbei eine Geschichte, A Couple of Writers, *mit der ich
mich weidlich amüsiert habe, obwohl mir klar war, daß sie
irgendeinen kommerziellen Wert nicht hat – zu unserm
beiderseitigen Bedauern zweifellos. Als ich sie letzte Nacht
noch einmal durchlas, fand ich, daß sie trotzdem ein ganz
hübsches Phantasie-Stück ist. Also denn ...*

1.

Ganz gleich, wie betrunken er am Abend zuvor gewesen
war, Hank Bruton stand immer sehr früh auf und lief dann
mit nackten Füßen im Haus herum, bis der Kaffee kochte.
Er schloß die Tür von Marions Zimmer, indem er einen
Finger gegen die sich schließende Kante streckte, um sie zu
bremsen, als sie auf den Rahmen traf, und die Klinke mit
großer Behutsamkeit freigab, damit sie kein Geräusch machte. Es kam ihm ziemlich sonderbar vor, daß er imstande
war, dies zu tun, und daß seine Hände vollkommen ruhig
dabei blieben, wo die Muskeln seiner Beine und Schenkel zu
gleicher Zeit doch so schlimm schmerzten und er immer noch
mit den Zähnen mahlen mußte und dies gräßliche Gefühl in
der Magengrube hatte. Auf seine Hände schien es sich nie
im geringsten auszuwirken, eine Eigentümlichkeit, die sonderbar war und angenehm, und im übrigen konnte ihm das
alles gestohlen bleiben.
  Während der Kaffee kochte und Stille herrschte im Haus
und auch unter den Bäumen draußen kein Laut zu verneh-
men war, außer gelegentlich dem Ruf eines fernen Vogels
oder dem noch ferneren Rauschen des Flusses, ging er zur

Gazetür und blieb dort stehen und sah zu Phoebus hinaus, dem großen roten Kater, der auf dem Vorplatz saß und die Tür beobachtete. Phoebus wußte, es war noch nicht Essenszeit und Hank würde ihn nicht einlassen, und vermutlich wußte er auch, warum: wenn er hineinkam, würde er anfangen zu schreien, und er konnte so gellend schreien wie ein Eisenbahnschaffner, und dann war Marions Morgenschlaf ruiniert. Nicht daß Hank Bruton sich um ihren Morgenschlaf sonderliche Sorgen machte. Er hatte nur gern den frühen Morgen für sich, still, ohne Stimmen – speziell ohne Marions Stimme.

Er sah auf den Kater nieder, und Phoebus gähnte und gab einen mürrischen Ton von sich, nicht allzu laut, nur eben laut genug, um zu zeigen, daß ihn keiner zum Narren halten konnte.

»Halt's Maul«, sagte Hank.

Phoebus setzte sich, streckte ein Hinterbein steil in die Luft und machte sich daran, sich das Fell zu putzen. Mitten in dieser Tätigkeit hielt er inne, das Bein immer noch in der Luft, und starrte Hank mit vorsätzlich beleidigendem Ausdruck an.

»Olle Kamellen«, sagte Hank. »Das machen Katzen schon seit zehntausend Jahren so.«

Trotzdem wirkte es. Vielleicht mußte man absolut schamlos sein, um einen guten Komödianten abzugeben. Das war ein Gedanke. Er sollte ihn sich vielleicht notieren. Ach, hatte ja doch keinen Zweck. Wenn Hank Bruton etwas einfiel, hatte jemand das bestimmt schon längst getan. Er nahm den Cory von der Asbestplatte und wartete, daß er anfing zu brodeln. Dann goß er sich eine Tasse ein, fügte etwas kaltes Wasser hinzu und trank sie herunter. In die nächste Tasse tat er Sahne und Zucker und schlürfte sie langsam. Das nervöse Gefühl in seinem Magen wurde besser, aber seine Beinmuskeln machten ihm immer noch höllisch zu schaffen.

Er drehte die Flamme unter der Asbestplatte sehr klein

und stellte den Kaffeetopf wieder darauf. Er verließ das Haus durch die Vordertür, trat barfuß vom hölzernen Portikus in den Garten und schritt seitwärts über das taunasse Gras. Es war ein altes Haus ohne besondere Merkmale, aber es hatte viel Gras um sich herum, das dringend gemäht werden mußte, und das Gras wieder war von einer Menge nicht sehr hoher Fichten umgeben, mit Ausnahme der Seite, die zum Fluß hin abfiel. Kein besonderes Haus, und verteufelt weit weg von überall, aber für fünfunddreißig Dollar im Monat war es schon ein Fund. Sie hielten doch besser daran fest. Wenn sie überhaupt etwas zustande brachten, dann bestimmt noch am ehesten hier.

Über den Wipfeln der Fichten konnte er den Halbkreis der niedrigen Berge sehen, die bis zur halben Höhe Nebel einhüllte. Da würde die Sonne bald Abhilfe schaffen. Die Luft war kalt, aber es war eine milde Kälte, die einem nicht gleich durch Mark und Bein ging. Hier ließ sich's schon leben, dachte Hank. Mehr als gut genug jedenfalls für ein Paar Möchtegern-Schriftsteller, die, was das Talent betraf, nicht eben auf Rosen gebettet waren, und sonst folglich auch nicht. Ein Mann sollte doch eigentlich imstande sein, hier zu leben, ohne sich jeden Abend sinnlos zu besaufen. Vermutlich konnte ein Mann das auch. Aber ein Mann wäre vermutlich gar nicht erst hergekommen. Auf dem Weg zum Fluß hinunter versuchte er sich zu erinnern, was am Abend zuvor denn eigentlich Ungewöhnliches geschehen war. Es fiel ihm nichts ein, aber er hatte eine Art unbestimmtes Gefühl, daß es eine Art Krise gegeben hatte. Vielleicht hatte er irgendwas über Marions zweiten Akt gesagt, aber er konnte sich nicht entsinnen, was es gewesen war. Schmeichelhaft war es sicher nicht gewesen. Was hatte es denn aber auch für einen Zweck, ihr Unehrlichkeiten zu sagen über ihr verdammtes Stück? Die ewige Flickerei machte es auch nicht besser. Ihr zu erzählen, es wäre gut, wenn es doch keinen Schuß Pulver wert war, brachte sie kein bißchen weiter.

Schriftsteller müssen sich offen ins Auge sehen, und wenn das, was sie da sehen, nichts taugt, dann müssen sie das ebenso offen sagen.

Er blieb stehen und rieb sich die Magengrube. Er konnte das stahlgraue Wasser jetzt durch die Bäume schimmern sehen, und der Anblick tat ihm gut. Er schauderte ein bißchen zusammen, denn er wußte, wie kalt es sein würde, und wußte auch, daß eben dies es war, was ihm daran so gefiel. Für ein paar Sekunden brachte es einen um, aber es tötete nicht, und hinterher fühlte man sich wundervoll, wenn auch nicht lange genug.

Er erreichte das Ufer, warf das Handtuch und die Turnschuhe hin, die er in der Hand getragen hatte, und streifte sich das Hemd ab. Es war einsam hier unten. Das leise Rauschen des Wassers war der einsamste Laut in seiner Welt. Wie immer wünschte er sich, er hätte einen Hund, der ihm um die Beine tollte und bellte und mit ihm schwimmen ging, aber neben Phoebus ging das nicht, der zu alt war und zu ruppig, um einen Hund in seiner Nähe zu dulden. Entweder würde er den Hund ganz elend zurichten, oder der Hund würde ihn in einem schwachen Moment erwischen und ihm das Genick brechen. Und dann müßte es auch ein sehr ungewöhnlicher Hund sein, wenn man ihn dazu bringen wollte, mit in dieses eisige Wasser zu gehen. Hank würde ihn hineinwerfen müssen. Und der Hund würde Angst bekommen und Schwierigkeiten mit der Strömung haben, und Hank würde ihn wieder herausziehen müssen. Es gab Zeiten, wo er alle seine Kräfte zusammenreißen mußte, um selber wieder herauszukommen.

Er zog die Hose aus und sprang flach ins Wasser, gegen die Strömung. Eine wütende Riesenhand packte seine Brust und preßte die Luft aus ihm heraus. Eine andere Riesenhand riß seine Beine in die falsche Richtung, und er schwamm stromab statt aufwärts, völlig außer Atem, und versuchte zu schreien, war aber nicht imstande, auch nur einen Laut von sich zu geben. Er drosch wild in die Wellen und brachte sich herum, und nach einem kurzen Augenblick konnte er sich sogar gegen die Strömung halten, und als er dann alle Kraft, die er hatte, ins Schwimmen legte, holte er ein wenig auf. Er gewann das Ufer, wenn er's auch nicht mehr ganz bis zu der Stelle schaffte, an der er hineingesprungen war. Das war ihm jetzt schon ein ganzes Jahr nicht mehr gelungen. Es mußte der Whisky sein. Na schön, das war kein allzu hoher Preis dafür. Und wenn er's eines schönen Morgens überhaupt nicht mehr schaffte, sondern fortgerissen und gegen einen Stein geschleudert und bewußtlos wurde und ertrank –

»Na hör mal«, sagte er laut, immer noch ein bißchen außer Atem, »so fangen wir aber den Tag nicht an! So ganz bestimmt nicht!«

Er ging vorsichtig das steinige Ufer entlang, nahm sein Handtuch und rubbelte sich heftig die Haut, und langsam bekam sie ein warmes und ausgeruhtes und schlaffes Gefühl. Die Würmer in den Muskeln waren verschwunden. Der Solarplexus verhielt sich ruhig wie ein Eierpudding.

Er zog seine Sachen wieder an und die Turnschuhe und machte sich auf den Rückweg, den Hügel hinauf. Unterwegs begann er ein Thema aus einem Symphonie-Satz zu pfeifen. Dann versuchte er sich zu erinnern, woraus es war, und als es ihm einfiel, dachte er über den Komponisten nach, über das Leben, das er geführt hatte, seine Kämpfe, sein Elend, und jetzt war er tot und verfault, wie so viele Männer, die Hank Bruton bei der Army gekannt hatte.

Ganz wie ein lausiger Schriftsteller, dachte er. Nie die Sache selbst, immer nur das billige Gefühl, das sie auslöst.

Phoebus saß immer noch auf dem rückwärtigen Vorplatz, aber er schrie jetzt, als ginge es um Kopf und Kragen, und das bedeutete, daß Marion auf war. Sie stand in der Küche, in Straßenkleidung, über die sie eine lohbraune Kittelschürze gezogen hatte.

Hank sagte: »Warum hast du nicht gewartet, bis ich zurück war? Ich hätte dir den Kaffee raufgebracht.«

Sie antwortete ihm weder direkt, noch bekam er einen direkten Blick von ihr. Sie sah an ihm vorbei in eine Ecke, als hätte sie dort eine Spinnwebe entdeckt. »War's schön beim Schwimmen?« fragte sie abwesend.

»Phantastisch. Aber kalt ist das Flüßchen, das muß man schon sagen.«

»Schön«, sagte Marion. »Phantastisch. Wundervoll. Unwahrscheinlich belebend. Selbst wenn's nach einer Weile doch verdammt eintönig wird. Füttere den verdammten Kater, ja?«

»Also, in drei Teufels Namen«, sagte Hank, »wieso ist denn der arme alte Phoebus auf einmal ein verdammter Kater? Ich dachte, er wäre unser Spitzenstar hier. Weil er sich prinzipiell nie besäuft.«

»›Sagte er mit gewinnendem Lächeln‹«, höhnte Marion.

Hank sah sie gedankenvoll an. Sie hatte kurzes schwarzes Haar, das straff an ihrem Kopf anlag. Ihre Augen waren von einem viel dunkleren Blau als die Hanks. Sie hatte einen kleinen hübschen Mund, den er als provozierend bezeichnet hatte, bevor ihm langsam aufging, daß er eher launisch und mutwillig war. Sie war ein sehr adrettes, sehr gut gebautes Mädchen, mehr vom fragilen Typ. Fragil wie eine Bergziege, dachte Hank.

»Ich bin der Dorothy-Parker-Typ – nur ohne ihren Verstand«, hatte sie Hank verkündet, als sie sich kennenlernten. Er fand das sehr bezaubernd damals.

Keiner von ihnen beiden war sich im klaren darüber, daß es sogar stimmte.

Hank machte die Gazetür auf, und Phoebus kam herein und zerriß mit seinem Dschungelgeheul die Atmosphäre. Hank öffnete eine Dose Katzenfutter, häufte eine Untertasse voll und setzte sie vor die Spüle auf den Boden. Ohne ein Wort stellte Marion ihre Kaffeetasse hin, nahm die Untertasse und tat die Hälfte des Futters wieder zurück. Sie machte die Gazetür auf und setzte die Untertasse draußen nieder. Phoebus stürzte sich auf die Untertasse, als wollte er ein Tor schießen. Marion knallte die Gazetür zu.

»Okay«, sagte Hank. »Nächstesmal denke ich dran.«

»Nächstesmal«, sagte Marion, »kannst du ihn füttern, wo du willst. Ich bin dann nicht mehr da.«

»Verstehe«, sagte Hank langsam. »War ich so schlimm?«

»Nicht schlimmer als sonst«, antwortete sie. »Und vielen Dank, daß du nicht ›wieder‹ gesagt hast. Als ich das letztemal weggegangen bin –«, sie brach ab; ihre Stimme schwankte ein wenig. Hank wollte auf sie zugehen, aber sie hatte sich sofort wieder gefaßt. »Du kannst dir selber Frühstück machen. Ich muß fertigpacken. Das meiste habe ich heute nacht schon gemacht.«

»Wir sollten doch sprechen darüber«, sagte Hank ruhig.

Sie drehte sich in der Tür um. »Ah ja, natürlich.« Ihre Stimme war so hart wie ein Stiefelabsatz. »Wir können ganz reizende zehn Minuten damit zubringen, wenn du dich beeilst.« Sie ging hinaus. Ihre Schritte raschelten auf der Treppe, als sie hinaufstieg.

›Sagte sie, indem sie sich in der Tür umdrehte‹, sann Hank und blickte ihr nach.

Er wandte sich abrupt um und ging aus dem Haus. Phoebus schnuffelte um die Untertasse herum nach den Futterbrocken, die er über den Rand geschoben hatte. Hank bückte sich und half sie ihm aufsammeln. Er kraulte Phoebus den eisernen alten Kopf. Phoebus unterbrach seine Mahlzeit und wartete starr, daß Hank seine Hand wegnahm. Als das geschehen war, machte er sich wieder an sein Futter.

Hank stieß die Schwingtür der Garage auf und untersuchte den Ford, ob er einen Platten hätte. Die Reifen waren völlig abgefahren, hielten aber noch die Luft. Der Wagen war ziemlich staubig. Ich bin Schriftsteller, dachte Hank. Ich habe keine Zeit für so niedrige Dienste. Er ging um den Kühler herum in die dunkle Ecke, wo ein Stapel Säcke lag. Unter den Säcken steckte eine Korbflasche, halb voll Maiswhisky. Hank zog den fetten Korken aus dem Hals und hob die schwere Flasche in geübter Weise mit dem gewinkelten Arm. Er stand da mit der Flasche, ausbalanciert wie ein Gewichtheber. Dann tat er einen tiefen Zug, senkte die Flasche, verkorkte sie wieder und stellte sie zurück unter die Säcke.

Eigentlich habe ich kein bißchen davon nötig, sagte er zu sich selbst und glaubte es auch fast. Aber es wird ihr Befriedigung bereiten, wenn sie's mir anriecht. Marion ist ein Mädchen, das gerne recht behält.

Er stand mitten im Wohnzimmer, als sie die Treppe herunterkam. Sie hatte eine Zigarette im Mund. Sie zeigte ein sehr kühles Gesicht. Sie machte sogar einen richtig tüchtigen Eindruck, aber die Möbel im Wohnzimmer schlossen sich dieser Diagnose nicht an. Sie standen beide da und musterten sich gegenseitig, während Hank sich eine Pfeife stopfte und anzündete.

»Na, mal wieder einen gezwitschert?« fragte Marion milde.

Er nickte und zündete sich die Pfeife an. Ihre Augen trafen sich wieder über dem Abgrund aus stiller Luft. Marion setzte sich langsam auf die Armlehne einer Korbbank. Es knarrte ein bißchen. Draußen vor dem Haus schwirrte jäher Vogelsang auf und ging dann in wütendes Zirpen über, was wohl Phoebus galt, der auf seinem Morgenspaziergang in die Nähe eines Nests gekommen war.

»Der Wagen ist in Ordnung«, sagte Hank. »Willst du den zehn Uhr fünf erreichen?«

»Zehn Uhr elf«, verbesserte ihn Marion. »Ja. Den will ich erreichen. Es hat keinen Sinn, noch groß zu sagen, daß es mir leid tut. Es tut mir nicht leid. Je weiter ich von hier wegkomme, desto besser wird's mir gefallen. Jede Meile ist ein Stück Erleichterung mehr.«

Hank sah sie mit leerem Blick an. »Ich will nichts von diesem Krempel hier«, sagte Marion und streifte mit einem flüchtigen Blick das altmodische, gebraucht gekaufte Mobiliar, das sie gerade noch hatten bezahlen können. »Ich will überhaupt nichts aus dem Haus hier. Nur meine Kleider. Meine Kleider, und weg.« Ihre Augen wanderten zu dem Arbeitstisch in der Ecke, einem massiven Ding aus rohem Holz mit zwei mal vier Zoll starken Beinen und einer Rupfendecke, die mit Reißnägeln auf den Brettern befestigt war, die seine Platte bildeten. Sie sah auf die alte Underwood und den Stoß weißen Papiers und die Bleistifte und den kremfarbenen, rot beschrifteten Karton, der das enthielt, was von Hanks Roman fertig geworden war.

»Ganz besonders will ich den da nicht«, sagte Marion und zeigte auf den Tisch. »Den kannst du dir aufheben. Wenn du das Buch fertig hast, können sie ein Bild von diesem eleganten Stück Neanderthaler Chippendale auf den Schutzumschlag setzen statt deiner Fotografie. Weil man von dir dann wahrscheinlich kein besonders gutes Foto mehr zustande bringt. Es sei denn, man könnte deinen Atem fotografieren. Das gäbe ein wirklich lebensnahes Porträt von dir, wenn man das hinkriegte.« Sie strich sich rasch mit einer Hand über die Stirn. »Ich quatsche schon wieder Literatur«, murmelte sie und machte eine Bewegung, aus der man Verzweiflung hätte lesen können, wäre sie nicht so selbstbewußt gewesen.

»Ich könnte mit dem Whiskytrinken Schluß machen«, sagte Hank langsam, durch einen Stoß Qualm.

Sie sah ihn mit straffem Lächeln an. »Ah ja, sicher. Und was dann? Du bist kein Mann. Du bist nur ein körperlich vollkommenes Exemplar der Gattung alkoholischer Eunuch. Du bist ein Schwachkopf in Spitzen-Kondition. Du bist ein toter Mann mit absolut normalem Blutdruck.«

»Das solltest du dir notieren«, sagte Hank.

»Keine Bange. Werde ich.« Ihre Augen waren jetzt hart und glänzend. Es schien überhaupt kein Blau mehr in ihnen zu sein. »Und mach dir bloß um mich keine Gedanken, um Himmels willen. Ich finde schon Arbeit. In der Werbung, bei der Zeitung, egal was. Ich kann immer was kriegen. Ich könnte sogar das Stück schreiben, von dem ich geglaubt habe, ich krieg es hier zustande, in diesen unsagbar schönen Wäldern mit der unsagbar schönen Stille rund um mich rum, wo mich nichts stört, was lauter ist als das ständige Gluckern einer Whiskyflasche.«

»Er stinkt«, sagte Hank.

Ihre Augen blitzten ihn an. »Wer?«

»Der Dialog. Außerdem ist er zu lang«, sagte Hank. »Und die Schauspieler reden heutzutage nicht mehr das Publikum an. Sie reden miteinander.«

»Ich rede mit dir«, sagte Marion.

»In Wirklichkeit nicht«, sagte Hank. »In Wirklichkeit durchaus nicht.«

Sie tat es mit einem Achselzucken ab. Hank war nicht sicher, ob sie überhaupt mitbekam, was er sagte, ob sie verstand, daß er ihr, wie so oft schon, indirekt sagte, daß ausgetüftelte Szenen heutzutage kein Stück mehr ergaben. Jedenfalls keins, das auch aufgeführt wurde.

»Kein Mensch könnte hier ein Stück schreiben«, sagte Marion. »Nicht einmal Eugene O'Neill. Nicht einmal Tennessee Williams. Nicht einmal Sardou. Los, nenn mir doch mal jemanden, der hier ein Stück schreiben könnte. Egal wen. Nenn ihn mir, und ich nenne dich einen Lügner.«

Hank warf einen Blick auf seine Armbanduhr. »Du hast

mich nicht geheiratet, um ein Stück zu schreiben«, sagte er milde. »So wenig wie ich dich geheiratet habe, um einen Roman zu schreiben. Und dann hast du ja selber auch ganz schön den Ellbogen gewinkelt damals, erinnerst du dich? Zum Beispiel in der Nacht, wo du total blau warst und ich dich ausziehen und ins Bett bringen mußte.«

»Mußte?«

»Na schön«, sagte Hank. »Wollte.«

»Damals habe ich dich für einen ganz tollen Kerl gehalten, oder nicht?« Die romantische Erinnerung, falls es eine war, machte nicht mehr Eindruck auf sie, als ein Schritt auf den Fußboden macht. »Du hattest Witz und Phantasie und die Fröhlichkeit eines Freibeuters. Aber ich mußte auch nicht zusehen, wie dir der Verstand absoff, und nachts wachliegen und dir zuhören, wie du das Haus aus den Fugen schnarchtest.« Ihre Stimme wurde ein bißchen atemlos. »Und was das Schlimmste von allem ist – oder fast das Schlimmste –«

»Wir sind Schriftsteller, wir müssen alles qualifizieren«, murmelte Hank in seine Pfeife.

»– du bist am Morgen dann nicht einmal reizbar. Du wachst nicht mit glasigen Augen auf und einem Kopf wie ein Faß. Du lächelst einfach und machst in aller Ruhe da weiter, wo du aufgehört hast. Was dich als den typischen ewigen Säufer kennzeichnet, der im Alkoholdunst geboren ist und darin lebt wie der Salamander im Feuer.«

»Ich glaube, vielleicht solltest du den Roman schreiben und ich das Stück«, sagte Hank.

Ihre Stimme verschärfte sich, steigerte sich zur Hysterie. »Weißt du eigentlich, was aus Männern wie dir wird? Eines schönen Tages zerfliegen sie in tausend kleine Stücke, wie wenn eine Granate sie getroffen hätte. Jahre und Jahre lang ist überhaupt kein Anzeichen des Verfalls zu sehen. Sie betrinken sich jeden Abend, und jeden Morgen fangen sie wieder an, sich zu betrinken. Sie fühlen sich wundervoll. Es beeinträchtigt sie nicht im mindesten. Und dann kommt der Tag, wo alles auf einmal passiert, was bei einem normalen Menschen langsam passieren sollte, schrittweise, innerhalb vernünftiger Zeit. Diese Minute noch siehst du aus wie ein ganz gesunder Mann, und in der nächsten schon bist du ein verschrumpeltes Horrorwesen, das nach Whisky stinkt. Glaubst du etwa, ich habe Lust, darauf zu warten?«

Er zuckte leicht die Achseln, gab aber keine Antwort. Was sie gesagt hatte, schien überhaupt keine Bedeutung für ihn zu haben, ja er schien sich nicht einmal angesprochen zu fühlen. Es war wie ein monotones Geräusch in der Dunkelheit, jenseits der Bäume, die Rede eines unsichtbaren Fremden, den er nie zu sehen bekommen würde. Er sah wieder auf seine Armbanduhr, und sie drückte ihre Zigarette aus und stand auf.

»Ich hole den Wagen«, sagte Hank und ging aus dem Zimmer. Sie hatte ihren Text aufgesagt, das war die Hauptsache. Sie hatte in der Nacht wach gelegen und alles ausphantasiert und in Worte gebracht, und dann hatte sie's einstudiert und im stillen geprobt, und jetzt hatte sie's vom Stapel gelassen, und die Szene war im Kasten. Sie hätte vielleicht ein bißchen besser ausfallen können, diese Szene, dachte er, wie sie auch durchaus kürzer hätte sein dürfen, aber zum Teufel damit, sie waren eben ein Schriftstellerpaar.

3.

Er hob noch einmal die Flasche, bevor er den Ford rückwärts aus der Garage fuhr. Als er damit vor dem Haus anlangte, stand Marion an einer der Außenecken des Portikus und sah über die Bäume hinüber. Die Sonne lag auf den Hängen der Berge, und der Nebel war fort. Aber es war immer noch ein bißchen kalt in dieser Höhe. Marion trug einen kleinen Hut auf ihrem dunklen Haar, der ihr gar nicht stand, und ihre Lippen waren fest zusammengepreßt um eine Zigarette, wie eine Kneifzange, die das Ende eines Bolzens hält. Hank ging ohne ein Wort ins Haus. Oben standen die beiden Reisekoffer, das Handköfferchen, die Hutschachtel und der kleine grüne Kabinenkoffer mit den gerundeten Messingecken. Er trug sie alle die Treppe hinunter und verstaute sie hinten im Wagen. Marion war bereits eingestiegen.

Hank setzte sich neben sie hinters Steuer und startete, und sie fuhren den Kiesweg hinunter zur Landstraße, die sich sechs Meilen am Fluß entlangwand und dann abbog und den Berghang hinunter zu der kleinen Stadt führte, die an der Eisenbahnlinie lag. Marion starrte auf den Fluß und sagte:

»Du kämpfst gerne mit ihm, nicht? Ist er gefährlich?«

»Nicht, wenn man ein gesundes Herz hat.«

»Warum kämpfst du nicht mal gegen etwas an, was sich lohnt?«

»O mein Gott«, sagte Hank.

Marion sah ihn scharf an, dann sah sie starr geradeaus durch die staubige Windschutzscheibe.

»In einem Jahr spätestens habe ich vergessen, daß du überhaupt je existiert hast«, sagte sie. »Es ist ja doch ein bißchen traurig. Aber ewig kann ein Mann wie du das Leben einer Frau ja doch nicht vergeuden, oder was glaubst du?«

Sie schluchzte. Er streckte die Hand aus und tätschelte ihr die Schulter. »Nimm's nicht so schwer«, sagte er. »Eines Tages packst du's alles in ein Buch.«

»Ich weiß nicht mal, wo ich hingehen soll«, schluchzte sie.

Er tätschelte ihr wieder die Schulter und sagte diesmal nichts. Keiner von ihnen sprach ein Wort, bis sie den Bahnhof erreichten. Hank trug das Gepäck hinüber und setzte es neben den Gleisen ab. Er wollte den Kabinenkoffer aufgeben, aber Marion sagte, das würde sie selber machen.

»Also dann«, sagte Hank. »Ich bleibe im Wagen sitzen, bis

du abdampfst.« Er drückte ihren Arm, und sie wandte sich ab und ging von ihm weg. Er saß eine ziemlich lange Zeit im Wagen, bis der Zug kam. Er bekam langsam Bedürfnis nach einem Schluck. Er dachte, Marion würde zu ihm hinübersehen und wenigstens winken, wenn sie in den Zug stieg. Aber das tat sie nicht. Er hätte gar nicht zu warten brauchen. Er hätte schon längst wieder zu Hause sein und sich über die Flasche hermachen können. Es war eine leere Geste, das Warten hier. Noch schlimmer als das, es hatte nicht einmal Stil. Er sah dem Zug nach, bis er verschwunden war, und kein Muskel bewegte sich an ihm. Und auch das war nutzlos und ohne Stil.

4.

Als er zum Haus zurückkam, war die Sonne heiß, und auch die schwache Brise, die über das Gras strich, war warm. Die Bäume flüsterten in der Hitze; sie sprachen zu ihm, sagten ihm, daß es ein herrlicher Tag sei. Er ging langsam ins Haus und stand da und wartete, daß die Stille ihn überwältigen würde. Aber das Haus wirkte nicht leerer als zuvor. Eine Fliege summte, und ein Vogel pochte in einem Baum. Er blickte aus dem Fenster, um zu sehen, was für ein Vogel es war. Er war Schriftsteller und hätte es eigentlich wissen müssen, aber er sah den Vogel nicht, und es war ihm sowieso schnurzegal.

»Wenn ich nur einen Hund hätte«, sagte er laut und wartete auf das trauervolle Echo. Er ging hinüber an den massiven Arbeitstisch, nahm den Deckel vom Karton und las die oberste Seite seines Skripts, ohne sie herauszunehmen.

»Abklatsch und Nachahmung«, sagte er düster. »Alles, was ich schreibe, klingt so, daß ein richtiger Schriftsteller es wegwerfen würde.«

Er verließ das Haus, um den Wagen in die Garage zurückzubringen, doch eigentlich tat er das nur, weil die

Whiskyflasche dort war. Er trug die Korbflasche mit dem Maisschnaps ins Haus und stellte sie auf den Arbeitstisch. Er holte sich ein Glas und setzte es neben die Flasche. Dann setzte er sich selber davor und starrte sie an. Sie stand zur Verfügung, und aus diesem Grund vielleicht mußte er jetzt nicht gleich zugreifen. Er fühlte sich leer, aber es war nicht die Leere, die man mit Schnaps ausfüllen konnte.

Ich liebe sie nicht einmal, dachte er. Und sie liebt mich auch nicht. Nichts von Tragödie, nicht einmal von richtigem Schmerz, nur flaue Leere. Die Leere eines Schriftstellers, der an nichts denken kann, was sich aufschreiben ließe, und das ist eine ziemlich gräßliche, schmerzhafte Leere, aber aus irgendeinem Grund wird nie auch nur annähernd eine Tragödie daraus. Jesus, wir sind die nutzlosesten Leute auf der Welt. Es muß eine ganz schauderhafte Menge von uns geben, alle einsam, alle leer, alle arm, alle zermürbt von kleinen, gemeinen Sorgen, die keine Würde haben. Alle krampfhaft bemüht, festen Boden unter die Füße zu bekommen, wie Leute, die in einen Sumpf geraten sind, und dabei wissen wir die ganze Zeit, daß es im Grunde drecksegal ist, ob wir es schaffen oder nicht. Wir sollten uns einmal irgendwo zu einer Versammlung treffen, an einem Ort wie Aspen, Colorado, an irgendeinem Ort, wo die Luft sehr klar ist und scharf und anregend und wir unser bißchen abgeleitete Intelligenz gegen den harten kleinen Verstand anderer prallen lassen können. Vielleicht hätten wir dann immerhin für ein Weilchen das Gefühl, wirklich Talent zu haben. Sämtliche Möchtegern-Schriftsteller der Welt, die Burschen und Mädchen alle, die Bildung haben und Willenskraft und Sehnsüchte und Hoffnung und sonst nichts. Sie wissen alles, was man darüber wissen kann, wie man's schafft, nur daß sie's eben nicht schaffen können. Sie haben im Schweiß ihres Angesichts studiert und auf Deubel komm raus jeden imitiert, der es nur je zu was gebracht hat.

Was für ein reizendes Klübchen Nullen wir da sein würden, dachte er. Wir würden uns gegenseitig die Messer wetzen. Die Luft würde knistern vom Funkenregen unserer Träume. Aber der Haken ist, es hätte keine Dauer. Auf einmal wäre die schöne Versammlung wieder zu Ende, und wir müßten nach Hause zurück und uns vor dies verdammte Metallding setzen, das die Worte aufs Papier bringt. Tja, und da würden wir dann sitzen und warten – wie jemand, der in der Todeszelle wartet.

Er hob mit der gewohnten Gewichthebertechnik die Flasche und trank, ohne an das Glas zu denken, direkt aus dem Hals. Der Schnaps schmeckte warm und sauer, aber er tat ihm diesmal nicht besonders gut. Er mußte weiter darüber nachdenken, wie das war, ein Schriftsteller ohne Talent zu sein. Nach einer ganzen Weile brachte er die Korbflasche in die Garage zurück und versteckte sie wieder unter dem Säckestapel. Phoebus kam um die Ecke, eine große, schmutzig aussehende Heuschrecke im Maul. Er gab ein Geräusch der Unzufriedenheit von sich. Hank bückte sich, zog Phoebus die Kinnbacken auseinander und ließ die Heuschrecke frei, die eines Beins verlustig gegangen, aber immer noch voll Wanderlust war. Phoebus blickte zu Hank auf und gab zu verstehen, daß er Hunger habe. Also ließ Hank ihn in die Küche.

»Setz dich irgendwo«, sagte Hank zu dem Kater. »Das Haus ist dein.« Er bot Phoebus etwas Futter an, aber er wußte, Phoebus wollte nichts, und er wollte auch wirklich nichts. Also ging Hank hinüber, setzte sich an den Arbeitstisch und spannte einen Bogen Papier in die Schreibmaschine. Nach einer Weile sprang Phoebus neben ihm auf den Tisch und sah aus dem Fenster.

»Man arbeitet nicht an dem Tag, wo die Frau einen verlassen hat, was, Phoebus? Man macht blau.«

Phoebus gähnte. Hank kraulte ihm dicht hinter einem Ohr den Kopf, und Phoebus schnurrte knirschend. Hank strich ihm mit den Fingern das Rückgrat hinunter, und

Phoebus bäumte sich mit überraschender Kraft gegen die Hand auf.

»Du bist ein richtig zäher alter Knabe, was, Phoebus? Ich sollte eine Geschichte über dich schreiben.«

Langsam verging der Nachmittag. Schließlich neigte er sich der Dämmerung zu, und die Leere war immer noch da. Phoebus hatte sein Futter bekommen und sich auf der Korbbank zur Ruhe begeben. Hank saß auf dem Portikus und sah ein paar Mücken zu, die in einem Streif späten Sonnenlichts tanzten. Als eben die Zeit für die Moskitos kommen wollte, hörte er den Wagen kommen. Der Motor lief ziemlich rauh. Er klang nach dem Chevvy des alten Simpson. Und dann sah Hank ihn in der Ferne drüben auf der Landstraße heranzockeln, und er hatte recht. Er konnte ihn an dem kaputten Kotflügel erkennen. Und es überraschte ihn nicht einmal, als er in die Zufahrt einbog und schwerfällig die Kurve zog, bis er vor dem Eingang stand. Der alte Simpson saß reglos drin, die knotigen Hände auf dem Steuer und die wäßrigen Augen geradeaus gerichtet. Seine Kinnbacken bewegten sich, und er spuckte aus. Er sagte kein Wort. Er wandte nicht einmal den Kopf, als Marion aus dem Chevvy stieg.

»Ich habe Mr. Simpson bezahlt«, sagte Marion.

Hank hob ihre Sachen aus dem Wagen, ohne daß der alte Simpson ihm half. Als alles draußen war, legte der alte Simpson den Gang ein und fuhr davon, ohne auch nur ein Wort gesagt oder einen von ihnen angesehen zu haben.

»Weswegen ist er denn so sauer?« fragte Hank.

»Er ist nicht sauer. Er mag uns nur einfach nicht. Es tut mir leid, daß ich das Geld verplempert habe, Hank.« Ihr Gesicht wirkte niedergeschlagen. »Du bist vermutlich nicht überrascht, mich wieder hier zu sehen?«

»Ich war nicht ganz sicher.« Er schüttelte unbestimmt den Kopf. Sie fing hemmungslos an zu weinen, und er legte ihr den Arm um die Schultern.

»Mir fiel einfach kein einziger Ort ein, wo ich hinwollte«, flennte sie. »Es kam mir alles so sinnlos vor.« Sie stieß sich den Hut vom Kopf und lockerte sich das Haar. »So völlig ohne Sinn und Verstand überhaupt. Keine Höhepunkte, keine Tiefpunkte, bloß eine Unmasse schales Gefühl.«

Hank nickte und sah zu, wie sie sich die Augen wischte und krampfhaft ein steifes, ein wenig verwirrtes Lächeln auf ihr Gesicht brachte.

»Hemingway hätte gewußt, wohin«, sagte sie.

»Sicher. Er hätte nach Afrika gehen können und einen Löwen schießen.«

»Oder nach Pamplona, um einen Stier zu schießen.«

»Oder nach Venedig, um einen Bock zu schießen«, sagte Hank, und sie grinsten beide. Er griff sich zwei von den Koffern und ging die Stufen hinauf.

»Wo ist Phoebus?« rief sie hinter ihm her.

»An meinem Arbeitstisch«, sagte Hank. »Er schreibt eine Story. Bloß was ganz Kurzes – damit wir die Miete bezahlen können.«

Sie lief die Stufen hinauf und zog seinen Arm von der Tür weg. Er setzte mit einem Seufzer die Koffer ab und wandte sich ihr zu. Er wollte nett zu ihr sein, aber er wußte, daß nichts, was sie in der Vergangenheit gesagt hatten oder jetzt und in Zukunft noch sagen würden, irgendeine Bedeutung mehr hatte in Wirklichkeit. Es war alles nur noch Echo.

»Hank«, sagte sie verzweifelt. »Ich fühle mich gräßlich. Was soll nun mit uns werden?«

»Nicht viel«, sagte Hank. »Warum sollte es auch? Wir können uns noch sechs Monate halten.«

»Ich meine nicht das Geld. Dein Roman – mein Stück. Was soll *damit* werden, Hank?«

Irgend etwas drehte sich ihm im Magen um, denn er kannte die Antwort, und Marion kannte die Antwort auch, und es hatte absolut keinen Sinn mehr, noch so zu tun, als wäre das ein ungelöstes Problem. Das Problem war nie, wie man etwas bekam, von dem man wußte, daß man es nicht bekommen konnte. Es bestand darin, sich nicht länger mehr so aufzuführen, als warte es nur hinter der Ecke, daß man es fand, als habe es sich hinter einem Busch oder unter einem Haufen welker Blätter versteckt, sei aber da, tatsächlich, wirklich. Es war nicht da, und es würde nie da sein. Warum also tat man weiter so, als wäre es anders?

»Mein Roman stinkt«, sagte er ruhig. »Und dein Stück auch.«

Sie schlug ihm mit aller Kraft ins Gesicht und lief ins Haus. Sie kam fast zu Fall, als sie die Treppe hinaufhetzte. Wenn er aufmerksam horchte, würde er jetzt gleich ihr Schluchzen hören. Er hatte keine Lust dazu, und so ging er die Stufen wieder hinab und zur Garage hinüber und zog die Korbflasche unter dem Säckestapel hervor. Er tat einen langen, tiefen Zug, senkte die Flasche vorsichtig, verkorkte sie und schob sie wieder unter die Säcke.

Er schloß die Garagentür und schob den hölzernen Riegel vor. Es war jetzt ganz dämmrig geworden, und unter den Bäumen lagen tiefe, schwarze Schatten.

»Ich wünschte, ich hätte einen Hund«, sagte er in die Nacht. »Warum wünsche ich mir das eigentlich immerzu? Wahrscheinlich brauche ich jemand, der mich bewundert.«

Drinnen im Haus lauschte er, aber er konnte kein Schluchzen hören. Er ging die Treppe halb hinauf und sah das Licht angehen, und so wußte er, daß wieder alles mit ihr stimmte. Als er in der Tür des Zimmers erschien, war sie gerade dabei, ihr Handköfferchen auszupacken. Sie pfiff sehr leise zwischen den Zähnen.

»Du hast wieder einen Schluck getrunken, oder?« sagte sie, ohne aufzublicken.

»Bloß einen. Ich mußte einen Trinkspruch ausbringen. Aufs Wohl eines gebrochenen Herzens!«

Sie streckte sich scharf in die Höhe und starrte ihn an unter dem aufgeplusterten dunklen Haar. »Das ist ja reizend«, sagte sie kalt. »Deines Herzens – oder meines?«

»Weder noch«, sagte Hank. »Es war nur ein Titel, der mir zufällig einfiel.«

»Ein Titel für was – eine Story?«

»Für den Roman, den ich nicht schreiben werde«, sagte Hank.

»Du bist betrunken«, sagte Marion.

»Ich habe nichts zum Lunch gehabt.«

»Tut mir leid, daß ich dich geschlagen habe, Hank.«

»Ist schon gut«, sagte Hank. »Ich hätt's selber getan, wenn ich drauf gekommen wäre.«

Er drehte sich auf dem Absatz um und ging die Treppe hinunter, behutsam, Schritt für Schritt, ohne das Geländer zu berühren, dann durch die Halle und zur Tür hinaus, die er leise hinter sich zufallen ließ, dann die Stufen hinunter, eine nach der andern, vorsichtig, festen Schritts, und dann um die Hausecke, und seine Schuhe knirschten im Kies, auf seiner endlosen, vorherbestimmten Reise zurück zu der Korbflasche unter dem Säckestapel.

Chandler über Filmwelt und Fernsehen

1943 begann Chandler als Drehbuchschreiber für die Filmgesellschaft Paramount in Hollywood zu arbeiten. Sein erstes Drehbuch war Double Indemnity *von James M. Cain, Regie Billy Wilder.*

21. September 1944
An Charles W. Morton

... Was ich gern schreiben würde, wenn ich die Zeit dazu finde, ist ein Aufsatz über Schriftsteller in Hollywood. Es gäbe ein paar verheerende Sachen zu sagen zu diesem Thema. Es wird höchste Zeit, daß jemand sie einmal ausspricht ...

15. Januar 1945
An Charles W. Morton

Hollywood ist eine derartige Fundgrube an Material, daß man kaum weiß, wo man anfangen soll, wenn man darüber schreiben will. Es wäre ein ganzes Buch wert – aber einige Aspekte würden Nachforschungen erfordern, und der Lohn fiele vielleicht doch recht mager aus.

Ich stecke wieder in der Tretmühle bei Paramount ... In weniger als zwei Wochen habe ich eine Original-Story von 90 Seiten geschrieben. Alles diktiert und nichts davon wieder angesehen, bis es fertig war.[1]

Es war ein Experiment, und für ein Thema, das von der frühen Kindheit bis zur Handlungs-Verstopfung reicht, kam es einer Offenbarung gleich. Einiges von dem Zeug ist gut, anderes wieder ganz und gar nicht. Aber ich sehe nicht ein, warum man die Methode nicht auch aufs Romanschrei-

---

[1] Chandlers Original-Drehbuch *The Blue Dahlia*.

ben anwenden sollte, ich jedenfalls sollte es vielleicht. Man improvisiert die Story, so gut man kann, so detailliert oder flüchtig, wie die Stimmung es einem gerade eingibt, man schreibt Dialog oder läßt ihn aus, aber sieht zu, daß Handlung und Charaktere zügig vorankommen, und bringt das Ding zum Leben. Mir geht langsam auf, was für eine riesige Anzahl Stories uns überpeniblen Leuten durch die Lappen gehen, bloß weil wir lieber unsern Verstand über den Mängeln einfrieren lassen, als ihn eine Weile an die Arbeit zu schicken, ohne daß der kritische Aufseher wie ein Heckenschütze gleich auf alles schießt, was nicht vollkommen ist. Ich sehe durchaus, daß aus dieser Art des Schreibens auch ein spezielles Laster erwachsen kann; genau genommen sind es sogar zwei: der sonderbare Wahn, daß etwas, was auf dem Papier steht, Bedeutung habe, weil es auf dem Papier steht. (Mein verehrter Henry James fiel aus allen Wolken, als er zu diktieren begann.) Und die Tendenz, Produktion um ihrer selbst willen anzubeten.

5. März 1945
An Charles W. Morton

... Ich habe ziemlich geschuftet, bin am 2. Januar ins Studio gegangen und habe einen Film so weit fertig, daß mit dem Drehen begonnen werden kann. In mancher Hinsicht gefällt mir das, in anderer wieder nicht. Möglicherweise – ich bin da nicht sicher – wird die Verjüngung des Films, falls und wenn sie kommt, auf dem Wege einer solchen Verfahrensweise erfolgen: daß man direkt für die Leinwand schreibt und praktisch unter der Kamera. Was man an Politur verliert, gewinnt man an Bewegung; und Bewegung ist eben das, was der Film seit langer Zeit schon immer mehr einbüßt. Er ist zu einer Apparatur geworden, die ermöglicht, Theaterstücke aus den kuriosesten Perspektiven zu fotografieren; seine wahre Aufgabe aber ist es, dramatische Bewegung aus der einfachst-möglichen Perspektive

zu fotografieren – dem Blickwinkel der beiden Augen nämlich ... Die Bewegung der Kamera ist zum Ersatz für die
Bewegung der Handlung geworden, und das ist ein Rück-
schritt. Es weist dem Regisseur die unmögliche Aufgabe zu,
eine Illusion von Bewegung zu schaffen, wo keine Bewegung existiert.

... Ich hoffe immer noch, den Aufsatz für Sie machen zu
können, irgendwann im April vielleicht ...

Schriftsteller in Hollywood[1]

1.

Hollywood ist leicht zu hassen, leicht zu verhöhnen, leicht
zu schmähen. Einige der besten Schmähungen stammen von
Leuten, die nie ein Studio von innen gesehen haben, einige
der besten Verhöhnungen von egozentrischen Genies, die pi-
kiert abreisten – ohne zu vergessen, ihren letzten Gehalts-
scheck zu kassieren – und hinter sich nichts als das exquisite
Aroma ihrer Persönlichkeit zurückließen und eine ver-
pfuschte Arbeit für die müden Lohnschreiber, die's wieder
in Ordnung bringen mußten.

Selbst so weit weg wie in New York, wo nach Hollywoods Mutmaßung alle wirklich intelligenten Leute leben
(da sie in Hollywood ja ersichtlich *nicht* leben), kann man
sich die Krankheit der Übertreibung holen. Der Filmkritiker eines der nicht ganz so geblendeten intellektuellen Wo-
chenblätter bemerkte kürzlich in einer Rezension eines
bestimmten Drehbuchs, es zeige, »wie fade diese Tretmühlen-
Schreiber mit 3000 Dollar pro Woche doch sein können«.
Ich hoffe, dieser Kritiker bekommt keinen Schreck, wenn er
erfährt, daß 50 Prozent der Drehbuchschreiber in Holly-

---

[1] Der in den vorangegangenen Briefen an Charles W. Morton erwähnte Aufsatz.
(Erschienen im *Atlantic Monthly*, November 1945)

wood im letzten Jahr weniger als 10 000 Dollar verdient haben und daß er die Anzahl derer, die der von ihm so verächtlich genannten Ziffer mit ihrem ständigen Einkommen auch nur in etwa nahekommen, an den Fingern abzählen könnte. Ich weiß nicht, ob man sie Tretmühlen-Schreiber nennen kann. Für mich bedeutet der Ausdruck etwas, was man doch ein bißchen leichter werden kann als Drehbuch-Autor in Hollywood.

Ich halte hier kein Plädoyer für Hollywood. Ich habe dort ein bißchen über zwei Jahre gearbeitet, was bei weitem nicht ausreicht, um mich zur Autorität dafür zu machen, aber doch mehr als ausreichte, um in mir beim Gedanken daran ein Gefühl abgrundtiefer Langeweile zu wecken. Das sollte nicht so sein. Eine Industrie mit derart riesigen Hilfsmitteln und derart magischen Techniken dürfte einen nicht so schnell anöden. Eine Kunst, die es fertigbringt, sämtliche Stücke, mit Ausnahme nur der allerbesten, trivial und gebastelt, sämtliche Romane, mit Ausnahme nur der allerbesten, schwatzhaft und schematisch erscheinen zu lassen, sollte den wenigen, die sie mit etwas anderem im Kopf als dem Klingeln der Kasse auszuüben versuchen, nicht so rasch grauslich werden. Das Filmemachen sollte eigentlich eher ein ziemlich faszinierendes Abenteuer sein. Das ist es nicht; es ist eine nicht endenwollende Balgerei zwischen geschmacklosen Egoisten, von denen manche mächtig, fast alle Schreihälse und ebenso fast alle unfähig sind, etwas Schöpferisches zu vollbringen, was über den Ideen-Diebstahl an anderen und die eitle Beförderung der eigenen Person hinausgeht.

Hollywood ist ein Paradies der Effekthascher. Effekthascher sind unschöpferisch; sie beuten aus, was andere geschaffen haben. Aber die Effekthascher von Hollywood kontrollieren auch noch das Schaffen selbst – und degradieren es dadurch. Denn was am Film Kunst ist, geht vom Drehbuch aus; das Drehbuch ist das Fundament, ohne seine Kunst kann aus dem ganzen Film nichts werden ... Aber in

Hollywood wird das Drehbuch von Gehaltsempfängern geschrieben, unter Aufsicht eines Produzenten – und das heißt, von Angestellten, die keinerlei Macht oder Entscheidungsgewalt über das eigene Produkt ausüben können, die kein Eigentumsrecht daran haben und, wie extravagant sie auch bezahlt werden, fast nie Ehre und Anerkennung dafür empfangen...

Mich interessiert nicht, warum es das Hollywood-System gibt oder warum es fortdauert, aus welchen erbitterten Prestige-Kämpfen es entstanden ist und wieviel Geld es mit der Produktion schlechter Filme scheffelt. Mich interessiert nur die daraus resultierende Tatsache, daß es so etwas wie eine Kunst des Drehbuchs nicht mehr gibt und nicht mehr geben wird, solange das System fortdauert, denn es gehört zum Wesen dieses Systems, daß es sich ein Talent zur Ausbeutung sucht, ohne ihm das Recht einzuräumen, Talent zu sein. Das geht nicht an; damit kann man das Talent nur zerstören, und genau das geschieht denn auch – falls es da etwas zu zerstören gibt.

Zugegeben, viel gibt's nicht. Irgendein schwatzhafter Verleger (vermutlich Bennett Cerf) hat einmal die Bemerkung gemacht, in Hollywood säßen Schriftsteller, die zweitausend Dollar pro Woche einstrichen und schon seit zehn Jahren keinen einzigen Einfall mehr gehabt hätten. Er übertrieb – nach unten: es sitzen Schriftsteller in Hollywood, die zweitausend pro Woche einstreichen und ihr Lebtag lang noch keinen Einfall gehabt haben, die nie auch nur eine einzige filmbare Szene geschrieben haben und bei der Regenbogenpresse keine zwei Cent pro Wort bekämen, und wenn ihr Leben davon abhinge. Hollywood wimmelt von solchen Typen, obwohl nur wenige derart hohe Gehälter beziehen. Sie sind, um es sackgrob zu sagen, ein trostloser Haufen Mietlinge und Lohnschreiber, und die meisten von ihnen wissen es und stecken ihre Fußtritte ein wie ihre Gehälter und versuchen im übrigen, der Industrie, die ihnen ein wesentlich opulenteres Leben ermöglicht, als sie's anderswo führen könnten, einigermaßen dankbar zu sein.

Und ich zweifle nicht daran, daß die meisten von ihnen liebend gerne viel bessere Schriftsteller wären, als sie sind, daß sie gern Kraft, Integrität und Phantasie besäßen – genug jedenfalls, um sich auf irgendeinem Gebiet der Literatur, das die Würde des freien Berufs verleiht, einen anständigen Lebensunterhalt zu verdienen. Aber das wird ihnen nicht beschieden sein, und es gibt auch keinen besonderen Grund, warum es das sollte. Wenn die Möglichkeit überhaupt je bestanden hat, dann besteht sie jedenfalls jetzt nicht mehr. Denn selbst die besten von ihnen (von ein paar seltenen Ausnahmen abgesehen) widmen ihre gesamte Zeit einer Arbeit, die nicht mehr Chancen, sich auszuzeichnen, bietet, als ein Pekinese hat, eine dänische Dogge zu werden: saublöden Musicals über Technicolor-Beine und jaulende Nachtklubsängerinnen; ›psychologischen‹ Dramen mit hölzerner Handlung, stereotypen Figuren und dem penetranten Ton verschwommener Ernsthaftigkeit, die einen an Schulmädchengespräche während der Pubertätszeit denken läßt; spritzigen und krampfhaft witzigen Komödien (hoffen wir), in denen die Gags so abgestanden sind wie sämtliche Attitüden, in denen jede Hand permanent ein Glas hält, unter jeder Tür ein Butler steht und auf jeder Badewannenkante ein Telefon; historischen Epen, in denen die männlichen Darsteller aussehen wie Frauen in Hosenrollen und der entzückende weibliche Star doch ein bißchen zu romantisch und verträumt dreinschaut für ein Herzchen, das sein halbes Leben damit verbracht hat, seine Ehemänner zu wechseln; und last not least jenen Streifen mit ›sozialkritischem Anliegen‹, in denen jedermann ein gedankenvolles, erwachsenes und grundaufrichtiges Gesicht macht und die etwas diffizileren Probleme des Lebens wortreich durch ein einmütiges Vertrauensvotum für die Unverletzlichkeit der Verfassung, die Heiligkeit des häuslichen Herdes und die überragende Bedeutung der vollautomatischen Luxusküche gelöst werden.

Und das, liebe Leser, sind die Millionen-Scheffler – die Creme der Bagage. Die meisten Leutchen, die für die Leinwand schreiben, bringen es niemals auch nur annähernd so weit. Sie versprühen ihren Geist und ihr strukturelles Raffinement in Wildwestfilmen, billigen Baller-Melodramen, Horrorstreifen über verrückte Wissenschaftler und dito über kreischende Blondinen in der Nähe kreischender Kreissägen. Die Verfasser dieses Plunders sind künstlerisch bankrott, noch ehe sie überhaupt angefangen haben. Selbst im rein technischen Sinne ist ihre Arbeit zum Scheitern verurteilt, weil ihnen die Zeit fehlt, sie ordentlich zu machen. Die Anforderung, die das Drehbuchschreiben stellt, besteht darin, in wenigen Worten viel zu sagen, von den wenigen Worten dann noch die Hälfte zu streichen und trotzdem die Wirkung gelassener und natürlicher Bewegung zu erhalten. Um dieser Technik gerecht zu werden, muß man experimentieren und eliminieren können. Aber den Aufwand können sich die billigen Filme einfach nicht leisten.

2.

Nun will ich damit gar nicht etwa andeuten, daß es in Hollywood überhaupt keine Schriftsteller mit echten Fähigkeiten gäbe. Es gibt nicht viele, sicher, aber die gibt es nirgends. Schöpferische Begabung ist eine ausgesprochene Mangelware, und meist müssen Geduld und Nachahmung sie ersetzen. Es besteht kein Grund, von den anonymen Kärrnern der Leinwand eine Qualität zu erwarten, die wir ganz offensichtlich von den nicht-anonymen Literaten, für die in den Bestseller-Listen Reklame geschlagen wird, nicht bekommen, von den Monteuren viertrangiger historischer Romane, von denen eine halbe Million Exemplare verkauft wird, von den Naschmarkthändlern, die sich Dramatiker nennen, oder von den mürrischen *maestri* der kleinen Zeitschriften.

Interessant ist für mich im Hinblick auf die talentierten Schriftsteller Hollywoods nicht, wie wenige oder wie viele es von ihnen gibt, sondern wie wenig Spielraum man ihnen läßt, aus ihrem Talent etwas Wertvolles zu machen. Interessant – aber schwerlich unerwartet ist, wenn man einmal die Prämisse akzeptiert, daß Schriftsteller aufgrund der Theorie, sie brächten, da sie ja eben Schriftsteller seien, eine entsprechende Sonderbegabung und -übung für den Job mit, zur Herstellung von Drehbüchern angestellt werden, die Tatsache, daß sie dann daran gehindert werden, diese Arbeit mit auch nur einer Spur Unabhängigkeit und Selbständigkeit zu leisten, und dies nun wiederum aufgrund der Theorie, daß sie, da sie ja eben nur Schriftsteller seien, vom Filmemachen nichts verstünden; und wenn sie denn vom Filmemachen nichts verstünden, so könnten sie natürlich auch nicht wissen, wie man ein richtiges Drehbuch schreibt. Mithin braucht's einen Produzenten, der es ihnen zeigt.

Es ist nun durchaus nicht mein Wunsch, die Produzenten mit besonders ätzender Säure zu begießen. Meine eigene Erfahrung rechtfertigt das nicht, und schließlich und endlich sind auch die Produzenten nur Sklaven des Systems. Außerdem ist der Ausdruck ›Produzent‹ nur eine sehr vage definierende Bezeichnung. Manche Produzenten sind, sozusagen von Geburt aus, mächtig und einflußreich; andere wieder sind wenig mehr als Fußabstreifer für die nächsthöhere Instanz; einige – wenige, möchte ich hoffen – verdienen weniger Geld als so mancher Schriftsteller, der für sie arbeitet.

Für das Thema, über das ich hier schreibe, sind die persönlichen Eigenschaften der Produzenten nicht weiter von Belang. Manche sind durchaus fähige und menschliche Leute, und manche sind niedriges Gesocks mit der Moral eines Fliegenfängers, der künstlerischen Integrität eines Zigarettenautomaten und den Manieren eines größenwahnsinnigen

Warenhausdetektivs. Was freilich die Herstellung von Drehbüchern betrifft, so ist der Produzent der unumschränkte Boss; der Schriftsteller findet sich mit ihm und seinen Einfällen (wenn er welche hat) entweder ab, oder er findet sich draußen. Das bedeutet sowohl persönliche als auch künstlerische Subordination, und kein Schriftsteller von einiger Qualität wird das auf die Dauer akzeptieren, ohne das aufzugeben, was ihn zum Schriftsteller von Qualität gemacht hat, ohne die feine Schneide seines Geistes stumpf werden zu lassen und ohne langsam aber sicher vom schöpferischen Arbeiter zum stillschweigenden Komplizen zu werden, vom eigenständig denkenden Künstler zum willfährigen und fügsamen Handlanger.

Es spielt dabei so gut wie gar keine Rolle, was ein Schriftsteller für seinen Produzenten als Menschen empfindet: die bloße Tatsache, daß der Produzent seine Arbeit umändern, ruinieren und ignorieren kann, muß zwangsläufig dahin führen, daß diese Arbeit immer mehr an Intensität verliert und schließlich mechanisch und gleichgültig verrichtet wird. Der Impuls, Vollkommenes zu leisten, muß verkümmern und vergehen, wo ein Vorgesetzter bestimmt, was vollkommen sei. Was in Einsamkeit und aus dem Herzen geboren ist, läßt sich nicht gegen das Urteil eines Konferenzzimmers voll Sykophanten verteidigen. Die empfindlichen Substanzen, aus denen Literatur besteht, können das Klischeegeschwätz solcher Konferenzen, in denen platte Stories ausgehandelt werden, schlechthin nicht überleben. Nur ganz wenig vom Zauber eines Wortes, einer Empfindung, einer Situation bleibt am Leben, wenn die unablässigen, bis auf die Knochen dringenden Revisionen, die dem Schriftsteller in Hollywood durch die Verfahrensweise der dekretierten Entscheidung aufgezwungen werden, darüber hingegangen sind. Daß dieser Zauber irgendwie dann doch, hin und wieder, aufgrund eines anderen und gar noch selteneren Zaubers, überlebt und mehr oder weniger unbeschädigt die Leinwand erreicht, ist das seltene Wunder, das die Handvoll guter Schriftsteller in Hollywood davon abhält, sich die Kehle durchzuschneiden.

Hollywood hat kein Recht, solche Wunder zu erwarten, und es verdient die Männer nicht, die sie zustande bringen. Seine Vorstellung von dem, was einen guten Film ausmacht, ist immer noch so halbstark unreif, wie seine Behandlung schriftstellerischen Talents beleidigend und erniedrigend ist. Seine Vorstellung vom ›Produktionswert‹ besteht darin, eine Million Dollar dafür auszugeben, eine Story aufzudonnern, die jeder gute Schriftsteller in den Papierkorb schmeißen würde. Seine Vorstellung vom ›lohnenden Film‹ ist das Vehikel für irgendein ödes Lärvchen, das zweimal den Gesichtsausdruck und achtzehnmal die Garderobe wechselt, oder irgendein Helden-Idol, auf das die dämlichen Massen fliegen, mit permanentem Kater, sechs ausgeleierten schauspielerischen Tricks, dem Körperbau eines Rettungsschwimmers und dem Gemüt eines Fleischerhunds. Filme zu solchen Zwecken macht Hollywood mit ganzer Liebe und Sorgfalt. Die guten sind reine Betriebsunfälle, ein Tritt in den Hintern, wenn es mal nicht aufgepaßt hat.

3.

Für all dies gibt es plausible wirtschaftliche Gründe. Der Film ist eine große Industrie ebenso, wie er eine ruinierte Kunstform ist. Seine Techniker befinden sich jetzt schon in der dritten Generation, seine Investitionen erstrecken sich über die ganze Welt, sein Materialbedarf ist unersättlich.

Die Männer mit dem Geld und der höchsten Macht können mit Hollywood machen, was sie wollen – solange es ihnen egal ist, ob sie ihr investiertes Kapital verlieren. Sie können jeden Studio-Direktor über Nacht kaputtmachen, Vertrag hin, Vertrag her; jeden Star, jeden Produzenten, jeden Regisseur – als Individuum. Was sie nicht kaputtmachen können, ist das Hollywood-System. Es mag verschwenderisch sein, absurd, sogar ausgesprochen unsauber, aber es gibt nun einmal nichts anderes, und kein kaltblütiger Aufsichtsrat kann es ersetzen. Versucht hat man's oft, aber die Effekthascher gewinnen immer. Sie gewinnen immer gegen das bloße Geld. Was sie auf lange Sicht – auf sehr lange Sicht – aber nicht ruinieren können, ist das Talent, sogar das schriftstellerische.

Man muß da, fürchte ich, wirklich von *sehr* langer Sicht reden. Zur Stunde gibt es noch keinerlei Anzeichen dafür, daß der Schriftsteller in Hollywood den Punkt erreicht habe, wo es ihm möglich wäre, seine Arbeit selber wirklich zu kontrollieren, ja sie sich selber auszusuchen (und zwar nicht nur dadurch, daß er unwürdige Aufträge zurückweist, was er nur in ganz engen Grenzen tun kann) oder selber frei zu entscheiden, wie die Werte in dem vom Produzenten ausgesuchten Werk herauszubringen seien. Zur Stunde hat er nicht die mindeste Garantie dafür, daß seine besten Zeilen, seine besten Ideen, seine besten Szenen vom Regisseur nicht bei der Aufnahme noch verändert oder gar gestrichen werden oder später beim Schneiden unter den Tisch fallen – aus dem simplen, aber ausschlaggebenden Grund, daß die in künstlerischer Hinsicht besten Sachen in einem Film in technischer Hinsicht durch die Bank grad, die sind, die man am leichtesten auslassen kann.

In Hollywood wird durchaus nicht versucht, den Schriftsteller als Künstler, der dem Filmpublikum etwas gilt, auszubeuten; versucht wird vielmehr nach Kräften, das Publikum über seinen lebenswichtigen Beitrag zu dem, was die Filme an Kunst enthalten, uninformiert zu halten. Auf den Plakaten, in den Zeitungsanzeigen erscheint sein Name kleiner als der des Darstellers der unbedeutendsten ›Wurzen‹-Rolle, der es geschafft hat, mit in das zu kommen, was man den ›Aushang‹ nennt; wenn um die Mitte der Woche dann die Anzeigen zusammengeschnitten werden, ist er der erste, der verschwindet; er wäre der letzte, der in der Telefon- oder Radioreklame erwähnt würde.

Der erste Film, an dem ich mitarbeitete, wurde für einen *Academy Award* vorgeschlagen (falls das etwas besagt), aber ich selber wurde nicht einmal zur Pressevorführung eingeladen, die unmittelbar nebenan im Studio stattfand. Für einen anderen, äußerst erfolgreichen Film, der von einem anderen Studio nach einer von mir geschriebenen Geschichte gedreht worden war, wurden in der Werbekampagne wörtlich Zeilen aus der Geschichte verwendet, aber mein Name fand nirgends Erwähnung, weder im Radio noch in den Zeitschriften, noch auf den Plakaten, noch in den Zeitungsanzeigen, soweit ich sah oder hörte – und ich sah und hörte eine ganze Menge. Diese Mißachtung hat für mich persönlich keine Folgen; wenn man Bücher schreibt, ist es ganz belanglos, ob man unter dem Titel eines Hollywood-Produkts als Autor steht. Aber für die, deren ganze Arbeit in Hollywood liegt, ist es durchaus nicht belanglos, denn es ist Bestandteil eines vorsätzlichen und erfolgreichen Plans, den beruflichen Drehbuchschreiber auf den Status eines bloßen Regie-Assistenten einzuschränken, auf den man gelegentlich ganz obenhin einmal Bezug nimmt (wenn er grad im Zimmer ist), den man im wesentlichen aber ignoriert und selbst dann, wenn er die brillantesten Leistungen erbracht hat, sorgsam aus dem Weg schafft, sobald auch nur die Möglichkeit einer Anerkennung auftaucht, die ansonsten dem Star, dem Produzenten und dem Regisseur zufallen könnte.

4.

Wenn das alles nun wahr ist, warum sollte ein Schriftsteller von echtem Können dann überhaupt in Hollywood weiterarbeiten? Der naheliegende Grund reicht ja doch nicht aus: nur wenige Drehbuchschreiber besitzen Häuser in Bel-Air, illuminierte Swimming-pools, Frauen in knöchellangen

Nerzmänteln, drei Dienstboten und die bekannte Miene des müden, ein bißchen sauer gewordenen Genies. Für Geld kann man in Hollywood erschütternd wenig kaufen, was über das Vergnügen hinausgeht, in einer irrealen Welt zu leben, mit einer beschränkten Gruppe von Leuten zu verkehren, die nichts als Filme denken, sprechen und trinken, die meisten davon noch schlecht, und – ein sehr zweifelhaftes Vergnügen – berühmte Schauspieler und Schauspielerinnen in einigen der unmanierlichsten Restaurants der Welt prassen zu sehen.

Ich will damit gar nicht sagen, daß die Hollywooder Gesellschaft auch nur im geringsten öder und ausschweifender wäre als die Geld-Gesellschaft allüberall: weiß Gott, das könnte sie gar nicht sein. Aber sie ist doch ein recht magerer Lohn für ein Leben lang Arbeit in einem Handwerk, *dem* wesentlichen Handwerk, das eine große Kunst sein könnte ... Die oberflächliche Freundlichkeit Hollywoods ist durchaus angenehm – bis man eines Tages feststellt, daß fast in jedem Ärmel ein Messer steckt. Die Gemeinschaft während der Arbeitszeit mit Männern und Frauen, die das Geschäft der Geschichtenschreiberei ernst nehmen, gibt der einsamen Seele des Schriftstellers ein blasses bißchen Wärme.

Davon abgesehen besteht wohl aber doch Hoffnung; es bestehen sogar verschiedene Hoffnungen. Die kalte Dynastie wird nicht ewig Bestand haben, der diktatorische Produzent fühlt sich schon nicht mehr ganz wohl in seiner Haut, der Regisseur mit den Gottvater-Allüren ist längst schon in seinem eigenen Studio zum Witz geworden; ein Weilchen noch, und nicht einmal Technicolor wird ihn mehr retten. Es besteht Hoffnung, daß ein abgewirtschaftetes Behelfssystem wieder vergeht, daß seine anmaßenden Großmogule doch irgendwann und irgendwie begreifen, daß nur Schriftsteller Drehbücher schreiben können, nur stolze und unabhängige Schriftsteller gute Drehbücher, und daß die gegenwärtigen Methoden, mit solchen Männern umzuspringen, sich zerstörerisch gerade auf die Kraft auswirken, von der die Filme leben müssen.

Und dann besteht die starke und wunderschöne Hoffnung, daß die Schriftsteller in Hollywood selbst – soweit sie jedenfalls dazu fähig sind – zu der Einsicht gelangen, daß das Schreiben für die Leinwand kein Job für Amateure und Auch-Schriftsteller ist, deren Probleme immer von irgendwem anders gelöst werden. Nur weil die Schriftsteller selber, als Handwerker und Künstler, soviel Schwäche zeigen, finden vorgesetzte Egoisten die Möglichkeit, sie weißbluten zu lassen, bis all ihre Initiative, Phantasie und Integrität zum Teufel ist. Wenn auch nur ein Viertel der *hochbezahlten* Drehbuchschreiber in Hollywood es fertigbrächte, aus eigener Kraft ein vollkommen in sich geschlossenes und filmbares Drehbuch herzustellen, ohne mehr Einmischung und Diskussion von außen, als notwendig ist, um die Verpflichtungen der Produktionsfirma gegenüber Schauspielern einzuhalten und sie einigermaßen vor Beleidigungsklagen und Zensurschwierigkeiten zu bewahren, dann würde der Produzent zu seiner eigentlichen Funktion zurückfinden, die darin besteht, die verschiedenen Kunstberufe, die sich zusammentun, um einen Film zu machen, zu koordinieren und miteinander in Einklang zu bringen; und der Regisseur – der Himmel helfe seiner Pfauenseele – würde auf die schmähliche Aufgabe beschränkt, einen Film so zu realisieren, wie er erdacht und geschrieben worden ist, und nicht so, wie er, der Regisseur, ihn zu schreiben versuchen würde, wenn er nur schreiben könnte.

Sicherlich gibt es Produzenten und Regisseure – wenn auch nur jämmerlich wenige –, die aufrichtig genug sind, um eine solche Veränderung zu wünschen, und begabt genug, um keine Angst vor den Auswirkungen auf ihre eigene Position zu haben ...

Wenn es keine Kunst des Drehbuchs gibt, so ist der Grund dafür wenigstens zum Teil in dem Umstand zu suchen, daß kein Fundus an technischer Theorie und Praxis zur Verfügung steht, anhand dessen sie sich erlernen ließe. Es gibt keine Bibliothek der Drehbuch-Literatur, weil die Drehbücher den Studios gehören und diese sie nur innerhalb ihrer sorgsam bewachten Mauern vorzeigen. Es gibt auch keinen Fundus an kritischer Meinung, einfach weil es keine Drehbuchkritiker gibt; es gibt nur Filmkritiker, die den Film als Unterhaltungsprodukt beurteilen, und die meisten dieser Kritiker haben keine Ahnung von den Mitteln, mit denen ein Film geschaffen und auf Zelluloid gebannt wird. Es gibt da keinerlei Information, weil es niemanden gibt, der darüber informieren könnte oder wollte. Denn wenn man nicht weiß, wie Filme gemacht werden, kann man schwerlich sich mit Kompetenz darüber auslassen, wie sie aufgebaut sein sollten; weiß man's aber, hat man alle Hände voll damit zu tun, es selber zu versuchen.

Es gibt keine Wechselbeziehung zwischen den verschiedenen Handwerkskünsten innerhalb des Studios selbst; der durchschnittliche – auch der weit bessere als nur durchschnittliche – Drehbuchschreiber weiß so gut wie nichts von den technischen Problemen des Regisseurs, und von der überragenden Geschicklichkeit des geübten Cutters hat er keine blasse Ahnung. Er wendet alle Mühe daran, Szenen zu schreiben, die sich nicht drehen lassen beziehungsweise die, wenn glücklich im Kasten, dann doch in den Abfall wandern; Dialoge zu schreiben, die sich nicht sprechen lassen, Geräuscheffekte, die unhörbar sind, und Nuancen der Stimmung und des Gefühls, die keine Kamera reproduzieren kann. Seine Vorstellung von einer wirkungsvollen Szene ist etwas, was einen Treppenschacht hinunter oder aus einem Rattenloch heraus gefilmt werden müßte; oder eine Konversation, so statisch, daß der Regisseur, um auch nur ein bißchen die Illusion von Bewegung hineinzubringen, gezwungen ist, sie aus neun verschiedenen Perspektiven zu fotografieren.

In der Tat wird einem Schriftsteller, der neu ins Studio kommt, kein noch so kleiner Teil des riesigen technischen Wissens, das Hollywood birgt, mit System und als Selbstverständlichkeit zugänglich gemacht. Man sagt ihm lediglich, er solle sich Filme ansehen – was für ihn ähnlich ergiebig ist, wie wenn er, um Architektur zu lernen, ein Haus anstarrte. Und dann schickt man ihn in seinen Kaninchenstall zurück, damit er da kleine Szenen schreibt, von denen ihm sein Produzent, so ganz beiläufig zwischen Telefongesprächen mit seinen Blondinen und seinen Saufkumpanen, anschließend sagen wird, daß sie ganz, ganz anders geschrieben werden müßten.

Die beste Hoffnung habe ich mir bis zuletzt aufgehoben. Trotz allem, was ich gesagt habe, stehen die Schriftsteller in Hollywood im Begriff, den Kampf um ihr Prestige zu gewinnen. Mehr und mehr von ihnen schlagen die Branche mit ihren eigenen Mitteln, indem sie selber Produzenten und Regisseure werden und ihre eigenen Drehbücher verfilmen. Wir wollen froh sein darüber, daß sie auf diese Weise zusätzliche Macht und Bedeutung gewinnen, und das künstlerische Ergebnis nicht allzu kritisch unter die Lupe nehmen. Die Leute bringen es zu was (und manche von ihnen könnten es sogar einmal zu guten Filmen bringen). Freuen wir uns im Verein, denn die Tendenz, die da sichtbar wird, liegt durchaus auf der Linie der annehmbaren Tradition der von den Kameras praktizierten Kunst.

Denn das Netteste, was Hollywood einem Schriftsteller gegenüber nur einfallen kann, ist das Kompliment, er sei eigentlich viel zu gut, um bloß Schriftsteller zu sein.

12. Dezember 1945
An Charles W. Morton

... Ich möchte ganz gern noch auf einen Fehler in diesem Aufsatz[1] zu sprechen kommen, weil er typisch für etwas ist, was ich wohl nie begreifen werde. Er steht in der neuntletzten Zeile des Drucks. Da heißt es: ›und das künstlerische Ergebnis nicht allzu kritisch unter die Lupe nehmen.‹ Geschrieben hatte ich dagegen: ›und nicht allzu kritisch das künstlerische Ergebnis unter die Lupe nehmen‹ ... Es liegt auf der Hand, daß ja jemand, aus keinem anderen Grund als dem, daß er den Stil verbessern zu können meinte, die Wortstellung geändert hat. Ich bekenne, daß ich vor dem literarischen Selbstverständnis, das sich hier zum Ausdruck bringt, vollkommen entgeistert stehe, vor dem Umstand, daß irgendein redaktioneller Mietling der Auffassung ist, er könne besser schreiben als der Mann, der das Zeug eingeschickt hat, er verstehe mehr von Ausdruck, Tonfall und Wortplazierung, und daß ihm wohlmöglich dabei nicht einmal entgangen ist, daß er ja auch dem Sinn um eine winzige Nuance Gewalt angetan hat ...

12. Dezember 1945
An Charles W. Morton

Ich schulde Ihnen schon so gräßlich lange einen Brief, daß Sie sich vermutlich fragen, ob ich überhaupt noch am Leben bin. Ich frage mich das selber, manchmal ... Lassen Sie mich berichten, daß mein Schuß vor den Bug von Hollywood hier mit frostigem Schweigen aufgenommen worden ist ... In Anbetracht des Gegenstandes, und von der Reputation des Verfassers einmal ganz abgesehen, im Hinblick auch auf das *Atlantic*, scheint mir die Annahme logisch zu sein, daß die Stellungnahmen dazu auf Verlangen der Publicity-Spitze unterdrückt worden sind ... Auf verschiedenen

---

[1] ›Schriftsteller in Hollywood‹.

Umwegen kam mir zu Ohren, daß der Aufsatz nicht gerade Begeisterung geweckt hat. Meinem Agenten wurde vom Story-Redakteur der Paramount gesagt, daß ich mir bei den Produzenten der Paramount sehr geschadet hätte. Charlie Brackett[1] sagte: »Chandlers Bücher sind nicht gut genug und seine Filme nicht schlecht genug, um diesen Artikel zu rechtfertigen.« Ich habe ein wenig Zeit daran verschwendet herauszufinden, was das wohl bedeuten sollte. Es scheint zu bedeuten, daß man, um über Hollywood offen seine Meinung sagen zu dürfen, (a) entweder ein Versager in Hollywood selbst oder (b) eine Berühmtheit irgendwo anders sein muß. Ich würde Mr. Brackett erwidern, wenn meine Bücher schlechter wären, so hätte man mich wohl schwerlich nach Hollywood eingeladen, und wären sie besser, so wäre ich nicht gekommen.

12. Januar 1946
An Alfred A. Knopf[2]

... Ich habe keine Sekretärin mehr, weil ich keinen Job beim Film mehr habe. Ich bin das, was man technisch ›suspendiert‹ nennt. Weil ich es abgelehnt habe, unter einem Vertrag zu arbeiten, der nicht der angemessene Ausdruck meiner Stellung im Filmgeschäft ist. Ich verlangte die Annullierung, aber das wurde mir abgeschlagen. Einen moralischen Aspekt hat die Sache nicht, da die Studios die moralische Basis von Verträgen selber längst zerstört haben. Sie zerreißen sie wie banales Papier, sooft es ihnen paßt. Eine der Schwierigkeiten besteht darin, daß es offenbar ganz unmöglich ist, jemanden davon zu überzeugen, daß ein Mensch einem klotzigen Gehalt – klotzig nach dem Maßstab einer normalen Lebensführung – den Rücken kehren könnte, *ohne* im taktischen Hinterhalt darauf zu hoffen, auf diese Art zu einem noch klotzigeren Salär zu kommen.

---

[1] Filmregisseur.
[2] Geschäftsführer des Verlags Alfred A. Knopf Inc.

Was ich will, ist etwas ganz anderes: Freiheit von Terminen und unnatürlichem Druck sowie das Recht, mir zur Mitarbeit die wenigen Leute in Hollywood zu suchen, die das Ziel haben, innerhalb der Grenzen, die einer populären Kunstform nun einmal gezogen sind, die bestmöglichen Filme zu machen und nicht bloß immerzu die alten vulgären Formeln zu repetieren.

... Ganz fraglos habe ich eine Menge von Hollywood gelernt. Glauben Sie bitte nicht, daß ich den Betrieb da komplett verachte, denn das tue ich wirklich nicht. Der beste Beweis dafür mag sein, daß ich für jeden Produzenten, für den ich je gearbeitet habe, wieder arbeiten würde und daß auch jeder von ihnen, trotz meiner gelegentlichen Koller, froh wäre, wenn ich wiederkäme. Aber das ›Gesamtbild‹, wie die Leutchen so gerne sagen, ist das eines auf den Hund gekommenen Vereins, dessen Idealismus sogar noch weitgehend Getue ist. Die hochtrabende Nichtigkeit, der ganze schwindelhafte Enthusiasmus, die permanente Sauferei und Hurerei, die pausenlose Balgerei ums Geld, die Allgegenwärtigkeit des Agenten, die Blasiertheit der Großkopfeten (und ihre im Regelfall umfassende Unfähigkeit, irgend etwas zustande zu bringen, was sie sich in den Kopf setzen), die unablässige Angst, dieses ganze märchenhafte Gold zu verlieren und wieder das Nichts zu werden, das sie immer geblieben sind, die verschlagenen Tricks, die ganze verdammte Wurstelei, all das ist nicht von dieser Welt.

Es wäre ein großes Sujet für einen Roman – das größte vermutlich, an das sich noch keiner gemacht hat. Aber wie man das mit einem leidlich ebenen Kopf bewältigen soll, das ist die Frage, die mich verwirrt und an der ich scheitere. Das Ganze ist wie eine dieser südamerikanischen Palastrevolutionen, die von Offizieren in Operettenuniformen angezettelt werden – erst wenn die Geschichte vorbei ist und die zerfetzten Toten reihenweise vor den Mauern liegen, weiß man auf einmal, das alles ist gar nicht komisch, das ist der römische Zirkus und verdammt nah dem Ende einer Zivilisation.

30. Mai 1946
An James Sandoe
    Die *Blue Dahlia* ist, wie Sie mittlerweile vermutlich schon wissen, in verschiedenen Städten angelaufen, darunter auch New York ... Die besten Kritiken, die ich zu sehen bekam, stammen aus England, die schlechteste steht im *New Yorker*, aber der Kerl da hat Weisung, immer bloß einen einzigen Film pro Jahr zu goutieren ...

2. Oktober 1947
An James Sandoe
    ... Der Verriß der *Blue Dahlia* im *New Writing* soll mir recht sein. Mit vielem darin stimme ich ganz überein. Ich habe den glücklichen Zustand erreicht, vollkommen unempfindlich gegen feindliche Kritiken zu sein, während ich bei freundlichen vor Freude glühe. Wenn ich der Typ des Leserbriefschreibers wäre, würde ich mir ein bißchen Zeit dafür nehmen, ein paar Punkte zu bestreiten; zum Beispiel ist es absolut lachhaft zu behaupten, ein Schriftsteller in Hollywood hätte, und wenn er noch so störrisch wäre, ›freie Hand‹ bei einem Skript; er mag freie Hand haben beim ersten Entwurf, aber dann geht's unfehlbar los mit dem Dreingerede. Auch was beim Drehen passiert, entzieht sich völlig der Kontrolle des Autors. In meinem Fall habe ich gedroht, das Ganze vor Abschluß hinzuschmeißen, wenn dem Regisseur nicht bedeutet würde, er habe sich eigener Dialogeinfälle zu enthalten. Was die gewalttätigen Szenen betrifft, so habe ich sie in dieser Form gar nicht geschrieben ... Die Sache mit dem gebrochenen Zeh war ein Unfall. Der Mann hatte sich wirklich den Zeh gebrochen, und so schlug der Regisseur sofort Kapital daraus.
    Der Punkt, um den es sich hier wirklich dreht, ist die

Frage, ob physische Gewalttätigkeit schlimmer ist als psychologische. Das Element des Burlesken ist ebenfalls ganz übersehen worden. Gründlich daneben haut dieser Kritiker, ohne es zu wissen, wo er den Film schlecht geschnitten nennt. In Wirklichkeit meinte er, daß die Regie so schlecht war, daß der Schnitt, den ein großer Könner gemacht hat, darüber nicht hinwegtäuschen konnte. Der beste Cutter in Hollywood kann eine verhatschte Regie nicht wieder in Ordnung bringen; er kann nicht Szenen in Fluß bringen, die staccato geschossen sind, ohne Bezug zu ihrer filmischen Bewegung. Wenn der Cutter eine Überblendung machen will, um einen abrupten Übergang zu verdecken, dann kann er das nur, wenn er genügend Filmmaterial für die Überblendung hat. Wenn jeder Viertelmeter in einer Szene für die wesentliche Handlung benötigt wird, bleibt fürs Überblenden eben nichts übrig.

Nehmen Sie ein simples Beispiel. Zwei Personen sprechen über einen Brief, den die eine von ihnen erwartet. Sie befinden sich in einer Wohnung, ein Mann und ein Mädchen. Der Mann sagt: »Er schreibt mir postlagernd. Der Brief liegt wahrscheinlich schon da.« Sagt das Mädchen: »Warum gehst du nicht hin und holst ihn?« Sagt der Mann: »Bist du auch noch da, wenn ich wiederkomme?« Das Mädchen sagt »Sicher« und lächelt rätselhaft.

Der Regisseur, ein schlechter Regisseur, hält sich an das rätselhafte Lächeln und hält sich lange genug dran, daß es für eine Überblendung reicht. Dann erscheint die Post von außen. Der Mann fährt im Taxi vor, zahlt den Fahrer, geht die Treppe rauf. Eingangstür in Großaufnahme, der Mann geht rein, Szene in der Schalterhalle, Mann durchquert sie, Großaufnahme des Schalters für postlagernde Sendungen, Mann erscheint davor und fragt nach dem Brief. Der Beamte sieht die Briefe durch und händigt ihm einen aus und so weiter und so weiter.

Nun weiß der Cutter, das alles ist Quatsch, zum Gähnen,

ein abgestandener Überrest aus den frühen Tagen des Films, wo die Bewegung selber noch aufregend war. Was man wirklich braucht, ist bloß der Postschalter und der Bursche, der einen Brief in Empfang nimmt. Aber der Regisseur hat sich diese Szene verdorben, indem er auf dem rätselhaften Lächeln des Mädchens abblendete und das Publikum so auf die Frage brachte, was dieses Mädchen wohl im Schilde führe. Folglich mußte das dann durch eine gänzlich unnötige Serie von Einstellungen, die das Eintreffen beim Postamt zeigten, wieder verwischt werden. Der Regisseur hat versucht, einen Akzent an eine Stelle zu setzen, die zu diesem Zeitpunkt der Handlung noch gar keine Bedeutung hat, und dadurch den Schnittmechanismus empfindlich gestört. Der Akzent sitzt auf der Erwartung, ob ein bestimmter Brief angekommen ist. Eine Hand reicht ihn über den Schaltertisch, und der Mann nimmt ihn entgegen. Das ist alles. Aber es ist nicht das, woran die vorhergehende Szene einen denken ließ. Die ließ einen nämlich überlegen, was das Mädchen wohl vorhaben könnte, während der Bursche auf der Post war. Und da muß nun der arme Cutter, um seinen Akzent hinzukriegen, meterweise Film vergeuden, damit das Publikum Zeit hat, das zu vergessen. Und nicht nur das, er muß ihm auch noch meterweise Langeweile servieren.

Hitchcock hat mir – bei der einzigen Gelegenheit, wo ich mit ihm zusammengetroffen bin – einen Vortrag über diese Art der Vergeudung gehalten. Das Ganze lief darauf hinaus, daß es in Hollywood (und ebenfalls in England) von Regisseuren wimmle, denen es einfach nicht gelungen sei, das alte Biograph zu vergessen. Sie dächten immer noch, der Film interessiere die Leute vor allem deswegen, weil er ›bewegte Bilder‹ zeige. In den frühen Tagen des Films, sagte er, ging das zum Beispiel so: ein Mann besuchte eine Frau in ihrem Haus. Sie waren alte Liebesleute, die sich jahrelang nicht mehr gesehen hatten. Der Regisseur drehte das folgendermaßen:

Der Mann nahm ein Taxi, man sah ihn im Taxi durch die Gegend fahren, man sah die Straße und das Haus, das Taxi hielt, der Mann stieg aus und zahlte, er sah die Treppe hinauf, er ging die Treppe hinauf, er schellte, das Dienstmädchen erschien, er sagte: »Ist Mrs. Gilhooley da?« Das Dienstmädchen sagte: »Ich werde nachsehen, Sir. Welchen Namen darf ich melden?« Der Mann sagte: »Finnigan.« Das Dienstmädchen sagte: »Hier entlang bitte.«

Inneres des Hauses, Flur, offene Tür, das Dienstmädchen steht in der offenen Tür, der Mann tritt ein, das Dienstmädchen geht die Treppe hinauf, der Mann sieht sich im Wohnzimmer um, zündet sich eine Zigarette an. Das Dienstmädchen klopft oben an eine Tür, eine weibliche Stimme ruft »Herein!«, es öffnet die Tür. Inneres des Zimmers, das Mädchen sagt: »Ein Mr. Finnigan möchte Sie sprechen, gnä' Frau.« Mrs. Gilhooley sagt verwundert: »Mr. Finnigan?« Dann, langsam: »Gut, Ellen, ich komme sofort hinunter.« Geht zum Spiegel, macht sich zurecht, rätselhaftes Lächeln, geht hinaus, man sieht sie die Treppe hinuntersteigen und das Wohnzimmer betreten, nach einem leichten verwirrten Zögern an der Tür. Inneres des Wohnzimmers. Sie tritt ein. Finnigan steht auf. Sie sehen sich schweigend an. Dann lächeln sie, ganz langsam. Der Mann, heiser: »Hallo, Madge. Du hast dich kein bißchen verändert.« Mrs. Gilhooley: »Es ist lange her, George. Lange, lange her.«

Und dann beginnt die Szene.

Jeder Meter von diesem Zeug ist toter Film, weil alle Akzente, wenn es da überhaupt welche gibt, in der Szene selbst gesetzt werden können. Der Rest ist nur das Geschnurre einer in die bloße Bewegung verliebten Kamera. Klischee, platt, abgestanden und heute ohne jede Bedeutung.

Nun ja, ich weiß gar nicht, warum ich mich darüber eigentlich auslasse. Vermutlich weil ich es irgendwie frappierend finde, daß es trotz all dem vielen Geld, all der

Zeit, all der Arbeit, all der Diskussion und Reflexion doch immer noch kaum ein paar Leute gibt, die wirklich etwas vom Filmemachen verstehen.

16. Dezember 1947
An Joseph Sistrom[1]

... Damals, 1943, als wir an *Double Indemnity* schrieben, sagten Sie mir, aus einer Detektiv- oder Kriminalstory könne man einfach keinen wirkungsvollen Film machen, und zwar weil der Höhepunkt darin die Entlarvung des Mörders ist und diese erst in der allerletzten Filmminute stattfindet. Die Folge hat bewiesen, daß Sie sich irrten, denn fast unmittelbar darauf begann der Krimi-Trend, und es steht außer Frage, daß *Double Indemnity* ihn ausgelöst hat, obwohl das im Grunde gar kein echter Krimi war. Theoretisch hatten Sie recht, soweit Sie den herkömmlichen oder englischen Typus der Detektivgeschichte im Auge hatten, wo die Lösung des Rätsels der Höhepunkt ist. Was den Krimi auf der Leinwand dann so wirkungsvoll machte, existierte auf dem Papier schon längst, aber irgendwie hatten Sie einfach keinen Blick dafür, wo die wirklichen Werte lagen. Es gehört zu meiner Theorie der Kriminalschriftstellerei, daß das Rätsel und seine Lösung nur das sind, was ich ›die Olive im Martini‹ nenne, und wirklich gut ist ein Kriminalroman, wenn man ihn auch dann zu Ende läse, wenn man wüßte, daß jemand das letzte Kapitel herausgerissen hat.

... Ich freue mich darauf, mit Ihnen ein paar Möglichkeiten zu diskutieren, die Situation zu ändern, die das Drehbuchschreiben für jeden durch Buchveröffentlichungen erwerbsfähigen Schriftsteller zu einer so zweitrangigen und unbefriedigenden Arbeit macht. Ganz sicher bin ich, daß die Schuld nicht beim Medium liegt. Ich habe grad eine Bro-

[1] Universal-International Pictures, Inc.

schüre über die Society of Authors, Playwrights and Composers in England erhalten und dabei mit großem Interesse festgestellt, daß fast alle darin verzeichneten englischen Drehbuchautoren zugleich auch entweder Bühnen- oder Romanschriftsteller sind. Offensichtlich betrachten diese Leute die Filmarbeit nicht als ein Etwas, mit dem sich nur unfähige Lohnschreiber abgeben beziehungsweise Schriftsteller von einigem Ruf, wenn sie's überhaupt tun, höchstens um des Geldes willen und praktisch ohne innere Beteiligung. In England scheint das Drehbuchschreiben ein achtbarer Beruf zu sein, ganz wie auch in Frankreich. Wir müssen einen Weg finden, es auch in Hollywood so weit zu bringen, denn – und das kann ich Ihnen aus tiefstem Herzen versichern – wenn dieses Problem nicht gelöst wird, dann wird Hollywood am Ende seine Weltführung in der Filmproduktion unweigerlich verlieren.

23. März 1948
An Joseph Sistrom
   ... Neulich abend habe ich noch einmal *Open City* gesehen. Man sieht beim zweitenmal immer mehr. Ich stellte zum Beispiel fest, daß der Film genausoviel Dialog hat wie unsere langatmigen Streifen, daß dieser Dialog aber so dynamisch daherkommt, daß man schlechthin nirgends den Eindruck hat, die Handlung würde dadurch verschleppt. Ich frage mich doch langsam, ob die Statik so vieler Filme nicht einfach eher auf armseliges Darstellerspiel zurückzuführen ist als auf Drehbuchmängel oder phantasielose Regie. Beziehungsweise, wenn ich mich berichtigen darf, ich frage mich das nicht langsam; ich bin überzeugt davon.

26. November 1948
An Carl Brandt
   ... Ich habe nicht die leiseste Ahnung, was Schriftsteller in England gezahlt bekommen, und was Hollywood im

Moment zahlt, weiß ich auch nicht. Für den Job bei der Universal bekam ich im Durchschnitt etwa 4000 Dollar pro Woche, aber ich zweifle, ob dort jetzt noch soviel Geld für mich herauszuholen wäre.

Ich habe einmal bei der MGM gearbeitet, in dem Eiskasten, den sie das Thalberg Building nennen, dritter Stock. Hatte einen angenehmen Produzenten, George Haight, ein netter Kerl. Um die Zeit etwa hatte grad irgendein Grützkopp entschieden, die Schriftsteller bekämen keine Couch mehr in ihr Zimmer, weil sie mehr arbeiten würden, wenn sie sich nicht langlegen könnten. Folglich stand auch in meinem Büro keine Couch. Nun war ich nie ein Mann, der sich von Bagatellen umschmeißen läßt; ich holte mir also eine Wolldecke aus dem Auto, breitete sie auf dem Fußboden aus und legte mich drauf. Kurz darauf kam Haight zu mir rein, auf einen kurzen Höflichkeitsbesuch, sah mich, stürzte zum Telefon und schrie hinein, ich wäre ein horizontaler Schriftsteller und man sollte mir um Himmels willen eine Couch raufschicken. Trotzdem, die Kühlschrankatmosphäre ging mir auf die Nerven, und ich sagte, ich würde zu Hause arbeiten. Worauf man mir antwortete, Mannix hätte angeordnet, daß kein Schriftsteller zu Hause arbeiten dürfe. Worauf ich sagte, ein so großer Mann wie Mannix sollte das Privileg haben, seine Meinung zu ändern. Also arbeitete ich zu Hause und ging nur drei- oder viermal hinüber, um mit Haight zu reden.

Ich habe nur in drei Studios gearbeitet, und die Paramount war das einzige, das mir gefiel. Man wahrt da in gewissem Grade noch die Landklub-Atmosphäre. Am Tisch der Drehbuchschreiber bei der Paramount habe ich einige der besten Witze gehört, die mir in meinem ganzen Leben zu Ohren gekommen sind. Ich erinnere mich noch an Harry Tugends wundervollen Witz über einen bestimmten Filmstar; Tugend versuchte sich damals als Produzent und haßte den Job von Herzen. Er sagte: »Also wißt ihr, das ist eine lausige Plackerei. Da muß man endlos rumsitzen und mit dieser hirnrissigen Ziege ernstlich darüber debattieren, ob die und die Rolle wohl auch gut für ihre Karriere sei oder nicht, oder die ganze Zeit hat man alle Hände voll zu tun, um nicht vergewaltigt zu werden.« Woraufhin ein ziemlich unschuldiger junger Mann aufheulte: »Wollen Sie damit etwa sagen, daß sie eine Nymphomanin ist?« Harry schaute mit gerunzelter Stirn in die Ferne, seufzte und sagte dann langsam: »Tja, wahrscheinlich wäre sie das, wenn man ihr Temperament ein bißchen drosseln könnte . . .«

16. April 1949
An Alex Barris

. . . Die Kamera-Auge-Technik in *Lady in the Lake* ist in Hollywood ein uralter Hut. Jeder junge Schriftsteller oder Regisseur hat sich daran versuchen wollen. »Machen wir doch aus der Kamera eine Handlungsfigur« – der Satz ist praktisch an jedem Mittagstisch in Hollywood irgendwann schon einmal gefallen. Ich habe einen Burschen gekannt, der wollte die Kamera zum Mörder machen; was aber ohne einen Riesenbetrug nicht funktionieren würde. Die Kamera ist dafür zu ehrlich.

4. September 1950
An Hamish Hamilton

. . . Ich habe mich auf einen Film-Job eingelassen und mache ein Drehbuch für Alfred Hitchcock[1], aber solange ich damit zu tun habe, bin ich offenbar zu gar nichts anderem fähig. Das Ganze ist ziemlich albern und eine rechte Plage. Warum ich's dann mache? Teils weil ich dachte, mit Hitch ließe sich ganz gut Kirschen essen, was auch der Fall ist, und teils weil man's satt kriegt, immer nur nein zu sagen – eines Tages würde ich vielleicht gern einmal ja sagen mö-

[1] *Strangers on a Train*, nach Patricia Highsmiths gleichnamigem Roman.

gen, und dann würde ich nicht mehr gefragt. Aber es dürfte kaum übers Monatsende hinaus dauern, denke und hoffe ich.

... Was mich an Hitchcock amüsiert, ist die Art und Weise, wie er einen Film schon im Kopf inszeniert, bevor er noch überhaupt die Story kennt. Man ertappt sich selber dabei, daß man versucht, die Einstellungen, die er haben will, noch vor der Story selbst zu rationalisieren. Jedesmal, wenn man da festen Boden unter die Füße bekommen hat, wirft er einen dadurch wieder aus dem Gleichgewicht, daß er plötzlich eine Liebesszene oben auf dem Jefferson Memorial machen will oder dergleichen. Er hat ein starkes Gespür für Bühnenwirksamkeit, für Stimmung und Hintergrund, weniger aber für den eigentlichen Gehalt der Sache. Ich glaube, daran liegt es auch, daß manche seiner Filme logisch aus den Fugen geraten und zu wilden Hetzjagden ausarten. Na ja, die schlechteste Art, einen Film zu machen, ist das nicht. Seine Vorstellungen vom Personal sind ziemlich primitiv. Netter junger Mann, Töchterlein aus gutem Hause, verängstigte Frau, heimtückische alte Vettel, Spion, lustige Figur und so weiter.

Aber sich mit ihm zu kabbeln ist so nett, wie man's sich nur wünschen kann ...

Auszüge und Notizen
zum Drehbuch ›Strangers on a Train‹, datiert 1950

Ich bin selber halb verrückt geworden über dem Versuch, diese Szene zu entwerfen. Wie viele Anläufe ich da unternommen habe, mag ich gar nicht sagen. Es ist schlechterdings fast unmöglich, sie hinzukriegen, wenn man bedenkt, was man alles darin unterbringen muß:

(1) Ein durch und durch anständiger junger Mann erklärt sich bereit, einen Menschen zu ermorden, den er gar nicht kennt, den er noch nie gesehen hat, nur um einen Wahnsin-

nigen davor zu bewahren, sich zu verraten und den netten jungen Mann zu quälen.

(2) Vom charakterlichen Standpunkt aus wird das Publikum nicht glauben, daß der nette junge Mann irgendwen ermorden könnte oder gar die Absicht hat, irgendwen zu ermorden.

(3) Trotzdem muß der nette junge Mann Bruno und einen beträchtlichen Prozentsatz der Zuschauer davon überzeugen, daß die beabsichtigte Tat logisch und unvermeidlich sei. Diese Überzeugung mag vielleicht nicht für die ganze Dauer des Films bestehen bleiben, aber dasein muß sie erst einmal, sonst wären die ganzen Debatten der Kerls ja doch verteufelt albern.

(4) Wenn er Bruno von alldem zu überzeugen sucht, darf er zugleich doch keinen vollen Erfolg damit haben, damit in Brunos Kopf ein bißchen Argwohn bleibt, Guy könnte sich da einen Trick ausgedacht haben und wolle die Sache gar nicht so durchführen, wie er sie schildert.

(5) Diese ganze Szene (einmal angenommen, man kann sie so schreiben) ist praktisch ein permanenter Flirt mit dem Lächerlichen. Wenn Text und Darstellung nicht genau sitzen, wird's zur Absurdität. Der Grund dafür liegt einfach darin, daß die Situation in ihrer Essenz tatsächlich lächerlich ist, und das kann man nur dadurch einigermaßen vertuschen, daß man eine Art oberflächlicher Bedrohlichkeit entwickelt, die in Wahrheit mit dem eigentlichen Gegenstand gar nichts zu tun hat.

(6) Oder bin ich doch verrückt?

Die Frage, auf die ich wirklich liebend gern eine Antwort hätte, obwohl ich in diesem Leben wohl schwerlich mehr darauf rechnen kann, ist die, warum man beim Zusammennageln eines Filmrahmens unweigerlich und immer wieder soviel Energie und Gedankenarbeit auf genau diesen Widerstreit wendet und wenden muß, den zwischen oberflächlicher Stimmigkeit und grundsätzlichem Schwachsinn.

Warum findet man in den Filmhandlungen immer wieder dieses Element des Grotesken? Wessen Schuld ist das? Ist überhaupt jemand daran schuld? Oder gehört es unabänderlich zum Filmemachen selbst? Ist es der Preis für den Versuch, einem Traum den Anschein wirklichen Geschehens zu verleihen? Ich halte das für möglich. Wenn man eine Geschichte liest, akzeptiert man ihre Ungereimtheiten und Übertreibungen, weil sie nicht phantastischer sind als die Konventionen des Mediums selbst. Aber wenn man wirkliche Menschen agieren sieht, vor einem realen Hintergrund, und hört sie reale Worte sprechen, dann ist die Phantasie wie gelähmt. Man akzeptiert wohl, was man sieht und hört, aber man ergänzt es nicht aus den Mitteln der eigenen Vorstellungskraft. Der Film ist wie das Bild einer Dame in einem zweiteiligen Badeanzug. Hätte sie ein bißchen mehr an, wäre man vielleicht fasziniert. Hätte sie überhaupt nichts an, wäre man vielleicht schockiert. Aber so wie sie dasteht, beschäftigt einen nur die Beobachtung, daß ihre Knie ein bißchen zu knochig sind und ihre Zehennägel ein bißchen zu lang. Der moderne Film plagt sich zu sehr damit ab, um jeden Preis realistisch zu sein. Seine Illusionstechniken sind so perfekt, daß er vom Zuschauer keinen Beitrag mehr erfordert als einen Mundvoll Puffmais.

Schön und gut, aber was hat das alles mit Guy und Bruno zu tun? Was für eine blöde Frage! Man hätte sie nicht stellen sollen. Je realer man Guy und Bruno macht, desto irrealer macht man ihre Beziehungen zueinander, desto größer wird die Notwendigkeit der Rationalisierung und Rechtfertigung. Man würde das liebend gern ignorieren und einfach darüber weggehen, aber man kann's nicht. Man muß sich damit auseinandersetzen, weil man das Publikum ja mit vollem Bedacht darauf gestoßen hat, daß es in dieser Geschichte um den Horror einer Absurdität geht, die Wirklichkeit geworden ist – einer Absurdität (bitte beachten, weil das sehr wichtig ist), die bloß um Haaresbreite dem

Schicksal entgangen ist, ganz und gar unmöglich zu sein. Schriebe man eine Geschichte über einen Mann, der eines schönen Morgens mit drei Armen aufgewacht ist, so würde die Geschichte schildern, was ihm infolge dieses Extra-Arms nun alles widerfährt. Daß er ihn hat, müßte man nicht noch eigens rechtfertigen. Das wäre die Prämisse. Aber die Prämisse dieser Geschichte hier ist nicht, daß ein netter junger Mann unter gewissen Umständen einen völlig Fremden ermorden könnte, bloß um einen Wahnsinnigen zu besänftigen. Das ist das Endresultat. Die Prämisse ist, daß man, wenn man einem Wahnsinnigen die Hand gibt, seine Seele vielleicht dem Teufel verschrieben hat.

27. September 1950
An Ray Stark[1]

... mit Hitchcock habe ich seit dem 21. August nicht einmal per Telefon gesprochen, dem Tag, an dem ich mit dem Drehbuch anfing[2], das nach fünf Wochen und einem Tag fertig war. Für einen eher schwerfälligen Arbeiter wie mich gar nicht so übel. Ich weiß nicht, ob es ihm gefällt oder ob er's für Quatsch hält. Eine Antwort auf diese Frage kann ich mir höchstens aus dem Umstand ableiten, daß ich's zu Ende schreiben durfte ... Manche Szenen sind viel zu geschwätzig, teils weil ich, wie Woodrow Wilson einmal gesagt hat, ›keine Zeit hatte, mich kürzer zu fassen‹, teils weil ich nicht wußte, was Hitch selber mit dem Skript noch alles anstellen wollte ... Für Hollywood muß es ziemlich ungewöhnlich sein, daß ein Schriftsteller ein ganzes Drehbuch schreibt, ohne sich ein einzigesmal mit dem Produzenten zu besprechen ...

[1] Chandlers Agent und Bevollmächtigter um diese Zeit.
[2] Strangers on a Train.

10. November 1950
An Hamish Hamilton

... Die Arbeit mit Billy Wilder an *Double Indemnity* war eine mörderische Erfahrung und hat mir wahrscheinlich das Leben verkürzt, aber ich habe daraus auch soviel gelernt übers Drehbuchschreiben, wie ich zu lernen imstande bin, was allerdings nicht sehr viel ist. Wie jeder Schriftsteller, oder fast jeder Schriftsteller, der nach Hollywood geht, war ich am Anfang überzeugt, es müsse doch irgendeine Methode zu entdecken sein, beim Film zu arbeiten, ohne daß dabei das bißchen Schöpfertalent, das man zufällig vielleicht besitzt, komplett vor die Hunde ginge. Aber wie andere vor mir machte ich die Entdeckung, daß ich da einem Traum nachhing. Zu viele Leute haben dem Schriftsteller zuviel dreinzureden in seine Arbeit. Sie hört auf, seine eigene zu sein. Und nach einer Weile hört er selber auf, sie als ein Stück von sich zu sehen und zu umsorgen. Wohl überkommt ihn gelegentlich noch Begeisterung, aber sie wird ihm erstickt, noch ehe sie sich richtig zu entfalten vermag. Leute, die nicht schreiben können, sagen ihm, wie man schreibt. Er trifft gescheite und interessante Menschen, und mit manchen schließt er vielleicht sogar eine dauerhafte Freundschaft, aber das alles ist im Hinblick auf sein eigentliches Geschäft, das Schreiben, völlig nebensächlich. Wer klug ist als Drehbuchschreiber, trägt – künstlerisch gesprochen – seinen zweitbesten Anzug und nimmt sich die Dinge nicht allzusehr zu Herzen. Er sollte einen Hauch Zynismus haben, aber nur einen Hauch. Kompletter Zynismus ist für Hollywood so nutzlos wie für ihn selbst. Er sollte sein Bestes tun, ohne sich dabei zu überanstrengen. Er sollte gewissenhaft und ehrlich sein bei der Arbeit, aber er sollte nicht umgekehrt auch Gewissenhaftigkeit und Ehrlichkeit erwarten. Er würde enttäuscht werden. Und wenn er genug hat, sollte er mit einem Lächeln auf Wiedersehen sagen, denn er kann nie wissen, ob er nicht eines Tages doch wiederkommen möchte.

22. November 1950
An Charles W. Morton

Wenn Sie so aufgebracht sind übers Fernsehen, warum schreiben Sie dann den Artikel nicht selbst? Und auf wen sollte man da überhaupt wütend sein? Wer hat das Fernsehen den Schaumschlägern der Werbung in die Hände geliefert? Und warum diesen Schaumschlägern einen Vorwurf daraus machen, daß sie sind, was sie sind? Wenn wir, um nur ein grobes Beispiel zu nennen, die Theorie akzeptieren, daß der Schwindel mit den Kosmetika einen achtbaren Wirtschaftszweig darstelle, warum sollten wir uns dann darüber ereifern, daß die Kerls auch Werbung machen? Wenn wir Schreihälse und Possenreißer komisch finden statt unsagbar vulgär, warum sollte es uns dann überraschen, daß man ganze Shows um sie herumbaut? Und wenn wir meinen, schlechte Fernseh-Shows wären dazu angetan, die Jugend unseres Landes zu verderben, dann sollten wir uns doch einmal ansehen, was an den höheren Schulen vor sich geht.

Für mich ist das Fernsehen bloß eine weitere Facette jenes gar nicht kleinen Segments unserer Zivilisation, das nie einen anderen Maßstab gekannt hat als den des leichtverdienten Dollars. Das ist heute noch so und wird wohl auch immer so sein . . .

Vielleicht sollte man in gewissem Sinne sagen: je schlechter das Fernsehen ist, desto besser. Wie ich höre, sitzen eine Menge Leute vor dem Bildschirm, die's lange schon drangegeben hatten, Radio zu hören. Vielleicht geht genügend vielen dieser Leute nach einer Weile auf, daß sie da in Wirklichkeit nur sich selber anstarren. Das Fernsehen ist ja wahrhaftig das, worauf wir unser Leben lang gewartet haben. Ins Kino zu gehen machte ja doch beträchtliche Mühe. Jemand mußte bei den Kindern bleiben. Dann mußte man extra den Wagen aus der Garage holen. Das war eine schwere Arbeit. Und dann mußte man ja auch noch fahren und sich einen Parkplatz suchen. Manchmal mußte man sogar einen halben Block weit zu Fuß gehen, um ins Kino zu kommen. Lesen war zwar körperlich weniger mühselig, aber da mußte man sich wieder ein bißchen konzentrieren, selbst wenn man bloß einen Krimi las oder einen Western oder einen von diesen historischen Romanen, den sogenannten. Und alle Nase lang stolperte man wohlmöglich über eins von diesen schwierigen Wörtern, die mehr als zwei Silben haben. Da konnte einem schon der Kopf rauchen. Das Radio war da schon wesentlich besser, aber da wußte man wieder nicht, wo man hingucken sollte. Der Blick wanderte ziellos im Zimmer herum, und unter Umständen fing man dann an und dachte an andere Dinge – Dinge, an die man gar nicht denken wollte. Man mußte sogar ein bißchen Phantasie aufwenden, um sich aus dem bloßen Ton und Geräusch ein Bild von dem zu machen, was da vor sich ging.

Aber das Fernsehen ist schlechthin vollkommen. Man dreht ein paar Knöpfe, bedient ein paar von den mechanischen Einstellvorrichtungen, in denen es die höheren Affen so herrlich weit gebracht haben, und lehnt sich zurück und läßt alle Gedanken aus seinem Kopf wegsickern. Und dann sitzt man da und betrachtet die Blasen im Urschlamm. Konzentrieren muß man sich nicht dabei. Reagieren muß man auch nicht. Man braucht sich an nichts zu erinnern. Seinen Verstand vermißt man nicht, weil man ihn gar nicht benötigt. Herz, Leber und Lunge funktionieren weiterhin normal. Davon abgesehen ist alles friedlich und still. Man befindet sich im Nirwana des kleinen Mannes. Und wenn ein garstiger Mensch daherkommt und sagt, man sähe aus wie eine Fliege am Müllkübel, dann beachtet man ihn einfach gar nicht. Wahrscheinlich verdient er bloß nicht genug, um sich einen Fernseher zu leisten.

7. Dezember 1950
An James Sandoe

... *Sunset Boulevard* habe ich nicht gesehen, aber ich bin sicher, es ist ein guter Film, trotz des *New Yorker*. Sie sollten unter keinen Umständen *The Bicycle Thieves* versäumen, und nach Möglichkeit auch nicht den englischen Spielfilm *I Know Where I'm Going,* der größtenteils an der Westküste von Schottland gedreht worden ist – in der Gegend, die den Hebriden gegenüberliegt. Ich habe noch nie einen Film gesehen, in dem man Wind und Regen derart riechen konnte, noch nie einen, der so hinreißend schön die Szenerie auswertete, mit der die Menschen tatsächlich leben, anstatt der Kulissenwelt der ewig gleichen kommerzialisierten Schauplätze. Die Aufnahmen vom Corryvreckan allein schon treiben einem die Haare zu Berge. (Der Corryvreckan ist, falls Sie es nicht wissen, ein Strudel, der sich unter bestimmten Gezeiten-Bedingungen zwischen zwei Inseln der Hebriden bildet.) Den Hitchcock-Film sollten Sie allerdings lieber vergessen, denn ich habe unterdessen das endgültige Drehbuch gesehen, das man aus meinem Skript gemacht hat, und ein großer Teil ist geändert und kastriert worden. Es ist tatsächlich so schlecht, daß ich mir überlege, ob ich mich nicht weigern soll, meinen Namen für die Leinwand herzugeben[1].

7. November 1951
An Dale Warren

... Nun haben Sie mich gefragt, wie man in Hollywood überhaupt am Leben bleiben kann. Nun, da muß ich sagen, daß ich persönlich mich da immer ganz gut amüsiert habe. Aber wie lange man am Leben bleiben kann, hängt zum großen Teil davon ab, mit welcher Sorte Menschen man arbeiten muß. Man lernt einen Haufen Schufte kennen dort,

[1] Chandler stimmte schließlich zu, in dem Film *Strangers on a Train* zusammen mit Czenzi Ormonde als Drehbuchautor genannt zu werden.

aber sie sind zum Ausgleich normalerweise leidlich charmant. Wenn man Schriftsteller ist, da haben Sie recht, ist die meiste Arbeit, die man leistet, für die Katz. Und wenn sie's nicht ist, heimst irgendwer anders die Lorbeeren ein. Ein Schriftsteller, dem es gelingt, mit einem Regisseur oder Produzenten, der ihm Entfaltungsmöglichkeit läßt, wirkliche Entfaltungsmöglichkeit, zu echter Team-Arbeit zu kommen, kann aus seiner Arbeit eine ganze Menge Befriedigung ziehen. Leider kommt das nicht allzu oft vor. Ein wirklich kreativer Schriftsteller sollte Regisseur werden, was bedeutet, daß er außer seiner Kreativität auch noch in physischer und moralischer Hinsicht eine sehr dicke Haut haben muß. Ist ihm die nicht gegeben, so hat er spätestens zu dem Zeitpunkt, wo er lange genug herumgeschubst worden ist, um kapiert zu haben, wie man ein Drehbuch schreibt, das sich filmen läßt, das kameragerecht ist und nicht bloß Papier, wahrscheinlich seinen ganzen Elan verloren.

Wenn man bloß nach Hollywood geht, um Geld zu machen, muß man in dieser Hinsicht ein ziemlicher Zyniker sein und darf bei dem, was man macht, nicht allzu viele Bedenken haben. Und wenn man wirklich an die Kunst des Films glaubt, ist's eine reichlich langwierige Angelegenheit, und man sollte alle anderen schriftstellerischen Pläne ad acta legen. Die intensive Beschäftigung mit Worten um ihrer selbst willen ist fürs Filmemachen schlechthin tödlich. Dafür sind Filme nicht da. Nun sind sie ja sowieso nicht mein Fall, aber sie hätten es sein können, wenn ich zwanzig Jahre früher damit angefangen hätte. Aber vor zwanzig Jahren wäre ich da natürlich nie und nimmer angekommen, und das trifft auch für sehr viele andere Leute zu. Man will einen da erst dann, wenn man sich einen Namen gemacht hat, und hat man das geschafft, so hat man zugleich eine Art von Talent entwickelt, für das man da keine Verwendung hat. Es wird einem da höchstens ruiniert, wenn man das zuläßt. Die besten Szenen, die ich je geschrieben habe, waren praktisch einsilbig. Und die beste Kurz-Szene, die ich je geschrieben habe, war nach meinem eigenen Urteil eine, in der das Mädchen dreimal in dreierlei verschiedenem Tonfall »uh huh« sagte, worin dann aber auch alles lag.

15. November 1951
An Carl Brandt

... Die Leute, die sich so ausgiebig den Kopf darüber zerbrechen, was wohl aus unserer Zivilisation wird, wenn jeder anfängt, mit Atombomben zu schmeißen, sollte man einmal jeden Abend vier Stunden lang vor einen Fernseher setzen – für einen Zeitraum von, sagen wir, zwei Wochen – und sie sich das ansehen und anhören lassen. Vielleicht zerbrächen sie sich anschließend dann einmal den Kopf über etwas, wo wirkliche Abhilfe möglich wäre, wenn man's versuchte, denn es liegt ja doch so ziemlich auf der Hand, daß die Verringerung des menschlichen Verstandes, die der unablässige Strom betrügerischer Reklame bewirkt, nicht unbedingt eine Bagatelle ist. Es gibt mehr als nur einen Weg, ein Land zu erobern. Manchmal, wenn ich mich so frage, warum ich eigentlich keine Show im Fernsehen habe, und ein bißchen verdrossen bin deswegen, meldet sich mein Anstand und fragt mich, ob ich mir denn noch selber in die Augen sehen könnte, wenn ich eine zu den Bedingungen hätte, die man dabei akzeptieren muß. Aber wie hochmütig und idealistisch ein Mensch auch sein mag, sein Recht auf Gelderwerb kann er immer rationalisieren.

Also lassen Sie uns unter allen Umständen eine Fernseh-Show auf die Beine stellen, und zwar möglichst rasch und lang, selbst wenn die Werbung zwischendrin von einem Mann mit weißem Kittel und einem Stethoskop um den Hals vorgetragen werden muß, der Vitamin-D-Pillen verhökert. Schließlich und endlich hat das Publikum ein Anrecht auf das, was es will, oder? Die Römer wußten das, und selbst sie haben's noch vierhundert Jahre ausgehalten,

nachdem sie angefangen hatten, moralisch auf den Hund zu
kommen.

11. Januar 1952
An Dale Warren
   ... Gestern abend haben wir uns, verlockt von den Kritikern und dem allgemeinen großen Rummel, obwohl ich's
besser hätte wissen sollen, *A Place in the Sun* angesehen.
Heute morgen sehe ich nun beim Durchblättern der *Varie-
ty*-Jubiläumsnummer, daß der Film unter den Bestsellern
von 1951 an achter Stelle rangiert, mit einem Inlands-Ein-
spielergebnis von dreieinhalb Millionen Dollar, was in unsern Zeiten ja doch sehr viel ist. So sind also die New Yorker Kritiker und das Publikum einmal gleicher Meinung
gewesen ... Und ich finde ihn abscheulich. Er ist das raffinierteste Beispiel für windigen Eigendünkel, das man sich nur
vorstellen kann. Und ihn in einem Atem mit *A Streetcar
Named Desire* zu nennen, kommt mir wie eine Beleidigung
vor.
   Streetcar ist keineswegs ein vollkommener Film, aber
was man ihm unbedingt lassen muß, das ist das große innere Tempo, die ungeheure Darstellerleistung von Marlon
Brando und die gekonnte, wenn auch gelegentlich ermüden-
de von Miss Vivien Leigh. Er geht einem unter die Haut,
während *A Place in the Sun* die Emotion nirgends auch nur
anspricht. Alles ist überdehnt und überzogen; jede Szene
wird erbarmungslos bis auf den letzten Tropfen ausgemol-
ken ... Der Schick, der affektierte, war nicht mit der Kelle,
nicht einmal mit der Schaufel, sondern mit dem Schaufel-
bagger aufgetragen. Und die Darstellung, wie sich die unteren Klassen das Leben der oberen ausmalen, ist so lächerlich, wie man sich's nur träumen lassen kann. Sie hätten das
Ding *Speedboats for Breakfast* nennen sollen. Und mein
Gott, diese Szene am Schluß, wo das Mädchen ihn, ein paar
Stunden bevor er auf den elektrischen Stuhl kommt, in der

Todeszelle besucht! Mein Gott, mein Gott! ... Dieser Schmonzes aus unrealistischen Mätzchen spielt dreieinhalb Millionen Dollar ein, und *Monsieur Verdoux* fiel durch. Mein Gott, mein Gott! Und lassen Sie's mich gleich noch einmal sagen: mein Gott!

4. Februar 1953
An James Sandoe

... Ich fand, daß *The Young and the Damned* ein interessanter Film war, gut fotografiert und inszeniert. Wenn Sie Gefallen daran finden, einen Nachmittag lang auf den Schuttabladeplätzen einer Großstadt herumzulaufen, dürfte er so ungefähr auf Ihrer Linie liegen (mit dem ›Sie‹ sind hier ganz allgemein die Leute gemeint, nicht Sie speziell). Er zeigte jenes triste und dreckige Milieu, auf das die Kulturwanzen scharf sind wie der Teufel auf die Seele, dessen Darstellung aber auf nicht viel mehr hinausläuft als auf die Mitteilung, daß manche Bezirke des Lebens ziemlich schmutzig sind und daß kein Mensch besonders viel dagegen unternimmt. Und was nun Ihre Filmkritiker betrifft ..., niemand kann immerzu recht haben; niemand muß das. Es gibt immer wieder Filme, die einem aus vielleicht ganz unkritischen Gründen gefallen. Sie treffen zufällig auf eine empfängliche Stimmung; sie kommen zufällig einer Erfahrung nahe, die man selber im Leben einmal gemacht hat. Mir gefallen oft Filme, von denen die Kritiker meinen, daß sie überhaupt nichts taugen, und oft wiederum finde ich Filme, die von den Kritikern gepriesen werden, äußerst müde und anstrengend, und so weiter und so weiter ...

14. Februar 1955
An Charles W. Morton

... Neulich abends habe ich mir im Fernsehen ein Stück mit dem Titel *Patterns* angesehen, von Rod Serling; es handelt von einem jungen Ingenieur, der in der New Yorker

Verwaltung eines sehr großen Finanzkonzerns untergebracht wird, um einen alternden, aber moralisch aufrechten leitenden Angestellten zu ersetzen, den der Boss unbedingt loswerden will. Nach und nach geht dem älteren Mann auf, was mit ihm gespielt wird, und nach und nach gerät der junge Mann in kochenden Zorn über die kleinliche Gemeinheit und unnötige Grausamkeit der Behandlung, die der Boss dem älteren Mann angedeihen läßt, bloß weil er einfach nicht mit der Sprache herausrücken und ihn um seine Kündigung bitten will. Am Schluß stirbt der ältere Mann an einem Herzanfall . . ., und der junge Mann geht zum Boss in der Absicht, Kleinholz aus ihm zu machen. Der Boss hält ihm nun eine brillante und gutgeschriebene Verteidigungsrede, in der er sagt, er habe ja eben die Aufgabe, Männer zu Höchstleistungen anzutreiben, und wenn sie dabei auf der Strecke blieben, dann sei das eben ihr Pech. Klar und deutlich wird da zu verstehen gegeben, daß die Angestellten fürs Wohl der Firma da sind und daß sie als Individuen einfach nicht zählen.

Wenn dies die These des großen Managements unserer Zeit ist, dann ist es auch die These des Sowjet-Kommunismus. Beide unterscheiden sich kaum um ein Haar. Bei beiden dieselbe Überbeanspruchung des Individuums, um die äußerste Leistung aus ihm herauszuholen, zugunsten der Firma oder des Staates oder wie immer man's nennen will, dieselbe augenblickliche Rücksichtslosigkeit, mit der man fallenläßt, was schwach zu werden beginnt, dieselbe Verachtung für das Individuum als Person, und Lohn und Anerkennung für dieses Individuum nur als für ein Werkzeug zu irgendeinem nebelhaften Zweck, der in unserm Land darin zu bestehen scheint, für große Konzerne und ihre Aktionäre Geld zu scheffeln, und in Sowjet-Rußland, für den Schutz des Staates.

Wie Sie wissen, habe ich mich immer schon verwundert gefragt, wieso eigentlich intelligente Menschen gelegentlich

Kommunisten werden, aber es war mir noch nie aufgegangen, daß die Grundlagen-Philosophie des Big Business und die des Kommunistischen Staates fast exakt dasselbe sind. Der einzige Unterschied, den ich sehe, besteht darin, daß man in Rußland, wenn einem ein bißchen die Puste ausgeht, entweder erschossen oder in ein Zwangsarbeitslager gesteckt wird, während man in den Vereinigten Staaten um sein Ausscheiden ersucht oder ohne weiteres Ersuchen durch unerträgliche Demütigungen dazu gezwungen wird.

30. Januar 1957
An John Houseman[1]

... In *Lust for Life* haben Sie wirklich ein Meisterwerk geschaffen. Kirks Darstellung einer Rolle, die ganz leicht monoton und einschläfernd hätte ausfallen können, war etwas, was man von einem Hollywood-Schauspieler kaum erwartet, eine vollkommene Hingabe seiner selbst an den Part. Ich fand das ganz hervorragend. Schon sein Gang war psychotisch, dieses lockere, fahrige Gehen. Er hat jede Einzelheit vollkommen durchgestaltet, und ich zweifle nicht, daß ein großer Teil davon für die Katz war und daß er das auch gewußt hat. Sie sagten einmal: »*Niemand kann einen Schauspieler wirklich gern haben!*« Nun, in mancher Hinsicht vielleicht nicht. Aber einen Künstler muß man gern haben. Man muß Gielgud gern haben, weil er so viel für das Theater getan hat, und man muß Peggy Ashcroft gern haben, weil sie, obwohl sie ziemlich häßlich ist, doch so demütig ist und außerdem die schönste Stimme hat, die mir wohl je zu hören vergönnt sein wird. Und man muß Kirk Douglas gern haben, weil er ein Mann ist, der sich wegwerfen und daraus noch eine sehr schöne Sache machen kann. Schließlich kommen einem solche Leute nicht mit der Post ins Haus.

---

[1] Filmregisseur.

27. Februar 1957
An Edward Weeks

... Als ich seinerzeit ein paar ziemlich bissige Sachen über Hollywood schrieb, warnten mich Kollegen, ich hätte mich damit selber ruiniert, aber ich habe nie von irgendeinem wichtigen Funktionär der Produktionsfirmen ein Wort der Kritik gehört ... Ich glaube, die Leute in Hollywood werden doch sehr unterschätzt; viele von ihnen denken nicht anders als ich, wagen es aber nur nicht auszusprechen und sind jedem, der es tut, in Wirklichkeit durchaus dankbar. Ich habe immer schon gewußt, daß es nur einen Weg gab, mit ihnen auszukommen. Bei allen Verhandlungen muß man darauf vorbereitet sein, seinen Kopf auf den Block zu legen. Ein Schriftsteller hat zum Kämpfen nie etwas anderes als den Mumm, den der liebe Gott ihm gegeben hat. Er hat immer Geschäftsorganisationen gegen sich, die genug Macht besitzen, ihn innerhalb einer Stunde zu ruinieren. So bleibt ihm einzig und allein die Möglichkeit des Versuchs, ihnen begreiflich zu machen, daß es ein Fehler wäre, ihn zu ruinieren, weil er ihnen ja vielleicht doch etwas zu bieten habe.

Ich fand es immer herrlich, mit den Großmogulen zu kungeln. Sie wirkten so rücksichtslos, sie machten keinerlei Konzessionen, sie wußten, daß sie mich rausschmeißen konnten, daß ich in gewissem Sinne ein Niemand war, daß ich ihnen da Sachen sagte, die ein Schriftsteller in Hollywood einfach nicht sagt zu den großen Bossen. Aber wie dem auch immer sei, sie waren jedenfalls zu klug, um es mir übelzunehmen. Und am Ende, glaube ich fast, mochten sie mich gerade deswegen. Jedenfalls haben sie nie den Versuch gemacht, mir zu schaden. Und manche von ihnen sind sehr kluge Leute. Ich wünschte, ich könnte den Hollywood-Roman schreiben, der noch nie geschrieben worden ist, aber dazu müßte man ein fotografisches Gedächtnis haben, ein besseres, als ich's besitze. Das ganze Milieu ist viel zu komplex, und es müßte ja doch alles drin sein, sonst würde die Geschichte bloß wieder eine weitere Verzerrung.

16. April 1957
An Helga Greene

... Manches, was bei uns im Fernsehen kommt, ist ja wirklich sehr gut gemacht, aber auf mich hat es eine einschläfernde Wirkung, nach einer bestimmten Zeit. Wenn ein Film *sehr* gut ist, bleibe ich vielleicht wach, aber ich habe bei einigen der erfolgreichsten Filme, die je gedreht worden sind, fest geschlafen.

25. Juni 1957
An Edgar Carter

Dank für Ihren Brief und die Kopie des vorgeschlagenen Vertrags mit Goodson-Todman Enterprises[1]. Vor dem Vertrag stehe ich so ziemlich wie die Kuh vorm neuen Tor. Ich habe alles mögliche daran auszusetzen, obwohl ich mir durchaus darüber im klaren bin, daß das Fernsehen eine Welt ist, in der ich mich überhaupt nicht auskenne. Haben Sie übrigens schon einmal bemerkt – ich bin sicher, daß Sie's haben –, daß ein gut Teil der Kameratechnik im Fernsehen genau dem entspricht, was Hollywood vor zwanzig Jahren gemacht hat? Ich frage mich nach dem Grund. Aber manches von dem Zeug ist verteufelt gut, trotz allem. Das Schlimmste daran ist, nur von den allerbesten Sendungen einmal abgesehen, eine Art Fluktuation in der Beleuchtung, und die Regie scheint mir größtenteils weit unter dem Niveau von Hollywood zu liegen, obwohl es doch beim Fernsehen von Hollywood-Leuten nur so wimmelt. Es muß dafür einen technischen Grund geben.

Irgendwie glaube ich nicht, daß aus dem Vertrag was wird, weil diese Leute meinen, sie können die Regeln ma-

[1] Vertrag für ein Fernsehprogramm mit Philip Marlowe.

chen. Irgendwann einmal, wenn auch vielleicht nicht mehr zu meiner Zeit, werden sie feststellen, daß sie's nicht können. Und ich will doch lieber überhaupt keine Show haben als eine, bei der ich das Gefühl habe, daß sie einen Deppen aus mir macht. Wenn man jung ist und Frau und Kinder hat, muß man Dinge in Kauf nehmen, die ich nicht mehr in Kauf nehmen muß. Ich habe niemanden und kann den Rest meiner Tage von dem leben, was ich schon besitze. Und davon abgesehen bin ich ein ziemlich streitbarer Charakter. Ich glaube, das habe ich in Hollywood bewiesen ...

Die Fernseh-Honorare für Schriftsteller sind lächerlich. Nur ein paar wenige kriegen wirklich Geld, aber die liefern auch Originalarbeiten. Der durchschnittliche Fernsehautor nagt praktisch am Hungertuch. Das war der Grund dafür, daß ich dachte, ich könnte vielleicht am Skript ein bißchen mitarbeiten, aber das halten Sie wohl nicht für richtig. Ich wäre auch wahrscheinlich nie ein guter Fernsehautor, aus demselben Grund, aus dem ich nie ein wirklich guter Drehbuchautor war. Ich liebe Worte. An sich stimmt es schon, daß sie beim Fernsehen eine größere Rolle spielen, weil die Trottel sonst womöglich denken, es passiert nichts, und in die Kneipe gehen. Oder auf den Ringkampf im nächsten Programm umschalten.

25. Februar 1959
An Harris L. Katleman[1]

... Um Himmels willen, wenn Sie meinen Kommentaren auch nur etwas Aufmerksamkeit schenken wollen, so lassen Sie mir bitte ein wenig mehr Zeit! Ich habe in der Tat eine Anzahl Anregungen für das Skript, das zwar nicht brillant ist, sich aber so liest, als könnte man es ganz gut spielen. Zuerst einmal halte ich den Titel für falsch. Er ist lau und vermittelt nicht den Typ von Show, den Sie machen. Ich

[1] Geschäftsführender Vizepräsident der Goodson-Todman Enterprises Ltd.

habe in Gedanken so drei oder vier Titel durchprobiert, aber der beste, auf den ich gekommen bin, ist *Baby Sitter with a Gun* ... Meine übrigen Anmerkungen gelten dem Dialog ... Ihre Autoren sollten meiner Meinung nach in einem Satz nicht immer alles zweimal sagen. Sie sollten versuchen, ein bißchen Schmiß und Schliff in den gesprochenen Text zu bringen. Viel hängt dabei von dem Star ab und von der Art, wie er seine Sätze bringt, aber viel hängt auch von den Sätzen ab, die er bringen soll. Wenn ich mich gegenüber den Autoren der Sendung kritisch äußere, dann nur, weil ich meine Hauptfigur so gut kenne, so sehr viel besser, als jeder andere sie kennen könnte.

Chandler über das Verlagswesen

11. Januar 1945
An Hamish Hamilton

Blanche Knopf schickte mir eine Kopie Deines Briefes an sie vom 5. Dezember. Ich ersehe daraus, wie wenig heutzutage ein Schriftsteller mit seinem Verleger offenbar zu tun hat. Ich nehme an, es liegt weitgehend am Agenten. Gelegentlich höre ich noch von Alfred oder Blanche Knopf. Ihre Briefe sind immer freundlich, aber irgendwie wirken sie im ganzen distanziert. Auch von Dir habe ich irgendwann in grauer Vergangenheit einmal einen Brief bekommen, wenn ich mich recht erinnere.

Eine andere Sache, die mich betroffen macht, ist der Umstand, daß ein Verleger die Aufmerksamkeit eines Kollegen auf etwas lenkt, was Du ›eine blendende Reklame in den *Book Society News*‹ nennst, und auf etwas von Desmond MacCarthy in der *Sunday Times*. Aber dem Autor teilt kein Mensch solche Sachen mit . . .

Du schreibst dann noch: ›Ich nehme an, er ist jetzt ein sehr großes Tier in Hollywood und nimmt es vielleicht übel, wenn ihm jemand gute Ratschläge gibt, egal wer das ist und wie gut sie gemeint sind.‹ Da bin ich ja nun doch wirklich von den Socken. Ich bin kein großes Tier in Hollywood und habe auch keinerlei Verlangen danach, es zu werden. Ich bin, ganz im Gegenteil, äußerst allergisch gegen große Tiere aller Sorten, wo man sie auch trifft, und lasse keine Gelegenheit vorübergehen, sie zu beleidigen, sooft ich nur die Chance habe. Im übrigen ist mir guter Rat durchaus lieb und wert, und wenn ich ihn sehr selten annehme, etwa auf dem Gebiet des Schreibens, so liegt das nur daran, daß ich praktisch noch keinen erhalten habe außer von meinem Agenten, und der hat sich so ziemlich auf den Versuch konzentriert, mich so weit zu bringen, daß ich was für die Zeitschriften schreibe, die man bei uns hier drüben ›schick‹ nennt ...

Warum probierst Du's nicht mal gelegentlich bei mir mit einem kleinen guten Rat? Ich bin sicher, daß ich alles, was von Dir kommt, mit dem größten Respekt behandeln würde, und hören würde ich in jedem Fall gern von Dir.

9. Januar 1946
An Hamish Hamilton
... Ich frage mich, was aus dem Taschenbuchgeschäft werden soll. Für mich als Außenseiter sieht es so aus, als müßte den Leuten doch ziemlich bald schon der Stoff ausgehen, es sei denn, sie fangen an, Erstveröffentlichungen zu bringen. Der Kriminalschriftsteller wird dann vor dem Problem stehen, sich zu entscheiden, ob er lieber die vergleichsweise hohen Vorschüsse und Erlöse aus dem Billigen Buch will – jetzt, während er Hunger hat – oder ob er sich das sogenannte Prestige mit zehn Prozent bezahlen lassen und den Winter über von einer Tonne Haferflocken leben will wie John Shand. Wenn sein Zeug ein Filmstoff ist, wäre er vermutlich gut beraten, wenn er noch ein Weilchen auf den Knöcheln kaute. Aber wenn nicht – und die Krimi-Welle kann ja nicht ewig dauern, wenigstens nicht auf der Ebene der hohen Produktions-Budgets –, käme er vielleicht besser weg, wenn er das Geschäft direkt mit den Taschenbuchleuten machte ...

Die Tradition spricht absolut gegen die Möglichkeit eines hohen Absatzes von Kriminalromanen in gebundener Ausgabe. Und die Verleger haben zum Leihbüchereischwindel jahrelang mit derart sagenhaft guter Laune die Hand gereicht, daß selbst ich, der doch die Lage des Autors kennt und es sich leisten kann, Kriminalromane zu kaufen, das sehr selten tue, es sei denn, es gibt einen billigen Nachdruck. Wenn man sagt, ein Buch lohne nur dann den Kauf, wenn es sich auch lohne, es zum zweitenmal zu lesen, so ist das keine Lösung. Praktisch lohnt es sich bei keinem der jetzt erscheinenden Romane, ihn ein zweitesmal zu lesen, und nur bei verdammt wenigen lohnt es sich, daß man sie überhaupt liest.

Anfang 1946
An Hamish Hamilton

... Eines Tages möchte ich ganz gern mal mit Dir darüber diskutieren, warum der Verleger eigentlich nie imstande gewesen ist, dem Schriftsteller einen anständigen Lebensunterhalt zu verschaffen, es sei denn in Fällen mordsmäßigen Erfolgs. Mir will das einfach nicht in den Kopf. In den Zeiten, wo es nur ein äußerst begrenztes Lese-Publikum gab, hätte ich's noch verstehen können, aber heute mutet's mich wie ein wirtschaftliches Versagen an. Daß ein Mann, dessen Bücher fast jedem, der ihm über den Weg läuft, bekannt sind, nicht in der Lage sein sollte, von diesen Büchern einigermaßen anständig zu leben, finde ich schlechthin absurd. Wahrscheinlich haben zu viele von den verdammten Mittelsmännern ihre Finger mit drin.

Was meine gegenwärtige Plackerei betrifft[1], so dürfte sie spätestens im Juni über die Bühne sein, wenn ich nicht in einem Anfall von geistiger Umnachtung alles in den Papierkorb schmeiße. Nett von Dir, daß Du einen Vorschuß anbietest. Aber ich habe noch nie a conto eines unfertigen Buches einen genommen und werde es hoffentlich auch nie tun. Ich bin durchaus nicht reich, aber ich bin auch keineswegs arm. Allerdings beneide ich die Leute, die in Hollywood zu einer Zeit gearbeitet haben, wo man sein Geld noch behalten konnte. Fürs vergangene Jahr muß ich fast 50 000 Dollar Einkommensteuer bezahlen. Das ist für einen Burschen, der vor gar nicht vielen Jahren noch an altem Schuhleder genagt hat, ziemlich grauenhaft.

[1] *The Little Sister.*

8. März 1947
An James Sandoe

... Ich bin ein verdammter Narr, daß ich keine Romane schreibe. Ich beziehe im Jahr immer noch 15 000 Dollar aus denen, die ich geschrieben habe. Wenn ich in naher Zukunft mit einem wirklich guten Buch herauskäme, würde ich wahrscheinlich eine ganze Menge damit verdienen. Seltsamerweise habe ich mein – relativ – bestes Publikum in England, wo mein Verleger, trotz der gräßlichen Papierknappheit, alle meine Bücher wieder auflegt. Und da drüben werden sie auch von den Spitzenkritikern wie Desmond MacCarthy und Elizabeth Bowen besprochen. MacCarthy hat mich in die Pfanne gehauen, er schrieb, die Härte wäre zum großen Teil Bluff (was durchaus stimmt), aber angesichts der Tatsache, daß er bloß einen Artikel pro Woche macht und ihn ausschließlich einem meiner Bücher gewidmet hat, beschäftigt mich weniger seine kritische Beurteilung als der Platz, den sie ihm wert war.

6. Oktober 1946
An Hamish Hamilton

... Mein Agenten-Problem habe ich nie wirklich gelöst. Über die Agenten als Stand denke ich immer noch dasselbe wie früher: daß sie oft eine Plage sind und manchmal große Dummheiten machen. Da ich aber hier unten in La Jolla wohne und es nicht fertigbringe, eine Sekretärin dauernd im Hause um mich zu haben, sehe ich für mich keine Möglichkeit, ohne Agenten auszukommen. Was mir an den Agenten so auf die Nerven geht, ist nicht der Umstand, daß sie Fehler machen, sondern daß sie die niemals zugeben.

20. Dezember 1946
An H. N. Swanson

... Dieser Brief soll Ihnen sehr, sehr herzlich für Ihr Weihnachtsgeschenk danken, das kleine Radio.

Aus seiner Form schloß ich, daß es für ein Bücherregal vorgesehen war. Ich habe es deshalb zwischen Rogets *Thesaurus* und Bartletts *Quotations* gestellt, und ich muß wirklich lachen, wenn der schwachsinnige Dialog der Serie ›Wenn ein Mädchen heiratet‹ ausgerechnet zwischen diesen beiden Büchern hervorkommt.

Meine Frau sagte (leicht paraphrasiert): »Warum zum Teufel sollte Swanson dir immer neue Geschenke machen, wenn du selber kein bißchen für ihn tust, außer ihm einen Haufen Sorgen zu machen, und besonders wenn du ihm überhaupt nichts wiederschenkst?«

Ich werde darum nach einem Paar zwölfhundert Jahre alter Ming-Vasen Ausschau halten, um sie Ihnen zu Ihrem nächsten Geburtstag zu verehren, und ich hoffe, sie werden groß genug sein, um Ihnen als Behälter für Ihre abgelegten Klienten dienen zu können.

15. Mai 1947
An Erle Stanley Gardner

... Wenn der Verleger wirklich der Freund des Autors oder Agenten wäre und seine Interessen so verträte, wie er's sollte, so wäre das sehr schön, aber ich glaube nicht, daß der Verleger das im allgemeinen ist. Meinem Gefühl nach sollte der Verleger eigentlich imstande sein, die Verkäuflichkeit und sonstige Verdienste eines Buches früh genug in dem ganzen Zirkus zu erkennen, um das Publikum mit zu überzeugen und das Buch mit zu fördern, statt daß er einfach herumsitzt und darauf wartet, daß ein Haufen von unbekannten, nicht miteinander zusammenhängenden, über das ganze Land verstreuten Individuen für sich alleine herauskriegt, der und der Schriftsteller wäre doch ein recht guter Mann, und das auch oft und laut genug sagt, und in genügender Anzahl, um für ihn so etwas wie eine Welle in Bewegung zu bringen. Ich meine, der Verleger sollte imstande sein, mit dazu beizutragen, daß diese Welle in Gang kommt.

2. Juni 1947
An Dale Warren

... Ich habe die Buchklubs immer gehaßt und war immer
schon der Ansicht, daß der Verleger viel zuviel aus den
Nebenrechten der Bücher, die er druckt, in die Tasche steckt.
Die Tatsache, daß er gelegentlich einem etablierten Schriftsteller gegenüber Konzessionen macht, ändert nichts an seiner Praxis gegenüber den nicht-etablierten Schriftstellern.
Vielleicht könnte er sich ja rechtfertigen, aber er rückt ja nie
mit irgendwelchen Zahlen heraus. Er sagt einem nicht, was
seine Bücher ihn kosten, er sagt einem nicht, wie hoch seine
Generalien sind, er sagt einem praktisch überhaupt nichts.
Versucht man mit ihm vom Geschäft zu reden, so spielt er
sofort den Gentleman und Gelehrten, und will man ihm
auf der Ebene der moralischen Integrität kommen, so fängt
er prompt an, vom Geschäft zu reden.

11. Mai 1948
An Carl Brandt

Ab Jahresende, so um Michaelis, werde ich einen neuen
literarischen Agenten brauchen. Zweck dieses Briefes ist die
Erkundigung, ob Ihre Agentur daran interessiert wäre.

Im Moment ist nicht viel zu tun ... Ich sitze über einem
Kriminalroman, der halb fertig ist[1]. Sprachlich ist er von
unvergleichlicher Brillanz, aber mit der Story ist irgend etwas schiefgegangen. Ein altes Leiden bei mir. Das Gehirn
ist sehr, sehr müde. Ich habe kürzlich ein Drehbuch für Universal-International beendet, möchte diesen Krimi zu Ende
bringen und einen weiteren Roman machen, der zwar von
einem Mord handelt, aber kein Kriminalroman ist. Montag
gehe ich für einen Monat in den Norden. Was ich machen
möchte und was ich mache, ist leider nicht immer von denselben Eltern.

[1] *The Little Sister.*

Sie sind für mich fremd, und ich kann für Sie nicht gut mein Haar herunterlassen, aber ich möchte auch nicht, daß Sie gar zu sehr im Dunkeln tappen. Ich bin kein durchweg liebenswürdiger Typ, so wenig wie ich ein leichthändiger und fruchtbarer Schreiber bin. Ich tue mich mit den meisten Sachen schwer, und ich leide dabei eine ganze Menge. Sehr viel steckt vielleicht sowieso nicht mehr in mir drin. Fünf Jahre Kampf gegen Hollywood haben mir nicht mehr viele Energiereserven gelassen . . .

13. Mai 1949
An Hamish Hamilton

. . . Ich weiß nicht, was mit der Schriftstellerei in diesem Land eigentlich passiert. Ich kriege da ein Angebot über 1200 Dollar pro Jahr für die Verwendung meines Namens auf dem Titel eines neuen Kriminalmagazins, *Raymond Chandler's Mystery Magazine*. Ich habe nichts zu tun mit dem Ding, keine Kontrolle über den Inhalt und keinerlei Kontakt zum Redaktionsstab. Die Leute haben auch nicht die leiseste Ahnung, daß ihr Angebot eine Beleidigung darstellt und daß es für einen Schriftsteller nicht statthaft ist, mit seiner Reputation Handel zu treiben, ohne noch etwas anderes in die Waagschale zu werfen. Man kann seine Arbeit verkaufen, wie immer es einem paßt, man kann sie in kleine Stücke schnipseln und sie einzeln verhökern, aber der Wert, den das Publikum einem beimißt, der gehört einem nicht selbst – den hat man nur treuhänderisch zu verwalten.

Ich bin mir darüber im klaren, daß diverse offensichtlich reputierliche Leute mir da nicht zustimmen werden. Wie man mir erzählt hat, nehmen sie Geld dafür, Bücher hochzujubeln (mir sind selbst solche Angebote gemacht worden), und machen in aller Selbstverständlichkeit Autogramm-Tourneen, reden auf Buchmessen und lassen sich gelegentlich als ›Prominente‹ fotografieren, ein Glas Whisky-Verschnitt in der Hand, den ich nur im Notfall in den Ausguß

schütten würde, aus Angst nämlich, er könnte die Leitungs-
rohre zerfressen ... Ich will ja bestimmt keinen altmodischen Bratenrock anziehen hier, aber ich meine doch, daß
man da irgendwo eine Grenze ziehen muß, und ich mache
mich sogar anheischig zu beweisen, daß man diese Grenze
schon aus Gründen der Geschäftspolitik auch dann ziehen
muß, wenn einem die Moral schnuppe ist – vorausgesetzt,
man hat auch nur ein bißchen Ahnung. Aber die Brutalisie-
rung der Geschäftsmoral in unserm Land ist derart weit
fortgeschritten, daß kein Mensch mehr ein besseres Gefühl
kennt als das, einen leichtverdienten Dollar zwischen den
Fingern zu haben.

15. Oktober 1949
An Bernice Baumgarten
     ... Ich bin ziemlich verärgert wegen der *Newsweek*-
Sache – verärgert über mich selbst, nicht über jemand an-
ders, weil ich mich wieder einmal auf die alte Schindmähre
Publicity habe setzen lassen und wieder einmal prompt im
Graben gelandet bin. Nach allem, was mir vor ein paar
Jahren mit *Time* passiert ist, hätte ich eigentlich wissen sollen, was mir blühte. Aber der Werbemensch von Houghton
Mifflin hatte mir ausdrücklich versichert, *Newsweek* wäre
nicht so. Also gibt man den Kerls alles, was sie wollen, redet sich dumm und dämlich, posiert bis zur Erschöpfung für
Gott weiß wie viele Aufnahmen, läßt Reproduktionen von
älteren Bildern für sie machen, und am Ende geben sie
einem nicht nur nichts von dem, was sie versprochen haben,
sondern rezensieren nicht einmal das Buch.
     Was dabei wehtut, ist nicht nur das Schuldgefühl, son-
dern der Umstand, daß es auch noch unbelohnt geblieben ist
– wie bei einem Taschendieb, der ein leeres Portemonnaie
erwischt hat.

14. Juni 1950
An Dale Warren

... Ich bin nie auf den Gedanken verfallen, Sie könnten den Wunsch haben, ein Exemplar meiner kleinen Novelle geschickt zu bekommen[1]. Der *Cosmopolitan* hat sie gerade abgelehnt, und so fühle ich mich ziemlich klein und häßlich. Offenbar wechselt da wieder mal im Moment das Programm oder der Stil oder wie man diese Sachen bei einer Zeitschrift nennt. Warum zum Teufel können die Kerls nicht wenigstens gelegentlich mal was ablehnen, einfach weil es Mist ist? ›Sehr geehrter Herr, Ihre Erzählung *Mitternacht bei Morgendämmerung* ist von unserer Redaktion sorgfältig geprüft worden. Wir reichen sie Ihnen beiliegend zurück und empfehlen Ihnen, eine Büroschublade damit auszulegen.‹

22. Mai 1950
An Hardwick Moseley

Ich bekam Nachricht von Bernice Baumgarten, daß Houghton Mifflin gern von mir eine formelle Einverständniserklärung zu den Bedingungen hätte, die Sie für Neuauflagen von *The Little Sister* und *The Simple Art of Murder* vereinbart haben. Bitte betrachten Sie dieselbe hiermit als gegeben. Und bitte schicken Sie mir meinen Anteil am Gewinn so bald wie möglich, da unsere Katze ein neues Körbchen braucht.

Ursprünglich hatte ich natürlich geplant, die Bücher selber wieder aufzulegen. Ein naher Freund von mir (und ›nah‹ ist genau das Wort, das ich suche) besitzt eine kleine Handpresse, einen erklecklichen Vorrat an handgeschöpftem Büttenpapier und außerdem einen ganzen Kasten voll Goudy-Lombardic-Versalien in 24 Punkt. Wir dachten, damit könnten wir eigentlich was ganz Hübsches auf die Beine

---

[1] *Professor Bingo's Snuff.*

stellen, etwa eine begrenzte Auflage von neun Exemplaren, adrett signiert vom Autor persönlich während eines sorgsam abzupassenden Moments relativer Nüchternheit, und das Ganze dann für runde 65 Dollar das Stück verhökern. Wir sahen dem Ergebnis eigentlich mit Zuversicht entgegen, aber welchem Ergebnis, das werde ich doch lieber nicht näher ausführen . . .

23. Juni 1950
An Hamish Hamilton

Was Du über Deine Paris-Reise schreibst, klingt nach der typischen Lustreise des Verlegers – jede Mahlzeit ein Interview, und vom Morgen bis zum Abend Autoren, die ihm zu den Taschen herein- und herauskrabbeln. Ich weiß nicht, wie Verleger diese Touren aushalten. Ein einziger Schriftsteller schon würde erreichen, daß ich eine ganze Woche total erledigt wäre. Und Du hast zu jeder Mahlzeit einen. Es gibt in der Verlagsarbeit so manches, was mir durchaus gefallen könnte, aber der Umgang mit Schriftstellern gehört nicht dazu. Ihre Egos verlangen zuviel Streicheleinheiten. Sie führen ein überspanntes Leben, in dem viel zu viel Menschlichkeit für viel zu wenig Kunst geopfert wird. Ich glaube, das ist auch der Grund, weshalb ich schon vor Jahren beschlossen habe, nie etwas anderes zu sein als ein Amateur. Wenn ich das Talent hätte, zur ersten Garnitur zu gehören, würde mir doch immer der harte Kern der Selbstsucht fehlen, der notwendig ist, wenn man so ein Talent voll ausbeuten will. Der schöpferische Künstler scheint fast die einzige Art Mensch zu sein, dem man nie auf neutralem Boden begegnen kann. Man kann ihm nur als Künstler begegnen. Er sieht nichts objektiv, weil sein eigenes Ego bei jedem Bild dauernd im Vordergrund steht. Selbst wenn er einmal nicht von seiner Kunst redet, was selten genug vorkommt, denkt er aber doch daran. Wenn er Schriftsteller ist, neigt er dazu, nur mit anderen Schriftstellern zu verkehren und mit den diversen Schmarotzern, die sich von der Schriftstellerei mästen. Für all diese Leute ist die Literatur mehr oder weniger die zentrale Tatsache des Daseins. Während sie für eine Unzahl durchaus intelligenter Menschen eine unwichtige Nebensache ist, ein Mittel zur Entspannung, zur Flucht, eine Informationsquelle, und manchmal eine Inspiration. Aber sie könnten weit leichter ohne sie auskommen als ohne Kaffee oder Whisky.

15. November 1950
An Edgar Carter

Dank für all die dicken fetten Schecks, die Sie mir geschickt haben. Sie machen schon was aus in meinem Leben. Einen Extra-Löffel Rosinen und Nüsse am Morgen.

Bin am 27. November in Los Angeles (so jedenfalls geplant) und würde mich freuen, Sie und Swanie[1] oder auch Sie ohne Swanie zum Lunch(eon) einzuladen – in irgendeinem feschen Lokal, wo sich die unteren Klassen treffen (also etwa Schriftsteller, kleine Schauspieler, erfolglose Agenten, und Produzenten und Regisseure, die bei Republic, Monogram, P. R. C. und anderen kleineren Studios wie Paramount beschäftigt sind).

Ich habe eine Fehde mit Warners. Ich habe eine Fehde mit dem Gärtner. Ich habe eine Fehde mit dem Mann, der den Plattenwechsler montieren sollte und mir die ganzen Langspielplatten ruiniert hat. Ich habe verschiedene Fehden mit den Fernseh-Leuten. Ich habe Fehden mit – ja, mit wem eigentlich noch? Ach, Schwamm drüber. Sie kennen Chandler ja. Immer muß er über irgendwas meckern.

[1] H. N. Swanson.

191

9. Januar 1951
An Hamish Hamilton

... Ich habe mir die Freiheit genommen, Dir eine italienische Übersetzung der *Little Sister* zu schicken – in der Hoffnung, Du könntest vielleicht einmal einen Blick hinein tun und mir sagen, ob ich mit meiner Ansicht recht habe, daß es sich da um eine schlechthin abscheuliche Pfuscherei handelt, voll von direkten Fehlern (die festzustellen Du nicht über die ersten zwei oder drei Seiten hinauszulesen brauchst) und ohne das geringste Bemühen, meine Schreibweise in irgendein italienisches Äquivalent zu überführen, obwohl ich ziemlich überzeugt bin, daß sich so ein Stil im Italienischen ganz gut entwickeln lassen müßte, grad so wie im Französischen. In der Charakteristik der Figuren machen die Leute so stupide Fehler, daß man schon daraus die extreme Nachlässigkeit der gesamten Produktion ersehen kann. Und was das Umschlagbild betrifft, so glaube ich, daß es bei uns selbst auf einem Groschenheft abstoßend primitiv wirken würde. Das Ganze taugt vorne und hinten nichts. Es wäre besser für mich, meine Bücher würden überhaupt nicht auf Italienisch veröffentlicht, wenn das alles ist, was ich zu erwarten habe.

15. Mai 1951
An Freeman Lewis[1]

Vielen Dank, daß Sie mir Ihre neue Ausgabe von *Farewell, My Lovely* geschickt haben ... Ist es zulässig, sich zu fragen, warum die Leute, die Illustrationen und Umschläge anfertigen, nicht etwas mehr Aufmerksamkeit für den Text übrig haben? Die Sprungfeder, die Ihr Umschlagbild zeigt, ist vollkommen falsch, da es sich dabei um eine Feder handelt, die sehr leicht ist und als Waffe absolut witzlos wäre. Wenn Ihr Illustrator sich die Mühe gemacht hätte, im Buch

---

[1] Geschäftsführender Vize-Präsident der Pocket Books Inc.

auf Seite 144 oben bloß ein paar Zeilen zu lesen, hätte er sich – und nebenbei auch mich – vielleicht nicht so blamiert, denn die Sorte Feder, von der ich geschrieben habe, wäre eine sehr wirksame Waffe, fast so wirksam wie ein Totschläger. Das Ding, das er gezeichnet hat, wäre in der Hinsicht gar nicht zu gebrauchen. Auch sollte er gelegentlich mal einen Blick auf ein Krankenhausbett werfen und sich ansehen, woraus diese sogenannten Sprungfedern gemacht und wie sie zusammengesetzt sind.

19. Juni 1951
An Richard H. Dana[1]

Sie haben mir einen massiven Stoß Fahnen zugeschickt – von einem Buch, das angeblich ein gewisser Charles W. Morton verfaßt hat, ein Omaha-Bostoner, der sich beim *Atlantic Monthly* in irgendeiner obskuren Funktion herumtreibt ... Sie haben es rasend eilig. Für den Fall, daß es mir vielleicht gefällt, hysterisch zu werden und Mr. Morton den größten amerikanischen Humoristen seit Hoover zu nennen, halten Sie sogar die Druckmaschinen für den Umschlag an. Es wird also von mir erwartet, daß ich alles stehen und liegen lasse, einschließlich der wöchentlichen Wasch- und Bügelarbeit und ähnlicher schwacher Versuche, die ich möglicherweise unternehme, mir meinen Lebensunterhalt zu verdienen, und mich ausschließlich Ihren edlen Zwecken widme. Sie haben vermutlich mit diesem Buch sechs Monate herumgetrödelt, bis Ihnen plötzlich jemand Feuer unter dem Stuhl gemacht hat, und jetzt klettern Sie die Wände rauf und runter und jodeln wie ein Schweizer Tenor, denn der Umschlag ›muß unter allen Umständen nächste Woche in Druck gehen, und bitten wir Sie, uns Ihre Stellungnahme schnellstens zu übersenden‹.

Ich kenne Sie, ich kenne die Verleger. Sie schicken die

[1] Werbe-Manager bei J. B. Lippincott Co.

Fahnen per Eilboten und Luftpost, und ich sitze die ganze Nacht und korrigiere und schicke sie auf demselben Weg zurück. Und als nächstes hört man dann von Ihnen, daß Sie auf einem schönen Privatstrand in Bermuda liegen und einen gesunden Schlaf haben. Aber wenn jemand anders was zu machen hat, dann heißt's eilig, eilig, eilig. Vielleicht lese ich diese Fahnen, vielleicht auch nicht. Vielleicht gebe ich eine ›Stellungnahme‹ dazu ab, vielleicht auch nicht. Vielleicht gehe ich stattdessen in den Garten und mähe den hinteren Rasen. Ich muß ein paar Begonien pflanzen und meine Rosen sprengen, und dann haben wir auch ein neues Siam-Kätzchen, das einen großen Teil meiner Zeit in Anspruch nimmt. Und dann lassen Sie sich noch etwas gesagt sein. Es ist ein Aufsatz von mir[1] an das *Atlantic Monthly* unterwegs, und die Aufnahme, die er dort findet, wird von erheblichem Einfluß darauf sein, welche Aufnahme Mr. Charlie Mortons gedruckter Wortschwall bei mir finden wird.

5. Juli 1951
An Charles W. Morton

... Was nun die Sache mit den *vor* Veröffentlichung eingeheimsten Reklame-Urteilen auf den Buchumschlägen betrifft – wo kriegen Sie das bittersüße Zeug eigentlich her? Ich hatte nicht an Sie geschrieben, sondern an einen Mann bei Lippincott. Offenbar ist plötzlich irgend jemand mit einem wichtigen Namen tot umgefallen oder im letzten Moment ins Kittchen gekommen, so daß er im übriggebliebenen Unkraut nach einem Ersatz wühlen mußte; ich habe mir darum einen kleinen Scherz mit ihm erlaubt, der aber niemanden treffen sollte. Insgeheim war ich natürlich entzückt, daß er mich grad in einem Moment erwischte, wo ich keine Zeit zum Nachdenken hatte, denn dieser ganze lausi-

[1] *Ten Per Cent of Your Life.*

ge Schwindel ist mir sonst zutiefst verhaßt. Der angemessene Zeitpunkt, einen Schriftsteller zu preisen, ist das Erscheinen seines Buches, und der angemessene Ort dafür ist ein Publikationsorgan, das *anderswo* erscheint. Es kann Ihnen bestimmt nicht entgangen sein, daß es ganz hinten auf Ihrem Gebiet einen Stallvoll Reklame-Händler gibt, die zu praktisch allem ihren Senf geben, einschließlich des Weltalmanachs, wenn nur ihre Namen entsprechend herausgestellt werden. Ein paar davon tauchen mit derart monotoner Regelmäßigkeit immer wieder auf, daß nur die Tatsache ihres bekannten Erfolgs als Schriftsteller einen von dem Gedanken abhält, sie verdienten sich auf diese Weise überhaupt ihre Brötchen.

Meine persönliche Reaktion auf schmeichelhafte Bemerkungen auf einem Schutzumschlag besteht, sofern sie nicht aus Kritiken zitiert sind, einfach darin, daß ich es ablehne, irgend etwas mit dem in so einem Umschlag steckenden Buch zu tun zu haben. Aber das ist nur eine persönliche Reaktion, und natürlich erhebe ich nicht den Anspruch, der liebenswürdigste Mensch auf der Welt zu sein. Drüben in England wird diese Zitiererei (obwohl nicht so sehr vor der Veröffentlichung) bis zu einem Punkt getrieben, wo sie absolut jede Bedeutung verliert. Die Währung des Lobs ist dort so inflationär geworden, daß es über ein wirklich gutes Buch nichts mehr zu sagen gibt. Alles, was einem einfallen könnte, ist bereits über zweit-, dritt- und viertrangiges Zeug gesagt worden.

Ich freue mich, daß Sie in meinem Aufsatz über die Agenten[1] immerhin einiges interessant finden. Daß er viel zu lang war, wußte ich wohl, und ich wußte auch, daß ich einen Haufen hätte herausstreichen müssen, und wenn Sie bereit sind, das für mich zu tun, bin ich entzückt. Mir die gekürzte Fassung vorher zu zeigen, besteht keine Notwen-

---

[1] *Ten Per Cent of Your Life.*

digkeit; ich bin vollkommen zufrieden, wenn Sie das ganz so machen, wie Sie's für richtig halten.

17. Dezember 1951
An Charles W. Morton
... Was den Aufsatz über die Agenten betrifft, so glaube ich jetzt, wo ich Ihren Fahnenabzug gelesen habe, daß ich mich noch viel zu freundlich über sie geäußert habe. Aber als ich letzte Woche eines Morgens die Zeitung aufschlug, sah ich, daß es endlich doch einmal passiert ist: jemand hat einen erschossen. Das ist zwar vermutlich aus den falschen Gründen geschehen, aber wenigstens war es ein Schritt in der richtigen Richtung.

Zehn Prozent vom Leben
(Erschienen im *Atlantic Monthly*, Februar 1952)

Unter allen quasi-professionellen Geschäften, in denen die Kunden gern als Klienten bezeichnet werden, ist das des literarischen Agenten vermutlich das dauerhafteste, weil man davon am schwersten wieder loskommt. Rein technisch kann man seinen Agenten zwar feuern; es ist eine eklige Geschichte, doch ein entschlossener Mann kann es schaffen. Aber zu Ende gebracht ist damit in Wirklichkeit nichts. Noch lange, nachdem der Agent zu seinen Vätern versammelt worden ist, zahlt man unter Umständen an seine Erben Provisionen für irgendeine Transaktion, mit der er kaum irgendeine Verbindung hatte, ein rein automatischer Vorgang, der durch einen schon lange zurückliegenden anderen ausgelöst worden ist.

Dagegen ist an sich gar nichts zu sagen. So verdient sich der Agent eben sein Geld. Aber Schriftsteller sind, als Klasse, ein streitsüchtiges und nicht besonders liebenswertes Völkchen; sie haben den Egoismus der Schauspieler, wenn auch leider nicht deren gutes Aussehen oder Charme. Wieviel sie auch einnehmen, nie glauben sie, daß man ihnen genug zahlt. Sie giften sich darüber, daß andere Leute aus der Arbeit Geld machen, die sie, die Schriftsteller, allein und ohne Hilfe leisten. Der Agent schafft sich selber ein rechtmäßiges Interesse an der gesamten Berufslaufbahn eines Schriftstellers. Wieviel man ihm auch zahlt, ausbezahlt ist er nie. Was einen wirklich am Nerv trifft, ist nicht so sehr die Höhe der Provisionen, die der Agent einstreicht, sondern die Tatsache, daß dies Einstreichen nie ein Ende hat. Nie quittiert der Agent seine Rechnung, nimmt seinen Hut und hebt sich unter Verbeugungen von dannen. Er bleibt ewig um einen herum, nicht nur solange man noch etwas schreiben kann, was irgendwer kaufen will, sondern solange überhaupt noch jemand irgendeinen Anteil an irgendeinem Recht auf irgend etwas, was man je geschrieben hat, kaufen will. Er nimmt einem schlicht und einfach zehn Prozent vom Leben.

Vielleicht wäre es am vernünftigsten, man ließe das auf sich beruhen und gäbe zu, daß noch niemand, in der gesamten Geschichte des Wirtschaftslebens, den Provisionsvertreter so recht hat leiden können. Seine Funktion ist zu vage; wo er dabei ist, scheint immer einer zuviel dabei zu sein; sein Profit wirkt zu leichtverdient; und selbst wenn man einräumt, daß er eine notwendige Funktion hat, kann man sich des Gefühls nicht erwehren, daß diese Funktion gewissermaßen die Personifizierung von etwas ist, was es in einer moralischen Gesellschaft eigentlich nicht zu geben brauchte. Wenn die Leute ehrlich miteinander umgehen könnten, brauchten sie keine Agenten. Der Agent ist nicht schöpferisch tätig, er stellt keine Ware her, er vertreibt auch keine. Seine ganze Tätigkeit besteht darin, sich überall eine Scheibe abzuschneiden. Vielleicht gibt es ja Agenten, denen die Bezahlungsmethode per Provision ebenso unangenehm ist wie dem streitsüchtigsten Schriftsteller und die sie liebend gerne gegen etwas anderes eintauschen würden, wenn es etwas anderes gäbe, gegen das man sie eintauschen könnte. Der Beruf des Schreibens ist viel zu spekulativ und ungewiß, als daß er irgendein System der Fix-Honorierung für den Verkauf seiner Produkte zuließe. Der noch um seine Durchsetzung kämpfende Schriftsteller hätte einfach nicht das Geld, um die dicke Rechnung zu begleichen, und dem erfolgreichen würde sehr rasch aufgehen, daß die Größenordnung dessen, was ihm da berechnet wird, weit eher vom Volumen seines Einkommens als von dem der in seinen Diensten aufgewendeten Zeit und Arbeit bestimmt wurde. Das trifft ersichtlich für Berufe zu, bei denen die Leistung strenger umrissen ist als bei dem des Agenten. Überdies hat der Agent die prozentuale Honorierungsmethode gar nicht erfunden, und er hat auch nicht das Monopol darauf. Er ist da vielmehr in großer Gesellschaft, und in dieser Gesellschaft befinden sich nicht nur verschiedene Steuerbehörden, sondern zuletzt die Schriftsteller selbst, sofern sie Bücher schreiben, denn die Tantieme ist bloß ein anderer Name für Provision.

Vielleicht sind die drei wertvollsten Attribute des Agenten seine emotionale Neutralität gegenüber einem sehr emotionalen Beruf, seine Fähigkeit, das geschäftliche Potential seiner Klienten zu organisieren, und überhaupt die von ihm gebotene Möglichkeit, die geschäftliche Seite einer Schriftsteller-Karriere zu managen. Was das erste davon betrifft, so will ich keineswegs unterstellen, daß der Agent gefühllos oder abgebrüht sei; ich sage bloß, daß er realistisch in einem durch und durch kommerziellen Sinne ist und das auch sein muß. Wenn man Mist baut, wird er einem nicht Honig um den Bart schmieren; er wird einem bloß auf die nettestmögliche Weise zu verstehen geben, daß man Mist gebaut hat.

Als nächstes wäre zu sagen, daß der Agent durch seine Tätigkeit eine Wettbewerbs-Atmosphäre schafft und erhält, ohne die der Preis, der für literarische Produkte gezahlt wird, nur ein Bruchteil von dem wäre, was er heute ist. In Hollywood, wo das bis zur äußersten Grenze getrieben wird, bietet man das literarische Produkt gleichzeitig auf dem gesamten Markt an, und jedes Angebot, das von einem potentiellen Käufer kommt, wird sofort dazu benutzt, den Preis bei den anderen in die Höhe zu treiben. In New York hat's der literarische Agent mit diesem System noch nicht ganz so weit gebracht; da bestehen die Buch- und Zeitschriftenverleger immer noch darauf, daß alles, was sie zum Kauf angeboten bekommen, für die Zeit, die sie zum Überlegen brauchen, blockiert sein muß und keinem anderen angeboten wird. Die Regel gilt nicht uneingeschränkt; es gibt verschiedene elegante Wege, sie zu umgehen, ohne daß gleich allzu viel böses Blut entsteht. Je mächtiger eine Zeitschrift ist, desto unnachgiebiger kann sie die Einhaltung der Regel erzwingen. Aber wie unnachgiebig sie auch erzwungen wird, der Redakteur, der das ihm vom Agenten vorgelegte Produkt prüft und in Erwägung zieht, ist sich darüber im klaren, daß der Agent die laufenden Preise kennt; das Angebot muß also innerhalb der entsprechenden Handelsspanne liegen, oder das Produkt wird zurückgezogen. Der Agent weiß, wie man nein sagt, ohne die Tür zuzuschlagen. Er kann Risiken eingehen, weil seine Risiken ausbalanciert sind. Und wenn er, wie es gelegentlich wohl vorkommt, einen Abschluß verliert, weil er zu stark gedrückt hat, wird der Klient nie erfahren, warum er ihn verloren hat. Plausible Gründe, die man ihm erzählen kann, finden sich immer.

Der eigentlich zwingende Grund für jeden Schriftsteller, seine Geschäfte heutzutage durch einen Agenten abwickeln zu lassen, ist die enorme Komplexität des literarischen Marktes. Ein Schriftsteller, der damit allein fertig werden wollte, wäre derart mit Korrespondenz und Papierarbeit, mit Ablage und Vertragstüftelei eingedeckt und derart verwirrt von den Raffinessen des Urheberrechts, daß er in kurzer Zeit nicht mehr wüßte, wo ihm der Kopf steht, und daß ihm zum Schreiben überhaupt keine Zeit mehr bliebe. Viele sehr erfolgreiche Schriftsteller haben nur die nebelhafteste Vorstellung davon, was mit den, juristisch und vertraglich gesprochen, Produkten ihres Kopfes geschieht. Sie kennen sich auf dem finanziellen Sektor ihres Berufs überhaupt nicht aus. Sie wissen nicht, was ihnen zusteht, was sie verkauft haben, an wen sie's verkauft haben, zu welchen Bedingungen sie's verkauft haben, wann die Zahlungen fällig sind und ob überhaupt Zahlungen, die fällig wurden, richtig eingegangen sind. Sie vertrauen darauf, daß ihre Agenten sich um das alles schon kümmern werden, und nehmen ohne Mißtrauen und ohne Nachprüfung an, was ihre Agenten ihnen schicken.

Solche Leute wären sehr leicht übers Ohr zu hauen, und es ist ein großes Kompliment für den Agentenberuf, daß so wenige seiner Vertreter, nachdem sie doch mit so vielen Dummköpfen zu tun haben, je bei einer Unehrlichkeit erwischt worden sind. Wenn der moralische Standard des Gewerbes sinkt, und ich glaube, daß er's tut, und halte es für unvermeidlich, daß er's tut, dann ist es ja doch bemerkenswert, daß die Dollar-und-Cent-Ehrlichkeit der Agenten beim Umgang mit ihrer Klientel so selten attackiert worden ist. Der Niedergang, den ich meine, hängt nicht so sehr davon ab, daß einzelne Individuen vielleicht Geld unterschlagen, sondern liegt in der Natur eines Dienstleistungsberufs begründet, der sich zum ausgekochten Geschäft gewandelt hat, und zwar zu einem gar nicht kleinen Geschäft.

Den literarischen Agenten alten Stils gibt es immer noch, aber er ist immer weniger das, was er früher war. Früher war er einmal ein recht nützlicher Bursche. Er nahm nicht nur seine normalen Funktionen wahr, Markt und Preise zu kennen und genügend Zähigkeit zu haben, um eine lange Liste durchzugehen, bevor er aufgab, sondern er betätigte sich auch noch als Girozentrale für Informationen. Er diente dem Schriftsteller als Postamt und als Puffer. Er wachte über ihm in vielen Einzeldingen, etwa wenn es um Verträge ging oder die Auswertung von Nebenrechten. Sein geschäftlicher Rat war nüchtern und vernünftig. In den recht seltenen Fällen, wo er auch noch die Fähigkeit besaß, Qualität zu erkennen über die bloße Verkaufbarkeit hinaus, ermutigte er seinen Autor und half ihm, sich in seinem Beruf zu verbessern. Wenn er Fehler machte, waren sie normalerweise nicht allzu kostspielig, weil seine Unternehmungen, jede für sich betrachtet, doch immer ziemlich bescheiden blieben. Wie ein mir bekannter Filmproduzent in Hollywood es einmal ausdrückte: »So ein Junge tut was für seine Brötchen.« Der literarische Agent kassierte fällige Gelder, schickte Honorarabrechnungen und hielt die Geschäftssachen des Schriftstellers einigermaßen in Ordnung. Die meisten Autoren waren ganz zufrieden mit seinen Diensten.

Diese Sorte Agent hatte, und das sage ich ganz ohne Groll, unvermeidliche Fehler, von denen manche der Preis für seine Tugenden waren. Er redete unablässig auf seine Schriftsteller ein, sich nach der Decke der großen Zeitschriften zu strecken, in denen nur ganz wenige echte Talente am Leben geblieben, weit mehr aber zugrunde gegangen sind. Der Grund dafür war durchaus nicht ehrenrührig, denn der Agent hatte keinerlei Sicherheit im Hinblick auf die Zukunft seiner Stellung und konnte einen Vertrag auf Jahre nicht verlangen. Wenn er aus einem Schriftsteller Geld herausholen wollte, mußte er natürlich versuchen, dessen Talent auf einem Gebiet einzusetzen, auf dem es unmittelbar Früchte trug. Es wäre unfair gewesen, von ihm die Erkenntnis zu erwarten, daß dies Gebiet auf längere Sicht gesehen für einen Schriftsteller durchaus nicht das fruchtbarste war. Wenn er es wußte, besaß er jedenfalls keinerlei Garantie, daß er nicht lange schon weg vom Fenster war, wenn die längere Sicht sich auszahlte. Er las sich halb die Augen zuschanden auf der Suche nach verkaufbarem Material und nach einem Talent, das sich mit etwas Glück vielleicht so

weit aufbauen ließ, daß eines Tages der Geldsegen nach-
kam – und wenn es dann soweit war, geriet so mancher
Hollywood-Agent in Versuchung, sich diesen Geldsegen unter den Nagel zu reißen.

Ein anderer seiner Fehler bestand darin, daß er sozusagen zuviel Gelände in Anspruch nahm. Er forderte das
Recht, einen auf Gebieten zu vertreten, von denen er nichts
verstand und die er nicht richtig beherrschte: Film, Rundfunk, Fernsehen, Bühne und Vortragspult. Wenn es nicht
anders ging, mußte er da mit Spezialisten seine Provision
teilen, aber gern tat er das nicht, denn er brauchte das Geld
nötig selber. Ließ er sich aber doch darauf ein, dann war er
darauf bedacht, sich einen zweitklassigen Fachmann zu suchen, der nicht mächtig genug war, ihm seinen Klienten zu
stehlen. Das konnte dazu führen, daß die Interessen dieses
Klienten ernstlich Schaden nahmen, und oft führte es auch
dazu. Aber gegen diese Fehler muß man eine imponierende
Tugend setzen: er verwandte einen großen Teil seiner Zeit
und Mühewaltung auf den Dienst an Unbekannten, deren
Provisionen zusammengenommen nicht einmal ausreichten,
die Miete für sein Büro zu bestreiten. Und das tat er in der
sicheren und gewissen Überzeugung, daß sie ihm, wenn sie
bekannt waren und Erfolg hatten, höchstwahrscheinlich
ohne auch nur ein Wort des Dankes die Tür vor der Nase
zuschlagen würden.

Dieser Typus Agent ist allmählich immer mehr auf den
Aussterbe-Etat geraten, und zwar aufgrund derselben Kom-
plexitäten, die den freiberuflichen Schriftsteller überhaupt
erst gezwungen haben, sich einen Agenten zu nehmen.
Wenn er Mittel und Fähigkeit besitzt, diesem Schicksal zu
entgehen, gerät er zwangsmäßig in eine noch weit kompli-
ziertere Organisation und in ein Allianz-System mit den
Hochdruckspezialisten, die in den anderen Medien operie-
ren, denen der Schriftsteller seine Beiträge entweder direkt
oder in Gestalt von Umarbeitungen vorhandenen Materials

liefert. Um mit diesen Herrschaften auch nur Schritt zu halten, muß der Agent Geld ausgeben und außerdem noch ein Gesicht dazu machen, als spielte das bei ihm gar keine Rolle. Er braucht befähigte Mitarbeiter und angemessene Räume in einem guten Bürohaus. Sein Leben wird kostspielig. Seine Telefonrechnung ist im Nu so hoch wie früher einmal seine gesamten Unkosten. Und da seine Betriebskosten steigen, nimmt seine Möglichkeit, sich für neue oder unbekannte Schriftsteller einzusetzen, immer mehr ab. Zwar kann er immer noch Talent erkennen, auch ohne daß es einen Namen hat, aber man braucht ein ziemliches Fuder davon, um ihn zu überzeugen, daß er sich auch die langwierige, kostspielige Plackerei leisten kann, es aufzubauen. Er wird sich immer noch, aus ganz nüchternen Erwägungen, einen Prestige-Autor halten, der nicht viel Geld verdient. Aber wenn man bloß ein vielversprechender Anfänger ist, der sich auf dem abgegrasten Boden einen mageren Lebensunterhalt zusammenkratzt, dann wird er einem nur sehr höflich schreiben, daß er leider bedauern müsse. Er kann es sich leisten, so lange zu warten, bis man sich einen Namen gemacht hat, denn wenn man das geschafft hat, muß man sowieso zu ihm kommen.

So ist denn der Anfänger, ob es ihm nun paßt oder nicht, gezwungen, die Dienste eines kleinen Agenten in Anspruch zu nehmen, der genauso unsicher und fast so kenntnislos ist wie er selbst. Oder er fällt sogar einem dieser Schwindelagenten in die Klauen, die nur mit der Hoffnung Geschäfte machen und deren Haupteinkommen aus Lese-Honoraren stammt und aus den Gebühren, die sie ihren ›Klienten‹ für die Durchsicht und Revision von Manuskripten abknöpfen, eine Arbeit, von der jeder anständige Provisions-Agent von vornherein wüßte, daß sie zwecklos ist.

Der entscheidende Nachteil beim kleinen Agenten, der an sich ein richtiger Agent ist, liegt darin, daß er eben klein ist. Man nimmt ihn nur, weil man einen größeren und besseren nicht kriegen kann. Man weiß das sehr wohl, und er weiß es auch. Man bleibt nur so lange bei ihm, wie sich einem nichts Besseres bietet, und er behält einen als Klienten nur so lange, wie man unbedeutend ist. Loyalität gibt es da nicht, weil das Ganze keine Dauer hat. Von Anfang an ist die Beziehung, die man zu ihm hat, zweideutig. Und doch wird man in späteren Jahren, wenn man das geworden ist, was man so erfolgreich nennt, vielleicht mit einem Anflug von Heimweh auf diesen kleinen Agenten zurückblicken. Eine Provision von zwanzig Dollar bedeutete eine ganze Menge für ihn, weil er das Geld nötig brauchte, und Risiken einzugehen konnte er sich nicht leisten. Die Geschichte, die er an eine Boulevard-Zeitschrift verkaufte, hätte es, nach ein bißchen sorgfältiger Glättung, unter Umständen auch beim *Cosmopolitan* oder beim *Red Book* geschafft. Aber der große Markt war reine Glückssache, und hier hatte er eine Boulevard-Zeitschrift an der Hand, die ihm Geld hinhielt, und überdies lag ihm seine Sekretärin wegen einer kleinen Anzahlung auf ihr längst überfälliges Gehalt in den Ohren.

Man machte ihm keine Vorwürfe und hätte es selbst dann nicht getan, wenn man gewußt hätte, was in seinem Kopf vorging. Man brauchte das Geld ja ebenfalls. Außerdem mochte man den Burschen ganz gut leiden. Er tippte seine Briefe überwiegend selbst, grad wie man's auch tun mußte, und es waren nette, warmherzige, ermutigende Briefe. In einer einfacheren Welt hätte man vielleicht gut Freund mit ihm sein können. Aber den Abschluß mit der MGM, den hätte er einem natürlich nie und nimmer zu beschaffen vermocht.

Damit wäre ich, ohne sonderliche Ungeduld, bei der Orchidee des Berufs angelangt – dem Hollywood-Agenten –, einem schärferen, gerisseneren und wesentlich skrupelloseren Praktiker. Das ist ein Bursche, der wirklich alles mit der Persönlichkeit macht. Er ist gut angezogen und fährt einen

Cadillac – oder irgendwer fährt ihn für ihn. Er hat ein Grundstück in Beverly Hills oder Bel-Air. Man weiß von ihm, daß ihm eine Jacht gehört, und unter Jacht verstehe ich da keineswegs einen Kabinenkreuzer. An der Oberfläche hat er eine ganze Menge Charme, weil er den braucht in seinem Geschäft. Darunter hat er ein Herz, so groß wie ein Olivenkern. Er geht mit großen Geldsummen um. Seine Spesen sind enorm. Er lädt einen zum Essen bei Romanoff oder Chasen ein, ohne damit länger zu zögern, als für ihn notwendig ist, um die Provisionen zusammenzurechnen, die er in den letzten sechs Monaten aus einem herausgeholt hat. Er betreut auch teure Talente, da er, von seltenen Ausnahmen abgesehen, nicht ausschließlich Schriftsteller vertritt. Das gibt ihm Prestige beim Umgang mit Leuten, die nach Talenten förmlich ausgehungert sind, obwohl sie einen solchen Haufen Geld haben, daß sie sich leicht welche kaufen könnten.

Er ist hart und von grober Art, und es ist ihm egal, wer alles das weiß. Er denkt sich unter Umständen eine gänzlich neue Vertragsform aus und setzt sie gegen riesige Widerstände durch. Er macht selten ein schlechtes Geschäft nur aus Angst, überhaupt kein Geschäft zu machen. Sein Prestige als Unterhändler steht auf dem Spiel, und die bloße Aussicht auf seine Provision wird ihn nie so weit treiben, daß er sich gestattet, sich in einem Handel drücken zu lassen. Er operiert in einer harten Welt.

Der Hollywood-Agent zahlt einen hohen Preis für seine Fähigkeit und Härte als Händler. Er geht mit Talenten hausieren, aber Talent als solches respektiert er selten; er versteht es nicht einmal. Er hat es einzig und allein mit dem Marktwert zu tun. Qualität interessiert ihn nicht, nur das Preisschild. Selbst innerhalb der engen Grenzen seiner eigenen Tätigkeiten kann er das Gute nicht vom Schlechten unterscheiden, bloß das Teure vom Billigen. Er hetzt durch die Studios, die Restaurants und die Nachtklubs, die Ohren dauernd nach Klatsch und Tratsch gespitzt und die Augen unentwegt und rastlos auf der Suche nach einem neuen oder wichtigen Gesicht. Es gehört für ihn zum Geschäft, daß er weiß, was vorgeht, denn viele seiner erfolgreichsten Unternehmungen sind von einem Stückchen interner Information abhängig gewesen, die eigentlich nichts weiter war als Hintertreppengeschwätz. Wenn eine Produktionsfirma etwas kaufen will, muß er unbedingt wissen, warum, zu welchem Zweck und auf wessen Anweisung hin, und ob der Unterhändler der Direktion einen Blankoscheck in der Tasche hat oder nur im Kopf die Order, auf keinen Fall abzuschließen, wenn er nicht billig abschließen könne.

Kein Schriftsteller, der seine Interessen selber wahrnimmt, könnte mit dieser Situation fertig werden, selbst wenn die Struktur der Filmindustrie es ihm erlaubte, was sie aber nicht tut; denn in Hollywood werden Geschäfte grundsätzlich mit Wort und Handschlag abgeschlossen, auch wenn es danach noch Wochen dauern kann, bis die verwickelten Verträge, in denen sie fixiert sind, schriftlich vorliegen. Sind sie auf diese Weise, nämlich mündlich, abgeschlossen, so müssen sie endgültig sein, obwohl rein juristisch beide Parteien noch bis zum Augenblick der Unterzeichnung des Vertrags davon zurücktreten können. Um diese Endgültigkeit zu erreichen, müssen Ruf und Wort eines Agenten mit in der Waagschale sein. In den üppigen Tagen Hollywoods haben viele Agenten, das steht außer Frage, bei weitem zuviel Geld gemacht. Zehn Prozent vom Verkaufserlös eines literarischen Besitztums könnte man zur Not ja noch für angemessen halten, aber zehn Prozent vom Gesamtgehalt eines siebenjährigen Anstellungsvertrags – das grenzte ja doch schon so ziemlich an Diebstahl.

Da dieselben ausgekochten Methoden beim Rundfunk herrschten und heute beim Fernsehen herrschen, war es nur natürlich, daß die einstmals persönliche, freundliche und vertraute Beziehung zwischen dem Autor und seinem Provisionsvertreter allmählich zum rein geschäftlichen Verkehr mit einem Menschen wurde, den man sich mehr oder weniger auf Armeslänge vom Leib hielt, dem man nie so ganz und oftmals überhaupt nicht traute. Die fetten Profite, die sich in Hollywood und beim Rundfunk machen ließen, brachten einen neuen Typ von Mittelsmann ins Geschäft – einen Scharfschützen mit nur geringen Skrupeln, dessen Tätigkeit sich über das gesamte Gebiet der Unterhaltungsindustrie erstreckte. Das Gesetz erlaubte ihm, sich als Firma ins Handelsregister eintragen zu lassen, was meiner Ansicht nach ein tödlicher Fehler war. Es hat die äußere Form des Beruflichen in Einstellung und Verantwortlichkeit gegenüber dem einzelnen Klienten völlig zerstört. Es ermöglichte eine Vielzahl raffinierter Manöver, durch die dem Agenten nach Steuerabzug ein ungleich größerer Haufen Geld verblieb, und es erlaubte ihm, sich fast unbemerkt in Geschäfte einzuschleichen, die mit Agenturarbeit gar nichts mehr zu tun hatten. Er konnte Pauschal-Gesellschaften gründen, die den Funkanstalten oder den Werbeagenturen komplette Programme lieferten, und die wiederum ließ er von Mitarbeitern erstellen, die er, manchmal unter einem anderen Firmennamen, als Agent vertrat. Er kassierte seine Provision dafür, daß er einem den Job verschaffte, und verkaufte dann den Job selber mit zusätzlichem Profit. Manchmal wußte man darüber Bescheid, manchmal auch nicht. Der wesentliche Punkt war jedenfalls, daß dieser praktische Mann nur noch dem Namen nach ein Agent war. Seine Klienten und ihre Arbeit wurden zum Rohmaterial eines Spekulationsgeschäfts. Er arbeitete nicht mehr für den Autor, sondern der Autor arbeitete für ihn. Manchmal wurde er sogar direkt dessen Arbeitgeber und zahlte ihm ein Gehalt, das er als Vorschuß auf künftige Provisionen bezeichnete. Die Provisionsvertretung war immer noch Grundbestandteil seiner Unternehmungen, denn ohne die alte Kontrolle über die literarische Produktion hätte er keine Backsteine gehabt, um seine Mauer zu bauen; aber der einzelne bedeutete nichts mehr für ihn. Der einzelne war bloß noch eine Handelsware und die ›Vertretung‹ des einzelnen kaum mehr als eine kleine Abteilung in einem riesigen Unterhaltungsindustrie-Trust – einer Zusammenballung mächtiger Organisationen, die einzig und allein zu dem Zweck existierten, den kommerziellen Wert des Talents in jeder nur möglichen Weise auszubeuten, und das unter größtmöglicher Mißachtung aller künstlerischen oder geistigen Werte.

Solche Trusts, und es ist durchaus angemessen, sie so zu nennen, ungeachtet der Frage, ob sie sich juristisch klar definieren lassen, beherrschen das gesamte Feld der Unterhaltungsindustrie. Ihre Klientel umfaßt Schauspieler, Sänger, Tänzer, Mundharmonikaspieler, Schimpansendompteure und Hundedresseure, Leute, die auf Pferden über Klippen setzen oder aus brennenden Häusern springen, Filmregisseure und -produzenten, Musical-Komponisten und Schriftsteller sämtlicher Sparten, einschließlich jener wunderlichen, altmodischen Abart, die Bücher schreibt. Die Organisationen unterhalten Publicity-Abteilungen, Reisebüros, Hotelreservierungsstellen, und gegen eine kleine zusätzliche Provision (oder vielleicht auch ohne, wenn man ihnen wichtig genug ist) besorgen sie einem auch noch die privaten Geschäftssachen, machen einem die Buchführung, tüfteln aus, was man von der Einkommensteuer zurückzubekommen hat, und beschaffen einem die nächste Scheidung. Selbstverständlich muß man nicht unbedingt ihr Klient werden, aber die Verlockungen sind schon arg groß. Und wenn sie einen dann auf die Funktion eines Roboters reduzieren, was sie am Ende unweigerlich tun, machen sie's gewöhnlich auf die liebenswürdigste Weise, weil sie sich immer leisten können, gutgekleidete junge Männer zu beschäftigen, die über ein permanentes Lächeln verfügen.

Altmodische New Yorker Literaturagenten werden kaum mit ungemischten Gefühlen der Aussicht entgegensehen, Abteilungsleiter in irgendeinem riesigen, unpersönlichen Industrieunternehmen zu werden, dessen einziges Anliegen der schnellverdiente Dollar ist. Sie sind zum größten Teil zeit ihres Lebens seriöse und anständige Leute gewesen. Trotzdem müssen sie auch essen, und man kann es ihnen nicht verargen, daß sie's möglichst nah an der Stelle tun möchten, wo das Fleisch am saftigsten ist. Um das zu können, müssen sie sich wohl oder übel mit der Unterhaltungsindustrie einlassen und mit den Talente-Trusts, von denen sie ihr Futter bezieht. Und mit Wölfen kann man nun einmal nicht auskommen, ohne mit ihnen zu heulen. Die besseren Vertreter der Branche sind vielleicht imstande, ihre Unabhängigkeit noch eine Zeitlang zu wahren; sie verhalten sich ihren Klienten als Individuen gegenüber vielleicht noch einigermaßen gewissenhaft; sie sind vielleicht immer noch der Zündfunke für erfolgreiche und sogar piekfeine literarische Karrieren. Aber die Talente-Trusts schnappen ihnen dauernd nach den Hacken in ihrer Gier nach Provisionen und ihrem Bestreben, jedes noch so kleine Bißchen, das die stetig wachsende Unterhaltungsindustrie nutzen muß, zu kontrollieren und zu manipulieren. Wo das Geld ist, sammeln sich die Schakale, und wo sich die Schakale sammeln, muß gewöhnlich etwas sterben.

Vermutlich werden die literarischen Agenten mit dem düsteren Bild, das ich entworfen habe, nicht einverstanden sein. Da sie in der Vergangenheit mit den großen Verlagskonzernen und mit den räuberischen, aber immer auch unsicheren und verwirrten Großmogulen von Hollywood unter gar nicht unebenen Bedingungen Geschäfte gemacht haben, denken sie, das werde sich auch weiterhin bei noch so großer Machtkonzentration des Partners wohl machen lassen. Natürlich hoffe ich, daß die Agenten recht behalten. Ich bete zu Gott, daß sie recht behalten mögen. Jeder freie Schriftsteller, der das nicht tut, ist entweder ein Schwachkopf oder bereits unheilbar korrumpiert.

13. Februar 1952

An Miss Wilma Shirley Thone[1]

... Die Erfahrung mit dem ›Agenten‹, den Sie erwähnen, müßte Ihnen eigentlich diesmal die Augen dafür geöffnet haben, was von der Sorte Menschen zu erwarten ist, die sich um unbekannte oder noch nicht etablierte Schriftsteller als Klienten bemühen. Die Wälder sind voll von solchen Typen und werden auch weiterhin voll davon sein, solange das Land voll von Möchtegern-Schriftstellern ist, die bereit sind, ihnen unverdiente Honorare in der schwachen, aber verzweifelten Hoffnung zu zahlen, sie könnten auf diese Weise einmal etwas irgendwie und irgendwo an eine bessere Zeitschrift verkaufen.

Es klingt vielleicht ein bißchen rabiat, aber wenn man mit dem Schreiben anfängt, ist man ohne Agenten besser dran, jedenfalls bis man in irgendeiner anständigen Zeitschrift soviel Zeug veröffentlicht hat, daß ein richtiger Agent sich für einen zu interessieren beginnt, nicht bloß irgendein Schwindler. Wenn man das Stadium erreicht hat, lohnt sich der Agent, denn er wird einem bessere Honorare verschaffen, weil er weiß, welche Honorarmöglichkeiten bestehen, er wird die Rechte, die man hat, so wahrnehmen, wie man es selber, schon aus mangelnder Sachkenntnis, vermutlich gar nicht könnte, und er wird vielleicht in irgendwelchen Seitengäßchen, in denen man es selber nie im Leben versuchen würde, sehr annehmbare Abschlüsse tätigen. Aber wenn er den kämpfenden Schriftsteller verträte, der grad noch dabei ist, den Durchbruch zu versuchen, wovon in aller Welt sollte er dann seinen Lebensunterhalt bestreiten?

[1] Aus Clyde, Ohio.

10. März 1952
An H. N. Swanson

Was meinen Sie damit, ich sollte einen Werbevorspann für einen Film mit dem Titel *The Ragged Edge* machen? Wollen Sie, daß ich mich mit blasierter Miene hinter einen geborgten Schreibtisch setze, starr in die Kamera blicke und irgendeinen Kokolores vom Stapel lasse? Oder soll ich das Zeug bloß schreiben, für fünfzig Dollar die Woche vielleicht, wie ein Werbefex? Ich glaube, die Sherlock-Holmes-Krawatte, die Sie mir geschickt haben, ist Ihnen zu Kopfe gestiegen. Aber im Ernst, das einzige, was mich an diesem Angebot interessiert, falls man es ein Angebot nennen kann, ist die Tatsache, daß es Leute gibt, die sowas von mir haben wollen. Die sind doch total meschugge. Mein Publicity-Wert ist ungefähr so groß wie der einer Schmetterlingslarve. Ich glaube, in den fünfeinhalb Jahren, die ich nun schon in La Jolla wohne, hat mein Name noch nicht ein einzigesmal in der Lokalzeitung gestanden.

14. November 1952
An Mr. Sheppard[1]

Was ist denn eigentlich aus meinen Fotos geworden – den Dingern, die diese russisch-armenische Dame mit dem Kittel und der Apachenfrisur am 6. Oktober gemacht hat? Sie erinnern sich doch, die Abzüge sollten Ihnen am folgenden Freitag zugeschickt werden.

Ich bin aus langer Erfahrung sehr empfindlich geworden bei Fotografien. Ich bin kein süßes flauschiges Küken, und es ist leicht, Bilder von mir zu machen, auf denen ich ziemlich garstig aussehe. Von aller persönlichen Eitelkeit einmal abgesehen bin ich überzeugt, und zwar weil ich selber zum lesenden Publikum gehöre, daß schlechte Fotos schlecht fürs Geschäft sind.

---

[1] Vom Verlag Hamish Hamilton Ltd.

Meiner Ansicht nach schenken die Verleger diesem Umstand nicht genügend Aufmerksamkeit. Ich bin, und zwar entschieden, der Meinung, daß eine dürftige Fotografie schlimmer ist als überhaupt keine. In seinen Büchern muß der Autor, wenn er's zu was bringen will, dem Publikum eine anziehende Persönlichkeit präsentieren. Die kann durchaus künstlich sein und ist es auch oft, ein Etwas, dem der Autor als Mensch im Leben nicht zu entsprechen vermag. Aber immer und immer wieder zerstören die Verleger die Wirkung, die der Autor mühsam mit seinen Büchern erreicht hat, dadurch, daß sie ein Foto von ihm veröffentlichen, auf dem er als eingebildeter Affe herumhockt oder als plattgesichtiger Homunkulus, dem man nach der Miene, die er zieht, nicht einmal die Fähigkeit zutrauen würde, sich im BBC über das Liebesleben der Schmetterlinge zu verbreiten ...

Undatiert, 1954
An Hardwick Moseley
Dem Abschluß mit Bantam Books steht meinerseits nichts im Wege, wenn ich die Garantie nicht unterschreiben muß. Eine derartige Unverschämtheit ist mir im Leben noch nicht vorgekommen. Die großen Funkanstalten haben immer so eine Garantie gefordert, und ich habe mich ebenso immer geweigert, sie zu unterschreiben, und es auch nie getan. Bis jetzt hat mich noch nie jemand in dieser Hinsicht angegriffen, und doch enthält jedes meiner Bücher das, was von meinen scharfsinnigeren Freunden als »dünn maskiertes Porträt irgendeiner allbekannten Lokal-Persönlichkeit« bezeichnet wird. In jedem Fall war dieses dünn Maskierte das Porträt eines Menschen, von dem ich nicht einmal wußte, daß es ihn wirklich gab. In *The High Window* habe ich einen italienischen Leichenbestatter aus Bunker Hill, der nebenbei auch noch in Politik macht. Also was sagt der Mensch *da*zu, es gab tatsächlich einen italienischen Leichenbestatter in Bunker Hill, der sich nebenbei politisch betätig-

te, und zwar mit ziemlich krummen Touren. Aber ich hatte nie ein Sterbenswort von ihm gehört. Ich hatte ihn erfunden. Das ist vermutlich eine alte Geschichte. Aber wenn man wirklich mal eine allbekannte Person als Modell verwendet, dann merkt's wieder keiner.

1. März 1954
An Paul Brooks[1]

Eines Tages sollte mir mal jemand erklären, welche Idee eigentlich hinter den Schutzumschlägen steckt. Ich nehme an, sie sollen ein Blickfang sein, ohne den Verstand vor irgendwelche komplizierten Probleme zu stellen, aber Probleme bieten sie ja doch, und zwar solche der Symbolik, die einfach zu tief für mich sind. Wieso ist Blut an der kleinen Götzenfigur? Wieso die Götzenfigur überhaupt?[2] Was hat das Haar zu bedeuten? Warum ist die Iris des Auges grün? Geben Sie keine Antwort. Vermutlich wissen Sie's selber nicht.

23. März 1954
An Hardwick Moseley

Ich fühle mich hundeelend, vielen Dank, laboriere an einer dieser lausigen Virus-Infektionen herum, die die Ärzte erfunden haben, um ihre Unwissenheit zu kaschieren. Vor zwei Wochen habe ich deswegen Paul Brooks verpaßt, und es schüttelt mich immer noch. Auch ein *Time*-Fotograf, der mich unbedingt knipsen wollte, ist mir so erspart geblieben ... Es gibt keinen schlimmeren Mörder als so einen Blitzlicht-Künstler von der Presse. In London haben die Kerls ein Bild von mir gemacht, auf dem ich aussehe wie Grandma Moses, und ich habe mir geschworen, nie wieder eins machen zu lassen. (Übrigens, wo haben Sie bloß das gräßliche Ding her, das in Ihrem Frühjahrskatalog steht?)

[1] Lektor bei Houghton Mifflin Co.
[2] Auf dem Umschlag von *The Long Good-Bye*.

Bei *The Long Good-Bye* sollten Sie's schlauer anfangen als bei der *Little Sister*. Ich weiß durchaus, wie abscheulich die ganze Situation ist, aber ich weiß auch, daß die Verleger ihre Profite nicht bis in alle Ewigkeit aus dem Erlös-Anteil der Nachdrucke beziehen können, wenn überhaupt. Wer Romane schreibt, die schnell vergessen sind, ist einfach gezwungen, auf den Taschenbuchmarkt zu gehen. Wie zum Teufel können Sie erwarten, daß jemand drei Dollar für einen Kriminalroman hinlegt? Ich könnte vielleicht der beste Schriftsteller hier im Lande sein, und von zwei Ausnahmen abgesehen bin ich's höchstwahrscheinlich auch, aber ich bin eben doch bloß Kriminalschriftsteller. Zum erstenmal in meinem Leben hat man mich als Romancier besprochen, in der Londoner *Sunday Times* (aber Leonard Russell ist ein Freund von mir und aus Freundschaft vielleicht ein bißchen zu weit gegangen). Im BBC hat ein Grüppchen sogenannter Intellektueller über mich diskutiert (Dilys Powell war auch dabei und konnte kaum ein Wort anbringen), die größten Hohlköpfe, die sich je die Weste mit Suppe bekleckert haben. Aber hier drüben?

Vielleicht interessiert es Sie und betrübt Sie sogar, wenn ich Ihnen sage, daß ich aus Europa, speziell aus England, trotz der Währungssituation ein größeres Einkommen beziehe als aus den USA. Ihre Dezember-Abrechnung war ein Wimmern aus dem Leichenschauhaus. Ihr Gesamtabsatz der *Little Sister* (bei der Sie mit dem letzten Ding gleichzuziehen hoffen und das also offenbar zum Zeitpunkt Ihres Briefes noch nicht geschafft hatten) beläuft sich auf weniger als 17 000 Exemplare. In England waren es in derselben Zeit fast 30 000.

April 1954
An den Herausgeber von *The Third Degree*

Ich bin ganz und gar nicht einverstanden mit den Regeln über die Behandlung von Leser- und Verehrerbriefen, die

Helen McCloy[1] in einer der letzten Ausgaben von *The Third Degree* aufgestellt hat.

Wenn sie meint, daß die Verfasser solcher Briefe allesamt Psychopathen seien, so ist das schlicht ein Urteil, das die Ausnahme verallgemeinert. Einige sind es natürlich. Wenn ich (in letzter Zeit kam's nicht mehr vor) etwa einen Brief von einer Dame in Seattle bekomme, die mir mitteilt, daß sie Musik und Sex liebt und mich praktisch einlädt, zu ihr zu ziehen, so gibt es darauf sicher keine Antwort. Wenn ein Schuljunge um ein signiertes Foto schreibt, das er in seiner Bude neben die Bilder so hervorragender Persönlichkeiten wie Hedy Lamarr, Kaiser Franz Joseph und Dr. Crippen hängen will, so ignoriert man auch das. Und gelegentlich ist ein Verehrerbrief bloß der plumpe Versuch, sich ein Freiexemplar zu erschnorren – das sieht man dem Brief immer selbst schon an.

Intelligente Menschen schreiben intelligente Briefe. Ich habe sie aus aller Welt bekommen – und mindestens zwei Drittel davon waren höflich, freundlich und ziemlich schüchtern. Ich weiß wohl, daß ihre Beantwortung für einen Bestseller-Autor ein echtes ökonomisches Problem werden kann, aber für mich ist's das nie gewesen – so ein populärer Schriftsteller bin ich gar nicht. Und ich widerspreche entschieden Miss McCloys Diktum, daß der Leserbriefschreiber eo ipso abnorm oder psychopathisch veranlagt sei. Er ist vielleicht nur einsam, vielleicht einfach ein großherziger Mensch – oder vielleicht jemand, dem das Briefschreiben schlicht Spaß macht.

10. August 1954
An Dale Warren

... Die Besprechungen vom *Long Good-Bye* klingen viel besser als die Absatzziffern, die, soweit ich weiß, nur etwa

[1] Kriminalschriftstellerin.

215

ein Viertel der englischen betragen ... Es ist schon ein un-
heimliches Geschäft. Man bringt da drüben einen Roman zu
12/6 heraus, und kein Mensch kauft ihn außer den Bibliothe-
ken, es sei denn, es handelte sich um einen automatischen
Bestseller-Autor wie Daphne du Maurier. Man bringt das
gleiche Buch zu 10/6 heraus, und im Nu ist man 30 000
Exemplare los. Die Differenz beträgt zwei Shilling, und
für zwei Shilling kann man in London nicht einmal einen
anständigen Platz in einem Kino kriegen. Hier bei uns bietet der Verleger einen Kriminalroman zum Ladenpreis von
drei Dollar an, von dem er genau weiß, daß er viel zu hoch
ist fürs Publikum, wenn auch freilich von seinem eigenen
Standpunkt aus nicht annähernd hoch genug, und damit die
Ware auch schön elegant aussieht, druckt er das Ding auf
gutem Papier, bindet es gut ein und gibt noch einen teuren
Umschlag zu. Wahrscheinlich weiß kein Mensch genau, wieviel das Publikum eigentlich für ein Buch ausgeben würde,
freiwillig, den Einfluß der Bestseller-Listen und des Snob-
Appeals einmal beiseite gelassen, also wieviel ihm der reine
Wunsch, ein Buch zu lesen, wert wäre, aber meiner Vermu-
tung nach läge die oberste Grenze etwa bei fünfzig Cent.

Schließlich kaufe ich selber Romane nicht besonders oft,
ich kaufe nicht einmal die Bücher, von denen anzunehmen
wäre, daß sie ein spezielles Interesse für mich haben könnten. Sieht man das Ganze einmal vom Standpunkt der Zeit,
der Mühe und der Kosten, die in solchen Büchern stecken,
so sind sie eigentlich billig, sehr billig sogar bei den gegenwärtigen Preisen, aber sie sind nicht billig für den Burschen,
der bloß irgendwas zum Lesen sucht. Weit gefehlt. Und sie
sind nicht einmal dann billig, wenn sie gut genug sind, daß
es sich lohnt, sie ein zweitesmal zu lesen. Ich weiß keine Lösung für dies Problem, und ich nehme an, Sie wissen auch
keine. Ich weiß nur, daß ich ja ebenso zum Lesepublikum
gehöre, wie ich Schriftsteller bin, und daß ich mir einen
Kriminalroman für drei Dollar einfach nicht kaufe, auch

wenn ich's mir notfalls noch leisten könnte. Wenn ich einen lesen will, hole ich ihn mir aus der Leihbücherei. Gefällt er mir sehr gut, so kaufe ich ihn mir vermutlich, wenn er als Paperback herauskommt, und lese ihn dann zum zweitenmal.

Unser Land hat sich aufgrund seiner enormen wirtschaftlichen Begabung in eine Überproduktion hineingesteigert, die wahrscheinlich als Wirtschaftsform weiter anhalten wird. Die halbe Welt ist am Verhungern oder jedenfalls schlimm unterernährt, doch wir müssen praktisch jedes Jahr einen neuen Kühlschrank und ein neues Auto haben. Haben wir das nicht, fühlen wir uns minderwertig, weil man dieses Gefühl in uns weckt. Die Wirtschaftsform, die wir haben, kann nur fortbestehen, wenn die künstlich herbeigeführte enorme Vergeudung der Industrieprodukte fortbesteht. So eine Vergeudung bringt uns ein Krieg. In Friedenszeiten muß man versuchen, sie durch Werbung künstlich zu schaffen. Im Verlagsgeschäft geht das nicht, weil man da nichts in Zahlung nehmen kann. Ich blute für Sie, in mehr als nur einem Sinne.

1. September 1956
An Roger Machell

... Jamie schrieb mir einen langen und angenehmen Brief über Schutzumschläge, Druckfehler und einen großen Künstler (für Schutzumschläge), den ihm schon viele Kollegen per Bestechung haben abspenstig machen wollen. Dieses korruptionsfeste Genie hat den Umschlag zum *Long Good-Bye* entworfen. Ich mag ihn trotzdem immer noch nicht. Houghton Mifflins Umschläge neigen zu einer Extravaganz, deren Prinzip wahrscheinlich ist, eine Sache eher nur anzudeuten, als einen mit der Nase draufzustoßen. Sogar Paul Brooks, der Cheflektor dort, wußte nicht, was der letzte Umschlag eigentlich bedeuten sollte, aber bedeutend nahm er sich immerhin aus.

Was die Druckfehler betrifft, so ist das sonderbare Idiom, das ich schreibe, für englische Korrektoren offenbar eine harte Nuß, und manche Sachen werden wohl absichtlich von irgendeinem Setzer oder Korrektor in der Druckerei geändert, weil die Leutchen meinen, *ich* hätte einen Fehler gemacht. Zum Beispiel auf Seite 11, Zeile 8: da steht das Wort *wag*, das in diesem Kontext überhaupt keinen Sinn ergibt. Das richtige Wort war *vag*, Kurzform für *vagrant*; in unserem Staat hier, und in vielen anderen ebenfalls, kann ein Landstreicher bzw. jeder Mensch, der ohne sichtbare Mittel und ohne feste Adresse ist, vom Fleck weg verhaftet werden und für dreißig Tage hinter Gitter kommen. Aber wer immer das nun geändert hat (falls es nicht ein Fehler in meinem Skript war), er hat jedenfalls nicht gewußt, was ein *vag* war, und darum das *wag* dafür eingesetzt.

26. Oktober 1956
An Hamish Hamilton

... Roger und ich haben uns wegen Deiner Umschläge ein bißchen angefaucht, aber es verlief alles ganz liebenswürdig, und ich habe meine Meinung nicht im mindesten geändert. Hast Du Dir zum Beispiel jemals den Schutzumschlag zur *Little Sister* angesehen? Er zeigt eine ausgedörrte (also bei dem Wort bin ich immer unsicher – müßte es nicht besser ›ausgedorrte‹ heißen?) Lehrerin oder Bibliothekarin von so 38 bis 40 Jahren, die etwa so sexy ist wie eine Rattenfalle. Das kleine Mädchen war aber jung, und ohne Brille oder mit einer etwas hübscheren sah sie gut genug aus, um einem Lust zu machen, an ihr herumzufummeln. Eines Tages sollte sich ja spaßeshalber doch mal ein Umschlagzeichner der grauenhaften Tortur unterwerfen, das verdammte Buch zu lesen.

14. Januar 1957
An Helga Greene

... Mit Büchern ist es hier doch sehr schwierig. Der Verleger besteht darauf, fünfzig Prozent vom Erlös der Nebenrechte einzustreichen, und viele gar nicht schlechte Schriftsteller, die Kriminalromane, Abenteuergeschichten und andere Erzählsachen schreiben, die unter dem Begriff ›Hängematten-Lektüre‹ laufen, schließen direkt mit den Taschenbuchverlagen ab und bekommen das volle Honorar. Aber ich habe nicht das Gefühl, daß ich viel verliere, wenn ich mit einem Buchverleger Vertrag mache, denn er kann mit den Nachdruckern viel rabiater umspringen, als ich es könnte, holt viel größere Vorschüsse aus ihnen heraus als die Burschen, die direkt zu ihnen gehen, und obwohl der Erlös aus Bibliotheksausgaben im Vergleich zu England armselig ist – statt des Dreifachen betragen sie nur etwa die Hälfte –, springt ja doch einiges Prestige dabei heraus, wenn man bei einem Verlag erscheint, der sonst gar keine Detektiv- oder Kriminalgeschichten im Programm hat. Außerdem sind das da alles sehr nette Leute. Beim nächstenmal werde ich versuchen, ob sich die Nebenrechts-Prozente nicht 70 zu 30 teilen lassen. Kein Agent könnte das erreichen, weil es sich im Nu herumgesprochen hätte und der Agent es, hier jedenfalls, als Präzedenzfall bei seinen Verhandlungen für andere Klienten benutzen würde. Wohingegen ich, wenn ich's aufgrund meines Rufes und Ranges durchsetzen könnte, schon den Mund zu halten wüßte.

5. Oktober 1958
An Hardwick Moseley

... Ich bin immer noch der Meinung, daß die amerikanischen Verleger bescheuert sind, wenn sie keine billigen Ausgaben vom Originalsatz herausbringen, aber Sie werden ja vermutlich Ihre Gründe haben. Eine Frage, auf die ich gern eine Antwort hätte, ist die, warum ich nie, aber auch wirklich nie irgendein Buch von mir in den Taschenbuchständern sehe. In La Jolla gibt es einen Tabakladen, der zwei riesige Ständer mit Hunderten von Taschenbüchern hat – aber nichts von Chandler. Allmählich fange ich an zu glauben, daß der Einfaltspinsel auf dem Lieferwagen, der die absolute Entscheidungsgewalt über das zu haben scheint, was er auf die Ständer stellt, mich nicht leiden kann. In London kann ich in jede x-beliebige Buchhandlung gehen und finde da nicht nur die komplette Reihe der Penguins, sondern auch die Taschenbücher, die Jamie Hamiltons Verlag jetzt selber herausbringt. Hier sehe ich nur in sehr langen Abständen mal ein Buch von mir. Ich weiß, man folgt jetzt dem System, Bücher in bestimmten Abständen mit anderem Umschlag wieder aufzulegen, aber wie, zum Teufel, will man die Aufnahmefähigkeit des Marktes voll nutzen, wenn die Dinger für den Käufer gar nicht lieferbar sind?

Chandler über Katzen

An Charles W. Morton

... Ein Mann namens Engstead hat vor einiger Zeit für *Harper's Bazaar* ein paar Fotos von mir aufgenommen (warum, ist mir bis heute schleierhaft), und eins davon, das mich mit meiner Sekretärin auf dem Schoß zeigt, ist wirklich gut gelungen. Wenn das Dutzend Abzüge da ist, das ich bestellt habe, bekommen Sie einen. Die besagte Sekretärin, das sollte ich vielleicht hinzufügen, ist eine schwarze Angorakatze, 14 Jahre alt, und ich nenne sie so, weil sie, seit ich mit dem Schreiben angefangen habe, um mich gewesen ist. Gewöhnlich saß sie auf dem Papier, das ich grad benutzen wollte, oder auf dem Manuskript, das ich überarbeiten wollte; manchmal lehnte sie sich an die Schreibmaschine, und manchmal blickte sie auch nur ruhig von einer Ecke des Tisches aus dem Fenster, so als wollte sie sagen: »Das Zeug, was du da machst, ist reine Zeitverschwendung, mein Lieber.«

Sie heißt Taki (ursprünglich Take, aber wir kriegten es satt, immer wieder zu erklären, daß das ein japanisches Wort sei, das Bambus bedeute und zweisilbig gesprochen werden müßte), und sie hat ein Gedächtnis, wie es sich noch kein Elefant auch nur erträumt hat. Sie ist gewöhnlich höflich distanziert, aber von Zeit zu Zeit hat sie einen polemischen Anfall, und dann kriegt man geschlagene zehn Minuten lang was zu hören. Ich gäbe einiges drum, wenn ich wüßte, was sie einem dann sagen will, aber ich fürchte, es läuft am Ende alles auf eine sehr sarkastische Version des Satzes »Das hätte ich nicht von dir gedacht!« hinaus.

Ich bin mein Leben lang ein Katzenliebhaber gewesen (ohne damit etwas gegen Hunde zu haben, außer daß sie soviel Unterhaltung beanspruchen), und doch war ich nie richtig imstande, sie zu verstehen. Taki ist ein vollkommen ausgeglichenes Wesen und weiß immer, wer Katzen mag; mag einer sie nicht, so kommt sie nie auch nur in seine Nähe, und mag sie einer wirklich, so geht sie stracks auf ihn zu, ganz gleich ob sie ihn erst seit kurzem kennt oder gar überhaupt nicht ... Sie hat noch eine andere sonderbare Eigenart (die selten sein mag oder auch nicht), die nämlich, daß sie niemals etwas tötet. Sie bringt, was sie gefangen hat, lebendig an und läßt es sich dann wegnehmen. Sie hat schon mehrmals Tiere ins Haus gebracht, eine Taube etwa, einen blauen Sittich und einen großen Schmetterling. Der Schmetterling und der Sittich waren völlig unverletzt geblieben und flogen alsbald weiter, wie wenn gar nichts geschehen wäre. Die Taube hatte ihr ein bißchen Schwierigkeiten gemacht und infolgedessen einen kleinen Blutfleck auf der Brust, aber wir brachten sie zu einem Vogelmenschen, und schon ganz bald ging es ihr wieder gut. Bloß ein bißchen gedemütigt wirkte sie. Mäuse findet Taki langweilig, aber sie fängt sie, wenn sie's denn partout nicht anders wollen, und dann muß ich sie umbringen. Ein gewisses müdes Interesse bringt sie Goffern entgegen, und ein Gofferloch nötigt ihr durchaus einige Aufmerksamkeit ab, aber Goffer beißen, und wer, zum Teufel, will schließlich überhaupt einen Goffer haben? Also gibt sie sich einfach nur den Anschein, als könnte sie jederzeit einen fangen, wenn ihr danach wäre.

Wenn wir eine Reise machen, geht sie immer mit, egal wohin, behält alle Orte, an denen sie schon gewesen ist, im Gedächtnis und fühlt sich normalerweise überall wie zu Hause. Nur ein oder zwei gehen ihr gegen den Strich – ich weiß nicht, wieso. Sie hat sich da einfach nie eingewöhnen wollen. Nach einiger Zeit wußten wir genug, um den Wink zu verstehen. Es besteht die Möglichkeit, daß da einmal ein Axtmord verübt worden ist, und wir wären anderswo viel besser aufgehoben. Der Kerl könnte wiederkommen. Manchmal sieht sie mich mit einem ganz eigenartigen Ausdruck an (sie ist die einzige Katze meines Bekanntenkreises, die einem gerade und offen in die Augen sieht), und dann habe ich den Verdacht, daß sie ein Tagebuch führt, weil der Ausdruck zu besagen scheint: »Bruder, du glaubst wohl, du bist die meiste Zeit ziemlich gut, was? Ich überlege, wie dir wohl zumute wäre, wenn ich mich entschlösse, mal was von dem Zeug zu veröffentlichen, das *ich* so gelegentlich zu Papier gebracht habe.« Zu bestimmten Zeiten hat sie die Angewohnheit, eine Pfote locker in die Höhe zu halten und sie grübelnd zu betrachten. Meine Frau glaubt, sie will uns damit zu verstehen geben, daß sie eine Armbanduhr haben möchte; zwar hat sie die praktisch nicht nötig – ihr Zeitgefühl ist besser als meins – aber schließlich muß man ja auch etwas Schmuck haben.

Ich weiß gar nicht, wieso ich das alles hier schreibe. Es muß wohl daran liegen, daß ich im Moment an schlechthin nichts anderes denken konnte, oder – also jetzt wird die Sache doch unheimlich – bin überhaupt nicht ich es, der es schreibt? Könnte es sein, daß – nein, es muß doch ich sein. Sagen Sie, daß ich es bin. Mir wird bange.

9. August 1948
An James Sandoe

Ich bin fasziniert von der Katze, die uns Schlangen ins Haus bringt. Unsere Katze, die jetzt 17 Jahre alt ist und ziemlich träge, tat so was auch immer ... Sie ist eine schwarze Angora. Was haben denn Sie für eine? Oder haben Sie mehrere? Wir konnten uns nie eine zweite zulegen, weil Taki uns einfach nicht ließ. Einmal lasen wir in der Wüste ein streunendes Kätzchen auf und versuchten, es mit ins Haus zu nehmen, aber da wurde sie so rasend vor Wut, daß sie sich übergab. Also mußte das arme Kätzchen in der Garage schlafen und draußen essen, bis wir ihm eine neue

Heimat gefunden hatten. Auch ein Hund ist unmöglich. Nur Fische gehen, sonst nichts. Fischen gegenüber ist sie indifferent. Sie ist fürchterlich verwöhnt. Als wir das letztemal weggingen, schlug sie der Köchin die Brille von der Nase, und als wir wiederkamen, spuckte sie mich an und sprach zwei Tage lang kein Wort mit uns.

20. September 1948
An Charles W. Morton

... Habe ich Ihnen denn ein Bild von unserer Katze geschickt? Ich hatte sie gefragt, und sie sagte, zum Teufel mit Boston, sie wolle ihr Bild da nicht haben ... Also sagte ich ihr, in Boston, da erscheint das *Atlantic,* das als die allerintellektuellste Zeitschrift im Lande gilt, abgesehen von dem Avantgarde-Kram, den aber doch keiner liest außer den Kerls, die ihn selber schreiben. Die Katze sagte, zum Teufel auch mit dem *Atlantic;* der letzte Aufsatz, den sie zu lesen versucht hätte in dem Ding, wäre irgendwas über England gewesen (zum Teufel mit England) und von einem Kerl verfaßt, der wohl so eine Art Lehrer wäre an irgendeinem College oder so ähnlich, und der Kerl hätte nicht den Unterschied zwischen ›sich‹ und ›einander‹ gewußt. Kein Wunder, daß Ungebildete bei uns im Lande den Ton angäben und Kerls, die *Abie's Irish Rose* für einen Roman hielten.

Sie sagen, Sie würden durchaus einen Aufsatz über unsere Katze nehmen, vergeb's Ihnen Gott. Versuchen können Sie's ja mal, ob Sie sowas kriegen, einen Aufsatz über unsere Katze. Diese Katze hat nicht siebzehn Jahre lang bei uns gelebt, nur damit am Ende irgendein Nassauer daherkommt, vergeb's ihm Gott, und sagt, er würde durchaus einen Aufsatz über sie nehmen für sein gottverdammtes Gemeindeblättchen. Sobald er sich so einen Aufsatz ergatterte, über unsere Katze oder von unserer Katze oder auch bloß genehmigt von unserer Katze, würde er kopfunter am

Kronleuchter hängen, den Fuß im Mund. Zum Teufel mit ihm, sagt unsere Katze. Und wenn Ihnen das nicht paßte, sollten Sie sich an ihren Rechtsanwalt wenden.

23. September 1948
An James Sandoe

Unsere Katze wird langsam ausgesprochen tyrannisch. Wenn sie sich irgendwo allein fühlt, stößt sie ein Geheul aus, daß einem das Blut in den Adern gerinnt, und das hält sie durch, bis jemand angelaufen kommt. Sie schläft auf einem Tisch in der Seiten-Veranda und verlangt jetzt, daß man sie rauf und runter hebt. Sie kriegt abends gegen acht ihre warme Milch und fängt bereits um halb acht an, danach zu schreien. Wenn sie ihr Näpfchen endlich hat, trinkt sie ein bißchen, geht dann beiseite und setzt sich unter einen Stuhl; dann kommt sie wieder und schreit sich wieder die Lunge aus dem Leib, bis jemand sich neben sie stellt, während sie sich erneut der Milch zuwendet.

Wenn wir Gäste haben, sieht sie sich die Leute kurz an und trifft fast augenblicklich die Entscheidung, ob sie ihr sympathisch sind. Sind sie's, so spaziert sie zu ihnen hinüber und läßt sich dort auf den Boden plumpsen, grad weit genug von ihnen entfernt, um ihnen die Möglichkeit, sie zu kraulen, nicht allzu leicht zu machen. Sind sie ihr aber unsympathisch, so setzt sie sich mitten ins Wohnzimmer, wirft einen verächtlichen Blick in die Runde und geht dann daran, sich den Rücken zu putzen – oder vielmehr den verlängerten Rücken. Mitten in dieser reizenden Vorstellung hält sie ganz plötzlich inne, hebt den Kopf, ohne ansonsten ihre Haltung zu ändern (ein Bein kerzengerade gegen die Decke gerichtet), starrt in den Raum, um dabei irgendein abstruses Problem zu durchdenken, und widmet sich dann wieder der Reinigung ihres Hinterteils. Diese Arbeit wird stets in der öffentlichsten Weise verrichtet.

Als sie noch jünger war, feierte sie das Scheiden von Besuchern stets dadurch, daß sie wie wild durchs Haus raste, um schließlich mit einem Krallensprung auf der Couch zu landen, dem schönen Stück, das mit Baumwollbrokat bezogen und für Katzenkrallen wie geschaffen ist, da sich der Stoff leicht in Streifen herunterreißen läßt. Aber jetzt ist sie träge geworden. Will nicht einmal mehr mit ihrer Katzenminzen-Maus spielen, es sei denn, diese ist so niedrig gehängt, daß sie im Liegen damit spielen kann. Ich werde Ihnen ein Bild von ihr schicken. Leider bin ich auch mit drauf, aber darüber müssen Sie eben hinwegsehen.

Katzen sind sehr interessante Tiere. Sie haben einen enormen Sinn für Humor und fühlen sich, ganz anders als Hunde, weder verwirrt noch gedemütigt, wenn man über sie lacht. Es gibt in der Natur nichts Schlimmeres, als wenn man mit ansehen muß, wie eine Katze sich müht, aus einer halbtoten Maus noch ein paar letzte hoffnungslose Versuche, ihr zu entkommen, herauszulocken. Mein enormer Respekt vor unserer Katze gründet sich zum großen Teil darauf, daß ihr dieser diabolische Sadismus vollkommen fehlt. Als sie noch Mäuse zu fangen pflegte – wir haben seit Jahren jetzt keine mehr gehabt –, brachte sie die kleinen Tiere immer lebend und unverletzt an und ließ sie sich von mir aus dem Maul nehmen. Ihre Haltung schien dabei zu besagen: »So, hier hast du die verdammte Maus. Ich hab sie zwar fangen müssen, aber in Wirklichkeit ist sie dein Problem. Schaff sie gefälligst sofort weg.« Von Zeit zu Zeit durchstöbert sie sämtliche Schränke und Wandschränke nach Mäusen und veranstaltet so eine regelrechte Inspektion. Sie findet zwar nie mehr eine, aber offenbar hat sie das Gefühl, daß das zu ihren Pflichten gehört.

19. Dezember 1948
An Dale Warren

... Natürlich können Sie das Skript Charlie Morton zeigen. Unsere Korrespondenz steigert sich immer mehr in einen allerliebsten Ton unterdrückter Wut hinein. Angefangen hat das alles mit einer unglücklichen Bemerkung, die er über unsere Katze machte. Er gehört offenbar, bei all seinen vielen sonstigen Gaben, zu den Leuten, die nicht imstande sind, eine Katze von der anderen zu unterscheiden. Unsere Katze ähnelt der gewöhnlichen, von Abfällen ernährten, bei Nacht nach draußen geschickten Vertreterin der Gattung Felis nicht mehr als Louis B. Mayer einem Kommis in einem Delikatessenladen der Bronx – (oder ist das kein sehr glücklicher Vergleich?) Dann will ich's korrigieren und sagen: unsere Katze verhält sich zu einer gewöhnlichen Katze wie ein Alfa-Romeo-Sport-Zweisitzer zu einem Ford-Lieferwagen Modell A oder wie ein Rolls Silver Wraith zu einer Schubkarre. ... Ich habe einen Aufsatz für Charlie geschrieben, aber ich fürchte mich ein bißchen, ihm den zu schicken ...

Weihnachten 1948
Taki Chandler an Mike Gibbud, Esq., einen Siam-Kater nicht ganz reiner Blutlinie: Antwort auf einen überraschend erhaltenen Weihnachtsglückwunsch.

Lieber Mike,
verbindlichen Dank für Ihre Karte und die darin ausgesprochenen guten Wünsche, welche ich erwidere. Nicht erwidern kann ich hingegen die doch reichlich übertriebene Vertraulichkeit Ihrer Anredeform, denn soweit ich mich erinnere, sind wir uns nie offiziell vorgestellt worden. Was nun die Verdächtigungen betrifft, die Sie gegen Ihre ›alte Dame‹ aussprechen (versuchen Sie doch, auch hier von diesen plump-vertraulichen Manierismen loszukommen), so sind dieselben vermutlich zur Gänze unfundiert und aus einem gewissen Minderwertigkeitskomplex zu erklären, welcher wiederum das Produkt Ihres gemischten Blutes ist. Aber machen Sie sich dieser Dinge wegen nur keine Gedan-

ken. Unser ganzes Zeitalter ist von heraldischer Minderwertigkeit gekennzeichnet. Ein Schrägbalken im Wappen ist heute keine größere Schande, als er es im Mittelalter war. Ihr Vater mag ja durchaus ein Gentleman gewesen sein, selbst wenn Ihre Mutter keine Dame war. Ihr Rattenschwanz ist übrigens durchaus jetzt überall modern. Ich ziehe einen buschigen, aufrecht getragenen Schwanz vor. Sie sind Siamese, und Ihre Vorfahren haben noch auf Bäumen gelebt. Die meinen lebten in Palästen. Man hat mir gelegentlich zu verstehen gegeben, ich sei ein bißchen versnobt. Wie wahr! Ich bin es leidenschaftlich gern.

Kommen Sie doch gelegentlich einmal vorbei, wenn Sie ein sauberes Gesicht haben; wir werden dann den gegenwärtigen Weltlauf diskutieren, die Albernheit der Menschen, das Überhandnehmen des Pferdefleisches, obwohl wir doch ein zartes Lendenbeefsteak viel mehr zu schätzen wissen, und die uns beiden gemeinsame Schwierigkeit, Türen zur rechten Zeit geöffnet und Mahlzeiten häufiger und in kürzeren Abständen serviert zu bekommen. Ich habe meine Leute jetzt immerhin auf fünfmal pro Tag gebracht, aber es bleibt doch noch vieles reformbedürftig.

Was Ihren abschließenden Grußwunsch »Glückliche Mäusejagd!« betrifft, so können Sie bei seiner Niederschrift nicht ganz nüchtern gewesen sein. Katzen meines Geblüts jagen keine Mäuse.

4. Dezember 1949
An James Sandoe
Max Miller[1] fand neulich eine Katze mit einer Coyotenfalle am Fuß. Wir mußten ein ganzes Stück durch Bärentraubengestrüpp kriechen, um an sie ranzukommen, und der Fuß des armen Tiers war voller Maden, es muß die Falle

---

[1] In La Jolla lebender Schriftsteller.

schon tagelang mit sich geschleppt haben. So sanft, kein Krallen oder Heulen, als wir ihm die Falle abnahmen. Mich verfolgt der Gedanke an sein fast unvermeidliches Ende, denn ich kann den Eigentümer nicht ausfindig machen. Es hat noch zwei Zehen behalten können und erholt sich beim Tierarzt ganz prächtig, aber ich kann es ja bei mir nicht aufnehmen, und was, zum Teufel, bleibt dann noch übrig? Ein großer, liebevoller Kater, ganz mit Narben übersät von vielen Kämpfen, nichts Winselndes in seinem Charakter, und doch keine Bleibe, niemanden, der sich seiner annehmen und ihm ein Zuhause geben wollte.

16. Dezember 1949
An James Sandoe

Dem Kater, der sich in der Falle verfangen hatte, geht es gut. Er hat den Namen König Zweenzeh bekommen. Man hat ihn seiner Männlichkeit beraubt, denn er hat genug Kämpfe durchgemacht, und sein rechter Fuß taugt nicht mehr besonders zum Kämpfen. Und er hat jetzt eine Bleibe. Nicht bloß einen Unterschlupf, sondern ein richtiges Zuhause.

26. Januar 1950
An Hamish Hamilton

Ich habe da wohl irgendwas gesagt, was Dich auf den Gedanken gebracht hat, Katzen seien mir verhaßt. Aber um Gott, Sir, einen so fanatischen Katzenliebhaber wie mich gibt es in der ganzen Branche nicht wieder! Wenn sie Dir verhaßt sind, werde ich unter Umständen Dich hassen lernen. Falls Deine Allergien daran schuld sind, will ich die Situation, so gut ich's kann, tolerieren. Wir haben eine schwarze Angorakatze, die jetzt fast 19 Jahre alt ist und die wir nicht für einen der riesigen Türme von Manhattan hergeben würden.

15. Dezember 1950
An H. N. Swanson

Unsere kleine schwarze Katze mußte gestern morgen eingeschläfert werden. Wir sind ganz gebrochen davon. Sie war fast 20 Jahre alt. Wir sahen es kommen, natürlich, hofften aber immer noch, sie könnte neue Kraft finden. Aber als sie zu schwach wurde, um sich noch auf den Beinen zu halten, und praktisch aufhörte zu essen, blieb nichts anderes mehr übrig. Man macht das jetzt auf eine wunderbare Art. In eine Vene des Vorderlaufs wird Nembutal injiziert, und das Tier ist einfach nicht mehr da. Es schläft in zehn Sekunden ein. Schade, daß man es mit den Menschen nicht ebenso machen kann.

9. Januar 1951
An Hamish Hamilton

... Unser Weihnachten war nicht besonders froh, da wir unsere schwarze Angorakatze verloren haben, die fast zwanzig Jahre bei uns gewesen war und so zu unserm Leben gehörte, daß wir uns jetzt geradezu fürchten, in das stille leere Haus zu kommen, wenn wir abends fort waren. Zufällig traf es sich, daß Elmer Davis, den Du vielleicht kennst, kurz vorher seine weiße Angorakatze verlor, General Gray. Und ich konnte mich so gut in ihn hineinfühlen (obwohl Taki damals noch gar nicht so krank war, daß wir uns wirkliche Sorgen um sie machten), daß ich ihm schreiben und mein Mitgefühl ausdrücken mußte. Ich habe mein Leben lang Katzen gehabt und immer gefunden, daß sie fast so unterschiedlich sind wie die Menschen auch und daß sie, ganz wie Kinder, großenteils so werden, wie man sie behandelt, höchstens daß es hier und da ein paar wenige gibt, die nicht verzogen werden können. Aber vielleicht gilt das für Kinder ebenso. Taki war von absoluter Ausgeglichenheit, was bei Tieren wie bei Menschen eine seltene Eigenschaft ist. Und sie war völlig frei von Grausamkeit, was noch seltener ist bei Tieren. Ich habe nie Leute gemocht, die keine Katzen mochten, weil in ihrer Gemütsanlage immer ein Element greller Selbstsucht zu finden war. Zugegeben, eine Katze bringt einem nicht die Art Liebe entgegen, die ein Hund einem schenkt. Eine Katze führt sich nie so auf, als ob man der einzige Lichtblick in ihrem sonst ganz trüben Dasein wäre. Aber damit ist nur auf andere Weise gesagt, daß die Katze kein sentimentales Wesen ist, was keineswegs bedeutet, daß sie etwa keine herzlichen Gefühle hätte.

10. Januar 1951
An James Sandoe

Dank für Ihren Brief und die Weihnachtskarte. Ich habe in diesem Jahr nichts verschickt. Wir waren ein bißchen mitgenommen vom Tod unserer schwarzen Angorakatze. Wenn ich sage, ein bißchen mitgenommen, dann ist das konventionelle Distanz. In Wirklichkeit war es eine Tragödie für uns...

5. Februar 1951
An Hamish Hamilton

Danke für alles, was Du über Katzen geschrieben hast und über Deine Freunde, die Katzenliebhaber sind. Nach einer Weile werden wir uns, denke ich, eine neue Katze zulegen oder lieber noch gleich zwei. Elmer Davis sagt, seine Frau und er haben sich entschlossen, keine neue mehr zu nehmen, weil sie wahrscheinlich länger leben würde als sie beide. Das scheint mir doch ein wunderlicher Gesichtspunkt zu sein. Er muß sich recht alt fühlen. Wenn es danach ginge, dürften Kinder nie Eltern haben, Frauen nie Männer heiraten, die zehn Jahre älter sind als sie selbst, niemand dürfte dem Wunsch nachgeben, ein Pferd zu besitzen oder überhaupt irgendwas, von dem ihm eines Tages Verlust droht. Wehe, wehe, wehe (ich glaube, ich zitiere da mehr oder weniger Ezra Pound), über ein kleines werden wir alle tot sein. Lasset uns deshalb so tun und handeln, als wären wir's bereits.

31. Oktober 1951
An James Sandoe

... Wie geht's denn Ihren sämtlichen Katzen? Wir haben eine neue schwarze Angora, die genau so aussieht wie unsere letzte, so aufs Haar genau, daß wir ihr auch denselben Namen gegeben haben, Taki. Er – denn es ist diesmal ein Er – wird ein großer Bursche werden, glaube ich, wenn er voll ausgewachsen ist, denn er wiegt schon jetzt mit sieben Monaten acht Pfund. Ich hatte vorher eine Zeitlang ein Siam-Kätzchen, aber der kleine Kerl krallte und biß alles in Fetzen, und seine Behandlung brachte soviel Schwierigkeiten mit sich, daß ich ihn dem Züchter zurückbringen mußte. Mir war dabei ziemlich schlimm zumute, denn er war ein liebevoller kleiner Teufel und steckte voller Leben. Aber er zerriß mir die Decken und zerriß mir die Anzüge und hätte am Ende wohl noch die gesamte Einrichtung ruiniert. Wir konnten ihn einfach nicht frei herumlaufen lassen, und eine Katze, die nicht frei laufen kann in unserm Haus, ist darin fehl am Platze. Auf der Straße lassen wir sie nie frei laufen, aber im Haus gehört ihnen alles.

Chandler über berühmte Verbrechen

14. Dezember 1951
An Carl Brandt
... Die Anregung im *American Weekly* ist schon interessant; das würde ja ganz in mein Fach schlagen, ›im Prinzip‹ jedenfalls, wie man in Händler- und Unterhändlerkreisen sagt ...

Die Wahl des Falles wäre sehr schwierig, da über die wirklich guten Fälle schon soviel geschrieben worden ist und die besten, mit denen ich genauer vertraut bin, sich in England ereignet haben. Drei der besten aller Zeiten, und gewiß meine drei Lieblingsfälle, aufgrund der durchweg vertrackten Problematik, der ungewöhnlichen Charaktere und des reichen Hintergrundes, sind: der Fall Wallace, der bei mir ›Der unmögliche Mord‹ heißen würde, der Fall Maybrick oder ›Warum merkt ein Arsenik-Esser nichts, wenn er Arsenik ißt?‹ und der Fall Adelaide Bartlett oder ›Der Mann, der keine halbe Stunde zu früh zum Frühstück aufstand‹. Der Fall Wallace ist das Non-plus-ultra aller geheimnisvollen Mordfälle, aber Dorothy Sayers hat ihn bereits richtig durchgebraten[1], und außerdem sind schon ganze Bücher darüber geschrieben worden. Vollkommen durchanalysiert worden ist er zwar immer noch nicht, aber was in dieser Hinsicht noch zu tun verbleibt, würde beim *American Weekly* vermutlich nicht viel Anklang finden. Der Fall Maybrick ist geradezu verteufelt knifflig. Selbst die reinen Fakten sind noch umstritten. Im Fall Wallace steht ebenfalls ein wichtiges Faktum noch zur Debatte, eine Zeitfrage. Von ihr hängt in einem Maße alles ab, daß Wallace, hätte man sich auf die eine Möglichkeit festgelegt, gar nicht ver-

[1] In *Anatomy of Murder*.

urteilt worden wäre, und hätte man sich für die zweite entschieden, so sprächen erst recht gar alle Umstände zugunsten seiner Unschuld. Ich bezeichne den Fall als den unmöglichen Mord, weil Wallace ihn schlechterdings nicht begangen haben kann – und ein anderer ebenfalls nicht. Der Fall Adelaide Bartlett ist relativ einfach zu berichten, wenn er sich auch vollendet blödsinnig ausnimmt. Er hat ein Happy-End – die Dame wurde für nichtschuldig befunden, obwohl ich persönlich der Ansicht bin, daß sie schuldig war. Aber der Spruch kam nicht durch die Überzeugungskraft des Entlastungsmaterials zustande, sondern durch die eines großen Anwalts. Für den berühmtesten amerikanischen Fall würde ich den der Lizzie Borden halten, aber er paßt mit Sicherheit nicht unter eine Überschrift wie ›Der wahre Mordfall, den ich gern erfunden hätte‹. Was an ihm so fasziniert, ist seine extreme Scheußlichkeit vor einem Hintergrund extremer Ehrbarkeit. Das eigentlich Geheimnisvolle daran ist nicht die Frage, wer die Morde begangen hat (darüber gibt es heute, glaube ich, wohl keine Zweifel mehr), sondern wie, zum Teufel, so etwas überhaupt passieren konnte – einmal angenommen, die bekannten Beteiligten waren beteiligt. Der einzige von all diesen Fällen, über den ich innerhalb des zur Verfügung stehenden Raums schreiben könnte, wäre der Fall Adelaide Bartlett, und eben der dürfte die Leute kaum interessieren.

Der Typusfall, den Sie sich wünschen, ist der eigentlich echte Rätselfall, will sagen einer, der sich zwar heute nicht mehr lösen ließe, über den aber genug Daten vorliegen, daß man ihn in beiden Richtungen streng logisch durchargumentieren könnte; oder aber einer, der wirklich gelöst worden ist, aber nur aufgrund einer besonders interessanten Verkettung von Umständen. Der betreffende Fall sollte nicht widerlich oder abstoßend sein. Er sollte auch nicht zu weit zurückliegen. Er sollte nicht auf die Feststellung hinauslaufen, daß die Polizei unfähig war oder mit unsauberen Methoden arbeitete (wie zum Beispiel im Fall Oscar Slater). Er sollte nicht, wie im Fall William Desmond Taylor, bloß darum ein Geheimnis geblieben sein, weil überhaupt keine adäquate Untersuchung stattfand. Es sollte ein Fall sein, in dem der Angeklagte, ob am Ende nun unschuldig oder schuldig befunden, voll auf seine Kosten kam und nicht nur einfach überfahren und abgeschlachtet wurde. Und es sollte vorzugsweise ein Fall sein, in dem eine kleine Verlagerung des Akzents dem Prozeß unter Umständen eine ganz andere Richtung gegeben hätte. Oder wo, wie ich schon sagte, die Verkettung der Anhaltspunkte selbst faszinierend wäre. Das alles umschreibt nur, was sich auch in einem Satz sagen ließe: es sollte ein Fall sein, der einen Roman wert gewesen wäre.

16. Januar 1952
An James Sandoe

... Was nun die Fälle betrifft, die Sie so freundlich ausgebuddelt und mir mitgeteilt haben, so scheint sich da bei Ihnen ein Mißverständnis festgesetzt zu haben, an dem ich wohl selber nicht ganz unschuldig bin, nämlich daß ich speziell einen Giftmordfall wollte. Das trifft gar nicht zu. Ich wollte bloß einen wirklich guten Mordfall, über den ein genauer Bericht zur Verfügung steht. Ein blitzeinfacher Fall wäre ungeeignet, es sei denn, die Ermittlungsarbeit war besonders knifflig und brillant oder ein seltsamer Zufall brachte die Lösung. Fälle, deren Hergang besonders abstoßend wirkt, will ich nicht, einmal beiseite gelassen, daß natürlich jeder Mord etwas Abstoßendes hat. Ich bevorzuge einen Fall, über den sich immer noch streiten läßt. Außer dem Fall Lizzie Borden, der aber schon zu Tode geritten ist, stammen alle guten Fälle, die ich kenne, aus England. Warum das so ist, weiß ich nicht, es sei denn, es läge daran, daß es in England eine solidere Tradition gibt, dergleichen zu dokumentieren. Ich will auch keinen bloßen Abklatsch von etwas liefern, was bereits ein anderer erschöpfend beschrieben hat, und ebensowenig gedenke ich stapelweise alte Zeitungen durchzuwühlen, selbst wenn ich genau wüßte, wo ich zu suchen hätte. Es muß ein Fall sein, bei dem ich mir ein paar eigene Gedanken gemacht habe oder machen könnte. Ich glaube, so etwas wie der Fall Wynekoop in Chicago wäre genau das Richtige. Aber woher kriegt man das Prozeßprotokoll und den Untersuchungsbericht? Eine ungefähre Beschreibung steht in dem Buch ›Morde in Chicago‹, aber danach kann ich nicht arbeiten. Dieser Fall hat, wie der Starr Faithful, das notwendige Rätsel.

Der Fall Maybrick

Der Fall Maybrick, einer der berühmtesten in der Rechtsgeschichte, ist heute immer noch umstritten.

Zum Zeitpunkt ihres Prozesses, im Juli 1889, war Florence Maybrick (geb. Chandler), eine Amerikanerin, acht Jahre mit James Maybrick verheiratet gewesen, einem wohlhabenden Baumwollmakler in Liverpool; sie war 26 und er 50; sie hatten zwei Kinder. Zu Beginn des Jahres ging Mrs. Maybrick eine intime Beziehung mit einem Mann namens Brierley ein und wohnte vorübergehend bei ihm in einem Londoner Hotel. Am 11. Mai starb Maybrick nach intermittierender Krankheit unter akuten Darmsymptomen. Er war neun Tage zuvor schwer erkrankt, nachdem er ein Mittagessen verzehrt hatte, das von seiner Frau zubereitet worden war.

Florence Maybrick wurde verhaftet, vor Gericht gestellt und verurteilt; aber das Urteil wurde in lebenslängliches Zuchthaus umgewandelt, und 1904 wurde sie entlassen. Sie starb 1941 in South Kent, Connecticut, im Alter von 78 Jahren.

Das Urteil ist häufig angegriffen und als Justizirrtum be-

*zeichnet worden. Der den Vorsitz führende Richter hatte
einen Schlaganfall hinter sich und war nicht immer im Vollbesitz seiner geistigen Kräfte; und obwohl die Obduktion
eine gewisse Menge Arsen in Maybricks Leiche ergeben hatte, lag kein stichhaltiger Beweis dafür vor, daß er daran gestorben war oder daß seine Frau es ihm verabreicht hatte.
Andererseits wurde auch ihre Unschuld nie zweifelsfrei festgestellt.*

*Chandlers starkes Interesse ging zum Teil auf die
Lückenhaftigkeit der Beweise im Hinblick auf die Todesursache zurück, zum Teil aber auch auf die Koinzidenz, daß
Mrs. Maybrick vor ihrer Eheschließung denselben Namen
getragen hatte wie seine Mutter – Florence Chandler.*

5. April 1948
An James Sandoe

Ich habe grad *The Trial of Florence Maybrick* in der
Reihe ›Denkwürdige Prozesse in Großbritannien‹ gelesen
und glaube, ich würde sehr gern einmal Levys Analyse des
Falles sehen; der Titel lautet wohl *The Necessity for Cri-
minal Appeal Illustrated from the Maybrick Case*. Auch
Patrick Quentins Aufsatz *The Last of Mrs. Maybrick* habe
ich gelesen; er steht in dem Taschenbuch ›Wahre Kriminalgeschichten‹, herausgegeben von Anthony Boucher.[1]

Offengestanden frage ich mich, ob Patrick Quentin *The
Trial of Mrs. Maybrick* überhaupt je gelesen hat. Er bezeichnet das Resümee des Richters als »zweitägige Tirade
von leidenschaftlicher Böswilligkeit und Frauenfeindlichkeit. In einer Rede, wie sie so voreingenommen wohl noch
nie in einem englischen Gerichtssaal gehalten worden ist,
nannte er die arme Mrs. Maybrick eine ›grauenhafte Frau‹
und brandmarkte sie als den Inbegriff sittlicher Verkom-
menheit.« Diese Bemerkungen stammen aber gar nicht aus

[1] Kritiker und Autor von Kriminalromanen.

dem Resümee, soweit ich sehe. Die ›grauenhafte Frau‹ ist meinem Auge vollständig entgangen, ebenso wie die Böswilligkeit und Frauenfeindlichkeit.

Die einzige wirkliche Kritik, die H. B. Irving[1] an dem Resümee übt, geht dahin, der Richter habe am Ende nicht ebenso, wie er's zu Beginn tat, die Geschworenen daran erinnert, daß es nicht zweifelsfrei erwiesen sei, daß Maybrick an Arsen-Vergiftung starb. Doch wenn er darauf am Schluß noch einmal ausdrücklich hingewiesen hätte, so wäre das praktisch einer Aufforderung an die Jury gleichgekommen, auf Nicht-schuldig zu erkennen; und ich glaube nicht, daß der Richter überzeugt war, Mrs. Maybrick sei nicht schuldig. Ebensowenig aber war er, meine ich, davon überzeugt, daß sie schuldig sei. Ich meine, es handelt sich da um einen der sehr wenigen Fälle dieser Art, wo der Richter selber sich nicht schlüssig war. Seine Bemerkungen über die Lücke im Strafgesetz, das der Angeklagten verbot, selber zu ihrer Verteidigung in den Zeugenstand zu treten und sich der Befragung und dem Kreuzverhör zu unterziehen, scheinen mir darauf hinzuweisen, daß er das Gefühl hatte, dies wäre der einzige Weg gewesen, auf dem sich dieses besonders schwierige Puzzle hätte lösen lassen.

In dem Resümee hat der Richter (bzw. wahrscheinlicher der Gerichtssaalreporter) ein paar Fehler bei den Daten gemacht sowie einen ziemlich schwerwiegenden bei der Mengenangabe des Arsens. Trotzdem steht des Richters Respekt vor den Fakten in markantem Kontrast zu Patrick Quentins sorglosem Umgang mit ihnen. Zum Beispiel sagt er: »Ihr Starzeuge, Mr. James Heaton, der Apotheker, bei dem sich Mr. Maybrick beständig seinen Schluck *liquor arsenicalis* gekauft hatte ...« Das ist die Unterstellung einer Tatsache, die niemals eindeutig erwiesen wurde. Die Verteidigung plagte sich weidlich ab, darzutun, daß Maybrick noto-

[1] In der Reihe ›Denkwürdige Prozesse in Großbritannien‹.

rischer Arsenik-Esser gewesen sei, und ganz offenbar war es ein Faktum, daß sich eine Menge Arsen im Haus befand. Soviel davon, daß man sich in der Tat fragt, warum Mrs. Maybrick dann in der Gegend herumlaufen und Fliegenpapier kaufen mußte, das Arsen enthielt; der Richter hat auf diesen Punkt sehr sorgfältig hingewiesen. Und wenn all dies Arsenik im Haus war, warum mußte Maybrick dann in den Drugstore gehen und es sich in kleinen Dosen als Stärkungsschnäpschen kaufen? Nun gab es ja keinerlei stichhaltigen Beweis dafür, daß Maybrick überhaupt Arsen genommen hatte in letzter Zeit; aber wenn er's nehmen wollte, dann hatte er's jedenfalls im Hause und mußte nicht erst sonstwo hingehen, um es sich zu kaufen.

Da Maybrick bekanntermaßen viel Magenbeschwerden hatte und zur fraglichen Zeit an einer schweren Darmverstimmung litt, was ist dann so absurd an der Vermutung, seine Frau habe ihm ein bißchen Arsenik ins Essen getan, um sicherzugehen, daß er's nicht etwa überstand? Die Wirkung selbst einer sehr kleinen Dosis wäre bei einem Mann in seinem Zustand katastrophal; das könnte sehr wohl erklären, warum solch eine kleine Dosis ihn tötete, wenn es das Arsen *war*, was ihn tötete. Aber der Innenminister trifft die sehr bewundernswerte Feststellung, es liege, selbst wenn sie ihm das Arsenik eingegeben habe, kein stichhaltiger Beweis dafür vor, daß dieses Arsen seinen Tod herbeigeführt habe. Er wäre möglicherweise ohnehin gestorben, auch wenn sie in dieser Richtung weniger Ehrgeiz und Tatkraft entfaltet hätte, einfach weil er schon so weit hinüber gewesen sei, daß das Arsen keine entscheidende Wirkung auf das Ergebnis mehr habe üben können.

Ich bin selber richtig ratlos. Ich glaube, dieser Fall lohnte die gleiche dichte Analyse, die Dorothy Sayers dem Fall Julia Wallace gewidmet hat[1]. Vielleicht hätte ich sogar selber

[1] Enthalten in *Anatomy of Murder*.

die Geduld, das zu machen. Schließlich hieß meine Mutter nach ihrer Verheiratung Florence Chandler...

12. Mai 1948
An James Sandoe
... Der Fall Maybrick wird langsam immer verwirrender. In rein juristischer Hinsicht bleibt nur wenig offen, es sei denn die Frage, ob man die Frau überhaupt wegen Mordes hätte verurteilen dürfen, denn es ist ja nie zweifelsfrei bewiesen worden, daß Maybrick infolge einer ihm beigebrachten Dosis Arsenik starb. Doch selbst hier wäre der moralische Aspekt zu berücksichtigen, rechtlich wie auch prozeßtechnisch, und zwar im Hinblick auf die Zeit. 1889 war die Strafjustiz zwar nicht mehr so barbarisch, wie sie es 1840 war, aber sie war auch noch nicht so aufgeklärt, wie sie es heute ist.

Die Frage, die mir Kopfzerbrechen bereitet, lautet: woran ist der Mann gestorben? Da Arsenik in seiner Leiche nachgewiesen wurde, muß man von drei Möglichkeiten ausgehen: entweder nahm er es selbst, oder es wurde ihm von Mrs. Maybrick auf seine Bitte hin gegeben, ohne daß sie wußte, was sie tat, oder Mrs. Maybrick gab es ihm vorsätzlich... Wenn man nun einmal, nur für den Augenblick, annimmt, daß niemand ihn vergiftete, auch er selbst sich nicht, und daß die Arsenmenge in seinem Körper nicht tödlich war und auch nicht tödlich hätte sein können, dann möchte ich doch gern wissen, woran er dann gestorben ist! Haben Sie schon einmal gehört, daß jemand an einer akuten Gastritis idiopathischen Ursprungs gestorben ist, wenn keine Ulcus-Perforation vorlag?... Sicher sterben hin und wieder Leute an Lebensmittelvergiftung, aber für eine Lebensmittelvergiftung ist das medizinische Bild des Falles offensichtlich nicht charakteristischer als für eine Arsenvergiftung.

Der ganze Fall ist die Tragödie eines schlechten Gerichtsverfahrens, aber das war nicht Schuld des Richters, der ja nicht nach Belieben eingreifen konnte. Der Richter hat Fehler gemacht, sicher, aber das haben alle anderen auch, und immerhin hat er auf die Mängel in der Strafprozeßordnung hingewiesen, die sehr gravierenden Mängel, die damals bestanden und die in der Folge, ich weiß nicht wann, beseitigt worden sind.

8. August 1948
An Dale Warren

... Zufällig habe ich mich, ein sonderbares Zusammentreffen, seit einer ganzen Weile mit dem Fall Maybrick selber ausführlich befaßt. Ich bin so ziemlich davon überzeugt, daß die Dame schuldig war. Wollen wir uns ein bißchen in die Haare geraten darüber?

Ihr Geständnis habe ich übrigens nie gesehen; Sie verstehen darunter, nehme ich an, nicht ihre Aussage vor Gericht, sondern irgendein späteres Dokument. Nicht klar ist mir die Frage, und ich halte das für einen sehr wichtigen Punkt, wann sie erfuhr, daß ihr Brief an Brierley abgefangen worden war ... Ich meine, der Richter hat sie eher für schuldig als für unschuldig gehalten, aber die Verwirrung in seinem Kopf ging nicht gänzlich zu Lasten beginnender Demenz. Sie zieht sich durch den gesamten Fall.

2. September 1948
An Dale Warren

... Der eigentliche Dreh in der Maybrick-Sache liegt für mich in der entzückenden Doppelgleisigkeit der Verteidigung. Der Mann ist nicht an Arsenvergiftung gestorben; er hatte das Zeug seit eh und je löffelweise gegessen und hat es auch diesmal selber genommen.

Natürlich haben die Mediziner miserable Arbeit geleistet, nach unseren Maßstäben. Der Nachweis wäre durchaus möglich gewesen, nicht nur ob er seit längerem schon und auch in letzter Zeit Arsenik-Esser gewesen war oder nicht, sondern auch wie lange er das Zeug schon genommen hatte. Nun, das könnte man bis in alle Ewigkeit fortspinnen. Das Ganze wird sich jetzt wohl nie mehr klären lassen. Es wäre interessant, wenn auch kaum der Mühe wert, die Beweisführung für die Theorie zu konstruieren, daß sie schuldig war. Aber schließlich ist das schon geschehen, nur andersherum. So geht das immer. Und kein Mensch schreibt ein Buch über einen berühmten Fall, nur um nachzuweisen, daß die Jury den richtigen Spruch gefällt hat.

Aus Chandlers Arbeitsnotizen
Pro und contra Maybrick

Pro

1. Mrs. Maybrick gab selber Veranlassung, daß der Arzt vorgeladen wurde.
2. Die Ärzte hatten keinerlei Verdacht auf Arsenik, bis sie hörten, daß die Anklage dies unterstellte.
3. Maybrick war Arsenik-Esser und hätte eigentlich selber auf den Arsen-Verdacht kommen müssen. Es ist aber keine Äußerung von ihm bekannt, die auf diesen Verdacht hinwiese.
4. Der Krankheitsverlauf war nicht typisch für Arsen-Vergiftung.
5. Mrs. M. machte keinen Versuch, das Fliegenpapier zu verheimlichen.
6. Es war weißes Arsenik im Haus; folglich brauchte sie das Fliegenpapier gar nicht.
7. Sie hatte schon lange vor M.'s Todeskrankheit versucht, einen Arzt zu finden, der Maybrick von seiner Sucht nach dem Gift abbringen sollte.
8. Sie hatte kurz zuvor erst ein arsenhaltiges Gesichtswasser benutzt.

9. Der medizinische Beweis scheidet aus.
10. M. starb an subakuter Vergiftung, wenn er überhaupt an Arsenik starb. Wenn Mrs. M. ihn vergiften wollte, hätte es den Umständen nach nahegelegen, ihm eine ordentlich große Dosis zu verpassen, an der er dann viel rascher gestorben wäre als erst nach acht oder neun Tagen. Sie war keine erfahrene Giftmischerin . . ., und die Bestimmung der Mindestmenge, die noch tödlich wirkte, wäre äußerst schwierig gewesen.
11. Sie machte keinen Versuch, den vergifteten Fleischsaft beiseite zu schaffen oder ihn ihm zu geben.
12. Ihr Charakter verträgt sich nicht mit dem Bild der kaltblütigen, gefühllosen Giftmischerin. Wenn man die näheren Umstände ihres Lebens in Betracht zieht, vermittelt die Affäre mit Brierley nicht den Eindruck eines ausgesprochen verdorbenen Charakters.

Contra:
1. Sie hatte ein sehr starkes Motiv und eine scheinbar sehr gute Gelegenheit.
2. Widerlegung von Punkt 7 oben: Die Tatsache, daß er Arsen nahm und sich selber bekanntermaßen verschiedene giftige Drogen verabreichte, hätte zu der Überlegung führen müssen, daß es relativ sicher wäre, ihn mit einer Überdosis zu töten. Zudem bestand eine Situation, die man sich zunutze machen konnte . . . Wenn ein Mann, den man töten will, Gift-Esser ist, so wäre die einfachste Methode, ihn zu töten, die, daß man ihn zuviel von seinem eigenen Gift essen läßt.
Das liegt so auf der Hand, daß eine wirklich schlaue Mörderin es vielleicht vermieden hätte, eben weil es so auf der Hand lag. Florence M. scheint so schlau nicht gewesen zu sein.
3. Der Brief an Brierley ist schlechthin vernichtend für sie. Sie bezeichnete M. darin als todkrank . . . zu einem

Zeitpunkt, wo die Ärzte seine Erkrankung noch in gar keiner Weise für gefährlich hielten ...

4. Da er sich zuletzt immer wieder erbrach, blieb nichts im Magen, was sich hätte analysieren lassen ...

5. Wie wenig sie auch ein Hehl machte aus der Flasche mit vergiftetem Fleischsaft (in die sie auf seine Bitte hin – ihre Geschichte – etwas von »seinem Pulver« tat), es fällt einem doch schwer, diesen Umstand mit der Theorie ihrer Unschuld zu vereinbaren; sicherlich hätte sie ja doch einem freundlichen Arzt von seinem Verlangen nach »seinem Pulver« erzählt ... und es gab durchaus einen freundlichen Arzt, und sie hätte ihn bestimmt irgendwie erreichen können ...

6. Der Krankheitsverlauf weist eindeutig auf subakute Vergiftung und langsamen Tod durch Erschöpfung und Versagen der Herztätigkeit hin ... es fehlt aber jeder Hinweis auf eine zufällige Lebensmittelvergiftung. Das ganze Gerede über zuviel Brandy und Naßwerden ist reiner Unsinn; ein Mann von unterdurchschnittlichem Gesundheitszustand, der sich Nässe und Kälte aussetzt und zuviel Alkohol trinkt, würde normalerweise eine Lungenentzündung bekommen oder allerbestenfalls eine schwere Erkältung mit Fieber.

7. Die Geringfügigkeit der Arsen-Menge, die in seinem Körper gefunden wurde, ließe sich zumindest teilweise auch aus der Zeit erklären, die seit der Einnahme verstrichen war. Arsenik sammelt sich, wenn es den Magen passiert hat, in der Leber und wird mit dem Blutstrom durch den Körper getragen. Je länger ein Mensch nach der Einnahme dessen, was sich dann später als tödliche Dosis erweist, noch am Leben bleibt, desto weniger wird man davon in den lebenswichtigen Organen finden.

8. Es gab einen Versuch, zu demonstrieren, daß sich das Arsen, das in der von M. zum Aufwärmen seines Mittagessens im Büro benutzten Schüssel gefunden wurde, in

deren Glasur nachweisen lasse. Da liegt nun ein typisch überzogener Versuch der Verteidigung vor, eine technische und ganz unschuldige Erklärung für etwas zu konstruieren, was viel besser mit den bekannten Tatsachen erklärt wird, nämlich daß Mrs. M. ihm das Essen zubereitete, daß er an diesem Tag seine Dosis bekam und daß es höchstwahrscheinlich das Arsen in seinem Essen war, was ihn tötete. Setzen wir einmal voraus, es wäre möglich, die Anwesenheit von Arsen in der Emaille-Glasur der Kasserolle nachzuweisen; in *irgendeiner* Menge müßte sie sich dann praktisch überall nachweisen lassen – in Farbe, im Griff der Zahnbürste, im Metall der Haustürklinke; um dieses Arsen freizusetzen, bedarf es der Wirkung gewisser Säuren. Wären diese Säuren im Essen vorhanden, so hätten eine ganze Menge Leute um diese Zeit eine Arsenvergiftung bekommen.

9. F. M.'s Schock und Zusammenbruch nach M.'s Tod scheinen oberflächlich zu ihren Gunsten zu sprechen, aber tun sie das wirklich? Sie liebte den Mann nicht; er war auch kein liebenswürdiger Mensch; es liegt so ziemlich auf der Hand, daß er ihr einerseits untreu war und andererseits in sexueller Hinsicht keinen besonders zufriedenstellenden Ehemann abgab. Trotzdem traf es sie wie der Blitz. Warum? Es wäre nur vernünftig, wenn man unterstellte, daß sie ihn vergiftet hatte ... und vor Entsetzen zusammenbrach, als ihr die Erkenntnis aufging, daß vermutlich alles herauskommen würde.

10. Florence hatte Motiv, Mittel und Gelegenheit, ihren Mann zu töten. Vermutlich war ihr, falls sie's getan hat, keinen Momment lang der Gedanke gekommen, wie grausam diese ihre Mittel waren und wie sehr und wie lange er würde leiden müssen. Viele Mörder sind schon zusammengebrochen, wenn ihnen aufging, wie schwer ihre Opfer zu Tode zu bringen waren ...

Schlußfolgerungen:

Trotzdem, trotz aller oben aufgeführten Punkte, hätte sie nicht verurteilt werden dürfen. Die Zweifel waren nicht vollständig ausgeräumt, und dieser Umstand hätte sich zu ihren Gunsten auswirken müssen, denn so will es das Gesetz. Die ganze Untersuchung gegen sie hat nie mehr ergeben als einen schweren Verdacht. Nie wurde nachgewiesen, daß sie ihm Arsenik eingab oder daß sie wußte, es war welches im Haus, abgesehen von dem Fliegenpapier ... Nie auch wurde richtig bewiesen, daß er an den Wirkungen von Arsenik starb. Der Punkt, der in den Augen der Jury am stärksten gegen sie sprach, war vermutlich der Brief an Brierley ..., und am stärksten zu ihren Gunsten hätte der Umstand sprechen sollen, daß M. niemals auch nur die geringste Andeutung machte, daß Arsen vielleicht die Ursache seiner Krankheit sei ... Er war kaum der Typ, aus altruistischen Motiven stillzuhalten. Im Hinblick auf seine frühere Krankengeschichte und seine sonderbaren Gewohnheiten finde ich das Fehlen irgendeiner Bezugnahme auf Arsen am allerseltsamsten in dem Fall.

Ich glaube, daß sie ihn vergiftet hat – und daß sie ihm aus reinem Zufall nur die kleinste Dosis gab, die ihn grad eben noch töten konnte. Aber das ist nicht bewiesen. Sie hatte ein Anrecht auf Freispruch.

Der Fall Crippen

Im Juli 1910 wurden unter dem Keller des Hauses von Dr. Hawley Harvey Crippen, Hilldrop Crescent, London, menschliche Überreste entdeckt. Dr. Crippen, der England ein paar Tage zuvor mit seiner Geliebten, Ethel Le Neve, verlassen hatte und sich nach Kanada unterwegs befand, wurde an Bord der ›Montrose‹ auf hoher See verhaftet, wobei die Telegrafie zum erstenmal zur Verfolgung eines

gesuchten Verbrechers benutzt wurde. Im Oktober stellte
man ihn im Old Bailey vor Gericht und befand ihn schul-
dig des Mordes an seiner Ehefrau Çora (bekannt als Belle
Elmore) vermittels Skopolamin-Vergiftung. Er wurde im
November 1910 hingerichtet. Ethel Le Neve wurde in
einem gesonderten Prozeßverfahren von der Anklage der
Beihilfe nach der Tat freigesprochen.

Filson Young schreibt in seiner Einführung zu The Trial
of Hawley Harvey Crippen *in der Reihe ›Denkwürdige*
Prozesse in Großbritannien‹: »Wir mögen von Crippen die
Vorstellung eines haßerfüllten Menschen haben; aber nie-
mand, der mit ihm in Berührung kam, hat ihn so beschreiben
können.« Dieser Aspekt des Verbrechens – der liebenswür-
dige Mörder – war es, was Chandler interessierte.

6. Dezember 1948
An James Sandoe

. . . Ich wollte Crippen, weil mich Marshall Halls Theorie
interessierte, daß Crippen überhaupt keinen Mord begangen, sondern seiner Frau nur versehentlich eine Überdosis
Skopolamin verabreicht habe, ein Medikament, dessen Wirkungen man damals noch nicht gänzlich kannte – aus Gründen, auf die ich ein andermal eingehen werde. Irgendwie
muß man diesen Burschen einfach gernhaben. Er war wenigstens ein Mörder, der wie ein Gentleman starb . . .

15. Dezember 1948
An James Sandoe

. . . Die Marshall-Hall-Theorie, die in Filson Youngs Einführung dem Fall Crippen zugeschrieben wird, ist, wenn
mein Gedächtnis überhaupt etwas taugt, nicht dieselbe
Marshall-Hall-Theorie, die Edward Marjoribanks in seiner
Hall-Biographie entwickelt. Filson Young zufolge gab Crippen seiner Frau fünf Gran Skopolamin, um ihren sexuellen
Enthusiasmus zu zügeln. Nach Marjoribanks war der Ge-

danke, daß die Le Neve..., obwohl sie eine Affäre mit Crippen unterhielt, ein Mädchen war, das ganz in den Konventionen des unteren Bürgertums dachte und sich der Hotel-Verabredungen schämte. Crippen wollte sie heimbegleiten, und um das ungestört tun zu können, wählte er den Weg, die dralle Belle Elmore durch ein Medikament vorübergehend auszuschalten, und da gab er ihr denn versehentlich eine tödliche Dosis. Als er erkannte, daß er mit dieser Erklärung niemals durchkommen würde, sobald die Affäre Le Neve herauskam (und geheim bleibt so etwas ja nie), richtete er sein ganzes weiteres Vorgehen so ein, wie wenn er sie ermordet hätte.

Ich will nun nicht über jeden Fall, den Sie mir geschickt haben, einen langen Essay schreiben, aber an diesem Fall hier sind doch noch ein paar sehr sonderbare Dinge offen. So verstehe ich zum Beispiel nicht, warum ein Mann, der sich die enorme Mühe macht, einen ganzen Leichnam in seine Bestandteile zu zerlegen, das Fleisch von den Knochen zu lösen, den Kopf abzutrennen usw., nicht auch noch die vergleichsweise kleine Extra-Mühe auf sich nimmt, das Fleisch auf dieselbe Weise zu beseitigen, statt es umständlich zu begraben. Er ist für sein Davonlaufen kritisiert worden mit Hinweis darauf, daß Inspektor Dew ja doch zufriedengestellt war und die Sache fallen gelassen hätte, wenn Crippen nur standfest geblieben wäre. Ich kann das nicht recht glauben. Ich denke, Scotland Yard hätte keine Mühe gescheut, um Belle Elmore, wenn sie noch am Leben wäre, zu finden, und hätte man sie nicht gefunden, wäre man schließlich auf die alte Buddel-Routine zurückgekommen.

Das zweite, was ich nicht verstehen kann, ist die Mitteilung vom Tod seiner Frau. Warum hat er sie gemacht? Was gewann er dadurch? Warum ließ er's nicht dabei, daß sie ihm durchgebrannt sei, und basta?

Das dritte ist die Frage, warum ein Mann von soviel Kühle unter dem Feuer der Oberfläche den schlechterdings unglaublichen Fehler beging, bekanntwerden zu lassen, daß Elmore ihre Schmucksachen, Kleider und Pelze zurückgelassen habe. Sie war doch offensichtlich nicht der Typ, so etwas zu tun.

Hier war ein Mann, der anscheinend die Mittel, die Gelegenheit und sogar die Gemütsvoraussetzung für ein perfektes Verbrechen besaß, und er beging alle möglichen Fehler, die gewöhnlich das Ergebnis nicht von Dummheit, sondern von Panik sind. Aber Crippen machte gar nicht den Eindruck, als sei er in Panik geraten. Er tat vieles, was einen sehr kühlen Kopf erforderte. Für einen Mann mit kühlem Kopf und einigem Denkvermögen tat er aber auch vieles, was einfach keinen Sinn gab.

24. Januar 1949
An James Sandoe

... Ich glaube nicht, daß ich den Fall Penge lesen möchte; er ist mir einfach zu grausam und abstoßend. Man braucht doch ein klein bißchen Abweichung vom Gewöhnlichen bei diesen Prozessen, wenn man sich davon berührt fühlen soll, und sei's auch nur eine Abweichung von der gewöhnlichen Idiotie. Die gute Kate Webster, die unbedingt noch aus dem Mobiliar Kapital schlagen will; Mrs. Rattenburys wilde Jagd um die Whisky-Flaschen am Abend des Mordes; Fox, dessen Haar nach Rauch roch, und der genaue Zeitplan seiner Ermordung, um an die Versicherung heranzukommen; der Bericht, den die Crippen-Freundin vom Haushalt der Crippens gab ..., der arme alte Knowles mit seinem Revolver und seiner Flasche auf dem von Flöhen wimmelnden Sofa im stinkenden afrikanischen Dschungel, und die fette Mrs. Knowles, wie sie sagt: »Paß aber auf!« ... man sympathisiert fast mit ihm, daß er ihr eine Kugel in die Kehrseite gejagt hat. Das sind die Dinge, die Mordfälle faszinierend machen.

1931 wurde William Herbert Wallace, 35jähriger Versicherungsvertreter in Liverpool, wegen Mordes an seiner Frau Julia vor Gericht gestellt. Angeblich hatte er sie totgeprügelt, und seine Hauptverteidigung bestand in einem Alibi, das darauf hinauslief, ein unbekannter Mann, der sich R. M. Qualtrough nannte, habe telefonisch für die Zeit des Mordes mit ihm eine Verabredung getroffen, er sei aber nicht imstande gewesen, die von jenem angegebene Adresse 25 Menlove Gardens East zu finden. Er sei dann wieder nach Hause zurückgekehrt und habe seine Frau dort tot vorgefunden. Wallace wurde verurteilt. In der Berufung wurde das Urteil jedoch aufgehoben, da der Schuldbeweis nicht ausreichend erbracht sei; Wallace kam auf freien Fuß, starb aber zwei Jahre später an Krebs.

21. November 1949
An James Sandoe

... The Wallace Case[1] geht heute zurück. Rowland macht das so öde und langweilig, wie Wallace selber gewesen sein muß.

Drei oder vier kleine Punkte gaben mir zu denken:

(1) Warum besaß Wallace, ein Mann, der auf seinen Touren in Liverpool doch viel herumkam, keinen Stadtplan? Da würde man doch zuerst einmal nachsehen, wenn einem eine fremde Adresse genannt wird.

(2) Warum hatte er so gar kein Interesse daran, etwas über diesen Qualtrough zu erfahren, und sei es bloß aus geschäftlichen Gründen? Ein Versicherungsmensch hätte doch gewisse Informationsmöglichkeiten gehabt.

(3) Als er im Lauf seiner vergeblichen Suche nach Menlove Gardens East zum Stand einer Zeitungsverkäuferin ging

---

[1] Von John Rowland.

und sie fragte, wo die Straße wäre und ob sie nicht einmal in ihren Listen nachschauen könnte, vielleicht würde die Adresse ja mit Zeitungen beliefert, warum erwähnte er der Verkäuferin gegenüber da nicht den *Namen*? Qualtrough war doch offenbar ein ungewöhnlicher Name in der Gegend.

(4) Die Anklage versuchte etwas aus der Tatsache zu machen, daß die Gaslampe, die Wallace im Wohnzimmer anzündete, wo seine Frau als Leiche lag, nicht die nächste von der Tür aus war: weshalb habe er denn nicht die ihm am ehesten zugängliche Lampe angezündet? Die Verteidigung rümpfte darüber die Nase und wies darauf hin, daß man, wenn man in einem Haus mit Gasbeleuchtung wohne, beim Eintritt in ein Zimmer habituell dieselbe Lampe anzünde. Meine Frage wäre hier: wer sagt denn, daß die Lampe, die er anzündete, die ihm gewohnte war, wer außer Wallace selbst?

Bis zu einem bestimmten Grade sprechen diese Punkte allesamt gegen Wallace, aber dieser Grad ist eben doch zu geringfügig, als daß ihm Bedeutung zukäme. Der Fall hinterläßt viel Unzufriedenheit, weil man das Gefühl hat, wenn die Arbeit der Polizei und der Mediziner auch nur etwas getaugt hätte, wäre Wallace nie und nimmer damit durchgekommen, falls er schuldig war, und gar nicht erst verhaftet und vor Gericht gestellt worden, falls unschuldig. Der Arzt sitzt stundenlang herum, um die Totenstarre zeitlich zu bestimmen, registriert aber nie die Raumtemperatur oder den Wärmeverlust des Leichnams. Nie untersucht er den Mageninhalt, um festzustellen, wie weit die Verdauung schon fortgeschritten war. Eine Suche nach fremden Fingerabdrücken findet nicht statt ..., und Kratzspuren von Wallaces Fingernägeln gibt es auch nirgends. Man liest da einen Haufen Kokolores über Blutspritzer, aber am Ende hat man doch nur eine sehr vage Vorstellung davon, wieviel denn da nun wie weit gespritzt ist.

Es scheint auch sogar von der Anklage ohne weiteres angenommen worden zu sein, daß Wallace alles in allem nicht mehr als zwanzig Minuten zur Verfügung gehabt haben könnte, um seine Frau zu Tode zu prügeln, das Feuer auszumachen, nach oben zu gehen, sich zu reinigen, wenn er seine Kleidung trug, und sich anzuziehen, wenn nicht, seinen Blutdruck wieder auf normal zu bringen und vollkommen ruhig und gelassen verschiedene Blocks weiter in einer Straßenbahn zu erscheinen. Die Anzahl der Schläge läßt auf einen rasenden Wutanfall schließen, dem entweder Angst oder Haß zugrunde gelegen haben muß, denn schon der erste Schlag war tödlich, aber der Richter war der einzige, der darauf hinwies, daß ein Mensch einen Mord in aller Kühle planen und doch bei seiner Ausführung dann den Kopf verlieren kann. Aber dieser Mann muß seinen Kopf verdammt schnell wiedergefunden haben ...

Aus Chandlers Arbeitsnotizen
Zum Fall Julia Wallace

... Nehmen wir einmal an, Qualtrough wäre der Mörder, und sehen wir, wie weit uns das bringt. Das Motiv muß Raub sein, weil nichts sonst einen Sinn ergibt ... Aber wenn es Raub ist, kommen als erstrebte Beute nur Wallaces Kollektionen in Frage. Also muß Qualtrough wissen, wann es sich besonders lohnt, sie zu stehlen, obwohl er speziell an diesem Abend Pech hat. Er muß wissen, wie und wann er anrufen und was er am Telefon sagen muß, um Wallaces Interesse zu wecken; ja, auch welche Adresse er nennen muß, Menlove Gardens East, wobei er von der richtigen Annahme ausgeht, daß Wallace weiß, es gibt Menlove Gardens, und darum die Menlove Gardens East mit Sicherheit in der Nähe der Menlove Gardens 'West vermuten wird ... Es ist schwerlich zu glauben, daß Qualtrough soviel von Wallace wußte und Wallace so wenig von Qualtrough. Er müßte die beiden Wallaces und ihre Verhältnisse verdammt gut gekannt haben. Aber so gut hat allem Anschein nach *niemand* die beiden gekannt.

Dorothy Sayers ist wohl der Ansicht[1], daß allem, was Wallace nach seinem Prozeß und seiner Verurteilung und nach der Aufhebung des Urteils in sein Tagebuch geschrieben hat, erhebliche Bedeutung als Unschuldsbeweis zukommt. Ich bin da nicht so überzeugt. Sicher, bei einem Typ wie Wallace ist ein Tagebuch das einzig mögliche Ventil. Aber da ich selber ein allerdings sehr sporadischer Tagebuchschreiber bin, weiß ich auch, daß man in dem Augenblick, in dem man seine Gedanken zu Papier bringt, in gewissem Sinne, wie heimlich es auch geschieht, für die Veröffentlichung schreibt ... Es ist aus Wallaces Tagebuch, was die Zeit nach dem Prozeß betrifft, nichts zitiert, von dem ... ich mir nicht durchaus vorstellen könnte, daß auch ein schuldiger Mensch es unter den gegebenen Umständen niederschreiben könnte. Man findet da Spuren von Reue; man findet auch Spuren des Wunsches, zu glauben, daß das Unabänderliche überhaupt nicht geschehen sei ...

Wallace hat sich selbst die Rolle des Stoikers vorgespielt; in seinem Verhalten nach dem Mord ist etwas mehr als bloß Pose. In seinem Tagebuch klammert er sich an den letzten Fetzen Stolz, den er noch hat – den Stolz auf seine stoische Haltung, die letzte Stabilität eines ruinierten Lebens.

Der Fall Wallace ist unschlagbar; er wird immer unschlagbar sein.

Der Fall Bartlett

Im Jahre 1875 heiratete Edwin Bartlett, ein Londoner Feinkosthändler, ein zwanzig Jahre altes französisches Mädchen namens Adelaide de la Tremoille. Sie ließen sich in Pimlico, London, nieder und machten 1883 die Bekanntschaft eines Methodisten-Geistlichen, Hochwürden George

[1] *Anatomy of Murder.*

Dyson. Dyson wurde als Privatlehrer für Adelaide tätig, und
als Bartlett ein neues Testament machte, in dem er beding-
ungslos alles seiner Frau hinterließ, wurde Dyson zum
Vollstrecker bestellt. Dysons Beziehungen zu Adelaide nah-
men an Herzlichkeit zu, und Bartlett, der exzentrische An-
sichten über die Ehe zu haben schien, hatte offenbar nichts
dagegen einzuwenden.

Chandler schreibt in seinen Notizen zu diesem Fall:

»Ein Porträt der Adelaide Bartlett, das in den ›Denk-
würdigen Prozessen in Großbritannien‹ abgedruckt ist,
weckt nicht gerade den Eindruck einer umwerfenden Schönheit. Sie hatte einen ziemlich großen Mund mit vorstehenden Lippen, eine ganz gewöhnliche Nase, große dunkle
Augen mit schweren Brauen darüber und einen großen
Schopf krausen dunklen Haars, das sie tief in der Stirn
trug. Sie könnte vierzig Menschen vergiftet haben oder gar
keinen. Das Porträt, das wir von Hochwürden George Dyson besitzen, zeigt einen enormen Seehundsbart, dessen
Spitzen nach unten noch über das hinaushingen, was bei
ihm das Kinn vertrat, große stupide Kuhaugen, und ein
Gesicht mit ebenso viel Charakter wie eine Schüssel Braten-
soße.«

Als Bartlett am Neujahrsabend 1885 starb, weil er flüssi-
ges Chloroform getrunken hatte, wurde Adelaide verhaftet
und wegen Mordes an ihrem Mann vor Gericht gestellt. Sir
Edward Clarke erreichte, nach einer brillanten Verteidi-
gung, ihren Freispruch. Hierüber schreibt Chandler:

»Manche Personen, die wegen Mordes vor Gericht kommen, werden freigesprochen, weil sie sich als so eindeutig
unschuldig erweisen, daß man sich fragt, wie sie überhaupt
je in Verdacht haben kommen können. Andere wieder werden freigesprochen, weil die Beweisführung irgendeine ent-

scheidende Lücke hat, obwohl sie fast mit Sicherheit schuldig sind. Und ein paar ganz wenige schließlich werden freigesprochen, weil ein großer Rechtsanwalt imstande ist, eine Jury davon zu überzeugen, daß der Hergang des Mordes derart kompliziert und ohne Präzedenzfall sei, daß er in technischer Hinsicht ans Unmögliche grenze. Wäre Edwin Bartlett an der Wirkung eines der gewöhnlichen Gifte gestorben, man hätte Adelaide gebührend verurteilt und gehängt. Aber Edwin Bartlett starb an Chloroform-Vergiftung. Und Chloroform ist weder geschmacklos, geruchlos, von blitzschneller Wirkung, noch läßt es sich leicht verabreichen. Es ist noch niemals, soweit die damaligen Akten und Berichte das beurteilen lassen, mit Erfolg bei einem Mord benutzt worden. Seine gelungene Verwendung als Mordwaffe wäre praktisch ein medizinisches Wunder, und auf das für die Anklage erstellte medizinische Gutachten hin wurde Adelaide Bartlett freigesprochen.«

Chandler war stolz auf seine medizinischen Kenntnisse, und es war dieser ›Mord vermittels medizinischen Wunders‹, im Verein mit Adelaides Freispruch, was ihn am Fall Bartlett besonders faszinierte.

Kompiliert aus zwei Briefen vom
20. Februar 1951 und 30. Juli 1952
An James Sandoe
  . . . Ich habe doch wieder einen Blick auf den Fall Adelaide Bartlett geworfen, Gott weiß allein, warum. Ich glaube, eins der verwirrendsten Elemente darin ist der Umstand, daß Sir Edward Clarkes Verteidigung derart brillant war, ganz im Gegensatz zu den ziemlich uninspirierten Verteidigern bei Maybrick und Wallace, daß man sich davon fast einlullen läßt und die Fakten vergißt. Aber die Fakten sind, wenn man sie sich mit vollem Bewußtsein anschaut, doch ziemlich vernichtend. Zum Beispiel:

Edwin Bartlett starb, weil er flüssiges Chloroform getrunken hatte. Adelaide, seine Frau, war im Besitz von flüssigem Chloroform; besorgt hatte es ihr heimlich der Geistliche Dyson, mit dem es, wenn er nicht de facto ihr Liebhaber im technischen Sinne war, doch mit Sicherheit zu hochprozentigem Geschmuse gekommen war ... Edwin war ein unattraktiver und überflüssiger Ehemann, und ein Trottel war er obendrein. Wenn er starb, bekam sie Dyson und Edwins Geld. Edwins Gesundheit war ausgezeichnet, trotz seiner dauernden Klagen. In der Nacht vor seinem Tode war sie besser noch als gewöhnlich. Seine Schlaflosigkeit war angeblich schlimm, paßt aber nicht ins Bild seines herzhaften Appetits ... Es gibt drei grundsätzliche Einwände gegen ihre Schuld:

(1) Ihre besorgte Pflege wirkte echt und ziemlich selbstlos.

(2) Sie drängte auf eine rasche Leichenschau und verwarf selber die Möglichkeit, daß er das Chloroform selbst genommen haben könnte.

(3) Die Schwierigkeit, Edwin auf diese Weise zu vergiften, war dem medizinischen Gutachten nach enorm, und es gab keinerlei frühere Berichte über einen Mord mit diesem Mittel.

Aber wenn wir einmal ihre Schuld unterstellen, ist das erste Argument bedeutungslos ..., keine Giftmischerin dürfte sich jemals anders verhalten haben. Was nun das zweite Argument betrifft, so besteht kein Grund, die Annahme des Richters zu teilen, sie habe *gewußt*, daß eine Verzögerung der Leichenschau günstig für sie war. Er war nicht an geschmortem Hasen gestorben. Eine Untersuchung mußte in jedem Fall stattfinden. Wenn man das wußte und wenn man die Tat begangen hatte, wie konnte man am besten unschuldig wirken? Auf die Weise, wie sie's tat. Das dritte Argument hat der Richter schon erledigt. Wenn sie ihn ermordet hat, dann geschah es durch eine Methode, deren Erfolgs-Chancen eins zu zwanzig standen. Aber das wußte sie nicht. Für sie mag die Sache ganz einfach ausgesehen haben. Über die Schlaflosigkeit kann ich nur lachen. Ich habe selber einmal daran gelitten, ziemlich schwer sogar. Da war mir nicht nach großen Mahlzeiten mit geschmortem Hasen zumute. Da wollte ich auch nicht Austern und Pfannkuchen zum Abendbrot. Da war ich nicht derart versessen auf Schellfisch zum Frühstück – einen großen Schellfisch –, daß ich bereit gewesen wäre, eine ganze Stunde früher aufzustehen, um schon mit dem Essen anzufangen. Ich glaube, die Schlaflosigkeit dieses Burschen war neurotischer Natur. Das soll heißen, wenn er sich morgens nicht frisch fühlte wie ein Gänseblümchen, dann sagte er, er hätte in der vergangenen Nacht nicht mehr als zwanzig Minuten geschlafen.

Aber wenn ich an die Schwere seiner Schlaflosigkeit nicht glaube, dann kann ich auch nicht glauben, daß er verzweifelt genug war, um das Chloroform selber zu nehmen. Abgesehen vom Mord scheint mir dies nämlich die einzige Möglichkeit zu sein. Und es ist eine nicht sehr überzeugende...

Man muß einmal zu konjizieren versuchen, wie Adelaide sich verhalten hätte, wenn sie ins Vorderzimmer gekommen wäre und hätte den Mann dort tot auf dem Boden gefunden, wissend, daß sie ihm ja mit seiner Zustimmung Chloroform gegeben hatte und daß er daran vermutlich gestorben war. Warum in aller Welt hätte sie nicht sagen können, sie hätte sich das Chloroform besorgt, damit Edwin sich immer etwas davon aufs Taschentuch schütten und es dann durch die Nase hochziehen konnte, grad soviel, daß er schläfrig davon wurde, und offenbar hätte er diesmal zuviel davon erwischt oder vielleicht auch leichtsinnigerweise etwas getrunken – und heimlich hätte sie es ihm darum gekauft, weil sie Dr. Leachs Gefühle nicht verletzen wollte?

Ich habe den Eindruck, daß sie auf diese Weise ziemlich leicht davongekommen wäre. Es wäre eine direkte und simple Erklärung gewesen, und die Flasche mit dem Chloroform hätte richtig dort im Zimmer gestanden. Natürlich hätte der alte Bartlett gesagt, sie wäre die Mörderin seines Sohnes, und eine Menge Leute hätten die Geschichte nicht geglaubt, aber geglaubt hätten sie auch wieder genügend viele Leute, daß erheblicher Zweifel entstanden wäre.

Das Ganze ist wirklich ein sauberes kleines Problem. Ich persönlich glaube, daß sie ihn ermordet hat. Ich glaube, sie hat ihm grad soviel Chloroform ins Taschentuch gegeben, daß ihm ein bißchen schummrig und gleichgültig davon wurde, und dann bekam er's von ihr mit Brandy gemischt zu trinken. Die Ärzte sagen, wenn er ganz bewußtlos gewesen wäre, hätte er nicht mehr schlucken können. Aber sie scheinen zugleich auch zu meinen, wenn er es geschluckt hätte, während er bei Bewußtsein war, hätte er es wieder von sich gegeben. In Wirklichkeit meinen sie aber, sie hätten oder man hätte oder ich hätte. Edwin war ein bißchen anders als wir. Edwin konnte man schlechthin alles vorsetzen, und er hatte keinen anderen Wunsch als den, am nächsten Morgen eine Stunde früher aufzustehen und erneut mit dem Essen anzufangen. Ich meine, der Mann muß einen Magen gehabt haben wie eine Ziege. Ich meine, der konnte ohne weiteres Sägemehl, alte Konservenbüchsen, Eisenfeilspäne und Schuhsohlen verdauen. Ich meine, er konnte ohne weiteres Chloroform trinken, so wie unsereins Orangensaft trinkt.

Jedenfalls ist jedes Argument, er sei nicht imstande gewesen, es im Magen zurückzuhalten, reiner Unsinn, weil er's ja tatsächlich im Magen behielt; so läßt sich als einziges wirkliches Argument nur die Schwierigkeit anführen, es ihm die Kehle hinunterzubringen. Und in Edwins Fall scheint mir das kein sehr starkes Argument zu sein. Er hat vermutlich gedacht, er tränke Ingwerwein.

Chandler über seine Romane und Kurzgeschichten und über Philip Marlowe

Arbeitsplan aus Chandlers Notizbuch von 1939
(Anmerkungen in Klammern sind Ergänzungen in seiner Handschrift, datiert April 1942)

Da alle Pläne albern sind und die zu Papier gebrachten ohnehin nie verwirklicht werden, lasset uns denn, an diesem 16. Tage des Monats März 1939 und zu Riverside, Kalifornien, einen Plan machen. Für den Rest von 1939, für ganz 1940, für das Frühjahr 1941 und dann so weiter, falls kein Krieg ist und noch etwas Geld vorhanden, um zu Materialstudien nach England zu gehen.

Detektivromane

Law Is Where You Buy It
Basiert auf *Jade, The Man Who Liked Dogs, Bay City Blues**. Thema: die korrupte Allianz zwischen Polizei und Schiebern in einer kalifornischen Kleinstadt, die nach außen hin so unschuldig wirkt wie die Morgenröte.
(Farewell, My Lovely)

The Brasher Doubloon
Satire auf den Groschenheftroman, mit Walter und Henry. Einiger Motivstoff aus *Pearls Are a Nuisance**, aber größtenteils neue Handlung. (1942 als Roman mit Phil Marlowe geschrieben, soll unter dem Titel *The High Window* erscheinen)

* Alle mit Asteriskus versehenen Titel sind ebenfalls Chandler-Geschichten.

Zone of Twilight
Eine ingrimmig-witzige Geschichte
über den Politiker-Sohn und das
Mädchen und die Verquickung
von Unter- und Oberwelt. Material: *Guns at Cyrano's, Nevada
Gas**.
(Leider wohl von den Ereignissen
überholt). Wenn ratsam, *Goldfish**
als Material für einen vierten.

Dramatischer Roman

English Summer
Eine kurze, blendend geschriebene,
ans Melodramatische grenzende
Geschichte voll Tempo und Spannung, basierend auf meiner Kurzgeschichte. Äußeres Thema ist der
Amerikaner in England, dramati-
sches Thema der Verfall des kulti-
vierten Charakters und sein Kontrast zum naiven, ehrlichen, völlig
furchtlosen und großzügigen Amerikaner vom besten Typ.
(Hoffe noch immer, das einmal zu
machen, April 1942)

Längere Kurzgeschichten

Eine Gruppe von sechs oder sieben
phantastischen Geschichten, einige
schon geschrieben, einige schon
durchdacht, eine vielleicht ganz
neu. Alle in Ton und Effekt ein
bißchen voneinander unterschie-
den. Das ironische Glanzstück *The
Bronze Door*, die vollkommene
atmosphärische Phantastik in *The*

Seven from the Stars
Seven from Nowhere

Edge of the West, die gespenstische Story _Grandma's Boy_, die Farce _The Disappearing Duke_, die ironische Allegorie _The Four Gods of Bloon_, das reine Märchen _The Rubies of Marmelon_. Die drei Kriminalgeschichten sollten in den nächsten beiden Jahren fertig werden, so gegen Ende 1940. Wenn sie mir genug einbringen, daß ich nach England ziehen, die Kriminalschriftstellerei vergessen und es mit _English Summer_ und den Phantastischen Geschichten versuchen kann, ohne mir Sorgen machen zu müssen, ob sich diese auch auszahlen, dann gehe ich dran. Aber ich muß zwei Jahre vorfinanzieren können und einen sicheren Markt für die Detektivgeschichte haben, wenn ich zu ihr zurückkehre – falls ich das tue. Wenn _English Summer_ groß ankommt, was er eigentlich müßte, wenn mir der richtige Stil gelingt, Stil bis in die kleinste Einzelheit, aber keine Überstilisierung, dann bin ich fürs Leben ein gemachter Mann. Von da an werde ich zwischen dem Phantastischen und dem Dramatischen abwechseln, bis mir ein neuer Typus einfällt. Oder ich mache vielleicht, bloß so zum Spaß, wieder einen liebenswürdigen kleinen Krimi.

Seven Tales from Nowhere

(Und ich bete noch immer, daß ich sie eines Tages machen kann)

*Hierzu machte Cissy die Anmerkung: »Lieber Raymio, wirst
Du aber zu lachen haben, wenn Dir dies hier wieder unter
die Augen kommt und Du siehst, was für nutzlose Träume
Du hattest! Oder – vielleicht wirst Du auch nicht darüber
lachen.«*

19. Februar 1939
An Alfred A. Knopf

Empfangen Sie meinen Dank für Ihren so freundlichen
Brief und glauben Sie mir bitte, ob nun ein Brief von Ihnen
gekommen wäre oder nicht, ich hätte auf jeden Fall geschrieben, um Ihnen für den glänzenden Start zu danken,
den Sie mir zu geben versuchen . . .

Ich habe bisher nur vier Notizen gesehen, aber zweien
davon schien die Sittenlosigkeit und Unerfreulichkeit des
Buches[1] mehr zu schaffen zu machen als alles andere sonst . . .
Es ist durchaus nicht mein Wunsch, sittenlose Bücher zu
schreiben. Mir ist natürlich nicht entgangen, daß in dieser
Geschichte ein paar ziemlich unerfreuliche Zeitgenossen herumlaufen, aber ich habe meine Prosa in einer harten Schule
gelernt, und da habe ich auf dergleichen vermutlich nicht besonders geachtet. Weit mehr faszinierte mich eine Situation,
wo das Geheimnis mehr durch Auslegung und Verständnis
einer einzelnen, stets gut sichtbaren Figur gelöst wird als
durch die langsame und manchmal krampfhafte Verkettung
der Umstände. Das ist ein Punkt, der die Rezensenten von
ersten Büchern vielleicht nicht interessiert, aber mich interessiert er dafür um so mehr.

The Big Sleep ist sehr uneinheitlich geschrieben. Es gibt
Szenen, in denen alles stimmt, aber es gibt auch andere Szenen, die mir noch viel zu schwammig sind. Soweit ich dazu
imstande bin, möchte ich gern – aber ganz langsam – die in-
duktive Methode bis zu einem Punkt entwickeln, von dem

---

[1] *The Big Sleep*, 1939 bei Knopf und Hamish Hamilton erschienen.

aus ich ein Publikum zum Überlaufen bewegen kann, hinüber in einen echt dramatischen, sogar melodramatischen Roman, der in einem sehr lebendigen und scharf pointierten Stil geschrieben ist, aber nicht slangig oder übermäßig volkstümlich. Mir ist klar, daß man so etwas vorsichtig machen muß und in kleinen Schritten, aber machen läßt es sich, das glaube ich schon. An Eleganz zu gewinnen, ohne an Kraft zu verlieren, das ist das Problem.

23. August 1939
An Blanche Knopf[1]

Die Anstrengung, mir den Krieg aus den Gedanken zu halten, hat mich geistig zu einem Siebenjährigen schrumpfen lassen. Die Dinge, von denen wir leben, sind die fernen Funkelblitze von Insektenflügeln in gedämpftem Sonnenlicht . . .

Wenn ich noch 12 000 Wörter zu Papier bekäme, hätte ich die Rohfassung eines Buches fertig. Ich weiß, was ich schreiben will, aber momentan ist mir der ganze Antrieb abhanden gekommen. Allerdings, so gegen Ende September sollte schon etwas vorliegen, was Ihnen Gelegenheit gäbe, Ihre sehr höfliche Nase zu rümpfen. Es ist ein ziemlich krauses Durcheinander. Ich werde einen ganzen Monat brauchen, um Kontur und Form hineinzubringen. Der Titel lautet, falls Sie zufällig nicht dagegen sind: *The Second Murderer*[2]. Schlagen Sie bitte bei ›König Richard III.‹ nach, 1. Akt, 4. Szene. Sanders[3] hat mir lang und breit die schauderhafte Notwendigkeit auseinandergesetzt, eine Detektivgeschichte so anzulegen, daß sie unter Umständen in Fortsetzungen aufgeteilt werden könnte. Da spricht nur der gesunde Menschenverstand, obwohl gute Fortsetzungsgeschichten gar nicht einmal immer auch gute Romane erge-

---

[1] Geschäftsführerin des Verlags Alfred A. Knopf Inc.
[2] Erschienen 1940 unter dem Titel *Farewell, My Lovely*.
[3] Sydney A. Sanders, um diese Zeit Chandlers literarischer Agent.

ben. Ich glaube kaum, daß dieses spezielle Opus dem entspricht, was er sucht. Ich bin nicht sicher, ob überhaupt irgend jemand danach sucht, aber es gibt hier ein Gesetz, das die Verbrennung von Altpapier während der heißen Jahreszeit wegen Feuergefahr verbietet.

17. Oktober 1939
An George Harmon Coxe

Ich habe mit dem Schreiben noch nie Geld verdient. Ich arbeite zu langsam, werfe zuviel weg, und was sich von meinen Schreibereien verkaufen läßt, ist ganz und gar nicht das, was ich wirklich schreiben möchte ...

Kürzlich habe ich eine Geschichte an die *Saturday Evening Post* verkauft.[1] Ich hielt nicht viel von dem Ding, als ich's schrieb – ich weiß auch jetzt noch immer nicht, ob es überhaupt was taugt. Als ich die Fahnen las, war ich ganz angetan davon, aber der Druck kann doch sehr irreführen. Andererseits machte sich einer meiner ältesten Freunde die Mühe, mir auf zwei engbeschriebenen Seiten mitzuteilen, wie lausig schlecht das Ganze wäre.

27. Juni 1940
An George Harmon Coxe

Der Titel meines Buches ist nicht *The Second Murderer*. Den habe ich nur eine Weile als Arbeitstitel verwendet, aber er gefiel mir nicht ... Ich wußte gar nicht, daß es unter diesem Titel angekündigt worden war. Als ich das Manuskript einsandte, entstand ein höllisches Geheul wegen des Titels (*Farewell, My Lovely*), der gar kein Krimi-Titel wäre, aber dann gab man nach. Warten wir ab. Ich meine, der Titel wird sich als Vorzug erweisen. Der Verlag meint, als Nachteil. Einer von uns muß sich irren.

[1] *I'll Be Waiting.*

15. März 1942
An Blanche Knopf

Ihr Brief, lieb und bezaubernd wie immer, trifft zu sehr schlechter Zeit bei mir ein. Ich fürchte, das Buch wird für Sie nicht zu gebrauchen sein.[1] Keine Handlung, keine sympathischen Gestalten, kein gar nichts. Der Detektiv tut nichts. Soviel ich weiß, wird es zur Zeit gerade abgeschrieben und Ihnen dann vorgelegt werden, und ich halte das nicht unbedingt für eine gute Idee, aber es liegt nicht mehr in meinen Händen ... Zur Beschönigung kann ich eigentlich nur sagen, daß ich mein Bestes versucht habe und daß ich mir das Ding irgendwie vom Hals schaffen mußte. Sonst hätte ich vermutlich noch ewig und drei Tage daran herumgeflickt.

Eins bedrückt mich ja doch ziemlich: wenn ich etwas schreibe, was Härte und Tempo hat und voll von Mord und Totschlag ist, werde ich in die Pfanne gehauen, weil es Härte und Tempo hat und voll von Mord und Totschlag ist, und wenn ich dann versuche, das ein bißchen zu mildern und die geistige und emotionale Seite einer Situation herauszuarbeiten, dann werde ich in die Pfanne gehauen, weil ich das vermissen lasse, für das man mich beim erstenmal in die Pfanne gehauen hat.

3. April 1942
An Alfred A. Knopf

... Was nun den Titel betrifft, so lassen Sie mich gleich sagen, daß ich keinesfalls vorhabe, meine Meinung gegen die Ihre zu stellen, ganz gleich, was ich vielleicht denke, mag oder nicht mag. Der Titel, *Brasher* oder *Brashear Doubloon,* war die Keimzelle der Geschichte, aber das ist nicht wichtig. Auf den Gedanken, die Buchhändler könnten *Brasher* wie *brassiere* (Büstenhalter) aussprechen, wäre ich nie gekommen. Ich sehe jetzt, was Sie meinen.

[1] *The High Window.* Chandlers erster Titel dafür war *The Brashear Doubloon.*

Brasher, gebräuchlicher Brashear, ist ein Name, den es wirklich gegeben hat. Es gab einen Ephraim Brashear oder Brasher, und er hat tatsächlich 1787 diese Münze für den Staat New York geprägt. Es ist nicht die wertvollste amerikanische Münze, aber außer vielleicht dem Fünf-Dollar-Goldstück von 1822 ist es die einzige, die in genügend großer Anzahl vorhanden ist und genügend Wert besitzt, um sich für meinen Zweck zu eignen. Es gibt zwei kleine Städte namens Brashear und auch ein Brasher Falls. All dies freilich, was für mich dem Titel konkrete Realität verleiht, hat für den Buchhändler kein Gewicht.

Ich bin nicht einfallsreich genug, um mir irgendein knifflig tiefsinniges Buchstaben-Puzzle von dem Typ auszudenken, auf den die reinen *aficionados* fliegen. So ein Titel könnte sie dazu verleiten, eine Geschichte zu erwarten, die sie dann gar nicht bekommen. Aber das ist nun wirklich wieder Ihr Problem ... Alles, was mir im Moment dazu einfällt, ist *The Lost Doubloon, The Lost Doubloon Mystery, The Stolen Coin Mystery, The Rare Coin Mystery*. Alles ziemlich lahm. Ich hätte gern etwas mit ein bißchen mehr Pfiff.

5. April 1942
An Blanche Knopf

P. S. Wie wär's mit *The High Window*? Das ist einfach, suggestiv, und weist auf die letztlich entscheidende Spur.

8. Februar 1943
An Alfred A. Knopf

Dank für Ihren Brief vom 14. Januar – er war freundlich, verständnisvoll und willkommen wie immer. Dank auch für die 25-Cent-Ausgabe des *Big Sleep*. Ich habe hineingesehen und fand ihn sowohl viel besser als auch viel schlechter, als ich erwartet hatte – oder als mir in Erinnerung geblieben war. Man hat mich inzwischen derart als

hart, ausgekocht und so weiter abgestempelt, daß es fast ein
Schock war, gelegentlich Spuren einer fast normalen Sensiti-
vität in der Darstellung zu entdecken. Andererseits habe ich
das Stilmittel des Vergleichs wahrhaftig in Grund und Boden gewirtschaftet.

Ich hoffe, ich habe in Kürze wieder ein Buch über die
Bühne.[1] Im Moment versuche ich noch, mir einen guten Titel auszudenken, damit Sie Lust bekommen, ihn mir zu ändern.

26. Januar 1944
An James Sandoe

... Irgendwo habe ich unter meinen ausgelagerten Papie-
ren auch eine komplette Liste des ganzen Krams, den ich
hierzulande bis jetzt veröffentlicht habe. Meine früheren
Geschichten sind allesamt für die *Black Mask* geschrieben
worden, als Joe Shaw dort Herausgeber war. Die Avon
Book Co. bringt irgendwann im Frühjahr einen 25-Cent-
Band heraus, der fünf von diesen kurzen Sachen enthalten
soll.[2] Wenn sie sich verkaufen lassen, erscheinen vermutlich
noch weitere. Aber was Ihre Zuversicht betrifft, diese alten
Groschenzeitschriften, wo Zeug von mir drinsteht, noch auftreiben zu können, so bezweifle ich das sehr. Ein Freund
von mir versucht schon seit Jahren, sich eine Sammlung aufzubauen, und hat bis zu zwei Dollar pro Exemplar geboten
– ohne jeden Erfolg.

12. Oktober 1944
An Charles Morton

... Den Aufsatz, die Schmähschrift oder was weiß ich
sonst, über die Drehbuchschreiberei[3] würde ich schon arg
gern machen, aber ich kann überhaupt keinen Termin dafür

[1] *The Lady in the Lake.*
[2] *Finger Man.*
[3] *Writers in Hollywood.*

angeben. Ich bin grob zur Hälfte mit einem Marlowe-Buch durch[1], und es kann sein, daß ich noch eine ganze Weile zu nichts anderem komme. Ich wünschte wohl, ich könnt's, aber ich bin ein Mensch, der 30 000 Wörter schreibt, um fünf davon am Ende einzuschicken, und so etwas macht eine Menge Arbeit. Ich stimme ja ganz mit Ihnen überein, daß es selbst einem Schriftsteller nicht schadet, wenn er sein stagnierendes Gehirn von Zeit zu Zeit mit einem Gedanken über dieses und jenes beschäftigt, und ich werde ja auch durch keinerlei finanzielle Rücksichten behindert. Aber ich werde langsam alt, mein Großhirn knarrt, mein Kleinhirn quietscht, und ich muß so was ähnliches wie ein Buch schreiben, bevor man mich vergessen hat. Ein Mensch mit Talent würde es in einem Monat schreiben, ein Könner ohne Talent in zwei Monaten, und ein Genie würde es überhaupt nicht schreiben. Mich dagegen wird es noch gut drei Monate mehr kosten, auch nur den ersten Entwurf zu Papier zu bringen.

20. November 1944
An Charles Morton

... P. Marlowe macht Sperenzien, ich habe viele Unterbrechungen gehabt, und dann gab es auch ein langwieriges Gerangel mit der Paramount wegen eines Vertrags. Ich wünschte, ich hätte ein Gehirn, dem dauernd ohne große Anstrengung Handlungen einfallen, wie Erle Gardner oder was weiß ich wer. Ich habe gute Ideen für etwa vier Bücher, aber der Gedanke, sie in Handlungen einbauen zu müssen, treibt mir den Schweiß auf die Stirn.

7. Januar 1945
An Dale Warren

Von Ihrem Brief im *Atlantic* über meine kleine Tirade[2] angespornt, habe ich endlich aus einer wüsten Masse Korre-

---

[1] *The Little Sister.*
[2] *The Simple Art of Murder.*

spondenz, deren Eingangsdaten bis zum Bürgerkrieg zurückreichen, Ihre freundlichen Zeilen hervorgesucht.

Der Aufsatz im *Atlantic* hat mir eine ganze Menge Schwierigkeiten eingebrockt. Mr. P. Marlowe, ein simpler, vulgärer Alkoholiker, der nie mit seinen Klientinnen schläft, solange er im Dienst ist, versucht mir auf die feine Tour zu kommen. »Was zum Teufel«, sagt er, »soll das heißen, daß du mich die ganze Zeit im Parterre gelassen hast? Jetzt hast du dich selber entlarvt, und wie stehst du da? Als ein Bursche, der Englisch schreiben kann – so mit Ach und Krach jedenfalls. Also spute dich und schreib was über mich!« Ich kann mir das Ergebnis lebhaft vorstellen. Wenn noch ein Aufsatz von mir im *Atlantic* erscheint, wird er Gamaschen fordern und ein Monokel und anfangen, altes Zinn zu sammeln.

Es bringt gewisse Nachteile mit sich, wenn man den Leuten auffällt, selbst wenn es sich so in Grenzen hält wie bei mir. Sie fangen an, einem zu schreiben, wie man's machen müßte, und dann fängt man selber an und versucht es so zu machen. Als ich mit dem Schreiben begann, wollte ich einzig und allein mit einer faszinierenden neuen Sprache spielen, um zu sehen, ob sie als Ausdrucksmittel etwas würde leisten können, was vielleicht auf der Ebene ungeistigen Denkens blieb, zugleich aber auch die Kraft besaß, Dinge zu sagen, die gewöhnlich nur mit großem literarischem Aufwand gesagt werden. Es war mir in Wirklichkeit gar nicht wichtig, was für eine Sorte von Geschichten ich schrieb; ich schrieb melodramatisch, weil das, als ich mich umsah, weit und breit die einzige Schreibweise war, die noch relativ ehrlich war und doch nicht versuchte, irgendwem anders sein Parteiprogramm anzuzapfen. Und so gibt es heute Burschen, die auf einmal groß und breit von ›Prosa‹ reden, und andere Burschen, die mir mitteilen, ich hätte ein soziales Gewissen. P. Marlowe hat soviel soziales Gewissen wie ein Droschkengaul. Er hat ein persönliches Gewissen, was eine ganz, ganz andere Sache ist.

Es gibt Leute, die sind der Meinung, ich hielte mich zu sehr bei der häßlichen Seite des Lebens auf. Gott helfe ihnen! Wenn sie auch nur einen blassen Schimmer hätten, wie wenig ich ihnen davon erzählt habe! P. Marlowe interessiert sich einen Dreck dafür, wer Präsident ist; ich ebenso, weil ich weiß, es wird ein Politiker sein. Es gab sogar mal einen komischen Vogel, der mich darüber aufklärte, daß ich einen guten proletarischen Roman schreiben könnte; in meiner beschränkten Welt gibt es so ein Tierchen nicht, und gäb's es doch, so wäre ich der letzte auf der Welt, der es leiden könnte, weil ich aus Tradition und langer Übung ein vollkommener Snob bin. P. Marlowe und ich verachten die oberen Klassen nicht, weil sie immer schön sauber gebadet sind und Geld haben; wir verachten sie, weil sie vor Verlogenheit stinken.

26. Februar 1945
An Hamish Hamilton
    ... The Lady in the Lake ist übrigens an die MGM verkauft worden, und ich soll im Juli hin, um dran zu arbeiten. Zwischen dieser Sache und dem Abschluß meines gegenwärtigen Auftrags, eines Original-Drehbuchs für einen Film mit dem Titel The Blue Dahlia, hoffe ich noch eine Marlowe-Geschichte[1] fertigzustellen.

18. August 1945
An James Sandoe
    ... Sitze über der Arbeit an einem Film-Treatment der Lady in the Lake ... Das letztemal, daß ich aus einem eigenen Buch ein Drehbuch mache. Ist doch nur Wühlerei in alten Knochen.

[1] The Little Sister.

270

24. August 1945

Aus einem Interview mit Irving Wallace in Los Angeles
... Inspirationen? Alle meine Romane haben von irgendeiner bekannten oder unbekannten Tatsache ihren Ausgang
genommen. Die Arbeit kam meist in Bewegung, wenn ich irgendeine interne Geschichte erfuhr, die nicht an die Öffent-
lichkeit gelangen durfte. Dann sprang der Roman ein.

Wie ich arbeite? Keine regulären Stunden. Die kann ich
nicht einhalten. Ich fange morgens an und mache so lange,
wie ich kann. Ich arbeite sehr schnell, aber ich arbeite für
den Papierkorb. Ich revidiere nie Satz für Satz und Zeile
für Zeile. Stattdessen schreibe ich ganze Sachen neu, wenn
sie mir nicht gefallen. Bei einem Roman arbeite ich an der
Schreibmaschine, aber beim Film wird diktiert. Ich habe
schon 5000 Worte auf einen Sitz geschrieben, und ich schreibe immer eine Endfassung. Je schneller ich schreibe, desto
besser die Leistung. Wenn ich langsam mache, bin ich in
Schwierigkeiten, das heißt, ich schiebe die Wörter vor mir
her, statt von ihnen mitgerissen zu werden. Ich bin ein
Schriftsteller der nie sagt, ich habe eine tolle Idee für eine
Geschichte. Ideen habe ich nicht. Manchmal habe ich eine Situation und entwickle sie mechanisch weiter. Handlungen
zu erfinden fällt mir ganz elend schwer, und in der Konstruktion bin ich schwach. Ich schreibe nie einen Handlungs-
plan auf, sondern arbeite ihn im Kopf aus – nicht komplett,
aber den geschriebenen Worten immer ein Stück voraus. Am
besten gerät's mir, wenn ich weiß, wo das Ganze endet,
worauf es hinausläuft; das versuche ich zwar immer, aber
die dazwischen liegenden Schritte kenne ich nur selten.

Marlowe ist einfach aus den Groschenzeitschriften gewachsen. Ein bestimmtes Modell hatte er nicht.

9. April 1946
An Anthony Boucher[1]

... Meine eigenen Geschichten müßten allesamt neugeschrieben werden, weil sie einfach nicht mehr ›passen‹. Ich war mal ein richtiger Daus mit der Sprache, habe inzwischen aber die bittere Lektion gelernt (für die Gatsby ein schönes Beispiel ist), daß die besonders gelungenen Beschreibungen schon fast mit Sicherheit immer da zu finden sind, wo man feststellen kann, daß der Autor sich vor einer Szene gedrückt hat. Jedenfalls bin ich, ganz unabhängig vom Zustand meiner alten phantastischen Geschichten[2], auch gar nicht sicher, ob ich sie in einer Zeitschrift sehen möchte. Ich habe immer gedacht, ich könnte vielleicht genug davon zusammenkriegen am Ende, um eins von diesen dünnen Bändchen daraus zu machen, und meinen Verleger so weit einwickeln, daß er's mit einem schönen Verlust herausbringt. Eine der wenigen mir noch verbliebenen Ambitionen geht dahin, Verlegern zu Geldverlusten zu verhelfen ...

30. Mai 1946
An Hamish Hamilton

Wenn Du Dir den Film *The Big Sleep* ansiehst (die erste Hälfte jedenfalls), wirst Du merken, was ein Regisseur, der ein Gespür für die Atmosphäre und den erforderlichen unterschwelligen Sadismus hat, aus so einer Geschichte alles machen kann. Bogart ist natürlich auch viel besser als jeder andere Schurkendarsteller. Wie wir hier sagen, Bogart wirkt auch ohne Kanone gefährlich. Außerdem hat er einen Humor, der den bekannten heiseren Unterton der Verachtung enthält. Ladd ist hart, bitter und gelegentlich charmant, aber schließlich kommt er doch nicht über die Vorstellung hinaus, die sich der kleine Moritz von einem bösen

---

[1] Boucher hatte an Chandler einer neuen Zeitschrift wegen geschrieben, die er und J. Francis McComas herausbrachten.
[2] *The Bronze Door* u. a.

Schurken macht. Bogart ist da absolut echt. Wie Edward G. Robinson braucht er nur den Schauplatz zu betreten, und er beherrscht ihn schon.

6. Oktober 1946
An Hamish Hamilton

›Eine neue Philip-Marlowe-Geschichte . . . provisorisch *The Little Sister* genannt . . . handelt von einigen zwielichtigen Figuren in Hollywood, gar nicht zu reden von einem unschuldigen kleinen Mädchen aus Kansas, das möglicherweise gar nicht so unschuldig ist, wie es aussieht.‹

Das ist praktisch alles, was ich Dir im Moment darüber sagen kann. Ich habe da so etwas wie eine ›Macke‹, wie Ihr Leute das nennt: ich kann nicht über etwas debattieren oder schreiben, was ich noch nicht hinter mich gebracht habe. Ich bin nie ganz sicher, ob ich auch wirklich damit zu Rande komme. Vielleicht brennt plötzlich bei mir eine Sicherung durch, und ich lege das ganze Projekt zu den Akten. Mein Titel dürfte nicht besonders gut sein. Es ist bloß der beste, der mir ohne große Anstrengung einfiel. Ich habe von Titeln so meine eigenen Vorstellungen. Sie sollten ziemlich indirekt und neutral sein, in der Wortprägung aber zugleich auch ein bißchen ungewöhnlich. Hier habe ich das nicht geschafft. Trotzdem, ein guter Titel ist, wie ein großer Verleger einmal bemerkt hat, der Titel eines erfolgreichen Buches. Kein Mensch hätte *The Thin Man* für einen großen Titel gehalten. *The Maltese Falcon* ist einer, weil er Klangharmonie und Rhythmus hat und den Verstand zu Fragen herausfordert.

8. März 1947
An James Sandoe

Nein, ich arbeite nicht an einer Mordgeschichte ohne Aufklärung. Ich habe zwar so eine Geschichte im Kopf, bin aber noch nicht weiter dazu gekommen. Ich bin, oder vielmehr war, mit einem weiteren Marlowe beschäftigt[1], weil ich den Burschen aus geschäftlichen oder beruflichen Gründen für zu wertvoll halte, als daß ich ihn einfach in der Versenkung verschwinden lassen dürfte. Als nächstes mache ich dann allerdings was für die Universal, und zwar habe ich da den ungewöhnlichsten Vertrag, der je in Hollywood geschlossen wurde; jedenfalls hat man mir das gesagt. Die Leute zahlen mir eine große Summe und beteiligen mich prozentual am Einspielergebnis, nur damit ich ihnen ein Drehbuch schreibe, und davon kriegen sie auch nur die Filmrechte. Das Ungewöhnliche an der Sache besteht darin, daß sie mich nicht anstellen, sondern sich nur einverstanden erklären, die Filmrechte an etwas zu erwerben, was ich auf meine eigene Weise und ohne jede Beaufsichtigung schreiben kann.[2]

27. Oktober 1947
An Hamish Hamilton

... Den ersten Entwurf meines Drehbuchs habe ich fertig, und so wie ich mich drangemacht habe, hätte man denken können, ich wollte eine Pyramide bauen ... Jetzt muß ich's ›ausfeilen‹, wie man hier sagt. Was bedeutet: die Hälfte wegstreichen und den Rest auf Dilettanten-Niveau bringen. Das ist eine sehr delikate Kunst und etwa so faszinierend wie ein Zähneknirschen.

13. März 1948
An Hamish Hamilton

... Ich schicke Dir hier zwei Bände Geschichten, damit Du sie Dir einmal ansiehst. Sie tragen die Titel *Red Wind* und *Spanish Blood*. Die ganze Sammlung umfaßt zehn Ge-

---

[1] *The Little Sister.*
[2] Gemeint ist *Playback*, das die Universal-International dann aber doch nie produziert hat. Chandlers letzter Roman, erschienen 1958, basierte auf diesem Drehbuch.

schichten, bis auf eine lauter längere Sachen von 15 000
Worten Umfang und darüber. Die Ausnahme ist die Kurz-
geschichte *I'll Be Waiting*, die in der *Saturday Evening
Post* erschienen ist. Wenn Du mich fragst, sind die besten
Stücke *Red Wind*, *I'll Be Waiting*, *Goldfish*, *Spanish Blood*
und *Pearls are a Nuisance*.

Ich denke nicht einen Augenblick daran, Du solltest diese
Sachen etwa so aufgemacht herausbringen, daß jemand denken könnte, es wäre neues Material. Ich dachte einfach an
eine Art Nachdruck.[1]

7. Mai 1948
An Frederick Lewis Allen

... Audens Aufsatz über die Detektivgeschichte[2] war in
seiner klaren, kalten, klassischen Manier brillant. Aber weshalb mich mit hineinziehen? Ich bin bloß einer, der ein paar
billige Heftchen-Geschichten auf Buchformat hochgetrimmt
hat. Wie sollte mich wohl die Detektivgeschichte als Form
interessieren? Ich suche doch nach nichts weiter als einem
Vorwand für bestimmte Experimente mit dramatischem
Dialog.

Da sitze ich nun hier, grad halb durch mit einer neuen
Marlowe-Geschichte, und amüsiere mich sogar ein bißchen
dabei (bis ich stecken bleibe), und auf einmal kommt dieser
Kerl, der Auden, daher und teilt mir mit, was mich beim
Schreiben interessierte, wären ernste Milieustudien auf dem
Gebiet der Kriminalität. Also sehe ich mir an, was ich so alles geschrieben habe von dem neuen Ding, und sage mir dabei: denk immer daran, alter Knabe, das muß hier unbedingt
eine ernste Milieustudie auf dem Gebiet der Kriminalität

[1] Einige dieser Geschichten kamen in den Band *The Simple Art of Murder*, der
zusammen mit dem berühmten Essay gleichen Titels 1950 erschien. 1958 brachte
Hamish Hamilton sie in zwei Bänden, *Pearls Are a Nuisance* und *Smart-Aleck
Kill*, erneut heraus. Andere wurden 1950 in dem Penguin-Book *Trouble Is My
Business* veröffentlicht.
[2] *The Guilty Vicarage* von W. H. Auden, Harper's Magazine, Mai 1948.

werden. Bist du auch ernst? Nein. Ist das da auch ein richtiges Milieu? Nein, bloß durchschnittlich korruptes Leben – mit leichter Überbetonung des melodramatischen Elements, nicht weil ich auf Melodramen scharf wäre um ihrer selbst willen, sondern weil ich Realist genug bin, um die Regeln des alten Spiels zu kennen.

Vor langer Zeit, als ich noch für die Groschenzeitschriften schrieb, schob ich in eine Geschichte wohl mal einen Satz ein wie etwa: ›Er stieg aus dem Wagen und ging über den sonnengetränkten Bürgersteig, bis der Schatten der Eingangsmarkise über sein Gesicht fiel wie die Berührung kühlen Wassers.‹ Das strichen sie dann raus, wenn die Geschichte gedruckt wurde. Ihre Leser schätzten sowas nicht – das hielte bloß die Handlung auf.

Ich nahm mir vor, sie zu widerlegen. Meine Theorie ging dahin, daß die Leser nur *dachten*, sie interessierten sich für nichts als die Handlung; daß sie in Wirklichkeit aber, obwohl sie's nicht wußten, genau an dem interessiert waren, was mich auch interessierte: an der Entstehung von Gefühl durch Dialog und Beschreibung. Was ihnen im Gedächtnis blieb, was sie verfolgte, war zum Beispiel nicht bloß einfach die Tatsache, daß ein Mann umgebracht wurde, sondern daß er im Augenblick seines Todes gerade versuchte, eine Heftklammer von der polierten Schreibtischplatte aufzunehmen; sie entschlüpfte ihm immer wieder, so daß sein Gesicht einen Ausdruck der Anstrengung zeigte und der Mund ihm in einer Art gequältem Grinsen halb offen stand, und das allerletzte auf der Welt, an das er gedacht hätte, war der Tod. Er hörte ihn nicht einmal an die Tür klopfen. Diese verdammte kleine Heftklammer schlüpfte ihm immer wieder aus den Fingern.

30. Juni 1948
An Charles W. Morton

Ich bin auch gar kein träger Briefschreiber. Ich plage mich mit dem Versuch, einen neuen Kriminalroman über die Bühne zu bringen, und wenn ich dann anfange, Briefe zu schreiben, geht jedesmal ein ganzer Tag dabei drauf. Es sieht fast so aus, als dürfte mein Kopf sich nicht freimachen von allen Angelegenheiten der Außenwelt, um fähig zu bleiben, in adäquater Weise mit Blut und Sex umzugehen. Ich bin ein kleiner Mann in einer großen Welt, und mein Haar wird schnell grau ...

10. August 1948
An Hamish Hamilton

Das Ärgerliche mit diesem Marlowe ist: man hat zuviel über ihn geschrieben und geredet. Er wird immer selbstbewußter und versucht sein Leben so umzustellen, wie es seinem Ruf bei den Pseudo-Intellektuellen entspricht. Der alte Knabe ist leicht beunruhigt. Früher war er ohne weiteres imstande, auszuspucken, hart zuzupacken und aus dem Mundwinkel zu sprechen.

Ich versuche verzweifelt, mit der *Little Sister* zu Ende zu kommen, und müßte eigentlich nur noch ein Tag haben, um die Rohfassung zu schaffen, aber eben einen Tag mit vollem Dampf. Tatsache ist allerdings, daß nichts drin ist als Stil, Dialog und Charakterzeichnung. Die Handlung ächzt und knarrt wie ein kaputter Fensterladen im Oktoberwind.

19. August 1948
An Hamish Hamilton

... Bei der *Little Sister* ist die Sachlage so: ich habe, grob gerechnet, etwa 85 000 Wörter auf dem Papier stehen, und es fehlen mir gegen Schluß noch zwei oder drei Szenen. Aber mein Kopf ist sehr, sehr müde ...

Die Handlung hat Schwächen. Sie ist episodisch, das

Schwergewicht verlagert sich von Figur zu Figur, und für einen Kriminalroman ist sie über-kompliziert, während sie als Geschichte von Menschen wieder sehr simpel ist. Sie ist völlig ohne Brutalität; alle Gewalttätigkeit spielt sich hinter den Kulissen ab. Spannung und bedrohliche Atmosphäre sind da; sie liegen im Stil. Ich glaube, daß manches doch recht schön geschrieben ist, aber meine Reaktionen sind da höchst unzuverlässig. Ich schreibe eine Szene, lese sie durch und finde, sie stinkt. Drei Tage später (ich habe inzwischen nichts weiter gemacht als geschmort) lese ich sie erneut und finde sie großartig. Da hast Du's. Auf mich ist eben kein Verlaß.

P. S. In der Geschichte kommt die netteste Hure vor, der ich in meinem ganzen Leben nie begegnet bin.

15. Dezember 1948
An James Sandoe
Daß Sie mich nicht auf Knopfs Frühjahrsliste finden, liegt daran, daß ich diesmal nicht bei ihm erscheine, sondern bei Houghton Mifflin. Das Buch hat, falls ich's Ihnen noch nicht mitgeteilt habe, den sehr harmlosen Titel *The Little Sister*. Vom streng technischen Standpunkt aus ist's kein guter Kriminalroman. Ich kann natürlich leicht sagen, das wäre mir egal, aber das ist's mir eben ganz und gar nicht, weil ich gern einmal ein Buch schriebe, das es in *jeder* Beziehung in sich hätte.

23. Januar 1949
An Dale Warren
(Zu *The Little Sister*) Ich hasse Erklärungs-Szenen und habe in Hollywood gelernt, daß es dafür zwei Regeln gibt. (1) Man kann nur wenig auf einmal bringen, auch wenn viel gebracht werden müßte. (2) Man kann nur dann eine Erklärungs-Szene machen, wenn sie noch irgendein anderes Element enthält, das trägt, wie etwa Gefahr, Liebesspiel

oder Neu-Verdächtigung einer Figur. Kurz gesagt, irgend etwas Spannendes. Aber Filme und Bücher sind natürlich zweierlei. Zum Beispiel scheinen mir die Filmleute immer Handlung und Konstruktion durcheinander zu bringen, die für mich zwei ganz verschiedene Dinge sind, so verschieden wie Taktik und Strategie.

21. März 1949
An Hamish Hamilton

... Ich erinnere mich noch, wie vor mehreren Jahren, als Howard Hawks den *Big Sleep* machte, er und Bogart in Streit gerieten, ob eine der Figuren nun eigentlich ermordet worden sei oder Selbstmord begangen habe. Sie schickten mir ein Telegramm, um mich zu fragen, und verdammtnochmal, ich wußte's selber nicht ...

10. April 1949
An James Sandoe

... Ich sehe gar nichts Bedenkliches darin, daß ein Kriminalbeamter einen Brief mit einem Taschentuch aufhebt, um die Fingerabdrücke, falls welche drauf sein sollten, zu erhalten. Es könnte hervorragende Gründe dafür geben, einen Brief mit einem Taschentuch aufzuheben: nicht so sehr die Erhaltung eines Fingerabdrucks, weil ein solcher, falls überhaupt darauf vorhanden, auf Papier nicht so leicht verwischen würde wie auf Metall, sondern die Vermeidung weiterer Abdrücke, die den Laborleuten die Arbeit erschweren würden. Ich entsinne mich, daß ich einmal die Abhandlung eines Ballistik-Experten las, der sich über Schalldämpfer lustig machte und behauptete, schon beim ersten Schuß mit so einem Ding hätte jede Automatik Ladehemmung. Ich hatte in dem Moment grad das Foto eines 22er Colt Woodsman mit Schalldämpfer vor mir, der bei verschiedenen Kino-Überfällen in Massachusetts benutzt worden war.

16. April 1949

An Alex Barris als Antwort auf verschiedene Fragen

... Marlowe aus Charakteren entwickelt, die in kurzen Erzählungen verwendet; erste namentliche Bezeichnung im *Big Sleep*.[1] Glaube, *Farewell, My Lovely* gilt als bestes meiner Bücher, *The High Window* als schlechtestes, habe aber Leute gekannt, die jedes einzeln gegen den Rest ausspielen würden. In mancher Beziehung ist mein letztes das beste, noch nicht veröffentlicht.[2] Aber ein Tempo wie im *Big Sleep* oder eine Handlungsverknüpfung wie in *Farewell, My Lovely,* so etwas werde ich wohl nie wieder erreichen. Vermutlich will ich's auch gar nicht; es kommt die Zeit, wo man zu wählen hat zwischen Tempo und Tiefenschärfe, zwischen Handlung und Charakter, Bedrohlichkeit und Witz. Ich bin heute soweit, daß ich mich in jedem Fall für das zweite entscheide.

Ob ich meinen eigenen Kram lese, wenn er erschienen ist? Ja, und auf die sehr große Gefahr hin, als egoistisches Rindvieh dazustehen, muß ich sagen: ich finde es verteufelt schwer, das Ding dann wieder aus der Hand zu legen. Selbst ich, der doch alles schon weiß, was passiert. Es muß am Ende doch so etwas wie ein magischer Zauber im Stil stecken, aber den nehme ich nicht als mein Verdienst in Anspruch. So etwas gibt es halt, wie rotes Haar. Aber irgendwie finde ich es blamabel, daß ich mir ein Buch von mir selber hernehme, um irgendwas nachzusehen, und mich dann zwanzig Minuten später dabei ertappe, daß ich immer noch dasitze und lese, wie wenn's jemand anders geschrieben hätte.

---

[1] Chandler wollte Marlowe ursprünglich Mallory nennen. Auf Anregung seiner Frau hin wurde dann der Name Marlowe daraus.
[2] *The Little Sister.*

3. Mai 1949
An James Sandoe

Houghton Mifflin scheint eine billige Sammelausgabe meiner alten Geschichten herausbringen zu wollen. Ich habe dagegen geltend zu machen versucht, daß sie weit genug verbreitet und ohnehin nur Groschengeschreibsel seien, aber die Leute bestehen darauf, die Sachen wieder herauszubringen, und meinen, es gebe »rundherum nichts, was sich damit messen könnte«. Da habe ich aber doch sehr meine Zweifel.

Ich glaube, ich werde an der *Little Sister* doch einiges umschreiben müssen, und davor graut mir sehr. Am Schluß stand ich vor der Wahl, entweder deutlich aber öde zu erklären, wer denn nun wen erschossen hatte, oder aber nach dem Motto ›Wen interessiert das schon‹ alles mehr oder weniger in der Luft hängen zu lassen: es wäre ja doch kein richtiger Kriminalroman und brauchte darum auch nicht so zu tun, als wäre es einer. Aber da hat mir mein Unterbewußtsein dann doch keine Ruhe gelassen. Als Konstrukteur habe ich einen gräßlichen Fehler: ich lasse die Szenen mit den handelnden Figuren durchgehen und sträube mich dann, Szenen, die nicht passen, rauszutun. Am Schluß finde ich mich dann gewöhnlich auf dem Prokrustes-Bett wieder. Das System klappt, wenn sämtliche Zylinder auf vollen Touren laufen, aber im Moment sind mir die Zündkerzen verrußt. Allerdings (und da dieser verdammte Brief sowieso schon unmöglich egoistisch geworden ist, kann ich auch das noch sagen) – ich habe auch einen großen Vorzug. Ich betrachte mich immer noch als Amateur und bestehe darauf, daß mir die Arbeit ein bißchen Spaß machen muß.

14. Mai 1949
An James Sandoe

... Das Radio-Programm zu erwähnen ist mir nie in den Sinn gekommen ..., ich habe nämlich gar nichts damit zu tun, außer daß ich mich dauernd bei meinem Agenten beschwere und wöchentlich mein Honorar kassiere. Wenn Sie Freunde haben, die in hohen Tönen davon sprechen, so müssen das Radio-Fans sein ... Die Figur (wir wollen das aber geheimhalten, sonst hören die Kerls wohlmöglich auf, mir was zu bezahlen) hat mit Philip Marlowe so viel gemeinsam wie ich mit Winnie dem Quatschmacher.

22. Juni 1949
An Hamish Hamilton

... Gestern nachmittag habe ich per Luftpost einen Satz korrigierter Fahnen der *Little Sister* an Dich abgeschickt. Mein Gott, was ein Schriftsteller unter diesem Kram doch zu leiden hat ... Trotzdem sind hier und da ja doch Szenen drin, die wunderbar durchhalten. Wenig zu sagen und doch viel zu vermitteln, die Stimmung einer Szene mit einem vollkommen irrelevanten Bonmot zu brechen, ohne daß die Stimmung dabei ganz zum Teufel geht – diese kleinen Sachen stellen für mich die Leistungen dar ...

14. September 1949
An James Sandoe

... Was Ihnen als meine Neigung zu Gags auffällt[1], ist fraglos die Wirkung Hollywoods; ich habe nach bestem Können gegen sie angekämpft, aber es bedarf mehr als eines Buches, um sich sowas vom Hals zu schaffen. Es kommt von der verderblichen Gewohnheit, für Schauspieler Dialogzeilen zu schreiben, die Effekt haben müssen und darum überpointiert sind, so daß der Satz in Wirklichkeit ans Publikum gerichtet ist und gar nicht so sehr an den Mitspieler im Stück. Natürlich hat Shakespeare das auch gemacht, in einer Tour. Ihm ist's nur besser geraten.

[1] In *The Little Sister.*

282

15. September 1949
An Dale Warren

Noch etwas zu dem Kommentar zur *Little Sister*, den Sie freundlicherweise von mir zitieren. Ich bin ganz und gar nicht der Ansicht, daß die Geschichte bei weitem meine beste sei. Ich halte *Farewell, My Lovely* für die Spitze und glaube nicht, daß ich jemals noch wieder dieselbe Kombination der Ingredienzien erreichen werde. Das Knochengerüst war viel solider, die Erfindung flüssiger und weniger forciert, und so weiter. Schriftsteller, über die geschrieben wird, kommen aus dem Gleichgewicht. Sie entwickeln die beklagenswerte Gewohnheit, sich selbst mit den Augen anderer Leute zu betrachten. Sie sind nicht mehr allein, sie haben ein Kapital aus Kritikerlob und glauben, das schützen zu müssen. Das führt zur Diffusion der Kräfte. Der Schriftsteller beobachtet sich selbst bei der Arbeit. Er entwickelt mehr Subtilität und bezahlt dafür mit einem Verlust an organischem Schwung. Aber da er einen wirklichen Erfolg im kommerziellen Sinne oftmals gerade dann erreicht, wenn er auch dies Stadium bedauerlicher Verkünstelung erreicht hat, hält er sich selber zum Narren und bildet sich ein, daß sein letztes Buch sein bestes sei. Das ist es gar nicht. Sein Erfolg ist das Ergebnis einer langsamen Akkumulation. Das Buch, das den Anlaß zum Erfolg gibt, ist nur in den seltensten Fällen auch dessen Ursache.

14. Oktober 1949
An James Sandoe

Die *Little Sister* hat ein paar wundervolle Besprechungen bekommen, aber ich glaube nicht, daß sie allzu gut geht. Der Vorverkauf lag unter 10 000, und bei dieser Sorte Büchern gibt es nicht viele Nachbestellungen. In zwei großen Buchhandlungen in San Diego konnte ich das verdammte Ding nicht einmal finden. War auch viel zu schüchtern, um danach zu fragen. Es ist das einzige Buch von mir, für das

283

ich mich nie richtig habe erwärmen können. Es ist in schlechter Stimmung geschrieben worden, und ich glaube, das kommt durch.

8. November 1949
An Bernice Baumgarten

Ich hätte ja liebend gern Ihre Liste von meinen Geschichten für das Buch.[1] *The Bronze Door* würde ich eigentlich lieber herauslassen, weil ich gern ein Bändchen phantastischer Geschichten machen möchte, in das dies Stück dann gehören würde, wenn sie überhaupt je veröffentlicht werden (beziehungsweise geschrieben, werden Sie hinzufügen). Diese Geschichten, etwa zehn insgesamt, längere Kurzgeschichten, würden alle in irgendeinem Sinne von Mord handeln beziehungsweise von der Beseitigung einer unbequemen Person, alle mehr oder weniger von ungefähr, mit stark magischem Anteil am Tathergang, alle realistisch im Ton, mit einem Schuß Humor, und alle irgendwie als Parodien auf irgendeinen Typus der Mordgeschichte angelegt. Ich tüftele im Moment an einer herum, die sozusagen das altbekannte Rätsel des verschlossenen Zimmers ad absurdum führt.[2] Zu *Blackmailers Don't Shoot* und *Smart-Aleck Kill* kann ich durchaus ein bißchen guten Rat gebrauchen. Das zweite halte ich für schwächlich, das erste enthält zu viele Schlächtereien. Aber es hat auch ein paar gute Szenen. Ich weiß, die Originalfassung von *Pick-Up On Noon Street* haben Sie nicht; Maurice Diamond von den Avon-Leuten hatte sie und verlor sie. Er hat die Geschichte in irgendeiner Monatszeitschrift veröffentlicht, aber das war die ›geweißte‹ Fassung, in der fünf oder sechs ursprünglich farbige Figuren auf Veranlassung irgendeines Redaktionsbonzen hin in Weiße geändert worden waren. Bloß um Ihnen die ethischen Maßstäbe dieser Tabu-Händler zu zeigen – der

[1] *The Simple Art of Murder.*
[2] *Professor Bingo's Snuff.*

284

Mensch konnte's nicht ertragen, daß gewisse Figuren Farbige waren, aber daß die kurze Szene in dem Neger-Bordell blieb, darauf bestand er.

19. November 1949
An James Sandoe
... Der Sammelband mit meinen Geschichten soll im Herbst 1950 herauskommen.[1] Im Augenblick beschäftigt mich der Versuch, das Nazi-Element aus einer Geschichte mit dem Titel *No Crime in the Mountains* sowie die kleinen Beschreibungspartien zu eliminieren, die ich schon für ein anderes Buch geplündert hatte.[2] Ich weiß selber nicht, weshalb ich mir die Mühe mache. Ich nehme an, ich habe doch eine besondere innere Beziehung zu der Geschichte, weil ich eine solche Beziehung zu der Landschaft um den Big Bear Lake habe oder hatte, der mir vor etwa zehn Jahren recht wohlvertraut war.

20. November 1949
An Dale Warren
... Die Marlowe-Serie im Rundfunk ist so zahm geworden, daß sie jetzt selbst alten Damen gefällt. Wer hat eigentlich die Behauptung aufgestellt, Krimi-Sendungen wären sadistisch? Diese jedenfalls ist ungefähr so sadistisch wie ein Eisbecher mit türkischem Honig ...

9. Oktober 1950
An James Sandoe
... Was die Einführung des Namens Marlowe in einige der Geschichten[3] betrifft, in denen er ursprünglich noch nicht auftauchte, so hat da möglicherweise ein platt kommerzielles Motiv mitgespielt (im Kopf des Verlegers, meine

[1] *The Simple Art of Murder.*
[2] *The Lady in the Lake.*
[3] *The Simple Art of Murder.*

ich; mir selber liegen solche Dinge sehr fern), aber zugleich auch der Gedanke, daß die Figur, obwohl sie bis zum *Big Sleep* noch nicht Marlowe hieß, in zwei oder drei der Geschichten mit Sicherheit schon deutlich angelegt war und sich zwischen, sagen wir, *Finger Man* und *The High Window* relativ nicht stärker verändert hat, als sie sich zwischen *Finger Man* und dem nächsten, mit dem ich herauskomme, verändert haben wird – nur daß ich beim nächsten, so Gott will, zum erstenmal mit einem einzigen Mord auskommen werde, und selbst der wird noch ein bißchen zweifelhaft sein.

4. Januar 1951
An Dale Warren

... Ich weiß nicht, wie gut Ihr Französisch ist, aber den französischen Titel der *Little Sister*[1] verstehe ich einfach nicht, selbst nicht mit Hilfe des Harraps, des vielleicht besten französisch-englischen Lexikons, das es gibt. *Rosière* ist da als ein Mädchen definiert, das zum Lohn für tugendhaften Wandel einen Kranz aus Rosen und eine kleine Mitgift bekommen hat. Aber was das ausgerechnet in diesem Zusammenhang bedeuten soll, ist mir schleierhaft.

3. Februar 1951
An Carl Brandt

Dank für die japanischen Übersetzungen. Ich fand sie eigentlich sehr schön – was meinen Sie? –, besonders die Illustrationen. Man muß dies Zeug im Kopfstand lesen, wenn man den vollen Effekt mitkriegen will.

19. April 1951
An Mr. D. J. Ibberson

Es ist sehr nett von Ihnen, daß Sie an den Einzelheiten von Philip Marlowes Leben solchen Anteil nehmen. Sein

---

[1] *Fais pas ta Rosière.*

Geburtsdatum ist ungewiß. Ich glaube, er hat irgendwo mal gesagt, daß er achtunddreißig Jahre alt wäre, aber das war schon vor einer ganzen Weile, und er ist bis heute nicht älter geworden. Damit werden Sie sich wohl oder übel abfinden müssen.

Geboren ist er nicht in einer Stadt im Mittleren Westen, sondern in einer Kleinstadt in Kalifornien, die Santa Rosa heißt und, wie Ihnen die Landkarte zeigen wird, etwa fünfzig Meilen nördlich von San Francisco liegt. Santa Rosa ist berühmt als Heimat Luther Burbanks, eines früher weithin bekannten Obst- und Gemüsezüchters. Nicht ganz so bekannt ist es vielleicht als Hintergrund von Hitchcocks Film *Shadow of a Doubt*, der zum größten Teil direkt in Santa Rosa gedreht wurde. Von seinen Eltern hat Marlowe nie gesprochen, und offenbar hat er keine lebenden Verwandten mehr. Das ließe sich aber, falls notwendig, richtigstellen. Er war ein paar Jahre auf dem College, entweder auf der University of Oregon in Eugene oder auf der State University in Corvallis, Oregon. Warum er dann nach Südkalifornien gegangen ist, weiß ich nicht, falls der Grund nicht war, daß schließlich die meisten Leute das tun, auch wenn nicht alle dann bleiben. Er scheint ein paar Erfahrungen als Ermittler für eine Versicherungsgesellschaft und später als Ermittler für den Staatsanwalt von Los Angeles gesammelt zu haben. Dadurch ist er aber nicht unbedingt Polizeibeamter geworden, und er hatte auch nicht das Recht, Verhaftungen vorzunehmen. Die Umstände, unter denen er diese Stellung verlor, sind mir wohlbekannt, doch kann ich mich darüber nicht des näheren auslassen. Sie werden sich mit dem Hinweis zufriedengeben müssen, daß er einmal ein bißchen zu tüchtig war – zu einer Zeit und an einem Ort, wo der maßgebliche Vorgesetzte just seine Gründe hatte, keine besondere Tüchtigkeit zu wünschen.

Er ist knapp über sechs Fuß groß und wiegt etwa dreizehn Stone acht. Er hat dunkelbraunes Haar, braune

Augen, und mit der Beschreibung ›ganz passables Aussehen‹ wäre er nicht im mindesten zufrieden. Ich glaube nicht, daß er hart aussieht. Er kann's nur sein. Wenn ich je Gelegenheit hätte, mir einen Filmschauspieler auszusuchen, der ihn nach meiner Vorstellung am besten repräsentierte, so wäre das, glaube ich, Cary Grant. Ich glaube, er kleidet sich so gut, wie man erwarten kann. Offenbar hat er nicht sehr viel Geld für Kleidung übrig, für anderes allerdings auch nicht. Die Sonnenbrille mit dem Horngestell ist eigentlich nicht charakteristisch für ihn. So etwas trägt in Südkalifornien praktisch jeder irgendwann. Wenn Sie sagen, er trüge sogar im Sommer einen Pyjama, so weiß ich nicht recht, was Sie damit meinen. Wer tut denn das nicht? Standen Sie unter dem Eindruck, er trüge ein Nachthemd? Oder meinen Sie, er könnte bei heißem Wetter auch nackt schlafen? Das letztere ist möglich, obwohl unser Wetter hier selten heiß ist bei Nacht.

Hinsichtlich seiner Rauchgewohnheiten haben Sie ganz recht, obwohl ich nicht glaube, daß er unbedingt auf Camel besteht. Fast jede Zigarettensorte dürfte ihn zufriedenstellen. Der Gebrauch von Zigarettenetuis ist hier nicht so allgemein üblich wie in England. Er verwendet entschieden keine Streichholzheftchen, wo die Hölzer immer Sicherheitshölzer sind. Er benutzt entweder richtig große Streichhölzer, die wir Küchenhölzer nennen, oder deren kleinere Ausgabe, die es in kleinen Schachteln gibt und die man überall anreißen kann, auch am Daumennagel, wenn das Wetter trocken genug ist. In der Wüste oder in den Bergen ist es ganz einfach, ein Streichholz am Daumennagel anzureißen, aber um Los Angeles herum ist die Luftfeuchtigkeit ziemlich hoch.

Marlowes Trinkgewohnheiten sind weitgehend so, wie Sie feststellen. Allerdings glaube ich nicht, daß er Roggenwhisky gegenüber Bourbon den Vorzug gibt. Praktisch trinkt er alles, was nicht süß ist. Gewisse Drinks wie etwa Pink

Ladies, Honolulu-Cocktails und Highballs mit Crême-de-menthe, würde er als schwere Kränkung ansehen. Ja, er macht guten Kaffee. Hierzulande macht jeder guten Kaffee, obwohl man sich das in England nicht vorstellen kann. Er nimmt Sahne und Zucker in seinen Kaffee, keine Milch. Er trinkt ihn aber auch schwarz, ohne Zucker. Sein Frühstück macht er sich selber, was eine einfache Sache ist, andere Mahlzeiten aber nicht. Er ist ein Spätaufsteher aus Neigung, aber gelegentlich ein Frühaufsteher aus Notwendigkeit. Sind wir das nicht alle?

Ich würde nicht sagen, daß sein Schachspiel fast Turnierreife hat. Woher er die kleine in Leipzig erschienene Broschüre mit den Turnier-Partien hat, weiß ich nicht, aber er hängt daran, weil er der kontinentalen Methode der Felderbezeichnung auf dem Brett den Vorzug gibt. Auch ob er als Kartenspieler etwas hermacht, weiß ich nicht. Das ist mir einfach entfallen. Was meinen Sie mit Ihrer Feststellung, er habe ›Tiere nur mäßig gern‹? Wenn man in einem Apartmenthaus wohnt, ist ›mäßig‹ so ungefähr das äußerste, was man· sich leisten kann. Es kommt mir so vor, als hätten Sie die Neigung, jede zufällige Bemerkung als Charakteristikum eines bestimmten Geschmacks zu interpretieren.

Was nun die ›offene Fleischlichkeit‹ seines Interesses für Frauen betrifft, so sind das Ihre Worte, nicht die meinen. Ich würde sagen, seine Einstellung gegenüber Frauen ist die jedes einigermaßen kraftvollen und gesunden Mannes, der nur zufällig nicht verheiratet ist und es vermutlich schon lange sein sollte ... Marlowe kann einen Bryn-Mawr-Akzent nicht erkennen, weil es so etwas gar nicht gibt. Alles, was er mit diesem Ausdruck bezeichnet, ist eine hochnäsige Sprechweise. Ich zweifle sehr, ob er echte alte Möbel von Fälschungen unterscheiden kann. Und ich bezweifle – mit Verlaub – auch, daß viele Experten dazu imstande sind, wenn die Fälschungen was taugen. Die edwardianischen

Möbel und die präraffaelitische Kunst übergehe ich. Mir ist einfach nicht erinnerlich, woher Sie Ihre Fakten haben.

Ich würde nicht sagen, daß Marlowes Parfüm-Kenntnisse bei Chanel Nr. 5 zu Ende sind. Das ist nur wieder ein Symbol für etwas, was teuer und zugleich dezent ist. Er mag alle leicht herben Parfüms, aber nicht wenn sie übertrieben intensiv sind. Er ist, wie Sie vielleicht bemerkt haben, selber ein leicht herber Mensch. Natürlich weiß er, was die Sorbonne ist, und er weiß auch, wo sie ist. Natürlich kennt er den Unterschied zwischen Tango und Rumba und auch zwischen Conga und Samba, und er kann auch Samba und Mamba auseinanderhalten, obwohl er nicht glaubt, daß eine Mamba ein galoppierendes Pferd überholen kann. Ich zweifle, ob er den neuen Tanz kennt, der Mambo genannt wird, denn der scheint erst in letzter Zeit entdeckt bzw. entwickelt worden zu sein.

Nun wollen wir einmal sehen, wie weit wir damit kommen. Ziemlich regelmäßiger Kinogänger, sagen Sie, Abneigung gegen Musicals. Stimmt. Könnte ein Bewunderer von Orson Welles sein. Durchaus möglich, besonders wenn Orson einen anderen Regisseur hat als sich selbst. Marlowes Lesegewohnheiten und musikalische Geschmacksrichtungen sind mir ebenso ein Rätsel wie Ihnen, und wenn ich da improvisieren wollte, liefe ich Gefahr, seinen und meinen Geschmack durcheinanderzubringen. Wenn Sie mich fragen, warum er Privatdetektiv ist, so kann ich Ihnen da keine Antwort geben. Offenbar gibt es Zeiten, wo er's lieber nicht wäre, ganz wie es auch Zeiten gibt, wo ich fast alles andere lieber wäre als Schriftsteller. Der Privatdetektiv im Roman ist eine Phantasieschöpfung, die nur handelt und spricht wie ein wirklicher Mensch. Er kann in jeder Hinsicht vollkommen realistisch sein – bis auf die eine, daß ein solcher Mann im Leben, wie wir es kennen, kein Privatdetektiv wäre. Was ihm widerfährt, könnte ihm durchaus auch sonst widerfahren, aber dann nur als Ergebnis einer besonderen

Reihe von Zufällen. Indem man ihn zum Privatdetektiv macht, umgeht man die Notwendigkeit, seine Abenteuer zu rechtfertigen.

Wo er wohnt: im *Big Sleep* und einigen früheren Geschichten hat er offenbar in einem Einzel-Apartment mit Klappbett gelebt, einem Bett, das man zur Wand hochklappen kann und das dann an der Unterseite einen Spiegel zeigt. Dann ist er in ein anderes Apartment umgezogen, ähnlich dem, das im *Big Sleep* eine Figur namens Joe Brody bewohnt. Es kann unter Umständen dasselbe Apartment gewesen sein, vielleicht hat er es billig bekommen, weil ein Mord darin stattgefunden hatte. Ich glaube, bin aber nicht sicher, daß dies Apartment im dritten Stock liegt.

Es besteht aus einem Wohnzimmer, das man direkt vom Flur aus betritt, und gegenüber führt eine Glastür auf einen Balkon, der aber nur zur Zierde da ist und zum Anschauen, zum Draufsitzen aber sicher nicht. An der rechten Wand, von der Tür aus gesehen, steht eine Couch. Links, ganz dicht an der Flurwand des Apartmenthauses, führt eine Tür in einen Innenflur. Dahinter, wieder an der linken Wand, steht der eichene Schreibtisch mit den herunterklappbaren Seiten, davor ein Sessel usw.; dahinter wieder gelangt man durch einen Bogendurchgang zu Eßnische und Küche. Die Eßnische, wie man sie in kalifornischen Apartmenthäusern kennt, ist einfach ein von der Küche durch eine Zwischenwand oder einen eingebauten Geschirrschrank abgetrennter Raum. Er dürfte sehr schmal sein, wie auch die Küche sehr schmal sein dürfte.

Wenn man den Flur vom Wohnzimmer aus beträte (den Innenflur), hätte man rechterhand die Badezimmertür, und dahinter, wenn man geradeaus weiterginge, käme das Schlafzimmer. Das Schlafzimmer dürfte einen eingebauten Schrank bzw., wie man das hier oft hat, ein Kleiderkabinett enthalten. Das Bad in einem Gebäude dieses Typs enthält gewöhnlich eine Dusche über der Wanne mit einem Duschvorhang. Keiner der Räume ist besonders groß. Die Miete für das Apartment, möbliert, dürfte etwa sechzig Dollar im Monat betragen haben, als Marlowe einzog. Gott weiß, wie hoch sie jetzt wäre. Mich schaudert's, wenn ich daran denke.

Was Marlowes Büro betrifft, so werde ich es mir gelegentlich noch wieder ansehen müssen, um mein Gedächtnis aufzufrischen. Wenn ich mich nicht täusche, liegt es im fünften Stock eines Gebäudes, das sich nach Norden erstreckt, und sein Bürofenster geht nach Osten. Aber da bin ich nicht mehr ganz sicher. Es gibt einen Empfangsraum, der ein Halb-Büro ist, vielleicht der halbe Raum eines Eck-Büros, das man in zwei Empfangsräume mit separaten Eingängen und einer Verbindungstür rechts bzw. links verwandelt hat. Marlowe hat ein Privatbüro, das mit seinem Empfangsraum in Verbindung steht, und es gibt eine elektrische Schaltung, die einen Summer in seinem Privatbüro betätigt, wenn die Tür des Empfangsraums geöffnet wird. Aber dieser Summer kann mit einem Kippschalter abgestellt werden.

Eine Sekretärin hat er nicht und hat er auch nie gehabt. Er könnte sehr leicht einen telefonischen Auftragsdienst in Anspruch nehmen, doch erinnere ich mich nicht, daß davon irgendwo die Rede war. Und ich erinnere mich auch nicht, daß sein Schreibtisch eine Glasplatte hat, aber es ist möglich, daß ich's gesagt habe. Die Büro-Flasche wird im Aktenschub des Schreibtisches aufbewahrt – einer Schublade, die zur Norm amerikanischer Büroschreibtische gehört (vielleicht auch in England), die Tiefe von zwei gewöhnlichen Schubladen hat und dazu bestimmt ist, Aktenordner aufzunehmen, das aber sehr selten tut, da die meisten Leute ihre Aktenordner in Aktenschränken stehen haben. Es kommt mir so vor, als gäbe es bei manchen dieser Einzelheiten nicht unerhebliche Abweichungen.

Seine Waffen sind auch ziemlich verschieden gewesen. Angefangen hat er mit einer deutschen Lueger Automatik. Auch automatische Colts verschiedenen Kalibers scheint er gehabt zu haben, aber immer nur bis zum 38er, und zuletzt hatte er, wie ich hörte, eine Smith & Wesson 38er Spezial, vermutlich mit einem Vier-Zoll-Lauf. Das ist eine sehr starke Waffe, wenn auch nicht die stärkste, die hergestellt wird, und sie hat vor der Automatik den Vorteil, daß man Bleipatronen verwenden kann. Sie blockiert nicht und geht auch nicht versehentlich los, selbst wenn sie einmal hart aufschlägt irgendwo, und vermutlich ist sie auf kürzere Entfernung eine ebenso wirksame Waffe wie eine 45er Automatik. Mit einem Sechs-Zoll-Lauf wäre sie noch besser, aber der würde sie wieder unhandlicher machen. Selbst mit vier Zoll ist der Lauf nicht allzu bequem, und bei der Polizei tragen die Beamten gewöhnlich Pistolen mit nur zweieinhalb-zölligem Lauf.

Das wäre so ungefähr alles, was ich im Moment für Sie habe, aber wenn es noch etwas gibt, was Sie wissen möchten, dann schreiben Sie mir getrost wieder. Der Haken ist nur, daß Sie in Wirklichkeit eine ganze Menge mehr über Marlowe zu wissen scheinen als ich selbst, und vielleicht hätte ich lieber Ihnen Fragen stellen sollen statt umgekehrt.

Oktober 1951
An Mr. Inglis

... Ich glaube nicht, daß mein Freund Philip Marlowe sich sehr viel Sorgen darüber macht, ob er geistig reif ist oder nicht. Ich muß zugeben, daß mir selber die Sorge darum in gleicher Weise mangelt ... Wenn es Unreife bedeutet, sich gegen eine korrupte Gesellschaft aufzulehnen, dann ist Philip Marlowe äußerst unreif. Wenn es mangelhafte soziale Anpassung bedeutet, Schmutz zu sehen, wo Schmutz ist, dann hat sich Philip Marlowe mangelhaft sozial angepaßt. Natürlich ist er ein Versager, und er weiß das auch. Er ist ein Versager, weil er kein Geld hat. Ein Mann, der ohne körperliche Handicaps ist und sich trotzdem keinen anständigen Lebensunterhalt verdienen kann, ist immer ein Versager und gewöhnlich ein moralischer Versager. Aber eine Menge sehr guter Menschen sind auch Versager gewesen, weil ihre besonderen Gaben nicht zu ihrer Zeit und ihrer Umwelt paßten. Auf lange Sicht gesehen sind wir wahrscheinlich alle Versager; wir hätten sonst nicht die Sorte Welt, die wir haben. Aber Sie müssen auch daran denken, daß Marlowe keine reale Person ist. Er ist eine Phantasieschöpfung. Er befindet sich in der falschen Position, weil ich ihn dort hingestellt habe. Im wirklichen Leben wäre ein Mann seines Typs so wenig Privatdetektiv, wie er Universitätsprofessor wäre. Der Privatdetektiv ist im wirklichen Leben entweder ein ehemaliger Polizist, der einen Haufen harter, praktischer Erfahrung hat und den Verstand einer Schildkröte, oder er ist ein schäbiger kleiner Mietling, der herumrennt und ausfindig zu machen sucht, wo irgendwelche Leute hingezogen sind.

Ich glaube, Ihre Vermutung, Philip Marlowe verachte die körperliche Schwäche anderer Menschen, stört mich. Ich weiß nicht, wie Sie auf die Idee gekommen sind, und ich glaube auch nicht, daß es so ist. Ich bin all diese launigen Vermutungen, die schon angestellt worden sind, auch langsam ein bißchen satt – etwa daß er immerzu voll Whisky sei. Der einzige Punkt, der mir zur Rechtfertigung dieser Annahme einfällt, ist die Tatsache, daß er ganz offen einen Schluck nimmt, wenn ihm nach einem Schluck zumute ist, und nicht zögert, darüber eine Bemerkung zu machen. Ich weiß nicht, wie es in Ihrer Gegend damit aussieht, aber verglichen mit der Landklub-Gesellschaft in meiner Gegend, ist er so nüchtern wie ein Diakon.

14. Mai 1952
An Bernice Baumgarten

Ich schicke Ihnen heute die Rohfassung einer Geschichte, die ich *The Long Good-Bye* genannt habe. Sie umfaßt 92 000 Wörter. Ich würde sehr gern Ihr Urteil, Ihre Einwände usw. dazu haben. Ich habe das Ding nicht einmal mehr durchgelesen, nur ein paar Passagen, um kleine Korrekturen anzubringen und eine Anzahl Details nachzuprüfen, die meiner Sekretärin fraglich waren. Ich schicke Ihnen also keinerlei Meinung zu dem Opus mit. Vielleicht finden Sie, daß die Handlung zu langsam vom Fleck kommt.

Mir ist schon vor einiger Zeit klar geworden, daß die Langeweile, die von Kriminalromanen, wenigstens auf literarischer Ebene, ausgeht, ihren Grund darin hat, daß die Charaktere sich bereits nach dem ersten Drittel praktisch in Luft auflösen. Oft ist die Eröffnung, die mise-en-scène, die Hintergrundsanlage ausgezeichnet. Dann verdickt sich die Handlung, und die Leute werden zu bloßen Namen. Schön und gut, aber was kann man tun, um das zu vermeiden? Man kann in einer Tour Handlung schreiben, und das ist gar nicht schlecht, wenn man wirklich Spaß daran hat. Aber ach, man wird erwachsen, man wird kompliziert und unsicher, man interessiert sich immer mehr für moralische Probleme als dafür, wer denn nun wem eins über den Schädel geschmettert hat. Und an diesem Punkt sollte man sich vielleicht in den Ruhestand zurückziehen und das Feld jüngeren und einfacheren Männern überlassen. Dabei denke ich allerdings nicht unbedingt an Comics-Schreiber wie Mickey Spillane.

Jedenfalls habe ich dies Buch so geschrieben, wie ich's wollte, weil ich das jetzt kann. Mir war's egal, *ob man die Lösung ziemlich deutlich ahnen konnte;* wichtig waren mir die Menschen, war mir die seltsame korrupte Welt, in der wir leben, und wie ein Mann, der ehrlich zu sein versucht darin, am Ende mit sentimentalem oder einfach dummem Gesicht dasteht.

25. Mai 1952
An Bernice Baumgarten

Sie werden inzwischen mein Telegramm bekommen haben, und ich hoffe, es kam noch rechtzeitig an, um zu verhindern, daß mein Manuskript abgeschrieben und an Jamie Hamilton weitergeschickt wird. Ich danke Ihnen für Ihren Brief und brauche Ihnen nicht eigens zu sagen, daß es mir leid tut, das Skript so einfach losgeschickt zu haben. Ich war bloß zu ungeduldig, es endlich vom Hals zu haben. Ich wußte wohl, daß Marlowes Charakter sich geändert hatte, und war der Ansicht, das müßte so sein, weil die ganze ausgekochte Härte nach all der langen Zeit doch zu sehr zur Pose geworden war. Aber ich hatte nicht erkannt, daß er christusähnlich geworden war und sentimental und daß er eigentlich ein bißchen mehr über seine Gefühle spotten sollte ...

Ich werde das Skript kurz durchgehen, wenn ich's wiederhabe, und es dann so lange beiseite legen, bis der richtige Abstand da ist. Ich wollte das eigentlich immer tun. Ich war nur nicht dazu imstande. Ich hatte immer etwas Angst, wenn ich das täte, würde ich das ganze Ding zum alten Eisen schmeißen, sobald ich dann wieder dran ginge. Die Sorge habe ich jetzt nicht mehr. Ich weiß, daß die Geschichte, egal was für Fehler in der Gewichtsverteilung usw. drinstecken, mir grundsätzlich doch ganz gut geraten ist. Eigentlich bin ich noch nie so mit lockerem Zügel geritten. Es gehört vielleicht mehr Kunst dazu, als mir bewußt ist.

Kurioserweise habe ich, wenn nicht alles trügt, bei dieser Geschichte weit weniger Zweifel als bei der *Little Sister*. Wie das kommt, ist mir absolut schleierhaft. Ich glaube, es hieß einmal, daß Schriftstellern an ihren eigenen Arbeiten immer die falschen Sachen gefallen.

10. Juni 1952
An Hamish Hamilton

Dank für Deine Zeilen. Und laß Dir um Himmels willen keine grauen Haare wachsen, alter Freund, ich bin nicht im mindesten deprimiert. Fühle mich vielmehr kreuzfidel, Tatsache! Eher bin ich ein bißchen voller Widerwillen, weil ich doch klargestellt hatte, daß es sich bei dem Skript, das ich nach Osten schickte, um nicht mehr als einen korrigierten ersten Entwurf handelte, wobei sich das ›korrigiert‹ bloß auf die Tippfehler und andere Versehen bezog. Ich bin ein rasend schneller, aber flüchtiger Maschinenschreiber, und mein Geschreibsel ist schwer zu lesen. Die meisten Punkte, die Bernice im Detail kritisiert hat, wären bei der Revision automatisch geändert worden – und noch viele andere, die sie nicht kritisiert hat, dazu.

Wenn ich das Skript wieder durchgesehen habe und einigermaßen zufrieden damit bin, bzw. so zufrieden, wie ich's mir gegenwärtig erhoffen kann, werde ich Dir direkt ein Exemplar schicken ... Den Titel habe ich in *Summer in Idle Valley* geändert. Das war der ursprüngliche Titel, an dem ich lange festhielt. Dann ging mir auf, daß die ersten hundert Seiten des Skripts keinerlei Bezug darauf enthielten. Aber was soll's? Mir gefiel der Titel einfach, weil er ein romantisches Flair hat und nicht prätentiös klingt.

Manche Titel halten sich eng an ihren Gegenstand, manche berühren ihn nur tangential und an einer einzigen Stelle. Der Titel *The Big Sleep* war nur durch die letzten ein oder zwei Seiten des Buches gerechtfertigt. Was mir am meisten mißfällt, ist der typische Titel des Kriminalromans, wie etwa *Der Fall des seekranken Affen* oder *Die Leiche mit den gefleckten Zähnen* oder *Die Affäre von Fiddler's Green* usw.

Sei nur guter Dinge. Ich finde es gar nicht schlimm, daß Marlowe sentimental ist, denn das ist er im Grunde immer gewesen. Seine Härte und Ruppigkeit war immer mehr oder weniger ein oberflächlicher Bluff, ein Punkt übrigens, auf den Desmond MacCarthy schon vor langer Zeit einmal hingewiesen hat.

20. Juli 1952
An Bernice Baumgarten

Danke für den Brief, aber ich sehe keinen Grund, warum Sie sich, und sei's auch nur der Form halber, dafür entschuldigen sollten, daß Sie offen ausgesprochen haben, was Sie auf dem Herzen hatten. Vermutlich, ja fast mit Sicherheit hatten Sie recht. Man weiß nie, welche Wirkung ein Brief machen wird, weil man nie die Stimmung kennt oder die Umstände, unter denen der Adressat ihn liest. Vollendeter Takt erfordert mehr Wissen, als uns gegeben ist. Es war jedenfalls alles mein Fehler, wie ich schon gesagt habe. Das Vertrackte ist für mich im Augenblick, daß ich nicht weiß, woran ich bin, nicht weiß, ob überhaupt etwas dran ist an all dem Zeug, was sich zu retten lohnte, oder ob es nicht schlauer wäre, alles wegzuschmeißen und frisch noch einmal anzufangen. Ich bin nicht besonders gut im Revidieren und Zusammenschustern. Ich verliere das Interesse, verliere die Perspektive, und das bißchen kritisches Vermögen, das ich habe, verzettelt sich in belanglosen Kleinigkeiten wie etwa, ob es besser wäre, ein ›sagte er‹ einzufügen oder die wörtliche Rede allein stehen zu lassen.

Meine Art zu schreiben verlangt eine bestimmte Menge Elan und gute Laune – das richtige Wort wäre Gusto, eine Eigenschaft, die der modernen Schriftstellerei vollkommen abgeht –, und Sie können nicht wissen, wie sehr ich mich im vergangenen Jahr habe abplagen müssen, um auch nur so viel Heiterkeit aufzubringen, daß ich weiterleben konnte, von einem Buch einmal ganz zu schweigen. Finden wir uns damit ab; ins Buch konnte nichts davon eingehen. Ich hatte's einfach nicht übrig.[1]

---

[1] Chandler schrieb *The Long Good-Bye* während der Krankheit seiner Frau Cissy.

5. Januar 1953
An H. N. Swanson

... Ich habe der Universal die beiden Skripte der Sache, die ich da gemacht habe, *Playback*, herausgeleiert und sie gelesen. Das erste erschien mir als das bessere der beiden, obwohl der Schluß nicht gut ist ... Ich meine eigentlich, es müßte eine ganz gute Story abgeben, aber die Schwierigkeit, sie zu einem kleinen Roman mit Philip Marlowe als Hauptfigur umzuschreiben, liegt darin, daß gerade die besten Teile der Handlung außerhalb des Horizonts eines Privatdetektivs spielen. Daß es ganz unmöglich ist, glaube ich nicht, aber das Ergebnis hätte jedenfalls, wenn sich's bewerkstelligen ließe, nur noch sehr wenig mit dem Original zu tun, außer ein paar von den Figuren und der Grundsituation eines Mädchens, das mit knapper Not der Gefahr entronnen ist, für einen Mord beim Schlafittchen genommen zu werden, den sie nicht begangen hat, sich dann alle erdenkliche Mühe macht, sich unter anderem Namen zu verstecken, und sich plötzlich in einer Situation wiederfindet, die der ursprünglichen Katastrophe so ähnlich ist, daß sie nicht wagt, offen Rechenschaft über sich abzulegen, zumal es auch noch so aussieht, als habe der zweite Bursche, der ermordet wurde, seine Kenntnis ihrer Identität dazu benutzt, sie zu erpressen.

14. März 1953
An H. N. Swanson

... *Playback* wird ein bißchen müde. Ich habe 36 000 Wörter Kinkerlitzchen und noch keine Leiche. Das ist gräßlich. Ich leide unter einer sehr ungewöhnlichen Krankheit, die (von mir) Atrophie der Erfindungskraft genannt wird. Ich schreibe, was das Zeug hält, aber ich langweile mich dabei. Und da dem so ist, wird es mir schwerlich mißlingen, andere damit noch schlimmer zu langweilen. Ich muß immer wieder an Sid Perelmans wunderschönes *I'm Sorry I Made Me Cry*[1] denken . . .

11. Mai 1953
An Hamish Hamilton

. . . Was meine eigene Plackerei betrifft, so würde ich sagen, daß ich mit *Summer in Idle Valley* zu etwa vier Fünfteln durch bin, wobei der Titel mir gar nicht mehr besonders gefällt – fast komplett neugeschrieben, aufgrund meiner unseligen Unfähigkeit, irgend etwas zu revidieren . . . Hin und wieder hänge ich in einem Kapitel fest, und dann frage ich mich, warum. Aber einen Grund gibt es immer dafür, und ich muß einfach warten, bis dieser Grund mir aufgeht. Mit dem anderen Buch[2] war ich schon ungefähr zur Hälfte durch, ehe ich zu der Überzeugung kam, daß es ebenfalls einer sehr drastischen Überarbeitung bedurfte . . .

26. Mai 1953
An Hamish Hamilton

. . . Was die Ablieferung des Manuskripts etwa Mitte Juli betrifft, so sähe ich da gar kein Hindernis. Das Ganze kommt mir jetzt ziemlich einfach vor, aber ich möchte Dich doch daran erinnern, daß Du's noch nicht gesehen hast, und als ich Brandt & Brandt im Anfang einen Entwurf der Story zeigte, waren sie alles andere als begeistert darüber. Natürlich habe ich das Ding einigermaßen drastisch umgeschrieben, aber ich selber bin ja der alte geblieben; wenn ich einmal danebenhaue, kann ich's auch ein zweitesmal tun. Also Vorsicht bei der Planung!

Hinsichtlich des Titels sehe ich nicht recht ein, wie Du beistimmen kannst, daß *Summer in Idle Valley* nicht sehr glücklich sei, wo Du doch noch gar keine Ahnung hast, wo-

---

[1] Erschienen in *The New Yorker* im Herbst 1952; in Buchform veröffentlicht in *Bite on the Bullet* von S. J. Perelman (Titel in den USA *The Road to Miltown*).
[2] *Playback*.

von das Buch handelt. Wenn Du meinst, daß er nicht gerade auf einen Kriminalroman schließen läßt, so glaube ich nicht, daß meine anderen Titel in dieser Hinsicht mehr leisteten.

Mein ursprünglicher Titel für *Summer in Idle Valley* war *The Long Good-Bye*, und er paßt an sich genau; ich war aber nur ein bißchen irritiert von dem Gedanken, daß es so viele Titel mit dem gleichen Tonfall und dem Wort *long* darin gibt.

26. Juni 1953
An Hamish Hamilton
... Das war ein so zauberhafter und ermutigender Brief, wie ich ihn selten bekommen habe ... Zu sagen, ich sei für Komplimente nicht empfänglich – nun bleib aber mal auf dem Teppich, Jamie. Jeder Mensch läßt sich gern schmeicheln, je übertriebener desto lieber ... Pittsburgh Phil[1]: entweder hast Du von dem Kerl schon gehört oder Du hast's nicht. Er war der Oberkiller der Mörderbande von Brooklyn. In Wirklichkeit hieß er Harry Strauss, und er hatte etwas von einem Dandy an sich. Er liebte seine Arbeit. Ich meine, es machte ihm richtiggehend Spaß, Leute auf Bestellung zu töten, gewöhnlich durch Erwürgen und anschließend noch vierzig oder fünfzig Schläge mit dem Eispickel, um sicherzugehen. Seine Strangulationsmethode war insofern sehr kunstvoll, als er sein Opfer gern so zusammenschnürte, daß es sich selbst erdrosselte, wenn es versuchte, sich freizumachen. Als er auf den elektrischen Stuhl kam, hatte er ein Grinsen im Gesicht ...

3. August 1953
An H. N. Swanson
... Ich hatte früher einmal eine Sache in der *Post*[2], und die Angelegenheit war ziemlich amüsant und aufschlußreich.

[1] Wird in *The Long Good-Bye* erwähnt.
[2] *The Saturday Evening Post.*

Es handelte sich um eine Geschichte mit dem Titel *I'll Be Waiting*, und Sanders[1] zeigte sie dem damaligen Herausgeber, dem sie mit einigen Vorbehalten gefiel ... Die Leute wünschten gewisse Änderungen, sie wollten gewisse Sachen sanfter oder romantischer oder was weiß ich – also setzte ich mich hin und versuchte, diese Änderungen auszuführen, und schließlich schaffte ich's auch. Und dann veröffentlichten sie die Geschichte genauso, wie sie ursprünglich geschrieben worden war.

23. März 1955
An Hardwick Moseley
    ... Ich reise am 12. April nach England und habe eine Rückfahrtbuchung für den 23. September von Southampton, falls ich so lange lebe; ich habe auch ein Buch zur Hälfte geschrieben und hoffe es da drüben zu beenden.[2] Schauplatz ist La Jolla, und ein Lokalreporter hat bereits aus der Schule geplaudert (wieso eigentlich ›aus der Schule‹?), und die Bürgerschaft schwankt noch zu etwa gleichen Teilen, ob man mich hinter einer alten Schrottkiste her durch die Ortschaft schleifen oder, was die abgedroschenere Methode wäre, mit einer Armbrust erschießen sollte. Zum Unglück für die Leute ist die hiesige Polizei fest auf meiner Seite.

19. April 1956
An Hamish Hamilton
    ... Ich habe ganz verteufelte Schwierigkeiten, einen Satz meiner Bücher in der Hand zu behalten. Du müßtest doch eigentlich wissen, daß ein Autor seine Bücher etwa alle sechs Monate wieder lesen muß, wenn er der Gefahr entgehen will, womöglich eins davon noch einmal zu schreiben.

---

[1] Seinerzeit Chandlers literarischer Agent.
[2] *Playback*.

19. Juni 1956
An Helga Greene
... Ich liebe phantastische Geschichten und habe Skizzen für vielleicht ein Dutzend liegen, die ich liebend gern gedruckt sähe ..., eine von einem Mann, der ins Feenland kommt, wo man ihn aber nicht bleiben lassen will. Eine andere handelt von einer Prinzessin, die für einen Rubin ihre Zunge verkauft, den Handel dann aber bereut und wieder rückgängig macht. Eine von einem jungen Gesellschaftsdichter, dessen Vater Zauberer ist und ständig einen Herzog verschwinden läßt, damit sein Sohn die Herzogin lieben kann.

31. Januar 1957
An Helga Greene
... Ich habe das Buch noch nicht wieder angerührt, werde es aber fertig haben, wenn ich nach England komme[1]. Ich habe nicht eigentlich Schwierigkeiten damit; es ist nur so, daß ich glaube, ich bin über diese Sachen vielleicht doch hinausgewachsen. Ich habe mich für den Kriminalroman redlich geschlagen, und viele Schriftsteller, wenn auch nicht alle, gestehen mir zu, daß ich es fertiggebracht habe, ein abgenutztes Medium zu rekreieren, und daß sie, wenn ich nicht gewesen wäre, wohl kaum noch existieren könnten. Das Problem ist, was man schreiben soll ... Vor vielen Jahren habe ich einmal eine Geschichte über einen Amerikaner in einem englischen Landhaus geschrieben. Ich habe sie gut zwanzig Jahre nicht mehr angesehen, aber jetzt stieß ich wieder drauf, als ich im Lager ein paar Kisten durchstöberte. Und sonderbar – ohne jede bewußte Absicht hatte ich eine Variante der Situation in *The Long Good-Bye* verwendet. Ich glaube, der einzige Grund, daß ich sie überhaupt noch habe, ist wohl der, daß Cissy sie wundervoll fand. Ich werde ein

[1] *Playback.*

paar kleine Änderungen anbringen, nicht viele, und sie Ihnen dann zur Beurteilung schicken. Die Schreibweise ist von einer Art, mit der ich am Anfang nie und nimmer weit gekommen wäre, aber wenn man einen Ruf hat, ist es einem vielleicht doch gestattet, gelegentlich einmal aus der eigenen Haut zu schlüpfen.

30. April 1957
An Helga Greene

... Habe die Geschichte[1] beendet und schicke sie Ihnen anbei. Sie umfaßt etwa 8500 Wörter, was kommerziell gesehen nicht die beste Länge ist. Kommerziell gesehen mag überhaupt nicht viel dran sein, aber es hat mir Freude gemacht, sie zu schreiben und von Grund auf umzuschreiben. Von der Schreibweise her ist's ein recht exquisites Stückchen, möglicherweise ein bißchen zu exquisit, aber egal, warum soll man nicht von Zeit zu Zeit auch einmal mit dem Pfündchen wuchern, das einem gegeben ist? ... Wenn Ihnen irgendwas falsch erscheint, nicht nur unter dem Aspekt von Schreibweise und Handlungsführung, sondern auch im Hinblick auf englische Gebräuche oder sonst etwas, so werden Sie's mir hoffentlich mitteilen.

... Die Schwierigkeit, ein Theaterstück daraus zu machen, falls Sie das überhaupt für einigermaßen aussichtsreich halten, besteht darin, daß die beiden Frauen sich nie begegnen. Und: würde Lord Chamberlain den Schluß der Szene zwischen Faringdon und Lady Lakenham hinnehmen? Ich hoffe, ich habe mich mit dem Namen nicht geirrt und bin genügend abgesichert. Jedenfalls konnte ich ihn in dieser Titelform im Whitaker nirgends finden ...

Theaterstücke brauchen, finde ich, eine dichte Konstruktion und eine klare, nicht zu komplizierte Linienführung.

---

[1] *English Summer.* Die Geschichte ist nie erschienen. Chandler hat auch nie ernstlich den Versuch gemacht, sie zu einem Bühnenstück umzuschreiben.

Aber ich bin von Natur ein Mensch, der ziemlich diskursiv arbeitet und sich beim Schreiben immer in eine Szene, eine Figur, einen Schauplatz oder eine atmosphärische Stimmung verliebt. Ich habe einmal eine Beschreibung nur als Versuch unternommen, herauszukriegen, ob ich wohl rein durch den Ton einen ganzen Seelenzustand vermitteln könnte. Vielleicht geht mir das mit der Bühne ja ganz schauderhaft daneben, aber Lust zum Versuch hätte ich trotzdem sehr. Was ich ja wirklich kann, sind Dialoge, aber das genügt für die Bühne noch nicht, oder?

25. Mai 1957
An Helga Greene

... Ich glaube jetzt doch, daß *English Summer* tatsächlich ein gutes Bühnenstück abgäbe, aber nur die Basis ... Ich denke, in einiger Zeit werde ich einen Rohentwurf versuchen und mir dabei einen Amerikaner vorstellen, der sich einbildet, in eine sehr vornehme englische Lady, die etwa soviel Sex hat wie ein Kapaun, verliebt zu sein; das mit dem Sex weiß er aber noch nicht, und er hat auch noch durchaus nicht den Plan gefaßt, sie zu verführen. Ihr Mann, ein gutmütiger, aber hoffnungsloser Trinker, lädt ihn ein, bei ihnen auf dem Lande zu wohnen. Er (der Held) erkennt fast augenblicklich, daß sie bloß ein Dekorationsstück ist. Er läuft einer Frau über den Weg, die ganz und gar anders ist, die sich ihm in die Arme wirft, weil sie einen Mann braucht, aber noch nicht tief genug gesunken ist, um irgendeinen nächstbesten zu nehmen, den sie gar nicht mag. Anschließend findet der ›Held‹ heraus, daß die Eiszapfenschönheit ihren Mann umgebracht hat, ganz still und leise und sehr gekonnt (wobei ihre Gründe immer etwas dunkel bleiben werden); sie selber bringt ihn darauf und ist sicher, daß er sie vor den Konsequenzen schützen wird, weil sie weiß, er ist ganz der Typ von Mann dafür. Sie ist vermutlich nicht einmal in ihn verliebt und vermutlich überhaupt liebesunfähig, aber trotzdem glaubt und hofft sie, daß es doch so etwas gibt wie die Liebe und daß sie auch ihr kommen wird, wenn nur der richtige Mann kommt. Dem Amerikaner bleibt keine andere Möglichkeit, als sich notfalls selber zu opfern, um sie zu retten ... Er fühlt sich verloren in einer Gesellschaft, die er nicht ganz versteht, und unter Leuten, die er nie verstehen wird, aber trotzdem kann er sich nicht einfach davonmachen. Er muß etwas tun. Er ist, nach seinen und auch meinen Begriffen, eine Verpflichtung eingegangen, und wir Amerikaner sind nun einmal ein sentimentales und romantisches Völkchen, oft ganz zu Unrecht natürlich, aber wenn uns dies Gefühl überkommt, sind wir imstande, uns lieber selber zu zerstören, als jemanden im Stich zu lassen. In meinen Augen ist das ein Thema für ein Bühnenstück ... es liegt das Wesen des Dramas darin ... Ich werde wohl in jedem Fall versuchen, das Stück zu Papier zu bringen, einfach weil ein Schriftsteller, der spürt, daß er ein Thema hat, sich auch drüber hermachen muß, selbst wenn es am Ende im Papierkorb landet ...

Das Marlowe-Buch[1] habe ich noch nicht abgeschlossen – in dem Sinne, daß es noch nicht abschreibfertig ist, aber so in zwei oder drei Wochen oder auch eher wird es soweit sein. Der Mittelteil ist ein bißchen konfus, so als wäre ich mir da nicht ganz im klaren gewesen, welchem Handlungsfaden ich nun eigentlich folgen sollte. Auch habe ich den Schluß neu geschrieben. Er war an sich gut, aber er war mir halt ein bißchen zu weich geraten. Ich wollte etwas mehr Härte hineinbringen. Marlowe sollte sich nicht die Augen ausweinen, bloß weil jemand in ihn verliebt war. Es handelte sich bloß darum, ein paar Szenen neu zu schreiben, ein bestimmtes Quantum Schwulst zu streichen und so weiter.

---

[1] *Playback.*

19. Mai 1958
An Marcel Duhamel[1]

... Wenn sie Kapitel XII[2] weglassen, stehe ich mit einer ungelösten Figur da, die zu sehr in den Vordergrund gespielt worden ist, als daß man sie so ohne weitere Feierlichkeiten fallenlassen könnte. Sie nehmen mir außerdem die Exposition für das letzte Kapitel: den Anruf aus Paris. Was die 5000 Dollar vom Hotel betrifft, die Marlowe zurückweist, so wußte er, daß sie eine indirekte Bestechung von Brandon waren, einem Mann, der zwei verbrecherische Handlungen begangen hatte – nämlich die Beseitigung einer Leiche und die Beauftragung eines Revolvermanns, Goble, zu verscheuchen; hätte Marlowe das Geld genommen, so hätte er sich der Beihilfe nach der Tat schuldig gemacht. Jedenfalls, selbst wenn Marlowe gelegentlich ein hartgesottener Bursche ist, nimmt er's doch stets äußerst genau.

1. Oktober 1958
An Helga Greene

... Meine Kurzgeschichte[3] handelt von einem Mann, der beim Syndikat auszusteigen versucht, aber zuviel weiß und einen Tip bekommt, daß infolgedessen zwei professionelle Killer ausgeschickt worden sind, ihn zu liquidieren. Er hat niemanden, den er um Hilfe angehen könnte, und so geht er zu Marlowe. Das Problem ist: was kann Marlowe tun, ohne den Killern selber vor die Läufe zu geraten? Ich habe da einige Ideen und glaube, es wäre ganz lustig, die Geschichte zu schreiben. Unnötig zu sagen, daß die Killer selbst sich keinen Fehlschlag leisten können; sonst würden wiederum andere sich ihrer annehmen. Man lebt nicht mehr sehr lange, wenn man das Syndikat enttäuscht hat. Die Disziplin ist streng und hart, und Fehler werden einfach nicht geduldet.

---

[1] Herausgeber der bei Gallimard veröffentlichten *Série Noire*.
[2] *Playback*.
[3] *The Pencil*.

Der einzige Syndikatsboss, der je wegen Mordes verurteilt wurde, war Lepke Buchalter, zeitweise Chef der Murder Inc. in Brooklyn und Chef einer ›Schutz‹-Bande in New York. Diese Kerls haben alle eine solide Geschäftsfassade und sehr tüchtige, freilich korrupte Anwälte. Wenn man den Rechtsanwälten einen Riegel vorschieben könnte, hätte man das Syndikat.

4. Oktober 1958
An Wilbur J. Smith, University of California, Los Angeles[1]

Der einzige mir bekannte Unterschied zwischen den englischen und amerikanischen Ausgaben[2] besteht in einem Namen. Das war so eine von diesen kuriosen Sachen; im ganzen ist mir das zweitemal passiert; man denkt sich einen Namen aus und stellt nachher fest, daß es ihn wirklich gibt. Ich habe da einen unangenehmen älteren Mann, der Lee Kinsolving heißt. Es stellte sich heraus, daß es einen Bischof von Boston mit diesem Namen gab, und so wurde er in der amerikanischen Ausgabe in Cumberland geändert. Für die englische Ausgabe hielt der Verleger die Änderung nicht für erforderlich ...

11. Oktober 1958
An Helga Greene

... Ich stehe so um fünf Uhr auf, nehme einen Tee zu mir, arbeite bis acht Uhr dreißig oder so und gehe dann an die Schreibmaschine zurück. Die Geschichte[3] quält sich voran, aber ich werde sie vermutlich neu schreiben und schärfer profilieren müssen. Die Grundidee ist doch zu verdammt ernst, als daß man Witze darüber reißen dürfte. So etwas führt bei mir immer zur Verkrampfung. Doch die Idee ist

[1] In der Abteilung Spezialsammlungen der University of California befindet sich eine Sektion Raymond Chandler.
[2] von *Playback*.
[3] *The Pencil*.

ziemlich gut und, soweit ich weiß, auch noch nie behandelt worden: ein Mann versucht einen andern vor zwei professionellen Killern zu retten, und zwar einen, der diese Rettung an sich kaum wert ist. Die Sache ist nicht unter 10 000 Wörtern zu machen, aber das wäre ein guter Umfang für Zeitschriften, die das herausbringen, was sie ›Geschichten in Romanlänge‹ nennen.

30. Oktober 1958
An Hardwick Moseley

... Besten Dank für Ihren Hinweis, daß ich, wenn ich alle vierzehn Monate oder so ein Buch schreibe, ein Neger-College gründen und subventionieren könnte, aber leider würde ich, wie die Dinge liegen, das Geld lieber dafür ausgeben, hübsche Damen zum Essen auszuführen. Ich habe einen neuen Roman begonnen, der in Palm Springs spielt.[1] Ob er was taugt, kann ich Ihnen allerdings noch nicht sagen.

Wenn Sie in diesem Winter tatsächlich nach Kalifornien kommen, werde ich Sie mit Freuden aufsuchen, wo immer es Ihnen am besten paßt, obwohl ich es natürlich noch lieber sähe, könnten Sie eine Möglichkeit finden, zu mir zu kommen und hier zu wohnen. Ich halte Sie nämlich für den mit Abstand liebenswürdigsten Menschen, den ich kenne, mit welchem schönen Schnörkel ich mich für heute schleunigst verabschiede.

Briefentwurf, der sich in Chandlers Ablage fand und sich offensichtlich auf einen Steuerrückzahlungsantrag bezieht.

... Der Roman *The Lady in the Lake* basiert auf zwei Novellen, *Bay City Blues*, erschienen im Juni 1938, und *The Lady in the Lake*, erschienen im Januar 1939. *The Big*

[1] *The Poodle Springs Story*, Chandlers Arbeitstitel für den Roman, mit dessen Niederschrift er noch beschäftigt war, als er starb.

Sleep wurde im Frühjahr 1938 geschrieben und basiert ebenfalls auf zwei Novellen, *Killer in the Rain,* erschienen im Januar 1935, und *The Curtain,* erschienen im September 1936. Dieses Buch enthielt auch eine ziemlich lange Sequenz, die aus einer Novelle mit dem Titel *The Man Who Liked Dogs* stammt, erschienen im März 1936. *Farewell, My Lovely* basiert wiederum auf zwei Novellen, *Try the Girl,* erschienen im Januar 1937, und *Mandarin's Jade,* erschienen im November 1937.

Anfang 1939, d. h. bis zum 12. April, scheine ich an allerlei Plänen herumgebastelt und im übrigen Novellen und Kurzgeschichten geschrieben zu haben. Nachweisen lassen sich etwa vier davon, die um diese Zeit ganz oder jedenfalls teilweise zu Papier gekommen sind. Am 12. April habe ich eine Eintragung – ›Seite 10 *The Girl from Brunette's*‹ mit einem Fragezeichen dahinter. Das ist offensichtlich *Farewell, My Lovely,* denn fast unmittelbar darauf wurde der Titel in *The Girl from Florian's* geändert, nämlich am 18. April, wo ich auf Seite 52 angelangt war. Das Florian ist die Negerkaschemme an der Central Avenue, die am Anfang des Buchs eine Rolle spielt. Am 31. März findet sich eine Eintragung ›Seite 14 *Law Is Where You Buy It*‹. Die Sache ist aber offenbar gleich wieder gestorben, und ich bin offengestanden nicht sicher, worauf sich der Titel bezieht, denn wie im weiteren Verlauf des Jahres aus dem Tagebuch hervorgeht, habe ich die Titel dauernd ausgetauscht und speziell diesen für mehr als nur ein Buch verwendet, obwohl die Idee offenbar aus der Geschichte *Bay City Blues* stammt. Da dreht es sich um eine Stadt, die vom Standpunkt der Rechtshütung aus so korrupt ist, daß man das Recht eben nur da findet, wo man es kauft, und in der Größenordnung, in der man dafür bezahlt.

Aber weiter. Am 23. April bin ich auf Seite 100 mit der Notiz ›Erste Runde *The Girl from Florian's*‹. Am 29. April bin ich auf Seite 127, und da steht ein Bezug auf ein

Mädchen namens Anne Riordan, die als Figur in *Farewell, My Lovely* auftaucht. Das geht dann mit Unterbrechungen so weiter bis zum 22. Mai, wo ich mich auf Seite 233 befinde – mit der Notiz ›Diese Geschichte ist ein Reinfall. Sie duftet förmlich zum Himmel. Werde sie wohl zum alten Eisen werfen und was Neues probieren müssen.‹ Anschließend scheine ich ein paar Tage lang mit einer Geschichte herumgespielt zu haben. Ich glaube, die hat sich dann zu der Kurzgeschichte *I'll Be Waiting* entwickelt. Am 29. Mai findet sich die Notiz ›Morgen Entwurf *The Girl from Florian's* überstanden.‹ Offenbar ist das am 30. Mai auch der Fall gewesen, denn da habe ich die Durchsicht des Entwurfs bis zur Seite 87 gemacht. Aber weiter geht's dann nicht mehr. Ich mochte die Geschichte nicht. Am 1. Juni ›Seite 4 *Murder Is a Nuisance*‹. Das hat an sich nichts weiter zu bedeuten, nur daß sich da die Erwähnung einer Figur namens Adrian Fromsett findet, die in *The Lady in the Lake* und nirgends sonst auftritt. Am nächsten Tag, am 2. Juni, bin ich auf Seite 10 und nenne das Ganze *The Lady in the Lake*. Das ist mir dann offenbar aber wieder unter den Händen gestorben, denn am 5. Juni habe ich 18 Seiten einer Novelle *Goldfish* geschrieben, dann vorläufig aber sofort wieder fallengelassen. Es finden sich viele Notizen, die zeigen, daß ich mich nicht wohlfühlte. Am 12. Juni bin ich bis Seite 30 gekommen; am 13. Juni Seite 50; am 14. Juni Seite 68; am 15. Juni Seite 71; am 16. Juni Seite 127; am 17. Juni Seite 148; am 18. Juni Seite 169; am 19. Juni Seite 191, und da heißt das verdammte Ding dann *The Golden Anklet*.

Damit ist es aber eindeutig mit *The Lady in the Lake* verknüpft, denn eine der Kapitelüberschriften der *Lady*-Novellenfassung (die der Herausgeber der Zeitschrift eingefügt hatte; ich selber habe nie Kapitelüberschriften verwendet) lautete *The Golden Anklet*, und eben ein goldenes Fußkettchen spielt eine Rolle in der Geschichte. Am 20. Juni bin ich auf Seite 215 und nenne's nun wieder *Law Is*

Where You Buy It – weiß der liebe Gott, warum. Am 23. Juni bin ich auf Seite 230 und nenne's jetzt *Depp and Dark Waters*. Dieser Titel erklärt sich von selbst. Am 28. Juni bin ich auf Seite 337. Am 29. Juni steht folgende Notiz: ›Tragische Erkenntnis, daß wieder einmal eine Niete gezogen. Mehr als drei Viertel geschafft, und alles nichts wert.‹ Dies bezieht sich mit Gewißheit auf den Entwurf von *The Lady in the Lake*, gleichgültig wie der Arbeitstitel um die Zeit gelautet haben mag. Ich schreibe jetzt auf halbierten Blättern, längs in die Maschine gespannt, und auf etwa sechs davon kommen eintausend Wörter. Folglich ergeben 337 dieser Seiten etwa 55 000 Wörter Rohmanuskript, was ein ganz erklecklicher Packen ist, auch wenn alles bloß in einem Monat zusammengetippt wurde. Am 1. Juli allerdings habe ich das Projekt wohl satt gehabt und bin wieder bei *The Girl from Florian's*, laut Tagebuch auf Seite 234 – beachten Sie, daß ich am 22. Mai genau auf Seite 233 damit aufgehört hatte. Von da an geht's mehr oder weniger fortlaufend weiter bis zum 15. September, wo die Seite 638 verzeichnet ist sowie die Notiz ›Rohentwurf *The Second Murderer* abgeschlossen‹, was offenbar um diese Zeit der Titel war. Dieser Titel verknüpft das Ganze mit *Farewell, My Lovely*; ich könnte zum Beleg aus dem Buch zitieren.

Doch wenn Sie meinen, ich wäre mit diesem Entwurf zufrieden gewesen, so befinden Sie sich sehr im Irrtum, denn ich habe im Folgejahr 1940 das ganze Ding neu geschrieben und auch schließlich zu Ende gebracht, obwohl 1940 ein ziemlich schlimmes Jahr war, in dem man sich im Hinblick auf das, was in Europa vorging, nur schwer konzentrieren konnte. Tatsächlich beendet – ich meine, wirklich abgeschlossen – habe ich *Farewell, My Lovely* am 30. April 1940.

Von da an bis zum Fall von Frankreich und Dünkirchen scheine ich nicht fähig gewesen zu sein, irgend etwas zustande zu bringen. Am 5. Juni schreibe ich an *The Brasher Dou-*

bloon, später als *The High Window* erschienen. Damit ging es nur sehr langsam voran. Es war nicht alles, was ich im restlichen Jahr gemacht habe, aber hauptsächlich habe ich daran gearbeitet. Vom Abschluß war ich allerdings noch weit entfernt. Wir reisten viel herum um die Zeit. Beendet war die Sache am 13. Februar 1942. Wenn man einen Haufen Planmaterial herumliegen hat und eine bestimmte Konzeption die Neigung zeigt, schal zu werden, gerät man vielleicht arg in Versuchung, sie fallenzulassen und etwas anderes anzufangen. Auch erwies es sich in dieser Zeit für mich als notwendig, ab und zu eine bestimmte Menge Zeitschriftenarbeit zu leisten. Am 14. August zum Beispiel, 1940, arbeite ich an einer Novelle, die später als *No Crime in the Mountains* bekannt wurde, aber am 22. August habe ich sie schon wieder in die Ecke geschmissen und mich erneut *The Brasher Doubloon* zugewandt. Das Jahr 1940 scheint, teils aus gesundheitlichen Gründen, mehr noch aber aufgrund der Weltzustände, ein abnormes Maß an Unschlüssigkeit mit sich gebracht zu haben. Bis Ende November hatte ich weniger Fortschritte gemacht als manchmal sonst in einer Woche. Ich habe zugleich auch noch an mindestens drei anderen Geschichten herumgewerkelt, von denen nur eine später auch wirklich abgeschlossen wurde. Am Jahresende hatte ich glücklich 157 Seiten der Novelle *No Crime in the Mountains* zu Papier gebracht. Ich gehe auf all diese Sachen hier nur ein, um zu zeigen, daß ich nie sehr lange an nur einer Arbeit gesessen habe. Aber schließlich und endlich habe ich all diese Projekte irgendwie einmal zu Ende gebracht, gleichgültig wie lange das brauchte und wieviel anderes Zeug ich in der Zwischenzeit noch außerdem machte.

Während des ganzen Jahrs 1940 finde ich keinen einzigen speziellen Hinweis auf *The Lady in the Lake*, in keinem Titel. *The Brasher Doubloon* scheine ich etwa am 9. September 1941 abgeschlossen zu haben, denn es gibt da einen Vermerk, daß das Manuskript zur Post gegangen ist. Für den

Rest des Jahres fällt es mir schwer, genau zu sagen, woran ich gearbeitet habe. Am 2. und 4. Januar 1942 allerdings bin ich ein schönes Stück mit *The Lady in the Lake* vorangekommen, auf Seite 205 am letztgenannten Datum; also muß ich während der zweiten Hälfte 1941 wohl daran gearbeitet haben, mit Unterbrechungen wenigstens. Am 3. Januar freilich bin ich wieder bei *The Brasher Doubloon* gelandet; also hatte ich offensichtlich im Vorjahr nicht das ganze Manuskript abgeschickt, sondern nur einen Teil. Am 8. Januar arbeite ich dann wieder an *The Lady in the Lake*, denn an diesem Datum ist die Seitenzahl 281 vermerkt; am folgenden Tag, dem 9. Januar, sitze ich wieder an *The Brasher Doubloon*, und das habe ich dann aus irgendeinem unerklärlichen Grund am 1. März tatsächlich abgeschlossen und am 3. März komplett auf die Post gebracht. Den Rest des Jahres habe ich in der Hauptsache, aber nicht ohne Unterbrechungen, an *The Lady in the Lake* gearbeitet, aber erst am 4. April 1943 findet sich ein Hinweis auf den Abschluß.

Aus dem Vorstehenden ist klar ersichtlich, daß ich von 1939 an, genauer seit dem Juni, bis zum April 1943 über dieser Geschichte gesessen und mit Unterbrechungen daran gearbeitet habe, mit Ausnahme möglicherweise von 1940. Es kann sein, daß ich 1940 nicht das mindeste daran gemacht habe. Mit Sicherheit aber habe ich 1939, 1941, 1942 und 1943 daran gearbeitet, und mit hoher Wahrscheinlichkeit habe ich mir die Sache auch 1940 immer wieder einmal herausgesucht, sie mir angesehen und darüber nachgedacht. Aufgrund dieser Eintragungen und unter Berücksichtigung meiner Arbeitsmethode – einer sehr schlechten Methode, muß man zugeben, obwohl sie sich in meinem Fall als erfolgreich erwiesen hat – läßt sich sagen, daß die Arbeit an dem Buch *The Lady in the Lake* sich unzweifelhaft über die Jahre 1939–43 erstreckt hat und daß ein sehr erheblicher Teil der Arbeit bereits im Jahre 1939 geleistet wurde (die Novellen einmal völlig beiseite gelassen).

Die folgenden Briefauszüge beziehen sich sämtlich auf Die
Poodle Springs Story.

21. Dezember 1957
An Helga Greene
... X hat eins dieser sehr modernen, ganz auf Innenar-
chitektur angelegten, mordsschicken Häuser, und ich will es
in meiner nächsten Marlowe-Geschichte verwenden, die ich in
Palm Springs spielen lassen werde. Ich lasse ihn das Acht-
Millionen-Dollar-Mädchen aus *The Long Good-Bye* heiraten,
weil Maurice[1] meint, er sollte doch verheiratet sein, und
wenn er eine Frau mit einem Haufen Geld heiratet, die
nach der öden Zeit mit ihrem ersten Mann, dem Arzt, ein
ziemlich fideles, kostspieliges Leben führen will, wird der
Widerstreit zwischen dem, was Marlowe ihren Vorstellungen nach tun soll, und dem, was er unbeirrbar weiterhin tun
wird, eine gute Nebenhandlung abgeben. Ich weiß noch
nicht, wie die Sache ausgeht, aber zähmen wird sie ihn ganz
gewiß nicht. Vielleicht hat die Ehe keinen Bestand, vielleicht aber lernt sie sogar auch, seine Integrität zu respektieren.

10. Februar 1958
An Maurice Guinness
Ihr Brief hat mich ganz und gar bezaubert ... Ich habe
endlich ein Buch abgeschlossen[2] und Marlowe, hauptsächlich
auf Ihre Anregung hin, in einer Situation zurückgelassen, in
der er sozusagen heiratsfähig wurde. Hoffentlich habe ich
ihm die richtige Frau ausgesucht. Mir scheint, von meinem
Standpunkt als Schriftsteller aus gesehen, daß praktisch
nichts drin wäre, wenn er bloß ein nettes Mädchen heiratete. Aber wenn er eine Frau heiratet, deren Lebensvorstellungen den seinen absolut entgegengesetzt sind, selbst wenn

[1] Maurice Guinness, Kriminalschriftsteller.
[2] *Playback*

sie sich im, sagen wir mal, Boudoir unter völlig gleichen und zufriedenstellenden Bedingungen gegenübertreten, dann gibt es einen Kampf zwischen Persönlichkeiten und Lebensanschauungen, und das ist doch gleich etwas anderes.

Ich plane meine nächste Marlowe-Geschichte vor dem Hintergrund von Palm Springs – ›Poodle Springs‹, so nenne ich's, weil dort jedes dritte elegante Geschöpf, das man sieht, mindestens einen Pudel hat. Ich habe schon genau das Haus, in dem Linda Loring würde leben wollen.

14. Oktober 1958
An Roger Machell

... Mein nächstes Buch soll in Palm Springs spielen, wo Marlowe einiges bevorstehen wird, um mit den Lebensvorstellungen seiner Frau zurechtzukommen. Er liebt sie, und im Bett passen sie wunderbar zusammen, aber es liegen Schwierigkeiten in der Luft. Ihr paßt es nicht, daß er darauf besteht, an seinem Geschäft und seiner bescheidenen Lebensweise festzuhalten, und sie füllt ein mit Prunk überladenes und ziemlich kitschiges Haus mit Schnorrern, auch wenn das verdammte Haus (von dem ich schon eine detaillierte Beschreibung habe) nur für die Wintersaison gemietet ist. Ich weiß nicht, ob die Ehe Bestand hat oder ob er ausbricht oder sich beschränken läßt. Natürlich muß ich auch einen Mord haben und ein bißchen Gewalttätigkeit, und auch ein bißchen Ärger mit den Bullen. Marlowe wäre nicht Marlowe, wenn er mit Polizisten auf die Dauer klarkäme.

Es gibt noch eine Menge auszuarbeiten, wenn ich drin bin. Zuerst einmal brauche ich einen guten Anfang. Da ich durch die Hepatitis auf alkoholfreie Diät gesetzt bin, scheint meinem Kopf doch ein bißchen oder auch ganz erheblich die sprudelnde Laune zu fehlen. Nur ganz wenige Schriftsteller können unter Alkohol schreiben, aber ich bin eine der Ausnahmen. Körperlich vermisse ich den Alkohol überhaupt nicht, aber seelisch und geistig vermisse ich ihn.

24. Oktober 1958
An Helga Greene

... Ich habe mit *The Poodle Springs Story* begonnen und die ziemlich vertrackte Aufgabe bewältigt, durch ein bißchen verschmitzten Dialog eine leidlich umfassende Beschreibung des gräßlichen Hauses zu vermitteln (das nicht in jeder Hinsicht gräßlich ist, sondern nur sehr überzogen).

21. Februar 1959
An Maurice Guinness

Ich. glaube, ich habe Ihren Wunsch, Marlowe verheiratet zu sehen, ganz mißverstanden. Ich glaube auch, ich habe ihm vielleicht das falsche Mädchen ausgesucht. In Wirklichkeit sollte ein Typ wie Marlowe nicht heiraten, weil er ein einsamer Mann ist, ein armer Mann, ein gefährlicher Mann und doch ein sympathischer Mann – und weil das alles irgendwie mit der Ehe doch nicht zusammenpaßt. Ich glaube, er wird immer ein ziemlich schäbiges Büro haben, ein einsames Haus, eine Anzahl Affären, aber keine feste Beziehung. Ich glaube, er wird immer zu ärgerlicher Stunde von ärgerlichen Menschen geweckt werden, um ärgerliche Aufträge zu erledigen. Mir scheint, das ist sein Schicksal – möglicherweise nicht das beste Schicksal auf der Welt, aber eins, das zu ihm gehört und zu ihm paßt. Niemand wird ihn jemals schlagen, weil er seiner Natur nach unschlagbar ist. Niemand wird ihn je reich machen, weil es ihm bestimmt ist, arm zu sein. Aber irgendwie glaube ich, er würde es gar nicht anders haben wollen, und deshalb habe ich das Gefühl, daß Ihr Gedanke, er sollte verheiratet sein, selbst wenn's mit einem netten Mädchen wäre, seinem Typus ganz konträr läuft. Ich sehe ihn eigentlich immer auf einer einsamen Straße, in einsamen Räumen, ratlos, doch nie ganz geschlagen ...

PS: In meinem Buch ist er mit einer reichen Frau verheiratet und schwimmt im Geld, aber ich glaube nicht, daß die Sache Bestand haben wird.

Die simple Kunst des Mordes

Der Roman, gleich welcher Form, hat stets die Tendenz zum Realismus gehabt. Altmodische Werke, die uns heute bis an die Grenze des Komischen gestelzt und künstlich vorkommen, wirkten auf ihre ersten Leser durchaus nicht so. Schriftsteller wie Fielding und Smollet konnten realistisch im modernen Sinne erscheinen, weil sie großenteils hemmungslose Charaktere darstellen, von denen viele der Polizei immer zwei Sprünge voraus waren, aber bei Jane Austens Chroniken hochgehemmter Menschen vor einem Hintergrund aus Landadel kommt genügend Realität erst aus dem Psychologischen. Diese Art sozialer und emotionaler Heuchelei ist auch heute noch reichlich oft anzutreffen. Man füge nur eine kräftige Portion intellektueller Anmaßung hinzu, und man hat das Feuilleton unserer Tageszeitungen sowie die todernste und dünkelhafte Atmosphäre, in der bei Kleinvereinen diskutiert wird. Das sind die Leute, die Bestseller machen, reine Produkte der Reklame auf Basis sozusagen eines indirekten Snob-Appeals, sorgfältig beklebt mit den Gütesiegeln der darin wohlbewanderten Kritikerzunft und liebevoll gehegt und gepflegt von viel zu mächtigen Interessengruppen, deren echtestes Anliegen auf dem Büchermarkt zu suchen ist, obwohl sie sich gar zu gern als Hegemeister der Kultur verstanden sehen möchten. Man braucht bei ihnen nur ein bißchen mit seinen Zahlungen in Rückstand zu kommen, und man hat sofort heraus, wie weit es mit ihrem Idealismus her ist.

Die Detektivstory läßt sich aus verschiedenen Gründen nur selten durch Reklame befördern. Sie handelt gewöhnlich von Mord und entbehrt daher des erhebenden Elements. Der Mord, der sich gegen das Leben des einzelnen richtet und somit die Menschenart schlechthin bedroht, hat vielleicht, oder mit Sicherheit sogar, zu einem guten Teil eine soziologische Motivstruktur. Aber es gibt ihn schon zu lange, als daß er selbst sich noch als sensationelle Neuigkeit auftischen ließe. Wenn der Kriminalroman überhaupt realistisch ist (was selten genug vorkommt), dann ist er gewissermaßen aus dem Abstand geschrieben; sonst würde nur ein Psychopath darauf verfallen, ihn zu schreiben oder zu lesen. Die Mordgeschichte hat überdies eine deprimierende Art an sich, bei ihrem eigenen Leisten zu bleiben, ihre eigenen Probleme zu lösen und ihre eigenen Fragen zu beantworten. Nichts bleibt darin offen, worüber sich diskutieren ließe, außer vielleicht der Frage, ob sie gut genug geschrieben war, um als guter Roman gelten zu können, und dafür sind die Leute, die ihr auf die Beine einer halben Million Auflage helfen, ohnehin nicht zuständig. Qualität in einem Text aufzuspüren ist schwierig genug, sogar für jene Herrschaften, die sich von Berufs wegen damit befassen – und dabei gar nicht einmal dauernd nach dem Umsatz schielen.

Die Detektivstory (ich bleibe vielleicht am besten doch bei dieser englischen Begriffsprägung, da sie in der Branche immer noch vorherrschend Geltung hat) muß, um ihr Publikum zu finden, ganz langsam sozusagen zu ihm durchsickern. Daß ihr dies gelingt und daß sie sich dort dann mit solcher Zähigkeit hält, ist eine Tatsache; die Gründe dafür zu ermitteln, bedürfte es eines geduldigeren Kopfes als des meinen. Ich will in meinem Aufsatz hier auch gar nicht etwa die Behauptung vertreten, daß sie eine lebenswichtige und bedeutsame Kunstform darstelle. Es gibt keine lebenswichtigen und bedeutsamen Kunstformen; es gibt nur Kunst, und davon herzlich wenig. Die Bevölkerungszunahme hat da keinerlei Zuwachs gebracht; sie hat bloß die Gerissenheit vermehrt, mit der sich Ersatzprodukte schaffen und an den Mann bringen lassen.

Trotzdem ist es schwierig, aus der Detektivstory, selbst in ihrer konventionellsten Form, wirklich gute Prosa zu machen. Literarische Qualität dieser Art findet sich in ihrem Genre noch viel seltener als in der sonstigen ernsten Belletristik. Zweitrangige Muster überdauern die meisten anspruchsvollen Romane, und eine Unzahl Bücher, die überhaupt nie auf die Welt hätten kommen dürfen, weigern sich hartnäckig, wieder aus ihr zu verschwinden. Sie sind so unverwüstlich dauerhaft wie die Denkmäler in öffentlichen Parks und schätzungsweise ebenso öde.

Dieser Umstand ist für Menschen, die das besitzen, was man so Urteilsfähigkeit nennt, einigermaßen verstörend. Sie sehen es gar nicht gern, daß bedeutende Prosawerke, die grad ein paar Jahre alt sind, in der Bibliothek auf dem Sonderregal landen, über dem ›Bestseller von gestern‹ oder etwas Ähnliches zu lesen steht, und kein Mensch sich ihnen mehr nähert als höchstens gelegentlich einmal ein kurzsichtiger Kunde, der sich vorbeugt, einen kurzen Blick darauf wirft und alsbald das Weite sucht; während zur gleichen Zeit vor dem Kriminalschmökerstand die älteren Damen sich gegenseitig auf die Zehen treten, um irgendeinen Titel gleichen Jahrgangs wie etwa den *Mord der dreifachen Petunie* oder *Inspektor Kneesebeck greift ein* zu ergattern. Es paßt ihnen ganz und gar nicht, daß ›wirklich bedeutende Bücher‹ (und die gibt es darunter ja manchmal in der Tat) auf dem Nebentisch für Nachdrucke Patina ansetzen, während *Der Tod trägt gelbe Hosenträger* sich in Auflagen von fünfzig- oder hunderttausend Stück im ganzen Land auf den Ständen der Zeitungskioske breitmacht, und dies ganz offensichtlich nicht, weil das Opus sich in den letzten Zuckungen der Verramschung befände.

Um ganz ehrlich zu sein, mir paßt das alles selber nicht besonders. In meinen weniger hochgestochenen Momenten schreibe ich ja ebenfalls Detektivstories, und da stellt diese Unsterblichkeit ein bißchen zuviel Konkurrenz dar. Selbst Einstein würde es nicht sehr weit bringen, wenn jedes Jahr dreihundert Abhandlungen über höhere Physik erschienen und diverse tausend andere bereits überall herumschwirrten, in durchaus rüstiger Verfassung, und auch noch gelesen würden.

Hemingway sagt irgendwo, daß ein guter Schriftsteller nur die Toten als Konkurrenten habe. Ein guter Kriminalschriftsteller (ein paar muß es davon ja schließlich auch geben) konkurriert nicht nur mit sämtlichen unbegrabenen Toten, sondern mit der Riesenschar der Lebenden ebenso. Und das zu fast gleichen Bedingungen; denn es ist eins der Wesensmerkmale dieser Art Schriftstellerei, daß die Sache, die die Leute zum Lesen treibt, nie aus der Mode kommt. Aus der Mode kommt höchstens vielleicht der Schlips des Helden, und möglicherweise trifft der gute Graukopf von Inspektor in einem Dogcart am Tatort ein statt unter Sirenengeheul in einem stromlinienschnittigen Sedan, aber was er da macht, wenn er angekommen ist, das ist das immer gleiche alte Getüftel mit Zeittabellen und kleinen angekohlten Papierfetzen und dem ewig jungen Problem, wer wohl die hübschen blühenden Erdbeeren unter dem Bibliotheksfenster zertrampelt hat.

Nun interessiert mich die Sache allerdings aus nicht ganz so unreinlichen Gründen. Ich habe den Eindruck, daß die Produktion von Detektivstories in derartigen Massen und durch Autoren, deren unmittelbarer Lohn sehr schmal ausfällt und deren Ernte an kritischem Lob praktisch gleich Null ist, überhaupt nicht möglich wäre, wenn diese Tätigkeit auch nur das geringste Talent erforderte. In diesem Betracht erweisen sich die hochgezogene Augenbraue des Kritikers und die schundige Verkaufspolitik des Verlegers als vollkommen logisch. Die durchschnittliche Detektivstory ist vermutlich nicht schlechter als der belletristische Durchschnittsroman, aber den Durchschnittsroman bekommt man nie zu sehen. Er wird gar nicht erst veröffentlicht. Die durchschnittliche – oder auch nur knapp überdurchschnittliche – Detektivstory aber wird es. Sie wird nicht nur veröffentlicht, sondern auch verkauft, in kleinen Mengen, an Leihbüchereien, und sie wird gelesen. Es gibt sogar ein paar Optimisten, die sie sich zum vollen Ladenpreis von zwei Dollar kaufen, weil das Ding so frisch und neu aussieht und weil auf dem Umschlag eine Leiche abgebildet ist.

Und das Sonderbare ist nur, daß sich dieses durchschnittliche, sagenhaft öde, mühsam aufgepumpte Gebilde aus eklatantem Unrealismus und mechanischer Erfindung eigentlich gar nicht so sehr von dem unterscheidet, was als Meisterwerk des Genres bezeichnet wird. Es schleppt sich nur ein bißchen langsamer dahin, der Dialog ist um eine Schattierung grauer, die Pappe, aus der die Charaktere geschnitten sind, eine Idee dünner, und der Betrug liegt ein bißchen mehr am Tage. Aber im Grunde handelt es sich um dieselbe Art Buch. Während in der allgemeinen Belletristik der gute Roman keineswegs dieselbe Art Buch ist wie der schlechte Roman. Er dreht sich um vollständig andere Dinge. Aber die gute Detektivstory und die schlechte Detektivstory behandeln genau dieselben Dinge, und sie behandeln sie in so ziemlich derselben Weise. Auch dafür gibt es Gründe, und Gründe wieder für diese Gründe; die gibt es ja immer.

Ich nehme an, das Hauptdilemma des traditionellen oder klassischen oder streng deduktiven oder auf Logik und Deduktion aufgebauten Kriminalromans liegt in dem Umstand, daß er, um auch nur annähernd Vollkommenheit zu erreichen, eine Kombination von Eigenschaften erfordert, die sich in ein und demselben Kopf nicht finden. Der kühl berechnende Konstrukteur kommt nicht ebenso auch mit lebendigen Charakteren zu Rande, mit geschliffenem Dialog, dramatischem Tempo und scharf beobachtetem Detail. Der verbissene Logiker entfaltet so viel Atmosphäre wie ein Reißbrett. Der wissenschaftliche Spürhund hat ein schönes, neues, hochglänzendes Laboratorium, aber es tut mir herzlich leid, an sein Gesicht kann ich mich nicht erinnern. Wer eine bewegte und farbige Prosa schreiben kann, will einfach nicht mit der Kuliarbeit behelligt werden, lückenlose Alibis zu durchlöchern.

Der Meister der Spezialkenntnisse lebt psychologisch im Zeitalter der Reifröcke. Wenn einer über Keramik und ägyptische Stickereiarbeit alles nur Erdenkliche weiß, dann hat er von der Polizei jedenfalls keine blasse Ahnung. Wenn einer weiß, daß Platin nicht unter etwa 1770 Grad schmelzen kann, aber sofort unter dem Blick eines Paars tiefblauer Augen schmilzt, wenn man es mit einem Barren Blei zusammenbringt, dann entzieht sich mit Sicherheit seiner Kenntnis, wie Männer im zwanzigsten Jahrhundert lieben. Und wenn einer über die elegante *flânerie* der französischen Vorkriegs-Riviera genügend weiß, um seine Geschichte in dieses Milieu zu verlegen, dann ahnt er todsicher nicht, daß ein paar Kapseln Barbital, klein genug, daß man sie schlucken kann, nicht nur nicht ausreichen, um einen Menschen um die Ecke zu bringen – sie werden ihm nicht einmal in den Schlaf verhelfen, wenn er sich dagegen wehrt.

Jeder Autor, der Detektivstories schreibt, macht Fehler, ganz natürlicherweise, und keiner wird je so viel wissen, wie er eigentlich müßte. Conan Doyle hat Fehler begangen, die einige seiner Geschichten vollkommen zu Krüppeln machen, aber er war ein Pionier, und Sherlock Holmes besteht letzten Endes im wesentlichen nur aus einer Attitüde und ein paar Dutzend Zeilen unvergeßlichen Dialogs. Es sind die Damen und Herren dessen, was Herr Howard Haycraft – in seinem Buch *Mord zum Vergnügen (Murder for Pleasure)* – das Goldene Zeitalter des Detektivromans nennt, vor denen ich wirklich in die Knie gehe. Dieses Zeitalter liegt noch gar nicht weit zurück. Nach An- und Absicht des Herrn Haycraft hat es kurz nach dem Ersten Weltkrieg begonnen und bis etwa 1930 gedauert. In der Praxis dauert es immer noch an. Zwei Drittel oder drei Viertel sämtlicher erscheinenden Detektivstories kleben immer noch an dem Rezept, das die Giganten dieser Epoche gefunden, vervollkommnet und der staunenden Welt als Inbegriff von Logik und Deduktion verkauft haben.

Das sind harte Worte; aber regen Sie sich nur nicht auf. Es sind bloß Worte. Werfen wir dafür doch rasch einmal einen Blick auf eine der Herrlichkeiten der Literatur, ein anerkanntes Meisterstück der Kunst, den Leser zu narren, ohne ihn zu betrügen. Es heißt *Das Geheimnis des Roten Hauses (The Red House Mystery)*, stammt von A. A. Milne und ist von Alexander Woollcott (der mit den Superlativen schnell bei der Hand ist) als ›einer der drei besten Kriminalromane aller Zeiten‹ bezeichnet worden. Derart klotzige Worte werden nicht einfach so dahingesprochen. Das Buch erschien 1922, ist aber zeitlos und hätte leicht auch erst im Juli 1939 erscheinen können oder, mit ein paar kleinen Änderungen, letzte Woche. Es hat dreizehn Auflagen erlebt und scheint, in der Originalausgabe, rund sechzehn Jahre lang permanent nachgedruckt worden zu sein. Das passiert nur wenigen Büchern, gleich welchen Genres. Dabei ist es gar nicht übel geschrieben, leicht, amüsant im Stil des *Punch* und mit einer trügerischen Geschmeidigkeit, die viel schwerer zu erreichen ist, als es so aussieht.

Ausgangspunkt der Handlung ist Mark Abletts Einfall, doch einmal als sein Bruder Robert aufzutreten, nur so, als Schabernack für seine Freunde. Mark gehört das Rote Haus, ein typisches englisches Landhaus mit Goldregen und schmiedeeisernem Tor. Er hat einen Sekretär, der ihn in seinem Plan bestärkt und ihm bei seiner Verkleidung hilft und der ihn ermorden will, sobald die Sache steigt. Kein Mensch im Roten Haus und drumherum hat Robert je zu Gesicht bekommen; er lebt seit fünfzehn Jahren in Australien, und man weiß von ihm nur, daß er ein Taugenichts war. Es ist von einem Brief die Rede (der aber nie gezeigt wird), worin Robert seine Ankunft ankündigt, und Mark deutet an, das Wiedersehen werde nicht eben sehr gemütlich werden. Eines Nachmittags nun trifft der vermeintliche Robert ein, stellt sich ein paar Dienstboten vor, wird ins Arbeitszimmer geleitet. Nach einer Weile geht auch Mark dort hinein (laut Zeugenaussage bei der gerichtlichen Leichenschau). Später wird Robert tot auf dem Fußboden gefunden, ein Schußloch im Gesicht, und Mark ist natürlich verschwunden, als hätte er sich in Luft aufgelöst. Alsbald erscheint die Polizei, faßt den Verdacht, daß Mark der Mörder sein müsse, schafft die Überreste fort und nimmt ihre Ermittlungen auf, die – alles muß seinen geordneten Gang gehen – schließlich zur gerichtlichen Leichenschau führen.

Milne ist sich der heiklen Hürde durchaus bewußt und strengt sich redlich an, sie zu nehmen. Da der Sekretär Mark ermorden will, sobald Mark sich als Robert etabliert hat, muß die Rolle weiterlaufen, um die Polizei hinters Licht zu führen. Da aber zugleich alle im Roten Haus Mark genauestens kennen, ist Verkleidung notwendig. Mark rasiert sich infolgedessen den Bart aus dem Gesicht, rauht sich die Hände auf (›nicht die Hände eines gepflegten Herrn‹ – Zeugenaussage) und legt sich eine heisere Stimme sowie schlechte Manieren zu.

Aber das reicht noch nicht aus. Die Bullen werden sich die Leiche vornehmen, die Sachen, die sie anhat, und den gesamten Tascheninhalt. Daher darf nichts daran auf Mark hinweisen. Infolgedessen arbeitet Milne wie eine Schaltmaschine, um uns beizubringen, Mark sei ein derart eitler Rollenspieler gewesen, daß sich seine Verkleidung bis auf Socken und Unterzeug erstreckt habe (aus dem der Sekretär natürlich sämtliche Firmenschildchen entfernt hat), ganz wie bei einem dilettantischen Schauspieler, der sich von oben bis unten schwarz anmalt, wenn er den Othello spielen will. Falls die Leser, spekuliert Milne, ihm das abkaufen (und die Absatzziffern zeigen, daß sie's wohl getan haben müssen), dann hat er's geschafft. Aber wie fragwürdig die Story bei dieser Konstruktion auch sein mag, sie wird uns als Problem der Logik und Deduktion angeboten.

Wenn sie das nicht ist, dann ist sie überhaupt nichts. Es bleibt nichts übrig, was sie sonst sein könnte. Wenn die Situation in sich nicht stimmt, kann man das Ganze nicht einmal als Unterhaltungsroman akzeptieren, denn für einen Unterhaltungsroman fehlt es ihm an der unerläßlichen Handlung. Wenn das Problem nicht die Elemente von Wahrheit und Plausibilität enthält, ist es ganz einfach keins; wenn die Logik illusorisch ist, bleibt nichts zu deduzieren. Wenn das Rollenspiel sich als unmöglich erweist, sobald der Leser erfahren hat, welche Bedingungen dazu erfüllt werden müssen, dann ist das Ganze ein fauler Zauber. Kein vorsätzlicher Betrug freilich, denn Milne hätte die Story nie und nimmer geschrieben, wäre ihm klar gewesen, was da auf ihn zukam. Er hat sich eine Reihe von geradezu tödlichen Widersprüchen eingebrockt, von denen ihm auch nicht ein einziger bewußt geworden ist. Ebenso ahnungslos ist in dieser Hinsicht offenbar der müßige Leser, der nichts weiter will, als daß ihm die Geschichte gefällt – weshalb er alles unbesehen für bare Münze nimmt. Aber vom Leser kann nicht gut verlangt werden, daß er sich im Leben auskennt, wenn der Autor es nicht tut. Der Autor ist in diesem Fall der Fachmann.

Hier ein paar Punkte, die dieser Autor einfach ignoriert hat:

(1) Der Coroner hält in aller Form die gerichtliche Leichenschau über einen Toten ab, dessen vorschriftsmäßige Identifizierung nicht gelungen ist. Das kann der Coroner, gewöhnlich in einer Großstadt, manchmal tun, wenn es sich um eine Leiche handelt, die sich partout nicht identifizieren läßt, bei der aber die Todesursache einwandfrei feststeht (Feuer, Unglücksfall, eindeutiger Mord). Keiner dieser Gründe ist hier jedoch gegeben, und kein Mensch ist da, der den Toten identifizieren könnte. Zeugen haben lediglich ausgesagt, der Mann habe sich als Robert Ablett bezeichnet. Daß er's auch gewesen sei, ist eine bloße Annahme, die Ge-

wicht nur hat, wenn nichts im Widerspruch zu ihr steht. Die eindeutige Identifizierung ist aber Voraussetzung für die Eröffnung der Leichenschau überhaupt. Das wird vom Gesetz vorgeschrieben. Selbst im Tode noch hat ein Mensch das Recht auf seine Identität. Der Coroner wird, wo es nur irgend menschenmöglich ist, für dieses Recht eintreten. Wenn er es vernachlässigte, beginge er eine Pflichtverletzung.

(2) Da Mark Ablett, überfällig und außerdem im Verdacht des Mordes, sich nicht selbst verteidigen kann, kommt den Aussagen über seine Bewegungen vor und nach der Tat sämtlich zentrale Bedeutung zu (wie auch der Frage, ob er genug Geld hatte für seine Flucht); doch alle diesbezüglichen Aussagen stammen von dem einen Mann, der zu dem Mord in engster Beziehung steht, und erfahren keinerlei Bestätigung durch andere. Sie sind somit automatisch verdächtig, bis ein Wahrheitsbeweis für sie erbracht ist.

(3) Die Polizei stellt durch direkte Ermittlung fest, daß Robert Ablett in seinem Heimatdorf nicht eben in angenehmer Erinnerung geblieben ist. Irgendwer dort muß ihn ja gekannt haben. Bei der Leichenschau wurde kein einziger derartiger Zeuge vernommen. (Das hätte die Story auch nicht überstanden.)

(4) Die Polizei weiß, daß Roberts vermeintlicher Besuch ein Element der Drohung enthielt, und daß er mit dem Mord selbst in Zusammenhang steht, muß ihnen klar sein. Trotzdem unternehmen sie keinen Versuch, Roberts Identität in Australien zu überprüfen, etwa herauszubekommen, welchen Ruf er dort hatte, welchen Umgang, oder der Frage nachzugehen, ob er tatsächlich die Reise nach England gemacht hat und mit wem. (Wären solche Ermittlungen angestellt worden, so hätten sie ergeben, daß er schon seit drei Jahren tot war.)

(5) Der Polizeiarzt untersucht den Körper eines Toten mit frisch abrasiertem Bart (unter dem frische Haut zutage liegt) und künstlich aufgerauhten Händen, aber es ist der

Körper eines wohlhabenden, bequem lebenden Mannes, der sich seit langem schon in kühlem Klima aufhält. Robert war ein rauher Geselle und hatte fünfzehn Jahre in Australien gelebt. Darüber ist der Arzt unterrichtet worden. Es ist ausgeschlossen, daß ihm daraufhin nichts auffällt, was dazu im Widerspruch steht.

(6) Die Kleidungsstücke sind ohne Namenszeichnung, leer, und die Firmenschildchen wurden entfernt. Trotzdem hatte der Mann, der sie trug, sich als eine ganz bestimmte Person vorgestellt. Die Annahme, er sei nicht der gewesen, für den er sich ausgab, liegt überwältigend nahe. Dieser besondere Umstand erfährt jedoch keinerlei Berücksichtigung. Er wird nicht einmal als besonders eigentümlich erwähnt.

(7) Ein Mann wird vermißt, ein am Ort wohlbekannter Mann, und ein Toter in der Leichenhalle sieht ihm überaus ähnlich. Es ist undenkbar, daß die Polizei nicht sofort etwas unternimmt, die Möglichkeit auszuschließen, daß der vermißte Mann der Tote selber ist. Nichts wäre leichter zu erklären als das. Überhaupt nicht auf den Gedanken zu kommen ist schlechterdings unglaublich. Es stempelt die Polizei zu einer Horde Idioten, nur damit ein kleiner Draufgänger von Amateur die Welt mit einer Schwindellösung überraschen kann.

Der Detektiv in dem Fall ist ein unbekümmerter Amateur namens Anthony Gillingham, ein netter Bursche mit fröhlichem Gesicht, einer netten kleinen Wohnung in der Stadt und dem bekannten affektierten Benehmen. Er verdient kein Geld bei der Geschichte, ist aber immer zur Stelle, wenn die Ortsgendarmerie ihr Notizbuch verliert. Die englische Polizei erträgt ihn mit dem gewohnten Stoizismus, aber ich schaudere bei dem Gedanken, was in meiner Heimatstadt die Jungens von der Mordkommission alles mit ihm anstellen würden.

Es gibt sogar noch weniger plausible Beispiele in dem Genre als dieses. In *Trents letzter Fall (Trent's Last Case* – oftmals als ›die vollkommene Detektivstory‹ bezeichnet) hat man sich mit der Prämisse abzufinden, daß ein internationaler Finanzgigant, dessen leisestes Stirnrunzeln ganz Wall Street wie Espenlaub erzittern läßt, seinen eigenen Tod plant, um seinen Sekretär an den Galgen zu bringen, und daß dieser Sekretär, als man ihn beim Kragen nimmt, sich in aristokratisches Schweigen hüllt – vielleicht eine Folge seiner Erziehung in Eton. Ich habe in meinem Leben nur relativ wenige internationale Finanzmagnaten kennengelernt, aber der Autor dieses Romans bestimmt noch weniger (falls das überhaupt möglich ist).

Da gibt es im weiteren eine Geschichte von Freeman Wills Crofts (dem gründlichsten Konstrukteur von allen, solange die Phantasie nicht mit ihm durchgeht), worin der Mörder mit Hilfe von Schminke, einem auf Sekundenbruchteile berechneten Zeitplan und mancherlei hochriskanten Manövern den Mann darstellt, den er gerade ermordet hat, und ihn so lebendig vom Schauplatz des Verbrechens wandeln läßt. Es gibt einen Roman von Dorothy Sayers, in dem ein Mann, während er nachts ganz allein in seinem Hause ist, von einem mechanisch ausgelösten Gewicht erschlagen wird, was nur darum funktioniert, weil er stets zu präzis der gleichen Zeit sein Radio andreht, stets in präzis der gleichen Haltung davorsteht und stets in präzis der gleichen Weise den Kopf vorstreckt. Ein paar Zoll weiter rechts oder links, und die Käufer könnten sich ihr Geld wiedergeben lassen. Der Volksmund nennt so etwas ›Gott auf dem Schoß sitzen haben‹; ein Mörder, der in solchem Umfang auf die Beihilfe der Vorsehung angewiesen ist, muß den falschen Beruf ergriffen haben.

Und bei Agatha Christie findet sich ein Hirngespinst von Plan, das uns M. Hercule Poirot charakterisiert, jenen ingeniösen Belgier, der ein Französisch spricht wie ein wörtlich übersetzender Schuljunge. Nachdem er seine ›kleinen grauen‹ Zellen‹ ausgiebig betätigt hat, kommt M. Poirot zu dem Schluß, daß, da keiner der Leute in einem bestimmten Schlafwagen den Mord allein begangen haben kann, ihn alle zusammen begangen haben müssen, und er kombiniert den Vorgang aus einer Reihe von simplen Verrichtungen, wie man in der Küche einen Schneebesen zusammensetzt. Das ist ein Typus, vor dem selbst der raffinierteste Verstand schließlich mit offenem Munde dasteht. Nur ein Schwachkopf könnte auf diese Lösung verfallen.

Nun gibt es von den genannten Autoren, wie auch von anderen ihrer Schule, auch weit bessere Handlungskonstruktionen. Es könnte durchaus eine unter ihnen sein, die der peinlichsten Untersuchung standhalten würde. Sie zu lesen wäre ein reines Vergnügen, selbst wenn ich auf Seite 47 zurückblättern müßte, um mein Gedächtnis aufzufrischen, zu genau welchem Zeitpunkt der zweite Gärtner die preisgekrönte Teerosen-Begonie eingetopft hat. An diesen Geschichten ist nichts neu und nichts alt. Die hier erwähnten stammen sämtlich aus England, weil die Autoritäten, wie sie nun einmal sind, der Ansicht zu sein scheinen, daß die englischen Schriftsteller in dieser tristen Routine grundsätzlich Diplomanwärter sind, während die Amerikaner, sogar der Schöpfer des Philo Vance, ohnehin nur die Mittlere Reife schaffen.

Die klassische Detektivstory hat nichts dazugelernt und nichts vergessen. Es ist die Story, die man fast jede Woche in den großen Illustrierten findet, mit hübschen Zeichnungen und gebührendem Respekt vor jungfräulicher Liebe und redlich erworbenen Luxusgütern. Vielleicht ist das Tempo ein bißchen rascher geworden und der Dialog ein bißchen gewandter. Man trinkt mehr Daiquiris und Stingers und weniger guten alten Port; es gibt mehr Kleider aus *Vogue* und Kulissen aus *House Beautiful*, mehr Chic, aber nicht mehr Wahrheit. Wir verbringen mehr Zeit in Miami-Hotels und den Sommerkolonien von Cape Cod und gehen nicht mehr so oft an der alten grauen Sonnenuhr vorbei in dem elisabethanischen Garten.

Aber im Grunde dreht sich alles immer noch um dasselbe sorgsam ausgetüftelte Grüppchen von Verdächtigen, um denselben schier unfaßbaren Trick, wie jemand Mrs. Pottington Postlethwaite III mit dem massiven Platindolch erstechen konnte, just als sie in Gegenwart von fünfzehn schlecht assortierten Gästen vom hohen C des Glockenlieds aus *Lakmé* abrutschte; um dieselbe liebe Unschuld in pelzverbrämtem Pyjama, die mitten in der Nacht gellend zu schreien anfängt, worauf sämtliche Beteiligten zur Tür hereinplatzen und der ganze Zeitplan verpfuscht ist; um dieselbe gedrückte Stimmung am nächsten Tag, wenn sie dann umeinander herumhocken, Singapore-Slings süffeln und sich gegenseitig belauern, während die Polypen zwischen den Perserteppichen herumkriechen und ihre Derbyhüte auf dem Kopf behalten.

Persönlich gefällt mir der englische Stil besser. Er ist nicht ganz so spröde, und die Leute tragen in der Regel ganz normale Sachen und trinken normales Zeug. Es gibt mehr Sinn für Hintergrund; Schloß Käsekuchen existiert wirklich ringsherum und nicht bloß in dem Ausschnitt, den die Kamera sieht; man macht mehr Spaziergänge durch Wald und Feld, und die handelnden Personen versuchen sich nicht alle so aufzuführen, als hätten sie grad Probeaufnahmen bei der MGM hinter sich. Die Engländer sind vielleicht nicht immer die besten Schriftsteller auf der Welt, aber sie sind ganz frag- und konkurrenzlos die besten langweiligen Schriftsteller.

Über all diese Geschichten läßt sich eine sehr einfache Feststellung treffen: sie stellen sich intellektuell nicht wirklich als Problem dar und artistisch nicht wirklich als Roman. Sie sind viel zu vertrackt ersonnen und enthalten zu wenig von dem, was in der Welt vorgeht. Sie versuchen ehrlich zu sein, aber Ehrlichkeit ist eine Kunst. Der schlechte Schriftsteller ist unehrlich, ohne es zu wissen, und der leidlich gute kann unehrlich sein, weil er nicht weiß, in welchen Dingen er ehrlich sein sollte. Er glaubt, ein komplizierter, den müßigen Leser verblüffender Mordplan müßte ebenso wie besagten Leser, dem die Details nur lästig sind und ihr minuziöser Vortrag ein Greuel, auch die Polizei verblüffen; aber bei der sind die Details nun leider die Seele des Geschäfts.

Die Jungens mit den Füßen auf dem Schreibtisch wissen genau, daß kein Mordfall auf der Welt so leicht zu lösen ist wie der, wo jemand versucht hat, besonders raffiniert vorzugehen; was ihnen wirklich Kopfzerbrechen bereitet, sind die Fälle, wo dem Mörder sein Einfall erst zwei Minuten vor der Tat gekommen ist. Aber wenn die Autoren dieses Genres Morde beschreiben, wie sie wirklich vor sich gehen, dann müßten sie auch das Leben beschreiben, wie es wirklich vor sich geht. Und da sie das nicht können, tun sie so, als wäre ihr Gefummel wirklich der Lauf der Welt. Aber damit drehen sie der Wahrheit bloß eine künstliche Nase – und die besten von ihnen wissen das auch.

In ihrer Einleitung zum ersten *Omnibus of Crime* hat Dorothy Sayers geschrieben: ›Die höchsten Höhen literarischer Vollendung erreicht sie (die Detektivstory) nie und kann sie, ihrer Voraussetzung nach, auch gar nicht erreichen.‹ Und irgendwo anders hat sie zu verstehen gegeben, dies liege daran, daß es sich dabei um ›Unterhaltungsliteratur‹ handele und nicht um ›Ausdrucksliteratur‹. Ich weiß nicht, was die höchsten Höhen literarischer Vollendung sind: weder Aischylos noch Shakespeare haben das gewußt; noch weiß es das Fräulein Sayers. Wenn auch alle anderen Dinge gleich wären, was ohnehin nie der Fall ist, das mächtigere Thema wird doch stets auch die mächtigere Darstellung erbringen. Freilich, es sind ein paar äußerst öde Bücher über Gott geschrieben worden und ein paar sehr gute über die Frage, wie man sich seinen Lebensunterhalt verdient und dabei einigermaßen ehrlich bleibt. Es kommt eben immer darauf an, wer den Stoff beschreibt, und was er in sich hat, um ihn zu beschreiben.

Was nun die ›Unterhaltungsliteratur‹ und die ›Ausdrucksliteratur‹ betrifft – das ist Kritikerjargon, ein Klumpen abstrakter Worte, die verwendet werden, als hätten sie eine absolute Bedeutung. Alles, was mit Vitalität geschrieben ist, gibt dieser Vitalität Ausdruck: es gibt keine langweiligen Sujets, nur langweilige Köpfe. Alle Menschen, die lesen, flüchten vor irgend etwas, flüchten sich in das hinüber, was hinter der bedruckten Seite liegt; qualitativ mag das Träumen diskutabel sein, aber funktionell ist es ganz einfach eine Notwendigkeit geworden. Jeder Mensch muß von Zeit zu Zeit dem tödlichen Rhythmus seiner privaten Gedanken entfliehen. Das gehört unter denkenden Wesen zum Lebensprozeß selber. Es gehört zu den Dingen, die sie vom Dreizehenfaultier unterscheiden; das ist offenbar – obwohl man da so ganz sicher auch nie sein kann – vollkommen damit zufrieden, kopfunter an einem Ast zu hängen und nicht einmal Walter Lippmann zu lesen. Ich will hier nun nicht etwa für die Detektivstory als ideales Fluchtmittel plädieren. Ich will lediglich sagen, daß *alles* Lesen zum Vergnügen und zur Unterhaltung Flucht ist, handle es sich nun um Griechisch, Mathematik, Astronomie, Benedetto Croce oder das Tagebuch des vergessenen Mannes. Alle Literatur ist in diesem Sinne Unterhaltungsliteratur. Wollte man das bestreiten, so wäre man bloß ein intellektueller Snob und ein blutiger Anfänger in der Kunst des Lebens.

Ich glaube nicht, daß solche Überlegungen Fräulein Dorothy Sayers zu ihrem Essay über das Dilemma der Kriterien bewogen haben.

Ich glaube, was in Wirklichkeit an ihr nagte, war die langsam dämmernde Erkenntnis, daß ihr Typus von Detektivstory ein steriles Formelrezept darstellte, das nicht einmal seinen eigenen Gegebenheiten gerecht werden konnte. Es war zweitrangige Literatur, weil sie nicht von den Dingen handelte, aus denen Literatur ersten Ranges entstehen könnte. Wenn sie ansetzte, von wirklichen Menschen zu handeln (und die konnte sie durchaus beschreiben – ihre Nebenfiguren beweisen das), mußten sie alsbald lauter unwirkliche Dinge tun, nur um das vom Plan geforderte künstliche Muster zu erfüllen. Wenn sie aber unwirkliche Dinge taten, hörten sie selber auf, wirklich zu sein. Sie wurden Marionetten, Liebende aus Pappe, Schurken aus Papiermaché und Detektive von ebenso erlauchter wie lächerlicher Adeligkeit.

Die einzige Sorte Schriftsteller, die mit diesen Eigentümlichkeiten zufrieden sein konnte, war die, deren Kenntnis sich überhaupt entzog, was Wirklichkeit war. Dorothy Sayers' eigene Stories zeigen aber, daß ihr bei dem ganzen abgedroschenen Zeug eben durchaus nicht behaglich zumute war; die schwächsten Stellen darin sind die Partien, die das Ganze zur Detektivstory machen, die stärksten hingegen die, die man herausnehmen könnte, ohne dem ›Inbegriff von Logik und Deduktion‹ auch nur im mindesten Abbruch zu tun. Aber sie konnte oder wollte ihren Gestalten nun einmal nicht ihren eigenen Kopf lassen und ihr daraus wachsendes eigenes Geheimnis. Dazu hätte es eines viel simpleren und direkteren Geistes bedurft als des ihren.

Im *Langen Wochenende (The Long Week End)*, einer augenfällig sachkundigen Darstellung englischen Lebens und englischer Art in den Jahrzehnten nach dem Ersten Weltkrieg, haben Robert Graves und Alan Hodge der Detektivstory einige Aufmerksamkeit zugewendet. Sie waren beide genauso traditionell englisch wie die Zierden des Goldenen Zeitalters, und sie schrieben zu einer Zeit, in der diese Autoren fast so gut bekannt waren wie jeder andere Schriftsteller auf der Welt. Ihre Bücher wurden in der einen oder anderen Form zu Millionen Exemplaren verkauft und in ein Dutzend Sprachen übersetzt. Das waren die Leute, die die Form prägten, die Regeln aufstellten und den berühmten *Detection Club* gründeten, der so etwas wie ein Parnaß der englischen Kriminalschriftsteller ist. Seine Mitgliederliste umfaßt praktisch jeden wichtigen Autor des Detektivromans seit Conan Doyle.

Aber Graves und Hodge gelangten zu der Überzeugung, daß während dieser ganzen Epoche überhaupt nur ein einziger Schriftsteller ersten Ranges Detektivstories geschrieben habe. Ein Amerikaner, Dashiell Hammett. Ob nun traditionell oder nicht, Graves und Hodge waren jedenfalls keine altmodisch verträumten Liebhaber des Zweitrangigen; sie vermochten zu sehen, wie die Welt sich fortentwickelte und daß die Detektivstory ihrer Zeit das durchaus nicht tat; und es war ihnen klar, daß ein Schriftsteller, der den Blick und die Fähigkeit hat, realistische Prosa zu schreiben, sich auf irreale Geschichten gar nicht erst einläßt.

Wie original Hammett als Schriftsteller wirklich war, ist heute nicht leicht zu entscheiden, selbst wenn es darauf ankäme. Er gehörte zu einer Gruppe – der einzigen Gruppe, die von der Kritik beachtet wurde –, die realistische Kriminalromane schrieb oder doch zu schreiben versuchte. Alle literarischen Bewegungen zeigen dieses Bild; einem einzelnen in ihnen fällt die Rolle zu, die ganze Bewegung zu repräsentieren; er ist gewöhnlich deren Kulminationspunkt. Hammett war der Spitzenstar, aber es gibt in seinem Werk eigentlich nichts, was nicht irgendwie auch in den frühen Romanen und Short Stories von Hemingway enthalten wäre.

Aber nach allem, was ich weiß, könnte Hemingway durchaus einiges von Hammett gelernt haben, wie er auch von anderen Autoren einiges gelernt hat, von Dreiser etwa, Ring Lardner, Carl Sandburg, Sherwood Anderson und sich selbst. Auf dem Gebiet der Romanprosa war seit einiger

Zeit, im Sprachlichen wie im Stofflichen, ein durchaus revolutionärer Ernüchterungsprozeß im Gange. Begonnen hatte er vermutlich in der Lyrik; dort beginnt fast alles. Man kann das klar und deutlich bis zu Walt Whitman zurückverfolgen, wenn man Lust dazu hat. Aber Hammett ließ diesen Prozeß auf die Detektivstory übergreifen, und das war, bei deren dicker Kruste aus englischer Adeligkeit und amerikanischer Pseudo-Noblesse, eine ziemlich schwierige Angelegenheit.

Ich bezweifle, daß Hammett irgendwelche bewußten künstlerischen Absichten hatte; er versuchte ganz einfach, sich seinen Lebensunterhalt zu verdienen, indem er etwas beschrieb, worüber er Informationen aus erster Hand hatte. Einiges sog er sich aus den Fingern; das tun alle Schriftsteller; aber selbst das hatte noch eine Basis im Tatsächlichen; es war sozusagen aus realen Fingern gesogen. Die englischen Kriminalromanschreiber kannten nur eine einzige Realität, und das war der Konversationsakzent von Surbiton und Bognor Regis. Wenn sie über alte Herzöge und venezianische Vasen schrieben, dann wußten sie darüber aus eigener Erfahrung nicht mehr, als der wohldotierte Hollywood-Schauspieler über die französischen Modernisten weiß, die in seinem Bel-Air-Schlößchen hängen, oder über die halbantike Chippendale-Schusterbank, die ihm als Kaffeetisch dient. Hammett zog den Mord aus der venezianischen Vase, in der er so lange gegrünt und geblüht hatte, und pflanzte ihn an die Straße; dort muß er nun zwar nicht ewig Wurzeln schlagen, aber es war doch ein guter Einfall, sich so weit wie möglich von Emily Posts Vorstellungen zu entfernen, wie eine wohlerzogene Debütantin einen Hühnerflügel benagt.

Hammett schrieb zu Beginn (und fast bis zum Ende) für Leute, die eine harte, aggressive Einstellung zum Leben haben. Sie hatten keine Angst vor der Schattenseite des Daseins; sie lebten dort. Gewalttätigkeit jagte ihnen keinen

Schrecken ein; so etwas gab es auf ihrer Straße unten dauernd. Hammett brachte den Mord zu der Sorte von Menschen zurück, die mit wirklichen Gründen morden, nicht nur, um dem Autor eine Leiche zu liefern, und mit realistischen Gegenständen, nicht mit handgearbeiteten Duellpistolen, Curare und tropischen Fischen. Er brachte diese Menschen aufs Papier, wie sie waren, und er ließ sie in der Sprache reden und denken, für die ihnen unter solchen Umständen der Schnabel gewachsen war.

Er hatte Stil, aber sein Publikum wußte das nicht, weil seine Feinheiten in einer Sprache daherkamen, der man sie einfach nicht zutraute. Die Leute waren der Ansicht, sie bekämen da ein gutes, solides Melodrama, geschrieben in einer Sprache, von der sie sich einbildeten, daß sie die selber sprächen. In gewissem Sinne stimmte das auch, aber es war doch noch einiges mehr daran. Alle Sprache beginnt mit der ›Spreche‹, mit der Rede speziell des einfachen Mannes, aber wenn sie sich zu dem Punkt entwickelt, wo sie ein literarisches Medium wird, sieht sie nur noch äußerlich wie eine Redens-Art aus. Hammetts Stil war in seinen schlechtesten Momenten so stocksteif verformelt wie eine Seite in *Marius the Epicurean*; in seinen besten konnte er fast alles damit sagen. Ich glaube, dieser Stil, der gar nicht Hammetts oder irgend eines anderen Privateigentum ist, sondern einfach die amerikanische Sprache (und heute nicht einmal mehr exklusiv), kann Dinge sagen, von denen der Autor gar nicht wußte, wie er sie sagen sollte, ja die zu sagen er nicht einmal als notwendig empfand. In seinen Händen hatte dieser Stil keine Obertöne, hinterließ kein Echo, beschwor kein Bild jenseits des fernen Berges.

Man hört immer sagen, Hammett habe es an dem gefehlt, was man so ›Gemüt‹ nennt; aber die Geschichte, von der er selbst am meisten hielt, handelt von der Treue eines Mannes zu seinem Freund. Er war als Stilist durchaus knapp, schroff, spröde und hartgesotten; aber er brachte immer und immer wieder fertig, was überhaupt nur die allerbesten Schriftsteller schaffen. Er schrieb Szenen, bei denen man das Gefühl hatte, sie seien noch niemals je beschrieben worden.

Mit all dem hat er die Detektivstory formal nicht etwa zerstört. Das kann sowieso keiner; Produktion erfordert eine Form, die sich produzieren läßt. Der Realismus braucht zuviel Talent, zuviel Wissen, zuviel Bewußtsein. Hammett mag ihn hier ein bißchen lockerer und dort ein bißchen straffer gehandhabt haben. Sicher sind sich heute alle Schriftsteller, ausgenommen höchstens die allerstupidesten und kitschigsten, ihrer Künstlichkeit stärker bewußt als seinerzeit. Aber Hammett hat vor allem demonstriert, daß die Detektivstory eine wichtige Aufgabe für einen Schriftsteller sein kann. *Der Malteser Falke* mag ein Geniewerk sein oder auch nicht, aber einer Kunst, die ihn zustande gebracht hat, ist – ›ihrer Voraussetzung nach‹ – schlechthin kein Ding unmöglich. Wenn eine Detektivstory so gut sein kann wie diese, werden nur noch die Pedanten bestreiten, sie *könnte* sogar noch besser sein.

Hammett hat noch mehr vollbracht; er hat bewirkt, daß es ein reines Vergnügen sein kann, eine Detektivstory zu schreiben, und daß sie nicht ein ermüdendes Häkelwerk aus öden Indizien sein muß. Ohne ihn hätte es vielleicht nie einen so raffinierten regionalen Kriminalroman gegeben wie Percival Wildes *Leichenschau (Inquest),* nie eine so gekonnt ironische Studie wie Raymond Postgates *Urteil der Zwölf (Verdict of Twelve),* nie ein so unbändig geistreiches Stück Sprachakrobatik wie Kenneth Fearings *Dolch des Geistes (The Dagger of the Mind),* nie eine so tragikomische Verherrlichung des Mörders wie in Donald Hendersons *Herr Bowling kauft eine Zeitung (Mr. Bowling Buys a Newspaper)* oder selbst eine so heitere Hollywood-Affäre wie Richard Sales *Lazarus Nr. 7.*

Mit dem realistischen Stil läßt sich leicht Schindluder treiben: aus Flüchtigkeit, aus Mangel an Bewußtsein, aus Unfähigkeit, den Abgrund zu überbrücken, der zwischen dem klafft, was ein Schriftsteller gerne sagen möchte, und dem, was er tatsächlich zu sagen versteht. Es ist leicht, zu schwindeln und zu fälschen; Brutalität ist nicht Stärke, Schnoddrigkeit noch nicht Witz, hochgestochene Wortakrobatik kann so langweilig sein wie die platteste Schreibe; das Geschäker mit einer geilen Blondine wird sofort unsagbar öde, wenn es von geilen jungen Männern beschrieben wird, die nichts anderes im Kopf haben als die Absicht, das Geschäker mit einer geilen Blondine zu beschreiben. Von dieser Sorte hat es so viel gegeben, daß, wenn ein Typ in einer Detektivstory »Ja-ah« sagt, der Verfasser automatisch als Nachahmer Hammetts dasteht.

Und es gibt immer noch eine ganze Reihe von Leuten, die behaupten, daß Hammett überhaupt keine Detektivstories geschrieben habe – bloß knallharte Chroniken schäbiger Straßenviertel, die das kriminelle Element nur eben ganz beiläufig enthielten, wie der Martini die Olive. Das sind die aufgeregten alten Damen – beiderlei Geschlechts (oder auch keinerlei Geschlechts) und fast aller Altersstufen –, bei denen die Morde nach Magnolienblüten duften müssen und die um keinen Preis daran erinnert werden wollen, daß der Mord ein Akt von unendlicher Grausamkeit ist, selbst wenn die Täter manchmal wie Playboys aussehen oder wie College-Professoren oder nette mütterliche Frauen mit zart gewelltem grauem Haar.

Nun gibt es aber auch ein paar schlimm zugerichtete Champions des formalen oder klassischen Kriminalromans, die meinen, eine Geschichte sei überhaupt nur dann eine Detektivstory, wenn sie formale und exakte Probleme stelle und drumherum die Indizien und Hinweise arrangiere, mit sauberen Etiketten wohlversehen. Solche Leute haben zum Beispiel immer mit dem Finger darauf gezeigt, daß sich bei der Lektüre des *Malteser Falken* kein Mensch mit der Frage abgebe, wer denn nun eigentlich Spades Partner Archer umgebracht hat (was das einzige formale Problem der Story ist), weil die Gedanken des Lesers dauernd mit anderen Dingen beschäftigt seien. Aber im *Gläsernen Schlüssel* wiederum wird der Leser permanent daran erinnert, daß es um die Frage geht, wer Taylor Henry umgebracht hat, und genau dieselbe Wirkung wird erreicht – eine Wirkung des Bewegten und Verwickelten, des gegenläufig Vertrackten und der schrittweisen Erhellung der Charaktere – was schlechthin alles darstellt, was eine Detektivstory zu behandeln berechtigt wäre. Der Rest ist reines Salon-Blabla.

Aber dies alles (und auch Hammett) genügt mir noch nicht. Der Realist der Mord-Geschichte beschreibt eine Welt, in der Gangster ganze Nationen regieren können und Städte sogar manchmal regieren, in der Hotels, Apartmenthäuser und berühmte Restaurants sich im Besitz von Männern befinden, die ihr Geld mit Bordellen gemacht haben, in der ein Filmstar Zuträger einer Bande sein kann und der nette Mann von gegenüber Boss eines Glücksspielsyndikats ist; eine Welt, in der ein Richter, der den ganzen Keller voll von geschmuggeltem Alkohol hat, einen Menschen ins Gefängnis schicken kann, weil er einen Flachmann in der Tasche hatte, in der sich vielleicht der Bürgermeister Ihrer eigenen Heimatstadt längst mit dem Mord als einer regulären Methode, zu Geld zu kommen, abgefunden hat, in der kein Mensch mehr sicher durch eine dunkle Straße gehen kann, weil Recht ein Ding ist, das wir zwar dauernd im Munde führen, aber in die Praxis nicht einführen wollen; eine Welt, in der Sie Zeuge eines Überfalls bei hellichtem Tag werden und sehen können, wer es war, sich aber lieber sofort in der Menge verdrücken, als daß Sie irgendwem etwas davon erzählten, weil die Verbrecher vielleicht Freunde mit langen Pistolen haben oder weil Ihre Zeugenaussage der Polizei vielleicht gar nicht gefällt und weil in jedem

Fall der Winkeladvokat von Verteidiger die Möglichkeit hat, Sie in öffentlicher Gerichtsverhandlung zu beschimpfen und fertigzumachen, vor einer Jury von ausgesuchten Schwachköpfen, und ohne daß der parteiische Richter anders als nur gelegentlich und obenhin in die Sache eingreift.

Es riecht nicht eben angenehm in dieser Welt, aber es ist die Welt, in der Sie leben, und gewisse Schriftsteller, die über genügend Distanz und kühlen Kopf verfügen, können sehr interessante und sogar amüsante Geschichten daraus machen. Es ist nicht gerade komisch, wenn ein Mensch getötet wird, aber es ist manchmal urkomisch, um wie geringer Dinge willen er getötet wird und daß sein Tod die Scheidemünze dessen ist, was wir Zivilisation nennen. Dies alles genügt noch nicht.

Alles, was man Kunst nennen kann, besitzt so etwas wie eine erlösende Qualität. Sie kann im rein Tragischen liegen, wenn es sich um große Tragödie handelt, sie kann in Mitleid bestehen und Ironie, und sie kann aus dem rauhen Lachen eines starken Mannes kommen. Aber durch diese schäbigen Straßen muß ein Mann gehen, der selbst nicht schäbig ist, der eine reine Weste hat und keine Angst. Der Detektiv in dieser Art Story muß so ein Mann sein. Er ist der Held; er ist schlechthin alles. Er muß ein ganzer Mann sein und ein gewöhnlicher Mann – und zugleich doch ein ungewöhnlicher auch. Er muß, um einen ziemlich abgedroschenen Ausdruck zu gebrauchen, ein Mann von Ehre sein – aus Instinkt, aus innerster Notwendigkeit, ohne Gedanken daran, und gewiß ohne Worte darüber. Er muß der beste Mensch auf der Welt sein und ein Mensch, der gut genug ist für jede Welt. Sein Privatleben schert mich wenig; er ist weder ein Eunuch noch ein Satyr; ich denke mir, er könnte sehr wohl eine Herzogin verführen, und ich bin völlig sicher, er würde keinem unschuldigen Mädchen ein Haar krümmen; wenn er in einer Beziehung ein Mann von Ehre ist, dann ist er das in allen Dingen.

Er ist ein relativ armer Mann, sonst wäre er ja nicht Detektiv. Er ist ein einfacher Mann, sonst könnte er nicht mit einfachen Menschen umgehen. Er hat Sinn für Charakter, sonst verstünde er nichts von seinem Beruf. Er nimmt von keinem Menschen schmutziges Geld und von keinem Menschen eine Beleidigung hin, ohne sie gebührend und leidenschaftslos zu vergelten. Er ist ein einsamer Mensch, und sein Stolz ist, daß Sie seinen Stolz respektieren, sonst würde es Ihnen bald sehr leid tun, ihn kennengelernt zu haben. Er redet, wie ein Mann seines Alters redet – das heißt, mit rauhem Witz, mit lebhaftem Sinn fürs Groteske, mit Abscheu vor Heuchelei und Verachtung für alles Kleinliche.

Die Story ist das Abenteuer dieses Mannes auf der Suche nach der verborgenen Wahrheit, und es wäre kein Abenteuer, widerführe es nicht einem Mann, der fürs Abenteuer geschaffen ist. Die Weite seines Bewußtseins wird Sie vielleicht etwas überraschen, aber sie gehört ganz legitim zu ihm, weil sie zu der Welt gehört, in der er lebt. Gäbe es genügend seinesgleichen, die Welt wäre ein Ort, so sicher, daß man darin leben könnte, und doch nicht so langweilig, daß es sich nicht mehr lohnte, darin zu leben.

Die Poodle Springs Story

I.

Linda hielt mit dem Fleetwood-Kabrio vor dem Haus, ohne in die Auffahrt einzubiegen. Sie lehnte sich zurück und betrachtete das Haus; dann sah sie mich an.

»Das ist ein neues Viertel von Springs hier, Schatz. Ich hab das Haus für die Saison gemietet. Es ist ein bißchen kitschig-protzig, aber das ist ganz Poodle Springs.«

»Der Swimming-pool ist zu klein«, sagte ich. »Und kein Sprungbrett.«

»Ich hab die Erlaubnis des Besitzers, eins dranzubauen. Ich hoffe, das Haus wird dir gefallen, Schatz. Es gibt nur zwei Schlafzimmer, aber das des Hausherrn hat ein Bett, das so groß aussieht wie ein Tennisplatz.«

»Das ist ja schön. Wenn wir nicht miteinander auskommen, können wir auf Abstand gehen.«

»Das Badezimmer ist nicht von dieser Welt – ist überhaupt von keiner Welt. Das Ankleidezimmer nebenan hat einen knöcheltiefen rosa Teppich, von Wand zu Wand. Dazu auf drei Glasplatten sämtliche Kosmetika, von denen du nur je gehört hast. Die Toilette – wenn du mir erlaubst, auf einen so profanen Gegenstand zu kommen – befindet sich nebenan in einem Raum für sich mit eigener Tür, und der Klodeckel zeigt eine große Rose in Reliefprägung. Und jedes Zimmer im Haus führt auf einen Patio hinaus oder auf den Swimming-pool.«

»Ich kann's kaum erwarten, drei oder vier Bäder zu nehmen. Und dann ins Bett zu gehn.«

»Es ist erst elf Uhr am Morgen«, sagte sie zimperlich.

»Ich werde bis halb zwölf warten.«

»Schatz, in Acapulco –«

»Acapulco war nicht schlecht. Aber wir hatten da bloß die Kosmetika, die du mitgebracht hattest, und das Bett war bloß ein Bett, keine Lasterwiese, und in dem Swimming-pool durften sich auch andere Leute tummeln, und das Badezimmer hatte überhaupt keinen Teppich.«

»Schatz, du kannst richtig ekelhaft sein. Gehn wir rein. Ich zahle zwölfhundert Dollar im Monat für diesen Schuppen. Ich will, daß er dir gefällt.«

»Ich werde ihn förmlich lieben. Zwölfhundert im Monat, das ist mehr, als ich als Privatdetektiv zusammenkriege. Es ist das erstemal, daß ich ausgehalten werde. Darf ich einen Sarong tragen und mir die kleinen Zehennägel anmalen?«

»Verdammt noch mal, Marlowe, es ist nicht meine Schuld, daß ich reich bin. Aber da ich das verdammte Geld nun einmal habe, gedenke ich's auch auszugeben. Und wenn du in meiner Nähe bist, wird zwangsläufig auch an dir ein bißchen davon hängenbleiben. Damit mußt du dich schlicht abfinden.«

»Jawohl, mein Schatz.« Ich küßte sie. »Ich werde mir ein kleines Schoßäffchen zulegen, und nach einer Weile wirst du uns beide nicht mehr auseinanderhalten können.«

»In Poodle Springs kannst du dir kein Äffchen halten. Da muß es ein Pudel sein. Ich kriege ein Prachtexemplar. Kohlschwarz und sehr talentiert. Er hat Klavierunterricht gehabt. Vielleicht kann er im Haus die Hammond-Orgel spielen.«

»Wir haben eine Hammond-Orgel? Und dabei habe ich immer davon geträumt, mein Leben ohne so ein Ding zu beschließen.«

»Halt den Mund! Ich glaube allmählich, daß ich doch den Comte de Vaugirard hätte heiraten sollen. Er war eigentlich ganz süß, bloß daß er sich immer so parfümiert hat.«

»Kann ich den Pudel mit zur Arbeit nehmen? Ich könnte eine kleine elektrische Orgel anschaffen, eine von diesen klitzekleinen, auf denen man spielen kann, wenn man Ohren wie ein Corned-beef-Sandwich hat. Der Pudel könnte darauf herumklimpern, während die Klienten mich anlügen. Wie heißt der Pudel übrigens?«

»Inky.«

»Ink wie Tinte? Das muß einem genialen Gehirn entsprungen sein.«

»Sei nicht so garstig, sonst gehe ich nicht mit dir ins – du weißt schon.«

»O doch, du wirst. Du kannst es kaum erwarten.«

Sie stieß mit dem Fleetwood zurück und bog in die Auffahrt ein. »Kümmere dich nicht um die Garagentür. Augustino wird den Wagen einstellen, obwohl das in diesem trockenen Wüstenklima eigentlich gar nicht nötig ist.«

»Ah ja, der Hausboy, Butler, Koch und Tröster der betrübten Herzen. Ein reizender Junge. Ich habe ihn gern. Aber irgend etwas stimmt hier noch nicht. Wir können doch nicht mit bloß einem Fleetwood auskommen. Ich brauche einen, um ins Büro zu fahren.«

»Gottes Zorn über dich! Ich werde meine weiße Peitsche holen, wenn du keine Manieren annimmst. Der Riemen hat Stahleinlagen!«

»Typisch amerikanische Ehefrau«, sagte ich und ging um den Wagen herum, um ihr herauszuhelfen. Sie fiel mir in die Arme. Sie duftete himmlisch. Ich küßte sie erneut. Ein Mann vor dem Nachbarhaus, der gerade einen Rasensprenger abstellte, grinste und winkte.

»Das ist Mr. Tomlinson«, sagte sie in meinen Mund. »Er ist Makler.«

»Makler, Spektakler, was schert's mich?« Ich fuhr fort, sie zu küssen.

Wir waren grad drei Wochen und vier Tage verheiratet.

Es war ein sehr schönes Haus, nur daß es förmlich nach Innenarchitekt stank. Die Frontalwand bestand ganz aus Glas, zwischen dessen Scheiben Schmetterlinge eingeschlossen waren. Linda sagte, das käme aus Japan. Der Boden der Halle war mit blauem Vinol ausgelegt, das ein geometrisches Muster in Gold hatte. Anschließend kam eine sehr feudale Rumpelkammer. Sie enthielt eine Unmasse Mobiliar sowie vier enorme Kerzenleuchter aus Messing, außerdem einen Schreibtisch mit der schönsten Einlegearbeit, die ich je gesehen hatte. Dahinter lag ein Gästebad, das Linda als Toilette bezeichnete. Anderthalb Jahre in Europa waren für ihre Ausdrucksweise nicht ohne Folgen geblieben. Das Gästebad hatte eine Dusche, einen Frisiertisch und einen Spiegel von einigen Quadratmetern Fläche darüber. Die Hi-Fi-Anlage besaß in jedem Zimmer einen Lautsprecher. Augustino hatte sie gedämpft eingeschaltet. Er erschien in der Tür, lächelnd und mit einer Verbeugung. Er sah nett aus, der Bursche, eine Mischung aus Japan und Hawaii. Linda hatte ihn sich an Land gezogen, als wir einen kurzen Ausflug nach Maui machten, vor der Reise nach Acapulco. Es ist phantastisch, was man sich alles an Land ziehen kann, wenn man acht oder zehn Millionen Dollar hat.

Es gab einen Innenhof mit einer großen Palme, diversen tropischen Büschen und einer Anzahl von Findlingen, die man als Händler in der Wüste gratis findet und als Kunde beim Händler für 250 Dollar pro Stück. Das Badezimmer, mit dessen Beschreibung Linda nicht übertrieben hatte, besaß eine Tür zum Patio, und dieser wieder hatte eine Tür zum Swimming-pool wie zum Innenhof und zum äußeren Patio. Der Wohnzimmerteppich war blaßgrau, und die Hammond-Orgel war in eine Bar eingebaut, so daß man dem Spieler gegenübersitzen konnte. Das schmiß mich fast um. Ferner gab es im Wohnzimmer zum Teppich passende

Couchen und dazu kontrastierende Sessel sowie eine riesige freie Kaminstelle mit Rauchfang, zwei Meter von der Wand weg. Es gab eine chinesische Truhe, die sehr echt aussah, und an der Wand drei gebosselte chinesische Drachen. Eine Wand war vollständig aus Glas, die anderen bestanden bis zur Höhe von etwas über anderthalb Metern aus farbigen Ziegeln, die mit dem Teppich harmonierten, und setzten sich dann aus Glas fort.

Das Badezimmer hatte eine versenkte Wanne und Wandschränke mit Schiebetüren, groß genug, um sämtliche Kleider aufzunehmen, die sich ein Dutzend Debütantinnen nur wünschen könnten.

In dem Hollywood-Bett im Hauptschlafzimmer hätten bequem vier Leute schlafen können. Der Teppich war blaßblau, und man konnte sich beim Licht von Lampen, die auf japanischen Statuetten montiert waren, in den Schlaf lesen.

Wir gingen weiter zum Gästezimmer. Es hatte zueinander passende Einzelbetten, kein Doppelbett, ein angrenzendes Bad mit dem gleichen riesigen Spiegel über dem Frisiertisch und ebenfalls für rund vier- oder fünfhundert Dollar Kosmetika, Parfüms und Gott weiß was noch auf den drei Glasplatten an der Wand.

Blieb noch die Küche. Sie hatte eine Bar gleich am Eingang, einen Wandschrank mit zwanzig verschiedenen Sorten Gläser für Cocktails, Highballs und Wein, daran anschließend einen Herd mit obenliegender Feuerung, ohne Backofen oder Grill, zwei Elektroherde und einen elektrischen Grill an einer anderen Wand sowie einen riesigen Eisschrank und eine Tiefkühltruhe. Der Frühstückstisch hatte eine Platte aus gekieseltem Glas; an drei Seiten standen breite, bequeme Stühle, mit der vierten stieß er an eine eingebaute Couch. Ich drehte den Deckenventilator an. Er lief mit weitem, langsamem Schwung und fast geräuschlos.

»Das ist alles zu komfortabel für mich«, sagte ich. »Komm, wir lassen uns wieder scheiden.«

»Untersteh dich! Es ist noch gar nichts gegen das, was wir alles haben werden, wenn wir uns ein Haus bauen. Von den Sachen hier ist manches ein bißchen zu protzig, aber dafür kannst du auch wieder nicht sagen, das Haus wäre nackt und kahl.«

»Wo soll denn der Pudel schlafen, im Gästebett oder bei uns? Und welcher Pyjamafarbe gibt er den Vorzug?«

»Hör auf!«

»Jetzt muß ich doch tatsächlich in meinem Büro mal staubwischen. Ich kriegte direkt Minderwertigkeitsgefühle, wenn ich's nicht täte.«

»Du wirst jetzt überhaupt kein Büro mehr haben, Idiot. Was glaubst du denn, wozu ich dich geheiratet habe?«

»Komm wieder mit ins Schlafzimmer.«

»Verwünschter Kerl, wir müssen auspacken!«

»Ich wette, da ist Tino genau in diesem Moment schon drüber. Der Junge sieht mir ganz danach aus, als würde er's schaffen. Ich muß ihn fragen, ob er was dagegen hat, wenn ich ihn Tino nenne.«

»Vielleicht kann er auspacken. Aber nicht wissen kann er, wo ich meine Sachen hinhaben will. Ich bin da sehr heikel.«

»Komm, wir streiten uns um die Wandschränke, wer welche kriegt. Wir balgen ein bißchen herum, und dann –«

»Wir könnten duschen und schwimmen gehn und dann früh zu Mittag essen. Ich verhungere fast.«

»Du bekommst dein frühes Mittagessen. Ich werde in die Stadt fahren und mich nach einem Büro umsehen. In Poodle Springs müssen doch Geschäfte zu machen sein. Es gibt hier massenhaft Geld, und davon kann ich mir vielleicht gelegentlich auch mal ein winziges Scheibchen abschneiden.«

»Ich hasse dich. Ich weiß nicht, warum ich dich geheiratet habe. Aber du warst so hartnäckig.«

Ich packte sie und zog sie fest an mich. Ich glitt mit nagenden Lippen über ihre Augenbrauen und Wimpern, die lang waren und kitzelten. Ich wanderte zu Nase und Wangen, dann zum Mund. Zuerst war er bloß einfach ein Mund, dann war er eine fliegende Zunge, dann ein langer Seufzer, und zwei Menschen waren einander so nah, wie's zwei Menschen nur sein können.

»Ich habe eine Million Dollar für dich angelegt, mit der du machen kannst, was du willst«, flüsterte sie.

»Eine nette kleine Geste, lieb von dir. Aber du weißt, ich würde sie nie anrühren.«

»Was sollen wir machen, Phil?«

»Wir müssen's eben durchstehen. Es wird nicht immer ganz leicht sein. Aber ich werde nie Mr. Loring werden.«

»Ich werde dich nie ändern, meinst du?«

»Willst du wirklich einen schnurrenden Stubenkater aus mir machen?«

»Nein. Ich habe dich nicht geheiratet, weil ich einen Packen Geld hatte. Und du kaum etwas. Ich habe dich geheiratet, weil ich dich liebe und weil eines der Dinge, die ich an dir liebe, deine Art ist, auf niemanden Rücksicht zu nehmen – manchmal nicht einmal auf mich. Ich will dich nicht billig machen, Schatz. Ich möchte versuchen, dich glücklich zu machen.«

»Ich möchte *dich* glücklich machen. Aber ich weiß nicht, wie. Ich hab nicht genügend Karten in der Hand. Ich bin ein armer Mann, der eine reiche Frau hat. Ich weiß nicht, wie man sich da verhält. Eins nur weiß ich sicher – schäbiges Büro oder nicht, dort jedenfalls bin ich geworden, was ich bin. Und dort werde ich sein, was ich sein werde.«

Ein gedämpftes Murmeln erklang, und Augustino erschien mit einer Verbeugung in der offenen Tür, ein abweisendes Lächeln um seine elegante Schnauze.

»Um welche Zeit wünscht Madame zu speisen?«

»Darf ich Sie Tino nennen?« fragte ich ihn. »Nur weil's einfacher ist.«

»Aber gewiß, Sir.«

»Danke. Und Mrs. Marlowe ist nicht Madame. Sie ist Mrs. Marlowe.«

»Ich bitte vielmals um Entschuldigung, Sir.«

»Gar keine Ursache. Manchen Damen gefällt's. Aber meine Frau trägt meinen Namen. Sie würde gern bald zu Mittag essen. Ich muß geschäftlich weg.«

»Sehr wohl, Sir. Ich werde das Essen für Mrs. Marlowe sofort herrichten.«

»Und noch etwas anderes, Tino. Mrs. Marlowe und ich lieben uns. Das zeigt sich in verschiedenen Formen. Keine dieser Formen hat von Ihnen zur Kenntnis genommen zu werden.«

»Ich kenne meine Stellung, Sir.«

»Ihre Stellung besteht darin, daß Sie uns helfen, bequem zu leben. Dafür sind wir Ihnen dankbar. Vielleicht dankbarer, als Sie ahnen. Rein technisch gesehen sind Sie ein Dienstbote. Tatsächlich aber sind Sie ein Freund. Nun scheint es in diesen Dingen so etwas wie ein Protokoll zu geben. Das habe ich genauso zu respektieren wie Sie. Aber unterhalb davon sind wir einfach zwei ganz normale Menschen.«

Er strahlte. »Ich glaube, ich werde sehr glücklich sein hier, Mr. Marlowe.«

Es ließ sich nicht sagen, wie oder wann er verschwand. Er war einfach nicht mehr da. Linda rollte sich auf den Rücken, hob die Zehen und starrte sie an.

»Also was soll ich dazu sagen! Ich wünschte, verdammt, ich wüßte es. Gefallen dir meine Zehen?«

»Es sind die anbetungswürdigsten Zehen, die ich je erblickt habe. Und sie scheinen alle vollzählig vorhanden zu sein.«

»Geh mir aus den Augen, du gräßlicher Kerl. Meine Zehen *sind* anbetungswürdig.«

»Darf ich mir einmal kurz den Fleetwood ausleihen? Morgen fliege ich nach L. A. und hole mir meinen Olds.«

»Ach, Schatz, muß das wirklich sein? Es kommt mir so unnötig vor.«

»Für mich gibt es keine andere Möglichkeit«, sagte ich.

3.

Der Fleetwood schnurrte mich in die Stadt zum Büro eines Mannes namens Thorson, dessen Fenster verkündete, daß er Realitätenmakler sei und praktisch jedes sonst noch mögliche Geschäft betrieb außer der Kaninchenzucht.

Er war ein Kahlkopf mit freundlichem Gesicht, der nur die eine Sorge auf der Welt zu haben schien, seine Pfeife nicht ausgehen zu lassen.

»Büros sind schwer zu finden, Mr. Marlowe. Wenn Sie, wie ich annehme, eins am Canyon Drive suchen, wird es Sie einiges kosten.«

»Ich suche keins am Canyon Drive. Ich möchte eins in irgendeiner Seitenstraße oder an der Sioux Avenue. Eins an der Hauptgeschäftsstraße könnte ich mir nicht leisten.«

Ich gab ihm meine Karte und ließ ihn einen Blick auf die Fotokopie meiner Lizenz werfen.

»Ich weiß nicht«, sagte er zweifelnd. »Die Polizei wird vielleicht nicht allzu glücklich darüber sein. Die Stadt hier ist so etwas wie ein Kurort, und da muß man die Gäste bei Laune halten. Wenn Sie Scheidungssachen machen, werden Sie bei den Leuten nicht besonders gern gesehen sein.«

»Ich mache keine Scheidungssachen, und besonders gern gesehen bin ich bei den Leuten überhaupt sehr selten. Was die Bullen betrifft, so werde ich mich mit denen ins Benehmen setzen, und wenn sie mich aus der Stadt jagen wollten, so würde das wiederum von meiner Frau nicht besonders gern gesehen werden. Sie hat grad ein ziemlich feudales Haus hier gemietet, in dem neuen Viertel draußen, in der Nähe des neuen Lokals von Romanoff.«

Er fiel nicht gerade vom Stuhl, aber er hatte verdammt

alle Hände voll zu tun, um in der Balance zu bleiben. »Sie meinen Harlan Potters Tochter? Ich habe gehört, daß sie geheiratet hat, einen – ach, zum Teufel, was rede ich denn. Sie sind der Mann, ich begreife. Ich bin sicher, wir können etwas für Sie auftreiben, Mr. Marlowe. Aber warum wollen Sie denn in eine Seitenstraße oder an die Sioux Avenue? Warum nicht gleich ins beste Viertel?«

»Ich bezahle mit meinem eigenen Geld. Ich habe nicht übermäßig viel.«

»Aber Ihre Frau –«

»Nun hören Sie einmal gut zu, Thorson. Das Höchste, auf das ich komme, sind zwei Tausender im Monat – brutto. In manchen Monaten überhaupt nichts. Ich kann mir keine Prachtfassade leisten.«

Er zündete sich seine Pfeife nun schon zum etwa neuntenmal an. Warum, zum Teufel, rauchen die Kerls diese Dinger nur, wenn sie doch keine Ahnung davon haben?

»Würde Ihre Frau das aber gern sehen?«

»Was meine Frau gern oder ungern sieht, fällt nicht unter Ihre Sparte, Thorson. Also, haben Sie was oder nicht? Und fangen Sie erst gar nicht an zu mogeln. An mir haben schon die Oberhaie des Gewerbes ihre Zähne versucht. Ich bin zwar zu schaffen, aber nicht auf Ihre Tour.«

»Nun –«

Ein junger Mann mit flinkem Gesicht stieß die Tür auf und platzte strahlend herein. »Ich vertrete die *Poodle Springs Gazette,* Mr. Marlowe. Soviel ich weiß –«

»Wenn Sie was wüßten, wären Sie nicht hier.« Ich stand auf. »Bedaure, Mr. Thorson, Sie haben zu viele Knöpfe unter ihrem Tisch. Ich werde mich anderweitig umsehen.«

Ich schob mir den Reporter aus dem Weg und bummelte durch die offene Tür hinaus. Wenn jemand in Poodle Springs eine Tür zumacht, dann ist das ein Zeichen für schlechte Nerven. Auf dem Weg nach draußen stieß ich mit einem massigen, blühend frischen Mann zusammen, der mir zehn Zentimeter und dreißig Pfund voraus hatte.

»Ich bin Manny Lipshultz«, sagte er. »Sie sind Philip Marlowe. Reden wir mal ein bißchen.«

»Ich bin hier vor zwei Stunden angekommen«, sagte ich. »Ich sehe mich grad nach einem Büro um. Ich kenne niemand, der Lipshultz heißt. Würden Sie mich bitte vorbeilassen?«

»Ich hab vielleicht was für Sie. In so einem Kaff spricht sich alles schnell herum. Harlan Potters Schwiegersohn, was? Da läuten eine Menge Glöckchen.«

»Schieben Sie ab.«

»Nun seien Sie mal nicht so. Ich bin in Schwierigkeiten. Ich brauche einen guten Mann.«

»Wenn ich ein Büro habe, Mr. Lipshultz, können Sie kommen und mich besuchen. Im Moment jetzt habe ich wichtige Probleme im Kopf.«

»So lange bin ich vielleicht nicht mehr am Leben«, sagte er ruhig. »Schon mal vom Agony Club gehört? Er gehört mir.«

Ich warf einen Blick zurück ins Büro von Señor Thorson. Der Notizenjüngling und er hatten die Ohren gespitzt, als wollten sie Fliegen damit fangen.

»Nicht hier«, sagte ich. »Rufen Sie mich an, wenn ich mit der Polizei gesprochen habe.« Ich gab ihm die Nummer.

Er zeigte mir ein müdes Lächeln und trat aus dem Weg. Ich ging zurück zum Fleetwood und gondelte elegant damit ein Stückchen weiter zur Dienststelle der Polizei. Ich stellte ihn in einer Parklücke für Dienstfahrzeuge ab und ging hinein. Eine sehr hübsche Blondine in Uniform saß am Tisch.

»Verdammt«, sagte ich. »Ich hab immer gedacht, Polizistinnen hätten ein Gesicht wie aus Holz. Sie sind Zucker.«

»Wir haben ein breit gestreutes Angebot«, sagte sie gelassen. »Sie sind Philip Marlowe, nicht wahr? Ich habe Ihr Foto in den Zeitungen von L. A. gesehen. Was können wir für Sie tun, Mr. Marlowe?«

»Ich möchte mich anmelden. Sind Sie da zuständig oder der Sergeant vom Dienst? Und durch welche Straße könnte ich hier gehen, ohne gleich beim Namen genannt zu werden?«

Sie lächelte. Ihre Zähne waren ebenmäßig und so weiß wie der Schnee auf dem Berggipfel hinter Springs. Ich wette, sie benutzte eine der neunzehn Sorten Zahnpasta, die besser, neuer und größer sind als sämtliche anderen.

»Am besten sprechen Sie mit Sergeant Whitestone.« Sie öffnete eine Pendeltür und winkte mich zu einem angrenzenden Zimmer hinüber. Ich klopfte an, öffnete und erblickte einen gelassen dasitzenden Mann mit rotem Haar und jener Sorte Augen, die jeder Polizei-Sergeant mit der Zeit bekommt. Augen, die zuviel Häßlichkeit gesehen haben und zu viele Lügner.

»Mein Name ist Marlowe. Ich bin Privatdetektiv. Ich möchte hier gern ein Büro aufmachen, wenn ich eins finde und Sie mich lassen.« Ich hieb eine weitere Karte auf den Tisch und öffnete meine Brieftasche, um ihm meine Lizenz zu zeigen.

»Scheidungsfälle?«

»Fasse ich grundsätzlich nicht an, Sergeant.«

»Gut. Das macht's leichter. Ich kann nicht sagen, daß ich begeistert bin, aber wir könnten schon klarkommen, wenn Sie die Polizeiarbeit der Polizei überlassen.«

»Das möchte ich herzlich gern, nur habe ich nie genau feststellen können, wo für mich Schluß war.«

Er machte ein finsteres Gesicht. Dann schnippte er mit den Fingern. Er brüllte: »Norman!«

Die hübsche Blondine öffnete die Tür. »Wer ist dieser Typ?« klagte der Sergeant. »Nein, sagen Sie's nicht. Lassen Sie mich raten.«

»Ich fürchte, Sie raten richtig, Sergeant«, sagte sie zurückhaltend.

»Hölle und Teufel! Es ist schon schlimm genug, daß sich

ein Privatdetektiv hier mausig machen will. Aber ein Privatdetektiv, der zwei- oder dreihundert Millionen Dollar im Hintergrund hat – das ist unmenschlich.«

»Ich habe durchaus keine zweihundert Millionen im Hintergrund, Sergeant. Ich bin auf mich selbst gestellt und ein relativ armer Mann.«

»Ach ja? Da geht es uns beiden ja ganz ähnlich, bloß daß ich leider vergessen habe, die Tochter des Chefs zu heiraten. Wir Bullen sind blöde Kerle.«

Ich setzte mich und zündete mir eine Zigarette an. Die Blondine ging hinaus und schloß die Tür.

»Es hat keinen Zweck, nicht?« sagte ich. »Ich kann Sie doch nicht überzeugen, daß ich bloß ein ganz alltäglicher Mensch bin, der versucht, sich seinen Lebensunterhalt zusammenzukratzen. Kennen Sie jemand, der Lipshultz heißt und einen Club hat?«

»Nur zu gut. Sein Laden liegt draußen in der Wüste, außerhalb unserer Jurisdiktion. Gelegentlich hat der Staatsanwalt von Riverside eine Razzia bei ihm veranstaltet. Es heißt, er gestattet Glücksspiele in seinem Club. Ich hab keine Ahnung.«

Er strich sich mit der hornigen Hand über das Gesicht und gab sich das Aussehen eines Mannes, der keine Ahnung hat.

»Er hat mich vor dem Büro eines Maklers namens Thorson angehauen. Sagte, er wäre in Schwierigkeiten.«

Der Sergeant starrte mich ausdruckslos an. »Schwierigkeiten sind was ganz Natürliches, wenn man ein Mann ist, der Lipshultz heißt. Lassen Sie die Finger von ihm. Sonst könnten ein paar von den Schwierigkeiten an Ihnen hängenbleiben.«

Ich stand auf. »Vielen Dank, Sergeant. Ich wollte mich mit Ihnen nur rasch ins Benehmen setzen.«

»Gesetzt haben Sie sich. Ich sehe dem Tag entgegen, wo Sie wieder aufstehen.«

Ich ging hinaus und schloß die Tür hinter mir. Die hübsche Polizistin schenkte mir ein reizendes Lächeln. Ich blieb an ihrem Tisch stehen und sah sie einen Moment lang wortlos an.

»Wahrscheinlich sind Privatschnüffler bei der Polizei noch nie besonders beliebt gewesen«, sagte ich.

»Für mich sehen Sie gar nicht so unliebsam aus, Mr. Marlowe.«

»Sie sehen sogar ganz allerliebst aus, für mich. Meiner Frau gefalle ich von Zeit zu Zeit übrigens auch.«

Sie stützte die Ellbogen auf den Tisch und verschränkte die Hände unter ihrem Kinn. »Was macht sie denn während der übrigen Zeit?«

»Da wünscht sie, ich hätte zehn Millionen Dollar. Dann könnten wir uns noch ein paar Fleetwood Cadillacs leisten.«

Ich grinste sie möglichst faszinierend an, verließ das Polizeigebäude und kletterte in unseren einsamen Fleetwood. Ich machte mich auf den Heimweg zu unserer Villa.

4.

Am Ende des Hauptviertels macht die Straße einen Bogen nach links. Um zu uns zu kommen, hält man sich immer geradeaus, wobei man links nur einen Berg hat und rechts gelegentlich eine Seitenstraße. Ein paar Touristenwagen überholten mich, um die Palmen im State Park zu besichtigen – als ob sie in Poodle Springs selber nicht mehr als genug Palmen geboten bekämen, um sich daran sattzusehen. Ein großer Buick Roadmaster folgte mir in gemächlichem Tempo. An einer Stelle, an der weit und breit sonst kein Auto zu sehen war, holte er plötzlich auf, flitzte an mir vorbei und setzte sich vor mich. Ich überlegte, was ich wohl falsch gemacht hatte. Zwei junge Männer sprangen aus dem Wagen, beide sehr sportlich gekleidet, und kamen auf die Stelle zugetrottet, wo ich gebremst hatte. In ihren flinken Händen blitzten Schußwaffen. Ich fuhr unauffällig mit der Hand über den Programmschalter der Automatik und stellte auf kurze Gänge ein. Dann langte ich nach dem Handschuhfach, aber es war keine Zeit mehr. Sie standen schon neben dem Fleetwood.

»Lippy will mit Ihnen reden«, schnarrte eine nasale Stimme.

Er sah aus wie der nächstbeste billige Gannef. Ich machte mir nicht die Mühe einer näheren Bestandsaufnahme seiner Person. Der andere war größer als er, dürrer auch, wirkte aber nicht liebenswerter. Aber die Kanonen hielten sie in lässig gekonnter Manier.

»Und wer soll dieser Lippy sein? Und steckt mal die Pulswärmer weg. Ich habe keinen.«

»Als er mit Ihnen geredet hatte, sind Sie zu den Bullen gegangen. Das hat Lippy gar nicht gefallen.«

»Wartet mal, laßt mich raten«, sagte ich aufgeräumt. »Lippy dürfte Mr. Lipshultz sein, der den Agony Club gepachtet hat oder besitzt; im Agony Club werden nicht ganz astreine Geschäfte getätigt, aber leider liegt er außerhalb des Amtsbereichs der Polizei von Poodle Springs. Warum will dieser Lippy mich denn so dringend sehen, daß er mir zwei so reizende Hosenscheißer nachschickt?«

»Geschäfte, Sie Großmaul.«

»Sicher, ich habe auch nicht angenommen, wir wären so dicke befreundet, daß er seinen Lunch nicht ohne mich runterbringt.«

Einer der Kerls, der größere, bewegte sich um den Fleetwood herum und griff nach der rechten Tür. Jetzt mußte es sein, wenn es überhaupt gehen sollte. Ich trat aufs Gaspedal. Einen billigeren Wagen hätte ich damit abgewürgt, nicht aber den Fleetwood. Er machte einen Sprung und schmiß den größeren Burschen zur Seite. Er prallte hart auf den Roadmaster auf. Was dem Fleetwood dabei passierte,

konnte ich nicht sehen. Vielleicht hatte die vordere Stoßstange ein paar kleine Kratzer abgekriegt. Während des
Aufpralls noch riß ich das Handschuhfach auf und packte
die 38er, die ich in Mexiko getragen hatte, ohne sie allerdings je zu brauchen. Aber wenn man eine Frau wie Linda
bei sich hat, geht man kein Risiko ein.

Der kleinere Gannef war weggerannt. Der andere saß
noch auf seinem Hintern. Ich hoppte aus dem Fleetwood
und feuerte einen Schuß über seinen Kopf ab.

Der kleinere Bursche blieb wie angewurzelt stehen, nur
ein paar Meter entfernt.

»Nun hört mal zu, Kinder«, sagte ich. »Wenn Lippy mit
mir reden will, dann kann er das nicht, wenn ihr mich vorher mit Blei vollgespritzt habt. Und eine Kanone soll man
nur zeigen, wenn man auch entschlossen ist, sie zu benutzen.
Ich bin das. Ihr aber nicht.«

Der Größere rappelte sich auf und steckte mürrisch seine
Waffe weg. Nach kurzem Zögern tat der andere das gleiche.
Dann gingen sie, um sich ihren Wagen anzusehen. Ich stieß
mit dem Fleetwood zurück und bog dann neben den Roadmaster vor.

»Ich werde Lippy mal besuchen«, sagte ich. »Er braucht
ein paar Ratschläge für sein Personal.«

»Sie haben eine hübsche Frau«, sagte der kleine Gangster
häßlich.

»Und jeder Lump, der sie auch nur mit dem kleinen Finger anfaßt, ist schon halb im Krematorium. Nimm dich in
acht, Drecksack. Wiedersehn auf dem Friedhof.«

Ich gab dem Fleetwood Vollgas und war außer Sicht. Ich
bog in unsere Straße ein, die wie alle Straßen hier im Viertel als Sackgasse angelegt war und zwischen hohen Hügeln
endete, die später in die Berge übergingen. Ich fuhr bis vors
Haus und sah mir die Vorderseite des Fleetwood an. Die
Stoßstange war ein bißchen eingebeult – nicht sehr, aber
doch zu sehr, als daß eine Dame wie Linda damit hätte

fahren können. Ich ging ins Haus und fand sie im Schlafzimmer, wo sie auf ihre Kleider starrte.

»Du hast rumgetrödelt«, sagte ich. »Die Möbel sind noch nicht umgestellt.«

»Ach, Schatz!« Sie schoß auf mich zu wie ein routinierter Baseballspieler, der plötzlich eine Chance sieht. »Was hast du so lange gemacht?«

»Ich habe mit deinem Wagen einen anderen gerammt. Du solltest lieber noch ein paar Fleetwoods als Reserve kommen lassen.«

»Um Himmels willen, was ist passiert? Du bist doch kein leichtsinniger Fahrer.«

»Ich hab's absichtlich gemacht. Ein Mann namens Lipshultz, der hier den Agony Club betreibt, hielt mich auf, als ich aus einem Maklerbüro kam. Er wollte geschäftlich mit mir reden, aber ich hatte im Moment keine Zeit. Deshalb schickte er mir auf der Heimfahrt zwei Trottel mit Kanonen nach, die mich überreden sollten, jetzt mitzukommen. Ich habe ihnen einen kleinen Bums verpaßt.«

»Natürlich hast du das, Schatz. Das war dein gutes Recht. Was wolltest du denn beim Makler?«

»Ihn mir mal ansehn. Ein Makler ist ein Mann mit einer rosa Nelke im Knopfloch. Du hast mich noch gar nicht gefragt, wie schlimm dein Auto beschädigt ist.«

»Hör endlich auf, immer von meinem Auto zu reden. Es ist unser Wagen. Und ich nehme nicht an, daß er so schlimm beschädigt ist, daß man's merkt. Für abends brauchen wir sowieso noch einen Sedan. Hast du zu Mittag gegessen?«

»Du nimmst es ja sehr gelassen auf, daß ich um ein Haar hätte erschossen werden können.«

»Ach, weißt du, ich hab grad an was ganz anderes gedacht. Ich fürchte, Vater wird hier bald aufkreuzen und anfangen, die Stadt aufzukaufen. Du kennst doch seine Abneigung gegen alle Art von Publicity.«

»Wie recht er da hat! Ich bin schon von einem halben Dutzend Leuten mit Namen angeredet worden – unter anderem auch von einer enorm hübschen Polizistin, die blond ist.«

»Wahrscheinlich kann sie Judo«, sagte Linda beiläufig.

»Also hör mal, ich nehme mir meine Frauen nie mit Gewalt!«

»Hm, in der Regel vielleicht nicht. Aber mir ist da dunkel in Erinnerung, daß mich seinerzeit ein gewisser Jemand höchst gewaltsam in sein Schlafzimmer geschleppt hat.«

»Gewaltsam, das fehlte noch. Du konntest es kaum abwarten.«

»Sag Tino, er soll dir was zu essen geben. Wenn unser Gespräch so weitergeht, vergesse ich noch, daß ich meine Kleider einräumen will.«

Register

362